btb

Für SWOP NSW

KATE LISTER

SEX

DIE GANZE GESCHICHTE

Aus dem Englischen
von Nina Lieke

btb

Die Originalausgabe erschien unter dem Titel
A CURIOUS HISTORY OF SEX bei Unbound, London

Die Arbeit der Übersetzerin am vorliegenden Text wurde vom Deutschen Übersetzerfonds gefördert im Rahmen des Programms NEUSTART KULTUR der Beauftragten der Bundesregierung für Kultur und Medien.

Penguin Random House Verlagsgruppe FSC® N001967

1. Auflage
Deutsche Erstveröffentlichung Januar 2024

Neumarkter Straße 28, 81673 München
Umschlaggestaltung: semper smile, München
Umschlagmotiv: Privatarchiv Kate Lister
Satz: GGP Media GmbH, Pößneck
Druck und Einband: GGP Media GmbH, Pößneck
mn · Herstellung: ast
Printed in Germany
ISBN 978-3-442-77370-1

www.btb-verlag.de
www.facebook.com/btbverlag

Für meine Familie (sorry!)

Inhalt

Vorspiel

Nicht ausgedrückte Gefühle sterben niemals.
Sie sind lebendig begraben und kommen eines Tages auf
unangenehmere Art und Weise wieder ans Tageslicht.
Sigmund Freud

Sex gehört zu den großen Gleichmachern dieser Welt. Um es mit den Worten von Geoffrey Rush alias Marquis de Sade zu sagen: »Wir essen, wir schlafen, wir scheißen, wir vögeln und wir sterben.«[1] Sexuelle Begierde durchbricht die Grenzen von Kultur, Geschlecht und Klasse. Sie interessiert sich nicht für unsere »Regeln« und noch viel weniger für Vernunft, was jeder Mensch bestätigen kann, der schon einmal mit heruntergelassenen Hosen erwischt wurde. Natürlich machen Menschen weit mehr als essen, scheißen und vögeln – es ist unser Intellekt, der uns wirklich von den Tieren trennt. Und genau da liegt das Problem. Zu behaupten, dass Menschen viel über das Thema Sex nachdenken würden, wäre eine gnadenlose Untertreibung.

Alles Leben auf diesem Planeten ist von demselben Verlangen getrieben, sich fortzupflanzen. Was uns Menschen aber einzigartig macht, das sind die unendlich komplexen und zahlreichen Wege, auf denen wir unsere sexuelle Begierde ausleben. In *Necrophilia: Forensic and Medico-legal Aspects of Sexual Crimes and Unusual Sexual Practices* (2008) listete Professor Anil Aggrawal 547 von der Norm abweichende sexuelle Neigungen auf und stellte fest, dass »sexuelle

Erregung wie Allergien durch alles Erdenkliche unter der Sonne, einschließlich der Sonne selbst«[2] hervorgerufen werden kann. Falls ihr euch das jetzt fragt: Sexuelle Erregung durch die Sonne heißt Aktirastie.

Menschen sind darüber hinaus die einzigen Lebewesen, die stigmatisieren, bestrafen und Scham erzeugen, wenn es um ihr sexuelles Verlangen geht. Alle Tiere pflegen Paarungsrituale, aber noch nie ist ein Gnu zur Therapie gegangen, weil es sich schwertut, seinen Latexfetisch auszuleben. Eine Bienenkönigin knallt bis zu vierzig Typen in einem Rutsch und fliegt dann samengetränkt und mit dem abgetrennten Schwanz ihrer letzten Eroberung im Gepäck zu ihrem Bienenstock zurück – nicht eine Drohne nennt sie eine Schlampe. Männliche Paviane treiben es munter den lieben langen Tag miteinander, ohne auch nur eine Sekunde Gefahr zu laufen, ins Umerziehungslager für Homosexuelle geschickt zu werden. Doch die Schuldgefühle, die wir Menschen in Bezug auf unser sexuelles Verlangen haben, können lähmend sein, und diejenigen, die »die Regeln« brechen, müssen seit jeher mit harten Strafen rechnen.

Der kolumbianische Schriftsteller Gabriel García Márquez schrieb einmal, jeder Mensch habe drei Leben: »ein öffentliches Leben, ein privates Leben und ein geheimes Leben«[3]. Es ist paradox, aber unser geheimes Leben ist zugleich unser ehrlichstes. Wir zwingen diesen ehrlichen Teil von uns in die Verborgenheit, weil das System, das wir selbst geschaffen haben, bestimmt, dass er unvereinbar ist mit unserem öffentlichen und unserem privaten Leben. In dem Versuch, diesen geheimen Teil von uns zu kontrollieren, haben wir Sex zu einer Moralfrage gemacht und komplexe soziale Strukturen entwickelt, die unsere Triebe regulieren sollen. Um sie im Zaum zu halten, haben wir uns Kategorien ausgedacht: schwul, lesbisch, hetero, monogam, keusch, promiskuitiv etc. Aber Sexualität lässt sich nicht fein säuberlich in menschengemachte Schubladen stecken, sie lässt sie überquellen, und irgendwann geht alles drunter und drüber. Wenn wir versuchen, unser Verlangen zu unterdrücken, wird daraus ein Vulkan, der unterhalb unserer Strukturen von Moral, Ethik und Anstand vor sich hin brodelt. Und irgendwann kommt es zum Ausbruch – denn für einen Orgasmus haben Menschen seit jeher Haus und Hof riskiert.

Der sexuelle Akt an sich hat sich nicht verändert, seit wir zum ersten Mal kapiert haben, was wohin gehört. Penisse, Zungen und Finger haben auf der Jagd nach Orgasmen Münder, Vulven und Polöcher erforscht, seit die ersten Menschen aus dem Urschlamm gekrochen sind. Was sich allerdings verändert, ist das gesellschaftliche Drehbuch, das vorgibt, wie Sex kulturell verstanden und ausgeführt wird. Laut Pornhub, der weltweit erfolgreichsten Pornoseite im Internet, ist zum Beispiel »lesbisch« die Nummer eins unter den Suchbegriffen, seit die Seite 2007 gelauncht wurde. In den Niederlanden entfielen zwischen 2016 und 2018 auf dieses Schlagwort fünfundvierzig Prozent der Suchanfragen.[4] Die Holländer*innen finden die Lesbennummer also super, wie's aussieht. Tatsächlich waren sie aber nicht immer so begeistert davon. Zwischen 1400 und 1550 wurden in den Niederlanden fünfzehn Frauen als »Sodomitinnen«[5] lebendig verbrannt. Diejenigen, die nicht zum Tode verurteilt wurden, mussten harte Strafen über sich ergehen lassen. Im Jahr 1514 wurden Maertyne van Keyschote und Jeanne van den Steene in Brügge öffentlich ausgepeitscht, man versengte ihr Haar und verbannte sie aus der Stadt, weil sie »eine bestimmte Art der unnatürlichen Sünde der Sodomie mit einigen jungen Mädchen«[6] begangen hatten. Sechshundert Jahre später ist die »bestimmte Art der unnatürlichen Sünde der Sodomie mit einigen jungen Mädchen« die beliebteste Pornokategorie unter den Ahnen der Menschen, die einst dachten, es sei eine angemessene Idee, Lesben auf den Scheiterhaufen zu werfen.

Die Suchanfragen nach »Pornos für Frauen« waren bis 2018 um 359 Prozent gestiegen, wobei im selben Jahr Frauen 197 Prozent häufiger Lesbenpornos schauten als Männer. Das wäre ein ganz schöner Schock für Dr. William Acton (1813–1875) gewesen, der behauptet hatte: »Die Mehrheit der Frauen wird (ein Glück für sie) nicht sehr stark von sexuellen Gefühlen irgendeiner Art heimgesucht.«[7] Und was der Herausgeber des *Sunday Express,* James Douglas (1867–1940), davon gehalten hätte, darüber lässt sich bloß spekulieren. Dieser attackierte Radclyffe Halls bahnbrechenden Roman über lesbische Liebe, *Well of Loneliness (Quell der Einsamkeit,* 1928*)*, mit den Worten: »Diese Pestilenz ist verheerend für die jüngere Generation. Sie zerstört junges Leben. Sie beschmutzt junge Seelen.« Douglas beschwor die Gesellschaft, sich von der »Krankheit dieser Kranken«[8] zu befreien. Tja, und nun, neunzig Jahre später, holen sich Millionen von Frauen zu dieser Pestilenz einen runter, mit recht intakten Seelen. Herrliche Zeiten!

In diesem Buch geht es darum, wie sich die Einstellungen zum Thema Sex im Lauf der Geschichte verändert haben. Es geht um die wundersame Geschichte von Sex und um einige der Dinge, die wir uns selbst und anderen auf der Suche nach (und der Flucht vor) dem allmächtigen Orgasmus angetan haben. Das hier ist keine vollständige Studie zu allen sexuellen Marotten, Spielereien und Ritualen, die es jemals und in allen Kulturen gegeben hat, denn das würde in einer Enzyklopädie enden. Vielmehr ist das Buch ein Tropfen in einem Ozean, ein Ruderschlag im flachen Wasser der Sexgeschichte, aber ich hoffe trotzdem, ihr werdet zwischendurch auch ein bisschen angenehm feucht. Ich habe versucht, Aspekte zu beleuchten, die einen wertvollen Beitrag zu Themen unserer Zeit leisten, ganz besonders zu Genderfragen, sexueller Scham, Schönheit, Sprache und der Kontrolle von Lust. Ich habe Themen gewählt, die mir am Herzen liegen, etwa die Geschichte der Sexarbeit, aber auch tief emotionale Themen wie Abtreibung und solche, die mich zum Lachen bringen, wie Herzmuschelbrot oder Orgasmen auf dem Fahrrad. Obwohl es leicht ist, über die albernen Sachen zu lachen, an die Menschen in der Vergangenheit geglaubt haben (und ich hoffe, das werdet ihr), so ist es doch noch weit wertvoller zu erkennen, wie ähnlich wir diesen Menschen im Grunde sind, und in der Folge unsere eigenen Glaubensgrundsätze zu überprüfen. Sex ist nach wie vor auf der ganzen Welt eine extrem polarisierende Angelegenheit, an vielen Orten sogar eine Frage von Leben und Tod. Diese Einstellungen wandeln und wandeln sich immer weiter – hoffentlich zum Guten. Aber wir werden es niemals schaffen, Sex von Stigma und Scham zu befreien, wenn wir nicht verstehen, woher wir kommen.

Eine Bemerkung noch zur Ausdrucksweise in diesem Buch. Was anstößige Sprache angeht, betretet ihr nun vermintes Gelände. Hier werden historische Einstellungen zu Sex und Geschlecht offengelegt. Unsere Ahnen hatten keine Vorstellung von Genderfluidität und verstanden Geschlecht als binär und biologisch bestimmt, darum haben im historischen Material, das diesem Buch zugrunde liegt, Frauen Vulven und Männer Penisse. Im Kapitel über die Geschichte des Wortes *cunt* (»Fotze«) zum Beispiel wird *cunt* einfach als Bezeichnung für das weibliche Genital benutzt. Heute wissen wir, dass manche Frauen Fotzen haben und manche nicht, genau wie manche Männer und manche nicht. Aber unsere Ahnen haben Geschlecht oder Biologie nicht unter solchen Gesichtspunkten betrachtet – für sie war *cunt* das Genital der Frau. Das mag sich für moderne Ohren beleidigend anhören, aber wenn wir wirklich durchdringen wollen, wie Heteronormativität und die Idee von binärer Maskulinität und Femininität zu den dominierenden Narrativen unserer Zeit geworden sind, dann ist es essenziell, historische Haltungen zu Geschlechtsidentität und sexuellen Spielarten zu verstehen.

Die Sprache, die in diesem Buch benutzt wird, ist authentische historische Sprache, und ich gebe stets den ältesten überlieferten Nachweis an. Meine wichtigste Quelle hierfür ist Jonathon Greens *Dictionary of Slang*, das ich gar nicht genug anpreisen kann, wenn jemand mehr erfahren möchte.

SEX UND WORTE

Schade, dass sie eine Hure ist

(John Ford, 1626)

Die Huren in Whores of Yore

Im Kampf um soziale Gleichheit ist Sprache ein wichtiges Schlachtfeld. Der Linguist Daniel Chandler bringt es auf den Punkt: »Sprache erzeugt unsere Welt, sie dient nicht einfach nur dazu, über sie zu berichten oder sie zu kennzeichnen.«[1] Sprache ist fließend und formbar, sie steuert gesellschaftliche Gesinnungen viel mehr, als dass sie sie einfach bloß ausdrückt. Um uns die Evolution von Sprache vor Augen zu führen, müssen wir uns lediglich einmal ansehen, was einst alltägliche Terminologie zur Beschreibung von People of Colour war: *Half-caste* (»Mischling«, »Mulatte«) war ein völlig akzeptabler Begriff für Menschen verschiedenartiger ethnischer Herkunft, genauso wie *coloured* (»farbig«) für Schwarze Menschen. Solche Bezeichnungen waren nicht als Beleidigungen gedacht, sie waren rein deskriptiv und werden manchmal noch heute verwendet, wenn auch glücklicherweise seltener. Wenn wir jedoch die Machtstrukturen aufdröseln, die diesen Begriffen innewohnen, beginnen wir zu verstehen, wie Worte unsere Realität erzeugen und verfestigen. Eine Person, die *half-caste* ist, ist per Definition die Hälfte von irgendwas; sie ist halb ausgebildet, halb fertig, eine halbe Person und kein vollständiger, eigenständiger Mensch. Ein »Farbiger« wurde, metaphorisch gesprochen, angemalt, was andeutet, dass es einen Originalzustand gibt, der nicht koloriert ist (oder eben: weiß). So werden Unterschiede betont und implizit ethnische Hierarchien suggeriert. Vielleicht erkennen wir nicht auf Anhieb die Bedeutung solcher Ausdrücke, aber eine Person als »halb« zu bezeichnen, verstärkt einfach die Einstellung ihrer Ethnie gegenüber – ganz wie Chandler es ausdrückte, bildet diese Ausdrucksweise unsere Realität nicht einfach ab, sondern sie erschafft unsere Realität.

Eine Sprache, die das Menschsein von Personen reflektiert, unterliegt einem dynamischen Prozess, und auch wenn Political Correctness immer wieder Hohn und Spott ausgesetzt ist, werden wir niemals soziale Gleichheit erlangen, wenn wir mit der Sprache, die wir benutzen, um gesellschaftliche Randgruppen zu beschreiben, nur immer weiter Stigmen verfestigen. Sprache prägt in hohem Maße die Diskussion über LGBTQ-Rechte, Körperbilder, Altersdiskriminierung und natürlich Gender.

Die Verwendung von diskriminierender Sprache ist ein linguistisches Minenfeld. Niemand hat hier irgendwelche Regeln festgeschrieben, und trotzdem wissen wir, dass es sie gibt. *Fag* (»Schwuchtel«), *ho'* (»Nutte«), *bitch* (»Schlampe«) etc. werden zu Ausdrücken von Zugehörigkeit und sogar Zuneigung, wenn sie innerhalb bestimmter Gruppen verwendet werden. Als heterosexuelle weiße Frau kann ich einen schwulen Mann nicht queer nennen, aber ich kann meine Freundin als Bitch bezeichnen, während ein Heteromann das nicht darf – ein schwuler Mann wiederum dürfte das vielleicht (wie gesagt, Minenfeld). Wenn sich Menschen stolz ein Schimpfwort wieder aneignen, mit dem sie einmal stigmatisiert wurden, dann ist das eine Provokation, die die Unterdrückenden entmachtet, die Identität stiftet unter den sonst Unterdrückten und die dem Establishment zwei politisch inkorrekte Mittelfinger zeigt.

Die Babylonische Hure in der Lutherbibel, Ausgabe von 1534.

Natürlich argumentieren viele Menschen, dass solche Wörter, egal in welchem Kontext verwendet, nur dazu dienen, Vorurteile zu untermauern, weil sie ihren historischen Ballast niemals loswerden; sie erschaffen Realität eher, statt sie bloß abzubilden.

Auch das Wort *whore* (»Hure«) wird sich in bestimmten Gruppen innerhalb der Sexarbeitenden-Community wieder angeeignet (andere lehnen es komplett ab).

Eigentlich hätte ich *whore* nicht für meine Whores-of-Yore-Website benutzen sollen. Das Wort gehört mir nicht, und wenn du keine Sexarbeiterin bist, dann gehört es dir ebenso wenig. Es ist ein Schimpfwort, dass Sexarbeitende jeden Tag von Leuten zu hören kriegen, die sie abwerten und beschämen wollen, und das hatte ich nicht umfassend verstanden. Ich benutzte *whore* als Verweis auf ungehemmte Sexualität, so wie *slut* oder *slag* (»Schlampe«), nicht in

Bezug auf eine Frau, die Sex verkauft. Für mich war dieses Wort immer viel mehr als das. Ich bekam von vielen Sexarbeitenden Feedback auf meine für sie fragwürdige Verwendung des Begriffs, und eine Zeit lang habe ich ernsthaft überlegt, ob ich den Namen der Seite ändere. Aber die Geschichte dieses Wortes ist wichtig, und ich möchte das deutlich machen. Die Diskussion darüber, was das Wort Hure eigentlich bedeutet, ist absolut lohnenswert.

Der deutsche Schriftsteller Georg Büchner (1813–1837) schrieb einmal, die Freiheit und eine Hure seien »die kosmopolitischsten Dinge unter der Sonne«.[2] Aber was bedeutet das Wort Hure eigentlich wirklich? Woher kommt es, und was muss jemand tun, um sich diesen speziellen Titel zu verdienen? Warum wurde Jeanne d'Arc, die als Jungfrau starb, die »französische Hure« genannt? Und warum wurde »Virgin Queen« Elizabeth I. von ihren katholischen Feinden als »englische Hure« beschimpft? Französische Revolutionäre nannten Marie Antoinette die »österreichische Hure«, Anne Boleyn war die »große Hure«, und im Präsidentschaftswahlkampf 2016 wurde Hillary Clinton wiederholt von Trumps Anhängern als »Hure« beschimpft.[3] Wir glauben ganz genau zu wissen, was wir meinen, wenn wir das H-Wort sagen, aber das Wort ist historisch und kulturell komplex. Diese zwei Silben sind randvoll mit den Versuchen aus über tausend Jahren, Frauen zu beherrschen und zu beschämen, indem man ihre Sexualität brandmarkt.

Das Wort ist so alt, dass sein genauer Ursprung verloren ist, aber es lässt sich zurückführen auf das altnordische *hora* (»Ehebrecherin«). *Hora* hat viele Ableitungen, genau wie das dänische *hore*, das schwedische *hora*, das niederländische *hoer* und das althochdeutsche *huora*. Geht man noch weiter zurück in der Zeit zur protoindoeuropäischen Sprache (die gemeinsame Vorfahrin der indoeuropäischen Sprachen), stößt man auf Wurzeln in dem Wort *qār*, was »mögen, begehren« bedeutet. *Qār* ist der Ursprung von Bezeichnungen für »Liebhaber*in« in anderen Sprachen, wie das lateinische *carus*, das altirische *cara* und das altpersische *kama* (»begehren«).[4] »Hure« ist kein universelles Wort: Die Aborigines und die indigenen Völker Kanadas (First Nation People) und Hawaiianer*innen haben kein Wort für »Hure«, auch nicht für »Prostitution«.

Ab dem 12. Jahrhundert wurde »Hure« zum Schimpfwort für eine sexuell unkeusche Frau, aber es bezeichnete nicht gezielt eine Sexarbeiterin. Nach der Definition von Thomas Chobham aus dem 13. Jahrhundert war jede Frau eine Hure, die außerhalb der Ehe Sex hatte (alle Frauen, die gerade erfahren haben, dass sie 13.-Jahrhundert-Huren sind, bitte Handzeichen).[5] Shakespeare benutzte das Wort Hure fast einhundertmal in seinen Stücken, darunter in *Othello*, *Hamlet* und *King Lear*. In diesen Stücken ist die Hure aber keine Frau, die Sex verkauft, sondern eine mit promiskuitivem Lebenswandel. John Websters *The White Devil (Der Weiße Teufel*, 1612) untersucht Narrative über unfügsame Frauen. In einer denkwürdigen Szene beschreibt Monticelso, was eine Hure ist:

> Soll ich euch erklären, was Huren sind? So hört, ich tu's;
> Ihr Wesen zeig ich euch genau. Zuerst sind sie
> Wie Zuckerwerk, das rotten lässt den Esser; in Mannes Nüster
> Parfum aus Gift. Trügerische Alchemie;
> Schiffbruch in ruhigstem Gewässer. Was sind Huren!
> Kalte russische Winter, die uns so öd erscheinen,
> Als hätt' die Natur den Frühling vergessen.
> Sie sind gemacht aus Höllenfeuer:
> Schlimmer noch als Low Lands' Steuer
> Auf Fleisch, auf Wein, auf Stoff und Schlaf,
> Ach, auf eines jeden Manns Verderben, die Sünde, noch.
> Sie sind die Tücken im Gesetz,
> Die einen Mann, der nichts mehr hat, noch um sein Letztes bringen.

Was sind Huren!
Sie schmeicheln dir wie Glockenton, stets gleich,
Ob Hochzeit, ob Beerdigung. Schatztruhen sind sie,
Eure Huren, bis oben hin Erpressungen
Und dann nur Leere, wüst Geschrei. Schlimmer sind sie,
Schlimmer noch als Leichen, vom Galgen abgeschwatzt durch den Chirurgen, belehren sie den Mann, wo seine Schwächen liegen. Was ist eine Hure!
Sie ist die böse falsche Münze,
Die, wer immer sie zuerst geprägt, in Not bringt den,
der sie empfängt.[6]

Monticelso gibt das nicht zu, aber was diesem Wutausbruch zugrunde liegt, ist eine Angst vor Frauen, die Angst, sie könnten Macht über einen Mann gewinnen, ihm zeigen, »wo seine Schwächen liegen«. Hier ist eine Hure keine Sexarbeiterin, sie ist eine Frau, die Gewalt über einen Mann hat und um jeden Preis zum Schweigen gebracht werden muss.

Das Wort Hure wird benutzt, um eine Person zu attackieren, die den Status quo auf den Kopf stellt und sich behauptet. Ziel dieser Attacke ist meistens die Rückgewinnung sexueller Kontrolle und Vorherrschaft über diese Person. Anders aber als das Wort »Prostituierte« ist »Hure« nicht an einen Beruf geknüpft, sondern an eine moralische Wahrnehmung. Aus diesem Grund werden viele mächtige Frauen, die rein gar nichts mit Prostitution zu tun haben, als Huren beschimpft. Mary Wollstonecraft, Phoolan Devi und sogar Margaret Thatcher, sie alle wurden Huren genannt. Das Wort soll sein Ziel beschämen, erniedrigen und letztendlich unterwerfen, und jede durchschnittliche Frau auf der Straße wird genauso wahrscheinlich mal eine Hure genannt wie eine Regierungschefin, vielleicht sogar noch wahrscheinlicher.

Auch heute ist »Hure« eine böse Beleidigung, in der Frühen Neuzeit war das Wort aber eine derart ernst zu nehmende Diffamierung, dass man dafür vor Gericht landen konnte. »Hure« ist die mit Abstand meistzitierte Beleidigung in Gerichtsfällen aus dieser Zeit, darunter unzählige kreative Varianten: »stinkende Hure«, *»ticket-buying whore«**, »besoffene Pisspott-Hure«, »Hure im Spitzenunterrock« und »Hundeschlampen-Hure« – alles belegt.[7]

Im Jahr 1664 behauptete Anne Blagge, Anne Knutsford habe sie eine »pockenärschige Hure« genannt.[8] Die arme Isabel Yaxley beschwerte sich 1667 über eine Nachbarin, die gesagt hatte, sie sei eine »Hure«, die »für ein Stück billigen Fisch gefickt« werden könne.[9] 1695 beschuldigte Susan Town aus London eine Jane Adams, sie habe ihr zugerufen: »Komm raus, du Hure, und kratz dir mit mir den räudigen Arsch.«[10] 1699 klagte Isabel Stone aus York gegen John Newbald, weil er sie »eine Hure, eine ordinäre Hure und eine Pissarsch-Hure … eine Schlampe und eine Pissarsch-Schlampe« geschimpft hatte.[11] Und 1663 wurde Robert Heyward vors Gericht von Cheshire gezerrt, weil er Elizabeth Young eine »weinerliche Hure« und eine »dreckige Hure« genannt hatte. Im Gerichtssaal behauptete er dann, er könne beweisen, dass Elizabeth eine Hure sei, und sie solle nach Hause gehen und sich »die Flecken aus dem Pelz« waschen.[12]

Um auf Beleidigung klagen zu können, brauchte es erst einmal eine*n Zeug*in der Tat, dann ein Charakterzeugnis, um beweisen zu können, dass die Anschuldigung falsch war, und einen Nachweis darüber, wie rufschädigend diese gewirkt hatte. Die Strafen für Beleidigung rangierten von Bußgeldern und öffentlichen Entschuldigun-

* Die Bedeutung dieser Variante ist unklar. Die Autorin nimmt an, dass *ticket* hier so viel wie »Beweis« bedeutet, die Frau also »das Ticket hat, eine Hure zu sein«. Oder aber es handelt sich um ein Ticket für eine Art Theater, in dem die Frau entweder als Hure arbeitet oder sich lasterhafter Unterhaltung hingibt (Anm. d. Ü.).

Beispiele für »undamenhafte Sprache« aus *New Art and Mistery of Gossipping*, 1770. Links: Komm raus, du Schlampe, ich reiß dich in Stücke. Rechts: Leck mich am Arsch, du Hure, ich schnapp mir deinen Mann.

gen bis hin zur Exkommunikation (wenn auch selten). Ein Beispiel für eine solche Strafe stammt aus dem Jahr 1691, als William Halliwell sich öffentlich in einer Kirche bei Peter Leigh entschuldigen musste, weil er dessen Charakter beleidigt hatte:

> Ich, William Halliwell, habe meine Pflicht vergessen, den Weg der Liebe und Barmherzigkeit zu meinem Nachbarn einzuschlagen, und habe in Wort und Schrift viele skandalöse, beleidigende und tadelnswerte Worte gegen Peter Leigh gerichtet […] Hiermit nehme ich diese Worte allesamt als falsch, skandalös und unwahr zurück […] Es tut mir aufrichtig leid, und hiermit gestehe ich und erkenne an, dass ich ihm starkes Unrecht getan und ihn verletzt habe.[13]

Die Anschuldigung »Hure« war besonders zerstörerisch, weil sie den Wert einer Frau auf dem Heiratsmarkt unmittelbar beeinflusste. Als also Thomas Ellerton im Jahr 1685 Judith Glendering eine Hure nannte, die von »Scheune zu Scheune« zog und von »Kesselflicker zu Fiedler«, tat er mehr, als sie einfach nur zu beleidigen. Er verhinderte, dass sie einen Ehemann fand.[14] 1652 behauptete Cicely Pedley, man habe sie mit der Absicht eine Hure genannt, ihre »Heirat mit einer Person von guter Qualität« zu vereiteln.[15] Auch das Geschäft konnte davon betroffen sein. Ein Friedensrichter entschied 1687, dass es strafbar sei, die Ehefrau eines Pensionswirts Hure zu nennen, weil dies das Geschäft schädige.[16]

Viele Beleidigungsfälle wurden von Männern vor Gericht gebracht, deren Frauen eine Hure genannt worden waren. Die Ehefrau von jemandem als Hure zu bezeichnen, war ganz besonders perfide, weil hier nicht nur die Ehefrau selbst beleidigt wurde, sondern der Ehemann plötzlich als Gehörnter dastand, der es nicht schaffte, seine Alte zu befriedigen. 1685 zum Beispiel wurde Abraham Beaver beschuldigt, Richard Winnell angewiesen zu haben: »Geht nach Hause, Ihr Hahnrei, und Ihr werdet Thomas Fox im Bette Eurer Frau finden«.[17]

Obwohl Fälle, in denen Männer wegen Beleidigung klagten, weniger häufig vorkamen, waren auch diese oft von sexueller Natur. Im Jahr 1680 wurde Elizabeth Aborne aus London von Thomas Richardson vor Gericht gebracht, weil sie gesagt hatte, sein Penis sei »verfault vor lauter Pocken«.[18] Männer wurden außerdem beleidigt als »Hurenhändler«, »Gehörnte«, »Bastard-Väter«, »Schurken« und in einem Fall als »eifersüchtiger kahlköpfiger Trottel und Arsch«.[19] Männer klagten gegen Menschen, die sie Diebe, Bettler oder Säufer genannt hatten. 1699 musste Thomas Hewetson in York vor Gericht erscheinen, weil er Thomas Daniel einen Bettler genannt hatte: »Er war ein Bettler und lief quer durchs Land von Tür zu Tür und bettelte.«[20]

Gegen Ende des 17. Jahrhunderts gab es an den Kirchengerichten einen merklichen Rückgang der Beleidigungsklagen. Über die Gründe hierfür streiten sich Historiker*innen seit Langem. Möglicherweise war es so, dass sich Gerichte mit der zunehmenden Bevölkerung in den wachsenden Städten verstärkt um andere Verbrechen kümmern mussten als um Frauen, die sich gegenseitig »Busch-Huren« und »pockenärschige Huren« nannten. Es mag auch sein, dass es eine Verschiebung in der Gesellschaft gab und man seine persönlichen Schlammschlachten nun einfach nicht mehr vor einem Richter austrug.

Im Jahr 1817 schließlich besagte englisches Recht: »Eine verheiratete oder alleinstehende Frau Hure zu nennen, ist nicht strafbar, denn Unzucht und Ehebruch sind Gegenstände geistlicher, nicht weltlicher Kritik.«[21]

Die abgebildete Grafik zeigt den deutlichen Rückgang der Verwendung des Wortes Hure seit dem 17. Jahrhundert. Bis zum Ende dieses Jahrhunderts war »Hure« noch ein Rechtsbegriff und taucht zwischen 1679 und 1800 in nicht weniger als hundertdreiundsechzig Gerichtsverfahren am Old Bailey auf. Historiker*innen wie Rictor Norton haben untersucht, wie »Prostituierte« oder *common prostitute* (»gewöhnliche Prostituierte«) das Wort Hure nach und nach als Rechtsausdruck für eine Person, die sexuelle Dienste verkauft, ersetzten.[22] Ich vermute, dass der starke Rückgang der Verwendung von »Hure« zum Ende des 17. Jahrhunderts hin in Zusammenhang steht mit der sprachlichen Bedeutungsverschiebung von Rechtsterminologie zu schlichter Beleidigung.

Heute ist »Hure« weitgehend Bestandteil einer beleidigenden und vulgären Sprache. Aber wie das Wort »Schlampe« ist auch »Hure« in

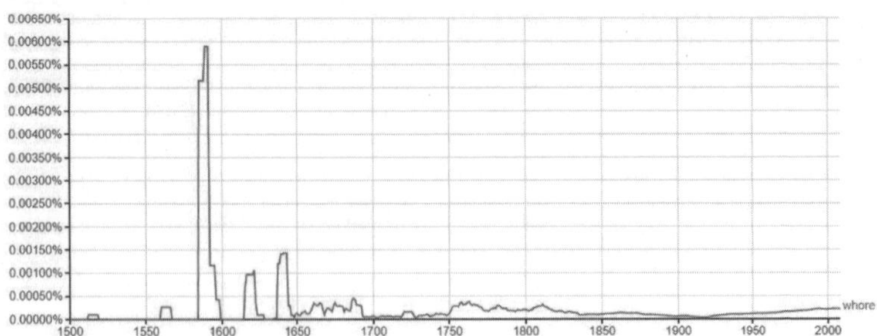

Google Ngram Viewer: Häufigkeit des Wortes »Hure« in der Literatur Englands von 1500 bis 2008.

einem Zustand der Wiederaneignung begriffen und kann dazu dienen, die Scham infrage zu stellen, die diesem Wort für Hunderte von Jahren innegewohnt hat. »Hure« mag ein Schimpfwort sein, aber eines, dessen Wurzeln in der Angst vor weiblicher Unabhängigkeit und sexueller Selbstbestimmtheit liegen. Die Entwicklung eines Wortes, das eine begehrende Frau beschreibt, hin zu einer Beleidigung, die genau dieses Begehren verurteilt, zeichnet kulturelle Einstellungen gegenüber weiblicher Sexualität nach. Wenn ich »Hure« sage, dann will ich damit niemanden beschämen, ich will damit all diejenigen anerkennen, die das gesellschaftliche Zartgefühl in einem Maß erschüttert haben, das ihnen diese Bezeichnung einbrachte. Ich verwende es, um der Schande, die es in sich birgt, die Luft abzulassen. Ich verwende es, um daran zu erinnern, dass Sprache beeinflusst, wie wir einander sehen, und sich ständig weiterentwickelt. Historisch gesehen bist du dann eine Hure, wenn du begehrst. Du bist eine Hure, wenn du die von Männern gemachten Regeln überschreitest und ihn in seiner überlegenen Stellung bedrohst. Historisch gesehen sind wir alle Huren.

»Ein böser Name für eine böse Sache«

Eine Geschichte der *cunt*

Ich liebe das Wort *cunt**. Ich liebe alles daran. Nicht nur die Bedeutung davon, Vulva, Vagina, Pudendum (alles fotzige Wunder, aber dazu später mehr), sondern die tatsächliche akustische und sichtbare Erscheinung des Wortes. Ich bete seine einfache einsilbige Form an.

Ich liebe es, dass die ersten drei Buchstaben (*c u n*) im Grunde auf die gleiche kelchförmige Art durch das Wort rollen, bis sie dann alle auf ihrer Wanderung vom Explosivlaut *t* gestoppt werden. Ich liebe das kraftvolle Knurren von *c* und *t*, die das weiche *un* einrahmen und es einem erlauben, das Wort wie eine Kanonenkugel rauszufeuern oder aber dramatisch lang zu ziehen, es sich durch den Mund rollen zu lassen: *cuuuuuuuuuunt!*

Ich liebe das Wort, weil es herrlich dreckig und unendlich lustig ist und weil es wie ein akustisches Ausrufezeichen die Kraft hat, ein Gespräch im Keim zu ersticken. Walter Kirn nannte *cunt* die »Atombombe der englischen Sprache«, und damit hatte er absolut recht.[1] Ich liebe die Vielseitigkeit des Wortes. In den USA ist *cunt* eine unfassbare Beleidigung, in Glasgow dagegen wird es auch als Kosewort

* Im Folgenden wird *cunt* durchgängig mit »Fotze« übersetzt (Anm. d. Ü.).

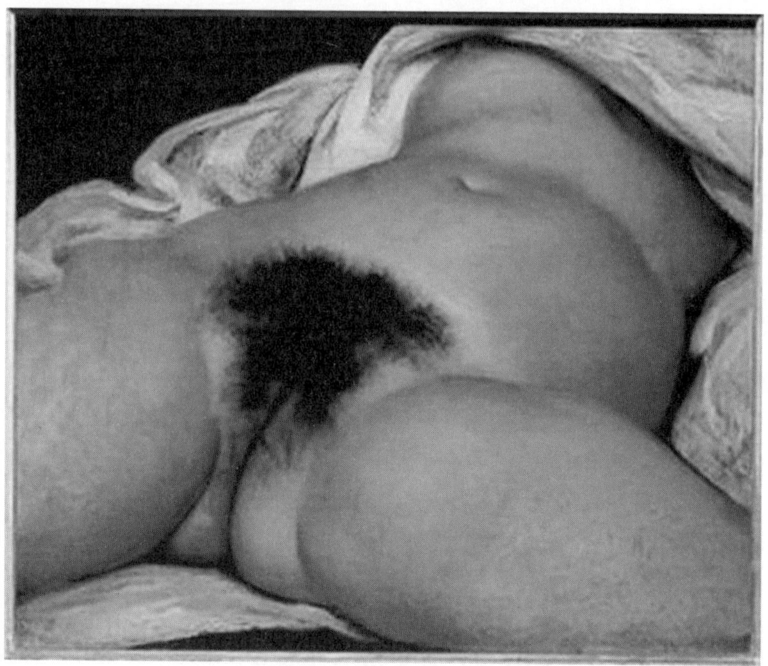

Gustave Courbet, *L'Origine du Monde*, 1866.

benutzt, die man in jedem Glasgower Kinderzimmer hört. Okay, das stimmt nicht, aber die Schotten legen ein erstaunliches linguistisches Geschick an den Tag, wenn es um das Wort *cunt* geht. Irvine Welshs 1993 erschienener Roman *Trainspotting* enthält 731 *cunts* (aber nur neunzehn haben es bis in den Film geschafft).

Mehr als alles andere jedoch liebe ich die pure Kraft dieses Wortes. Dessen heiliger Status als »das böseste aller bösen Wörter«[2], um es mit Christina Caldwell zu sagen, fasziniert mich. Es gibt noch weitere Mitbewerber um den Titel »größte Beleidigung in der englischen Sprache«, rassistische Herabsetzungen zählen hier zu den Schwergewichten. Das N-Wort ist wegen seines historischen Kontexts eine üble Beleidigung. Es ist nicht bloße Beschreibung, sondern ein Wort, mit dem People of Colour entmenschlicht und einige der schlimmsten Gräueltaten in der Geschichte der Menschheit gerechtfertigt wurden. Es begleitete die Knechtung und brutale Behandlung von Millionen von Menschen durch das Leugnen der Gleichheit von Schwarzen und Weißen mittels Sprache. Wir verstehen absolut, warum rassistische Bemerkungen in höchstem Maße beleidigend sind, aber *cunt*? Kommt es außer mir niemandem komisch vor, dass eines der krassesten Schimpfwörter ein Wort für Vulva ist? Oder dass dieses Wort in derselben Beleidigungsliga mitspielt wie rassistische Ausdrücke, die im Zuge der dunkelsten und widerlichsten menschlichen Grausamkeiten entstanden sind? Soweit ich weiß, hat *cunt* keinen Genozid ermöglicht, also muss man schon fragen dürfen: Wie konnte *cunt* zu einer solchen Beleidigung mutieren? Was hat *cunt* falsch gemacht?

Schauen wir uns erst einmal die Etymologie an. *Cunt* ist alt. So alt, dass der Ursprung des Wortes verloren ist, und Etymolog*innen sich immer noch darüber streiten, woher zur Hölle dieses Wort kommt. Es ist mindestens einige Tausend Jahre alt und kann bis zum altnordischen *kunta* und protogermanischen *kunt* zurückverfolgt werden, aber für die Zeit davor ist *cunt* ziemlich schwer greifbar. Für das Mittelalter sind in den meisten germanischen Sprachen ein paar Verwandte nachweisbar: *Kutte, Kotze* und *Kott* sind allesamt deutsche Wörter. Die Schweden haben *kunta*, die Dänen *conte, kut* und *kont*, und die Engländer hatten mal *cot* (was ich irgendwie mag und darum auf ein Revival hoffe). Und hier fangen die Diskussionen an: Niemand weiß so ganz genau, was *cunt* bedeutet. Manche Etymolog*innen meinen, das Wort habe seinen Ursprung im protoindoeuropäischen *gen/gon*, was »erschaffen, werden« bedeutet. *Gen* lässt sich in den modernen englischen Wörtern *gonads, genital, genetics* und *gene* finden. Andere wiederum vertreten die Theorie, *cunt* komme von *gune*, was »Frau« bedeutet und in »Gynäkologie«

steckt.[3] Der Ursprungslaut, der Etymolog*innen am meisten fasziniert, ist das *cu. Cu* wird mit dem Weiblichen in Zusammenhang gebracht und stellt die Basis von *cow* (»Kuh«) und *queen* (»Königin«) dar.[4] *Cu* ist mit dem lateinischen *cunnus* (»Vulva«) verbunden, was verlockend ähnlich klingt wie *cunt* (wenn auch einige Etymolog*innen behaupten, die beiden seien nicht verwandt) und das französische *con*, das spanische *coño*, das portugiesische *cona* und das persische *kun* hervorgebracht hat.[5] Meine liebste *Cunt*-Theorie besagt, dass dieses *cu* außerdem bedeutet, Weisheit zu besitzen. *Cunt* und *cunning* (»gerissen«, »schlau«) haben wahrscheinlich gemeinsame Wurzeln – *cunning* bedeutete ursprünglich eher »Weisheit« oder »Wissen« als »Gerissenheit«, während *can* und *ken* zu Präfixen von *cognition* (»Erkenntnis«) und anderen Ableitungen wurden.[6] Im heutigen Schottland bedeutet *to ken* »verstehen«. Im Mittelalter stand *quaint* für »Wissen« und »Fotze« (aber davon später mehr). Die Diskussion tobt weiter, und das Einzige, was sicher scheint, ist, dass *cunt* ein echtes Rätsel darstellt.

Okay, was haben wir: *Cunt* ist das älteste Wort für »Vulva« oder »Vagina« in der englischen Sprache (möglicherweise das älteste Europas). Die einzige Rivalin um den Preis für das älteste Wort für *the boy in the boat* (1930 geprägt; wörtlich »der Junge im Boot«, bedeutet »Klitoris«) wäre Yoni (»Vulva«, »Quelle« oder »Mutterleib«). Die englische Sprache hat sich »Yoni« um 1800 herum vom alten Sanskrit geborgt, und mittlerweile wurde das Wort von zahlreichen neospirituellen Gruppierungen übernommen, deren Mitglieder hoffen, dass sie, indem sie ihre *duff* (1880; Ursprung unklar, bedeutet »Hintern« genauso wie »wertlos« oder »Mehlpudding«) Yoni nennen, um dieses schreckliche *cunt* herumkommen und irgendwelche antiken Kulte rund um ihre *flapdoodle* (1653; »Unsinn«) anzapfen können. Ironischerweise ist es gut möglich, dass *cunt* und »Yoni« derselben proto-indoeuropäischen Quelle entspringen, darüber hinaus ist *cunt* viel feministischer, als es Vagina oder Vulva jemals zu träumen wagen.

»Vagina« kommt vom lateinischen *vagina*, was »Scheide« oder »Umhüllung« bedeutet, und taucht bereits in medizinischen Schriften aus dem 17. Jahrhundert auf. Eine Vagina ist etwas, in das man sein Schwert steckt – darin liegt die ganze etymologische Funktion des Wortes, das Behältnis für ein Schwert (Penis) zu sein. Es ist in Bedeutung und Funktion völlig auf den Penis angewiesen. Da könnten wir das arme Ding genauso gut noch *cock alley* (1785; wörtlich »Schwanz-Allee«) oder *pudding bag* (1653; Darm, später Tuch zum Kochen von Füllungen) nennen. Es gibt viele pfiffige Linguist*innen, die zu Recht durchdrehen, wenn jemand Vagina mit Vulva verwechselt. Also: Die Vagina ist der muskuläre Kanal, der die Vulva mit dem Uterus verbindet. Die Vulva ist die äußere Ausstattung und beinhaltet Mons pubis (Venushügel), große Vulvalippen, kleine Vulvalippen, Klitoris, Scheidenvorhof, Vorhofschwellkörper und die Bartholin-Drüse. Der Begriff »Vulva« kommt vom lateinischen *vulva* aus dem späten 14. Jahrhundert, was »Mutterleib, Gebärmutter« bedeutet. Es gibt auch Stimmen, die sagen, das Wort komme von *volvere*, was »rollen« oder »wickeln« bedeutet. So definiert Thomas Elyot in seinem Lateinwörterbuch von 1538 »Vulva«: »Mutterleib oder Mutter eines jeden weiblichen Tieres, außerdem eine Fleischart der Römer, gemacht aus dem Bauche einer Sau, die entweder hat geferkelt oder trägt ebendiese«[7]. Auch hier besteht die Bedeutung der Vulva also wieder darin, das Behältnis für den Penis zu sein – oder aber im zweifelhaften Aufschneiden eines trächtigen römischen Schweins.

Die *cunt* jedoch ist älter als diese beiden Begriffe und wurzelt in einem proto-indoeuropäischen Wort, das »Frau«, »Wissen«, »Schöpferin« oder »Königin« bedeutet, was doch sehr viel machtvoller ist als ein Wort, das »Ich habe Platz für einen Schwanz« bedeutet. Außerdem meint *cunt* das ganze verdammte Ding zusammen, innen und außen. Wörter wie Vulva oder Vagina sind lediglich sprachliche Bemühungen, hygienisch bereinigte, medizinische Alternativen zu *cunt* zu liefern. Und wenn das noch nicht ausreicht, um euch ins Team *Cunt* rüberzukriegen: Im Jahr 1500 definierte Wynkyn de Worde Vulva als »auf Englisch *cunt*« bedeutend.[8] *Cunt* ist keine Umgangssprache, *cunt* ist das Original. Okay, *cunt* ist also die Urmutter aller Wörter für »die Einsilbige« (1780) – dann stellt sich aber doch die Frage: War *cunt* immer eine solche Beleidigung wie heute?

Die schlichte Antwort lautet Nein. Nach mittelalterlichem Verständnis war *cunt* einfach ein beschreibender Begriff, ein bisschen derb vielleicht, dazu neigen *cunts* eben, aber mit Sicherheit nicht beleidigend. Die Tatsache, dass es *cunt* bis in de Wordes Wörterbuch und in medizinische Schriften geschafft hat, zeigt, wie alltäglich dieses Wort war. John Halls Übersetzung von Lanfrank von Mailands Medizinschrift *Chirurgia Parua Lanfranci* aus dem 16. Jahrhundert ist nicht gerade arm an *cunts*: »[...] *in wymmen neck of the bladder is schort, is made fast to cunte*«[9] (sinngemäß: »Bei Frauen ist der Blasenhals kurz und verläuft geradewegs zur *cunte*«). Die älteste Erwähnung von *cunt* liegt laut *Oxford English Dictionary* im Jahr 1230 und bezieht sich auf eine Straße im Londoner Rotlichtmilieu in Southwark – die wunderschön klingende *Gropecuntelane*[10] (etwa »Fotzengrapschstraße«). Hier war der Name Programm: Eine Straße zum Fotzenbegrapschen. In allen Städtchen des mittelalterlichen Englands befanden sich *Gropecuntelanes* (oder Varianten davon: *Grapcunt, Groppecuntelane, Gropcunt Lane*). Keith Briggs machte *Gropecuntelanes* in Oxford, York, Bristol, Northampton, Wells, Great Yarmouth, Norwich, Windsor, Stebbing, Reading, Shareshill, Grimsby, Newcastle und Banbury aus. Bedauerlicherweise wurden mittlerweile all diese Straßen umbenannt, meistens in *Grape Lane* oder *Grove Lane*.[11]

In Schottland mögen Freund*innen als *cunts* bezeichnet werden, im Mittelalter aber nannte man anscheinend sogar seine Kinder so. *Cunt* taucht tatsächlich in einer Reihe mittelalterlicher Nachnamen auf (wenn es sich hierbei auch wahrscheinlich um Pseudonyme handelte): Wir kennen zum Beispiel Godwin Clawecunte (1066), Gunoka Cuntles (1219), John Fillecunt (1246) und Robert Clevecunt (1302). Und als ob die Möglichkeit, Fräulein Gunoka Cuntles in der Gropecuntelane zu begegnen, nicht schon aufregend genug wäre, gibt es da auch noch ein Fräulein Bele Wydecunthe, das auf einer Norfolker Steuerliste von 1328 auftaucht.[12] Wo wir schon beim Thema Namen sind: Russell Ash fand für seine Studie lustiger Namen im England des 19. Jahrhunderts eine ganze Familie voller Cunts: Fanny Cunt (geboren 1839), deren Sohn Richard »Dick« Cunt und deren Töchter Ella Cunt und Violet Cunt.[13]

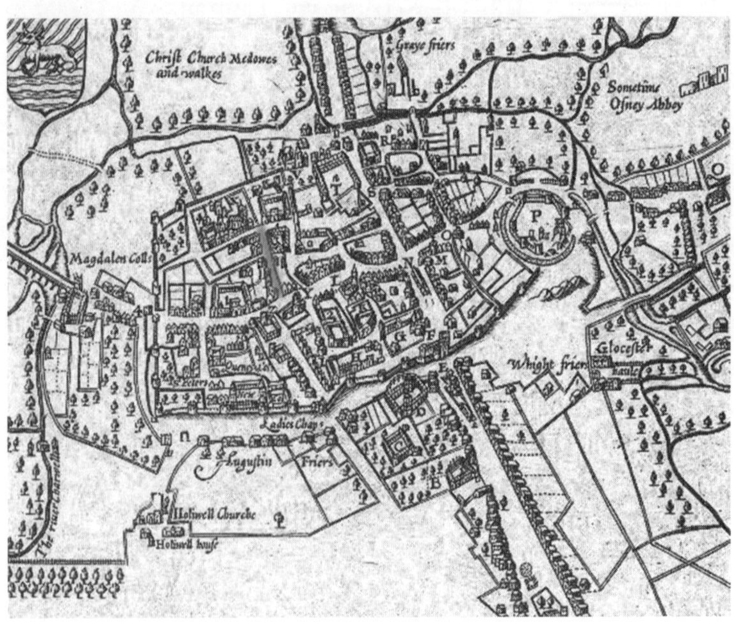

John Speed, *Map of Oxfordshire and the University of Oxford*, 1605.

Eine Sheela-na-Gig aus dem 12. Jahrhundert an der Kirche in Kilpeck, Herefordshire, England.

Die mittelalterliche Literatur ist ähnlich voll mit *cunts. The Proverbs of Hendyng* (ca. 1325) hält folgenden Rat an junge Frauen bereit: *»Give your cunt cunningly and make [your] demands after the wedding«*[14] (»Sei schlau, wenn du deine Fotze hergibst, und stell deine Ansprüche nach der Hochzeit«).

Im 15. Jahrhundert empfahl die walisische Dichterin Gwerful Mechain ihren Dichterfreunden, den »Vorhang einer feinen hellen Fotze« zu feiern, der sich »so einladend öffnet« *(celebrate the »curtain on a fine bright cunt« that »flaps in a place of greeting«).*[15] Die mittelalterliche Gesellschaft war sexuell viel freier, als wir es ihr heute zugestehen, und ein Grund dafür, warum *cunt* nicht als anstößig empfunden wurde, war die Tatsache, dass Sex insgesamt nicht als besonders anstößig galt. Das Mittelalter war bestimmt kein sexuell befreites Utopia, aber die Menschen liefen auch nicht allesamt mit Keuschheitsgürteln herum, wie es uns die Legende weismachen will. Sex war Gegenstand von Humor und Erotik und absolut zentral im Leben verheirateter Menschen. Ihn als zutiefst anstößig zu empfinden, begannen die Menschen erst in der Frühen Neuzeit.

Betrachtet man die Geschichte der Tabuisierung von Sprache, dann lässt sich eine Bewegung von Blasphemie zu Körperfunktionen beobachten. Inzwischen ist es die Herkunft von Menschen, die mit den größten sprachlichen Tabus belegt ist. Schimpfwörter, die einen im Mittelalter in ernsthafte Schwierigkeiten gebracht haben, waren gotteslästerliche. Wenn man sich im 13. Jahrhundert die Eier im Reißverschluss eingeklemmt hat, hätte man wahrscheinlich so was wie »Gottes Zähne!«, »Gottes Wunden!« oder »Gottes Augen!« geschrien. *Cunt* war im Vergleich dazu als beschreibender Begriff für alle Anlässe angemessen. Er war weder beschönigend putzig noch übermäßig medizinisch oder lustig-grotesk – *cunt* war *cunt*.

Ein mittelalterlicher Schriftsteller, der das C-Wort mit der Präzision einer Militärdrohne abfeuerte, war Geoffrey Chaucer (1343–1400). Das Wort, das Chaucer in *The Canterbury Tales* und *The House of Fame (Das Haus der Fama)* benutzt, ist nicht *cunt*, sondern *queynte*. Die Lesenden allerdings werden nicht lange grübeln müssen, was eine *queynte* ist – das Weib von Bath macht das recht deutlich:

What eyleth yow to grucche thus and grone?
Is it for ye wolde have my queynte allone?[16]

Was plagt dich, dass du so schimpfst und klagst?
Ist's, weil du meine Fotze für dich haben magst?

Chaucers berühmtester *Cunt*-Witz stammt aus *The Miller's Tale (Die Erzählung des Müllers)*, wo *queynte* beides meint, »Wissen« und »Fotze« (erinnert ihr euch, die gemeinsamen Wurzeln von *cunning* und *cunt*?).

As clerkes ben ful subtile and ful queynte,
And prively he caught hire by the queynte,
And seyde, »'Ywis, but if ich have my wille,
For deerne love of thee, lemman, I spille.«[17]

Der Schreiber war schlau und gerissen,
und griff nach ihrer Fotze rüber,
und sagte, »Gibst du mir nicht, was ich will, oh Liebes,
so lauf ich über.«

Der Gebrauch des Wortes *quaint* (»bizarr«, »seltsam«, aber auch »urig« oder »lieblich«) als Synonym für *cunt* lässt sich in vielen anderen Werken nachverfolgen. John Florio benutzt in seinem Italienisch-Englisch-Wörterbuch von 1598 *quaint* als Synonym für *cunt* und definiert *potta* als *»a cunt, a quaint«* und *pottuta* als *»that hath a cunt, cunted, quainted«* (etwa »mit einer Fotze ausgestattet«).[18] Die Doppelbedeutung von *quaint* taucht außerdem in Andrew Marvells *To His Coy Mistress* auf:

Thy beauty shall no more be found;
Nor, in thy marble vault, shall sound
My echoing song: the worms shall try
That long preserved virginity:
And your quaint honour turn to dust;
And into ashes all my lust.[19]

Deine Schönheit wird verloren sein;
Verhallt, in deiner Marmor-Gruft, mein Lied: Die Würmer fressen nun sich satt an dem,
was jungfräulich so lang gewartet hat:
Und deine Ehre süß wird Staub zum Schluss;
Zu Asche wird all meine Lust.

Es wurde außerdem diskutiert, ob William Shakespeares *acquaint* (»bekannt«, »vertraut«) in seinem *Sonnet XX* (*Sonett XX*, 1609) ein Wortspiel aus *quaint* und *cunt* sei. Und wenn ein Mann um die komödiantische Kraft einer wohlplatzierten *cunt* wusste, dann war es Shakespeare. In Hamlets drittem Akt, Szene zwei, fragt der Titelheld Ophelia: »*Lady, shall I lie in your lap?*« Ophelia antwortet: »*No, my lord.*« Daraufhin Hamlet: »*Do you think I meant in country matters?*«[20] Als David Tennant den Hamlet spielte, machte er eine Pause nach der ersten Silbe, um zu betonen: *Cunt-ry matters.* In *Twelfth Night* (*Was ihr wollt*, 1601), Akt zwei, Szene fünf, beschreibt Malvolio die Handschrift seiner Herrin so: »So macht sie ihre Cs und Us und Ts, und hier, ihre großen Ps« – ein Wortspiel mit *cunt* und *piss*?[21] Die unübertroffene Bedeutung des Barden für die Verbreitung von Schweinkram wurde diskret unter den kulturellen Teppich gekehrt, dabei ist sein Werk voll von Anspielungen und Schwanzwitzen. Ein schockierter Thomas Bowdler strich 1807 alle groben Scherze, damit Frauen und Kinder Shakespeare gefahrlos lesen konnten, und veröffentlichte *The Family Shakespeare* (komplett fotzenfrei). Unter den vielen Änderungen, die für *The Family Shakespeare* vorgenommen wurden, begeht Ophelia in *Hamlet* nicht Selbstmord, wird die Figur der Doll Tearsheet (im Deutschen Dortchen Lakenreißer, eine Sexarbeiterin) in *Henry IV.* komplett gestrichen und Mercutios schlüpfrige Antwort auf die Frage von Julias Amme, ob es denn wirklich schon Mittag sei, »*the bawdy hand of the dial is now upon the prick* *of noon«*, verkürzt zu *»the hand of the dial is now upon the point of noon«*.*[22] Hieraus entstand das englische Wort *bowdlerise*, was das Entfernen von als unangemessen empfundenen Textstellen beschreibt.

Auch Shakespeares Zeitgenossen verwendeten *cunt* ganz ungezwungen in ihren Balladen, und sie verspürten nicht durchweg den Zwang, sie hinter Zweideutigkeiten zu verstecken. *Ragionamenti della Nanna e della Antonia* (1534–36) von Pietro Aretino ruft den Lesenden zu, diese blumigen Umschreibungen sein zu lassen und einfach *cunt* zu sagen: »Sprecht klar, sagt ficken, Fotze und Schwanz; andernfalls wird euch niemand verstehen.«[23] Das schottische Theaterstück *Philotus* (1603) enthält die Zeile »runter mit der Hand und ran an ihre Fotze«.[24] Und der *Mercurius Fumigosus* (1654) feiert *»cunt and good company«*[25], eine Fotze und gute Gesellschaft. Die Tatsache allerdings, dass erfolgreiche Schriftsteller wie Shakespeare und Marvell *cunt* als schlüpfrige Pointe einsetzten und sie hinter Kalauern und kecken Andeutungen verbargen, legt nahe, dass der Begriff zu Shakespeares Zeiten schon anfing, zensiert zu werden.

Es ist kein Zufall, dass etwa zu dieser Zeit die ersten Gesetze in Kraft traten, die sexuell obszönes Material verbannen sollten. In Großbritannien verfasste William Lambarde 1580 den ersten parlamentarischen Gesetzesentwurf, um »Bücher, Pamphlete, Sprüche, Lieder und andere Werke, die wollüstige, gottlose Liebe fördern« zurückzudrängen.[26] Der *Licensing Act* von 1662 verbot die Veröffentlichung aller »ketzerischen, aufrührerischen, abtrünnigen oder anstößigen Bücher oder Pamphlete, die Lehren oder Überzeugungen anführen oder bestätigen, die unvereinbar mit dem christlichen

---

* Auch die deutschen Übersetzer*innen winden sich an dieser Stelle. Eine sehr schöne Übertragung stammt von Thomas Brasch (1945–2001): »Der geile Zeigerstachel steht ganz nach oben und kitzelt stark in der Öffnung zwischen ihrer Eins und ihrer Zwei die aufgespreizte Zwölf.« www.welt.de/print-welt/article332837/Oh-wie-schoen-obszoen.html (Anm. d. Ü.).

Glauben sind«.[27] Sprache ist ein mächtiges Werkzeug, wenn es um gesellschaftliche Kontrolle geht: Mit der Unterdrückung von Sex wurden mit dem Körper verbundene Begriffe tabuisiert. Denn wie sollen wir schließlich an unserer Sexualität und an unserem Körper Freude haben, ganz ohne Scham, wenn genau die Wörter, die wir benutzen, um darüber zu sprechen, darüber zu denken oder zu schreiben, als schmutzig angesehen werden? Ellis Cashmore ist überzeugt, dass die Verbannung von *cunt* in die Schmuddelecke das Ergebnis von sexueller Massenzensur und dem Aufstieg von »Anstand« war: »Mit den Regeln kam das Benehmen, und mit dem Benehmen kam die Höflichkeit, und mit der Höflichkeit kam der Anstand, und das Wort *cunt* bezog sich auf Teile des Körpers, die weggeschlossen, die verborgen wurden.«[28] Besonders die weibliche Sexualität war Zensur und Bestrafung ausgesetzt, und *cunt* war ein deutliches Symbol all dessen, was die puritanische Herrschaft zu unterdrücken versuchte.

Mit dem 17. Jahrhundert war *cunt* zu etwas ganz und gar Schockierendem geworden, und einer, der geradezu in der mittlerweile köstlich-abartigen Umarmung des Wortes schwelgte, war John Wilmot, der Earl of Rochester (1647–1680). Rochester war ein englischer Dichter und Höfling von König Karl II. Er war der Inbegriff von Ausschweifung und sexuellem Exzess und strotzte nur so von »Fuck you, ich mach, was ich will«. Oliver Cromwells Parlament hatte versucht, Sexualität einzudämmen, und als diese puritanischen Dämme nach dessen Tod brachen, da surfte Rochester für alle sichtbar die nun sich Bahn brechende, durch sexuelle Unterdrückung aufgestaute Flutwelle. Geoffrey Hughes beschrieb Rochester einmal sehr treffend als glücklich »in einer Welt, in der sich alles auf Schoßhöhe abspielt«.[29]

Wilmots Gedicht *Advice to a Cuntmonger* (»Rat an einen Zuhälter«) beginnt wie folgt:

Beständig bleibt des Stechers Glück
Pflegt er die Fotzen, die er pflügt,
Krank ist des schlimmen Tarseholes* Schaft noch
Gicht und Fisteln drin im Arschloch.[30]

Er beschreibt die Anziehungskraft, die eine Liebhaberin auf ihn auswirkt, so: »Was mich da auch berühren mag, es zählt nicht so genau,/Ob Hand, ob Fuß, ganz Fotze ist die Frau« (1680). Rochesters Stück *Sodom* von 1684 enthält Figuren wie »Königin Cuntigratia« und deren Magd »Cunticula«. Sein *Ramble in St James's Park* (1672) wartet mit acht *cunts* auf, während er immer eifersüchtiger wird auf die anderen Liebhaber seiner Herrin.

Ist deine Fotz' dann endlich satt
Getränkt vom Saft der halben Stadt,
Schlürft sie zum Nachtisch hinterher
Mein Quäntchen Sperma auch noch leer.

Ein andres Mal dann vollgefressen
Und voll von Schleim, den wie besessen
Deine gierig Fotze wieder
Sich stahl von Pförtner oder Diener.[31]

Es ist verlockend, Rochesters Werk als Fest der Sexualität zu lesen, aber da gibt es eine große Wut und einen beträchtlichen Hass auf Fotzen und ihre Besitzerinnen. In *Sodom* definiert Rochester *cunt* als »vulgäres, ekelhaftes Spülbecken der Liebe« und behauptet »die, die eine Fotze hat, wird zur Hure«. Seine Lyrik ist voll von herabwürdigender, grotesker Beschreibungen von krankheitsbefallenen,

* König Tarsehole von Gomorrha, eine Figur aus Wilmots Stück *Sodom*.

schütteren, bissigen, bösartigen *cunts*. In *A Ramble in St James's Park* wird Rochesters Hass auf die von ihm begehrten Frauen (und deren Genitalien) auf die anderen Männer projiziert, die er als »unterwürfige Köter« auf ihrer Jagd nach *cunts* verachtet.

Die stolze Schlampe führt sodann
Die demütigen Köter an
Die ganze unterwürf'ge Rotte
Auf Jagd nach köstlich salz'ger Grotte.[32]

Mit dem 17. Jahrhundert setzte außerdem die Verwendung von *cunt* als abfälligem Sammelbegriff für Frauen ein, und zwar besonders für sexuell aktive Frauen – ganz ähnlich den charmanten heutigen Bezeichnungen *pussy* (1699) oder *clunge* (2008). Samuel Pepys schreibt 1665 über ein Pulver, das »die *cunts* der ganzen Stadt« anziehen würde, eine Ballade aus dem Jahr 1675 warnt: »*Cunts* aus der Stadt sind ein gefährliches Vergnügen.«[33]

Bis zum 18. Jahrhundert war aus *cunt* ein obszönes und hässliches Wort geworden. In seinem *Classical Dictionary of the Vulgar*

Abbildung aus *The School of Venus, or the Ladies Delight*, 1680.

Tongue (1785) schreibt Francis Grose, *cunt* sei »ein böses Wort für eine böse Sache« und verwendet stattdessen die Bezeichnung *monosyllable*, »die Einsilbige«.[34] Ziemlich schamhaft für einen Mann, der »Mrs Fubbs Salon«, »Buckingers Stiefel«, »Stummelschwanz« und »Hummerreuse« als Synonyme für die »Waren einer Frau« anführt. *Cunny*, abgeleitet von *cunt*, und *quim* werden im 18. Jahrhundert Bestandteile des allgemeinen Sprachgebrauchs. John Clelands Porno *Fanny Hill* (1748) war komplett *cunt*-freie Zone, Cleland prahlte, er habe es geschrieben, ohne auch nur ein einziges böses Wort zu verwenden. Der jährlich erscheinende Almanach der Londoner Sexarbeiterinnen, *Harris's List* (1757–1795), traut sich ebenfalls nicht an *cunt* ran, er spricht lieber von »moosigen Grotten« und »Venushügeln«.[35]

Ein Schriftsteller aus dem 18. Jahrhundert verwendete *cunt* jedoch gerade wegen des Schockfaktors, und das war der Marquis de Sade (1740–1814). Bei ihm gibt es kleine *cunts*, gefickte *cunts*, offene *cunts*, hübsche *cunts*, berüchtigte *cunts*, blutbeschmierte *cunts*, gebumste, geleckte und gemeine *cunts*. Man nehme ein x-beliebiges Buch des Marquis de Sade und schüttele es – garantiert purzelt da eine *cunt* heraus. Sade ist eine *Cunt*-Piñata. Seine *Philosophie dans le Boudoir* (*Die Philosophie im Boudoir*, 1795) enthält etwa folgendes Juwel:

> Als Nächstes werde ich meinen Schwanz in ihrem Anus einquartieren; dein Arsch wird mir von Nutzen sein, er wird den Platz der Fotze einnehmen, die sie mir gerade noch unter die Nase gehalten hat, und mit ihrem Kopf zwischen deinen Beinen bekommst du nun, was sie gerade noch bekam. Ich lecke dir das Arschloch, so wie ich ihr gerade die Fotze geleckt habe, du entlädst dich, genau wie ich, und währenddessen liegt meine Hand auf dem lieben, süßen, hübschen, kleinen Körper dieser reizenden Novizin und kitzelt unermüdlich ihre Klitoris, damit auch ihr die Sinne schwinden vor Lust.[36]

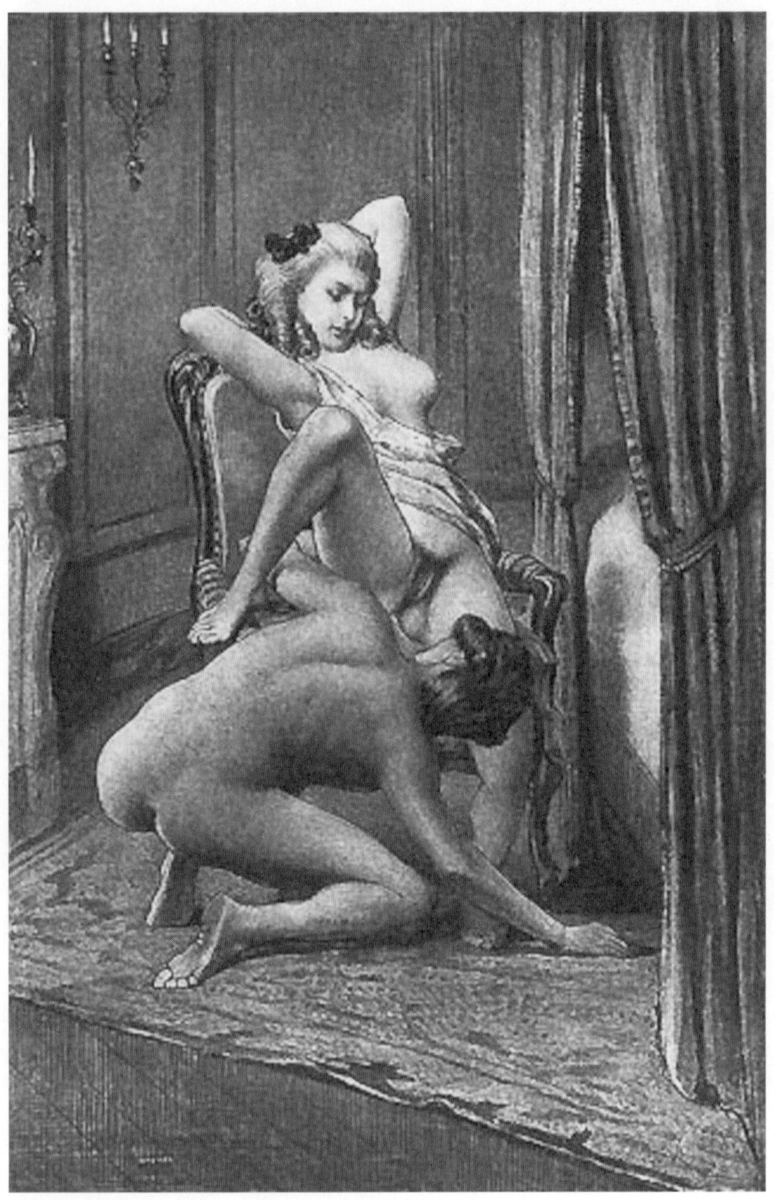

»Les charmes de Fanny exposés« (Tafel VIII) aus *Fanny Hill*, 1766.

Sade hatte Vergnügen an extremer, von der Norm abweichender Pornografie, und der wiederholte Gebrauch des Wortes *cunt*, der ganz im Gegensatz steht zu den putzigen Euphemismen in *Fanny Hill*, zeugt von dessen Aufstieg zum anstößigsten Wort der westlichen Welt.

Doch wenn die prüde viktorianische Oberschicht auch in dem Ruf steht, sexuell verklemmt gewesen zu sein, Pornografie bahnte sich ihren Weg wie der Fluss aus Schleim in *Ghostbusters II*. Ohne Zweifel war *cunt* ein durch und durch obszönes Wort. Aber genau deshalb ächzt die viktorianische Erotikliteratur auch dermaßen unter dem Gewicht von *cunts*. Erotikromane wie *The Lustful Turk* (1828), *The Romance of Lust* (1873), *Early Experiences of a Young Flagellant* (1876) von Rosa Belinda Coote, *The Mysteries of Verbena House* (1882) von Etonensis, *The Autobiography of a Flea* (1887) und *Venus in India* (1889) von Captain Charles Devereaux gleichen einem C-Bomben-Blitzkrieg. *The Pearl* war eine pornografische Zeitschrift, die in London von 1879 bis 1880 erschien, als man sie wegen der Veröffentlichung obszönen Materials einstellte. Die meisten Ausgaben enthalten eine Sammlung von Scherzgedichten oder »Kinderliedern«, die viel Spaß mit *cunt* haben:

Eine Fotze, aus Lehm gemacht,
Das hat ein Mann aus Bombay vollbracht,
Doch sein Schwanz glich bald einem Tiegel,
Und machte daraus ’nen Ziegel,
Und seine Vorhaut verlor die Schlacht.

Da war mal ein Mädel, das kratzte
Sich in der Küche die Fotze,
Ihr Vater, der gute, rief »Filzläuse, Ute!«
»Oh Papa, es juckt so, ich platze!«[37]

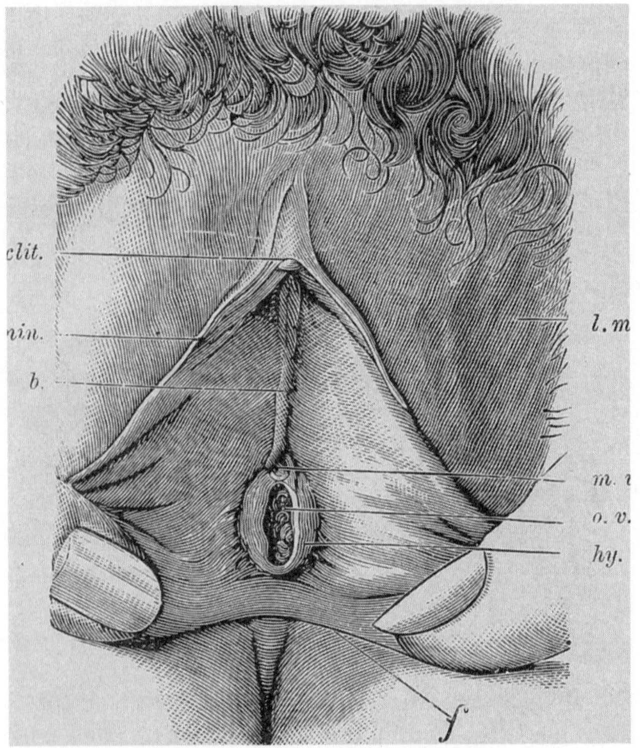

Lawson Tait, *Diseases of Women and Abdominal Surgery*, 1877.

Im 19. Jahrhundert dann wird *cunt* zunehmend als allgemeine Beleidigung benutzt. Laut *Oxford English Dictionary* stammt die erste bekannte Verwendung des Wortes als Diffamierung aus dem Jahr 1860: *And when they got to Charleston, they had to, as it wont/Look around to find a chairman, and so they took a Cunt.* (»Und als sie nach Charleston kamen, mussten sie, so ist es Brauch, einen Vorsitz finden, und sie wählten also eine Fotze«).[38]

Der vielleicht bedeutendste *Cunt*-Moment des 20. Jahrhunderts war das Verbot von D. H. Lawrences *Lady Chatterley's Lover* (*Lady Chatterleys Liebhaber*, 1928) und der sich anschließende Gerichtsprozess. Das Buch enthält vierzehn *cunts* (und vierzig *fucks*). Als Gerald Gould 1932 eine überarbeitete Ausgabe rezensierte, stellte er fest, dass »Passagen notwendigerweise gestrichen« wurden, »die für den Autoren unzweifelhaft größte psychologische Bedeutung besaßen – so groß, dass er dafür Verleumdung und Unverständnis und Zensur in Kauf nahm«.[39]

Das Buch war eine Sensation, nicht allein wegen der anschaulichen Beschreibungen von Sex und weiblicher Lust, sondern weil hier Sex eingesetzt wurde, um Klassengrenzen niederzureißen. Sex ist einer der größten Gleichmacher, und bei allen Titeln, Reichtü-

Invocation à l'amour, 1825.

mern und Privilegien – Lady Constance Chatterley hat eine *cunt*: Sie ist ein sexuelles Wesen. Sexuelles Verlangen und Lust verstehen nichts von Klassensystemen. Lawrence verwendet das Wort *cunt* durchgehend, denn es ist das einzige Wort, das es vermag, die sehnsuchtsvolle, fundamentale sexuelle Begierde von Constance auszudrücken und gleichzeitig die Ansprüche einer Gesellschaft zu unterwandern, die in Frauen lediglich geschlechtslose Ehegattinnen und Mütter sah. Lawrences Gebrauch des Wortes ist empörend, aber gleichzeitig unheimlich sanft und leidenschaftlich; für ihn ist *cunt* etwas wirklich Wundervolles. Eine der Schlüsselszenen im Roman ist die, in der Mellors Constance den Unterschied zwischen *cunt* und *fuck* beibringt:

> »Du bist eine feine Fotze, oh ja. Die beste der Welt. Wenn es dir nur gefällt! Wenn du willig bist!«
> »Was ist ›Fotze‹?«, fragte sie.
> »Wie, das weißt du nicht? Fotze! Das bist du da unten. Und was ich fühle, wenn ich in dir bin, und was du fühlst, wenn ich in dir bin. Da unten eben.«
> »Da unten eben«, neckte sie. »Fotze! Also, das Gleiche wie ficken?«
> »Nein, nein! Ficken ist das, was man macht. Tiere ficken. Aber Fotze, das meint viel mehr als das. Das bist du, verstehst du? Und du bist viel mehr als ein Tier, oder nicht? Auch beim Ficken. Fotze! Ah, das ist all deine Schönheit, Mädchen!«[40]

Cunt: that's the beauty of thee, lass! – Ich glaube, ich habe noch keine schönere Definition von *cunt* gehört. Lawrences Bemühungen und einer Jury zum Trotz, die immerhin zugegeben hat, dass ein Werk vollgestopft mit *cunts* einen künstlerischen Wert haben kann, muss *cunt* traurigerweise erst wieder in die feine Gesellschaft zurückgeführt werden. James Joyce benutzt eine *cunt* in *Ulysses* (1922) und nennt das Heilige Land *»grey sunken cunt of the world«*[41] (»graue versunkene Fotze der Welt«). (In den privaten erotischen Briefen an seine Frau Nora, die er entzückenderweise *fuck bird* nennt, verwendet Joyce *cunt* recht freizügig.) Die amerikanischen Beatpoeten mögen den Schockeffekt, den *cunt* hat. In *Howl* (*Das Geheul*, 1956) schreibt Ginsberg von einer *»vision of the ultimate cunt«*,[42] einer »Vision von der ultimativen Fotze«. Erst 1971 schafft es *cunt* ins Mainstream-Kino, und zwar in *Carnal Knowledge (Die Kunst zu lieben)* mit Jack Nicholson und Ann-Margret. Jonathan Fuerst, gespielt von Nicholson, schreit Bobbie (Ann-Margret) an: *»Is this an ultimatum? Answer me, you ball-busting, castrating, son of a cunt bitch!«*[43] (»Soll das ein Ultimatum sein? Antworte mir, du verdammte eierzerquetschende, kastrierende Scheißfotze!«) In *The Exorcist* (1973) kommt zweimal das Adjektiv *cunting* vor (z. B. *cunting daughter*). Es gibt noch eine dritte *cunt*, die aber herausgeschnitten wurde, und zwar da, wo die geplagte Regan ihrem Arzt sagt, dass er seine Finger von ihrer Fotze lassen soll.[44] Bemerkt? Die einzige *cunt*, die aus dem Film geschnitten wurde, war die, die tatsächlich Vulva meinte. Das gilt übrigens für die meisten Fotzen im Kino – das Wort wird bei Weitem öfter zur Beleidigung verwendet als zur Beschreibung der Genitalien.

Mit dem Voranschreiten des 20. Jahrhunderts verfestigte sich die Rolle von *cunt* als machtvolle Beleidigung weiter. Das *Oxford English Dictionary* nahm *cunt* erst in den Siebzigerjahren auf. Im Jahr 2014 allerdings wurde dem *OED* unter diesem Eintrag *cunty, cuntish, cunted* und *cunting* hinzugefügt. *Cunty* wird definiert als »höchst unangenehm und unerfreulich«; *cuntish* bedeutet »unangenehme Person oder unangenehmes Verhalten«; *cunted* heißt »betrunken sein«, und *cunting* ist eine Verstärkung und bedeutet »sehr«.[45] Kein Zweifel, *cunt* ist ein sehr vielseitiges Wort (als Substantiv, Adjektiv und Verb), aber es erregt noch immer Anstoß. 2016 erstellte Ofcom (die britische Medienaufsichtsbehörde) eine Rangliste von Schimpfwörtern gemessen an deren Schlagkraft, und *cunt* landete auf dem ersten Platz.[46] Das British Board of Film Classification (entspricht etwa FSK in Deutschland) entschied, dass *cunt* nur wiederholt in Filmen auftauchen darf, die ab achtzehn sind.

Auch das Verhältnis zwischen *cunt* und Feminist*innen ist angespannt, man ist sich uneinig, ob das Wort Empowerment bedeutet oder Erniedrigung. Verschiedene feministische Bewegungen haben bereits versucht, sich *cunt* wieder anzueignen. Judy Chicago beispielsweise führte die »Cunt Art«-Bewegung der Siebzigerjahre an und zeigte Kunst, die ganz offensiv *cunts* einsetzte, um die prüden Einstellungen rund um weibliche Sexualität aufzumischen. Inga Muscios Buch *Cunt: A Declaration of Independence* (1998) inspirierte eine Bewegung namens »Cuntfest«, und 1996 feierte das Theaterstück *The Vagina Monologues (Die Vagina-Monologe)* von Eve Ensler Premiere am HERE Arts Centre in New York. In diesem Stück sprechen verschiedene Figuren über ihre Selbstwahrnehmung, ihre Sexualität und ihr Verhältnis zu ihren Vaginen. Einer dieser Monologe trägt die Überschrift *Reclaiming Cunt* (etwa: die Fotze zurückerobern) und ist eine regelrechte *Cunt*-Tour-de-Force (in der deutschen Version des Stücks mit »Fotze« übersetzt):

> Ich liebe dieses Wort
> Ich kann es nicht oft genug sagen
> Ich kann nicht aufhören, es zu sagen
> Du fühlst dich irgendwie unwohl am Flughafen?
> Sag einfach FOTZE und alles ändert sich
> »Was haben Sie gesagt?«
> »Ich sagte FOTZE, ganz genau, ich sagte FOTZE, FOTZE, FOTZE, FOTZE.«
> Das fühlt sich so gut an.

Versuch das mal. Los. Na los.
FOTZE
FOTZE
FOTZE
FOTZE.[47]

Das Publikum wird ermuntert, im Chor CUNT zu rufen und die Sprengkraft des Wortes zu fühlen. Die Vagina-Monologe waren ein Meilenstein im feministischen Theater. Aber obwohl ich ganz bei Ensler bin und genau wie sie finde, dass es sehr therapeutisch sein kann, an der Ryanair-Gepäckausgabe CUNT zu brüllen, so hat ihre Arbeit leider doch nicht die großflächige Neuverhandlung des Wortes losgetreten, auf die wir so gehofft hatten. Vielleicht befindet sich *cunt* mittlerweile jenseits aller Rückaneignungsmöglichkeiten. Dennoch, es bleibt ein zutiefst kraftvolles und besonderes Wort.

Die Bezeichnungen für das weibliche Genital neigen dazu, klinisch zu sein (Vagina, Vulva, Pudendum etc.) oder aber kindlich (Muschi, Mumu, Kätzchen etc.), unverbindlich (da unten, untenrum etc.), stark sexualisierend (Lustgrotte, Fickloch etc.) oder brutal (Axtwunde, Schlitz, Penisfalle etc.). Außerdem beziehen sich die Bezeichnungen oft auf unangenehme Gerüche, Geschmäcker und Erscheinungen (Fischladen, Metzgerkübel, Wurstetui). Nichts von alledem wird von *cunt* transportiert. *Cunt* ist *cunt*. Die Synonyme für Vulva scheinen immer den Versuch in sich zu bergen, zu leugnen, worum es eigentlich geht – unser Genital ist kein Schmuckkästchen und keine Pflaume. Leider wurde nicht nur das Wort *cunt* zensiert, sondern auch die Fotze selbst so lange kulturell zurechtgestutzt, dass wir nun das Gefühl haben, dass nur solche Fotzen zulässig sind, die getrimmt, gewachst, operativ verkleinert, aufgehübscht, mit parfümierten Reinigungsprodukten gewaschen und mit Glitzer serviert werden. Die weibliche Genitalchirurgie boomt, und wir können uns jetzt die Vulvalippen abschneiden, das Hymen rekonstruieren und einen Duftbaum installieren lassen (Scherz). Ist es da ein Wunder, dass wir nicht mit der Direktheit von *cunt* umgehen können und lieber »da unten« sagen? *Cunt* wird vielleicht niemals die stille Treppe verlassen dürfen, aber sie ist mit Sicherheit bei Weitem weniger ausfallend als das Synonymangebot. Und während die Leute darauf beharren, dass wir Vagina oder Vulva sagen, um ja keinen Anstoß zu erregen, sollten wir uns daran erinnern, dass wir damit eigentlich auch nur Scheide meinen – ein Schwanzbehältnis, einen Schlafrock für das Würstchen.

Cunt mag also als Beleidigung eingestuft werden, aber das Wort ist uralt und ehrlich. Außerdem ist es das Original, alles andere kam später.

Willkommen im #TeamCunt.

SEX
UND
VULVEN

Nach Perlen tauchen

Eine Geschichte der Klitoris

Wenn du nicht gerade ein gesellschaftlicher Spätzünder bist, der immer noch denkt, dass Frauen Gebärmütter auf zwei Beinen sind, die sich aufs Kuchenbacken und Sockenstopfen konzentrieren sollten, dann sind wir uns bestimmt darin einig, dass der Feminismus ein paar wirklich wunderbare Dinge hervorgebracht hat. Frauen können heute wählen, Bankkonten eröffnen und Käse aus ihrer eigenen Milch machen, ohne dabei von patriarchalen Milchwirtschaftsbossen belästigt zu werden. Ohne Zweifel, Frauen haben es weit gebracht. Aber da ist dieser eine Bereich, in dem der Feminismus noch immer kläglich versagt. Wo der allmächtige Penis weiterhin unangefochten über die Vulva herrscht – und das ist der Sexslang. Egal wie viele Slangausdrücke einem für die Klitoris einfallen, für Penis, Hoden und Sperma sind es tausendmal mehr. Klar, für Vulva gibt es viele umgangssprachliche Ausdrücke, aber sie grenzen nur selten die zahlreichen wichtigen Lustzonen voneinander ab, die sich in dieser Wundertüte befinden: Klitoris, Muttermund oder auch der berühmte G-Punkt, beispielsweise. Es heißt immer nur Muschi, Möse, Spalte und so weiter. Ich bin mir nicht einmal sicher, ob es überhaupt Ausdrücke für die Gebärmutter oder die Eierstöcke gibt (wie wäre es mit »Babyhöhle« oder »Damenkugeln«?). Das gesamte Männer-Stammtisch-Repertoire an derber sexueller Umgangssprache feiert die Vulva für die Lust, die sie dem allmächtigen *rod* (1591; »Rute«, »Stange«)

bereitet. Das Nichtbeachten der Klitoris, deren einzige Funktion darin besteht, ihrer Besitzerin Lust zu verschaffen, spricht Bände. In der westlichen Kultur wurde die Klitoris übersehen, weil weibliche Lust im Vergleich zur männlichen in unserer Geschichte immer nur die zweite Geige gespielt hat. Wörtlich und sinnbildlich gesprochen hat die Klitoris nie genug Aufmerksamkeit bekommen.

Nehmen wir zum Beispiel einmal die allseits beliebte Enzyklopädie der Vulgarität, *Roger's Profanisaurus*, erschienen 1998. Das Werk enthält über 2500 Slangausdrücke und führt alle möglichen Obszönitäten auf, von *purple headed yoghurt warrior* (»lilaköpfiger Joghurt-Krieger«, Penis) bis *growling at the badger* (»den Dachs anknurren«, Cunnilingus). Aber in diesem ganzen verdammten Teil gibt es nur fünf Ausdrücke für die Klitoris: *boy in the boat, bell, button, fanny flange* und *sugared almond*[1] (»Junge im Boot«, »Glocke«, »Knopf« bzw. »Taste«, »Muschiflansch«, »Zuckermandel«). Sogar die letzte Überarbeitung der *Profanisaurus*-Reihe, *Hail Sweary* (2013), die sich damit brüstet, »4000 neue schlimme Wörter und Gotteslästerungen« zu enthalten, bringt es gerade einmal auf fünf jämmerliche Einträge zur Klitoris. *Beanis* (von *bean*, Bohne, also eine Bohne, die einem Penis ähnelt), *clock* (in Anlehnung an *cock*, Schwanz, und somit noch einmal ein großer Klitoris-Schwanz-Hybrid) und *panic button* (»Notfallknopf«) – darunter wird noch auf *wail switch* (etwa »Stöhnschalter«) und *clematis* verwiesen. Das bedeutet, auf Klitoris entfallen insgesamt 0,15 Prozent aller Einträge. Dabei ist das Buch muschimäßig nicht gerade ein Leichtgewicht. Tatsächlich enthält *Hail Sweary* nur siebenunddreißig Bezeichnungen für Penis und/oder Hoden, aber sage und schreibe hundertvier für Vulva! Das mag jetzt wie ein Sieg für #TeamCunt klingen, aber die meisten dieser Begriffe sind abfällige Kommentare zu durchweg als unsauber, ungepflegt und schmutzig beschriebenen Vulven. Viele davon nehmen Bezug auf die Vulvalippen: Dönerfleisch,

Schweineohren, Biggles Schal. Die Intimbehaarung steht ebenfalls oft im Vordergrund, zum Beispiel bei den Bezeichnungen Grüffelo oder Terry Waites Schrebergarten.* Auch die Fischanspielungen sind wenig originell und vorhersehbar: Fischladen-Mülleimer, Forellentasche, Lachspastete.[2] Und so weiter und so fort. Trotz der offensichtlichen Besessenheit mit der Allerheiligsten ist der Schwerpunkt des Buches ganz klar phallozentrisch und liegt auf der Lust, die eine Vulva geben kann, und nicht darauf, welche sie zu empfangen vermag. Vielleicht wirkt es jetzt so, als hätte ich den *Profanisaurus* besonders auf dem Kieker, aber der umgangssprachliche Wind, der die Klitoris umweht, ist überall gleich.

Dieses Kapitel konzentriert sich auf die westliche Faszination für die Klitoris und auf die endlosen Versuche von Ärzten, sie zu verstehen und zu »reparieren«. Da weibliche Genitalverstümmelung (*female genital mutilation*, FGM) in Afrika, Asien und im Nahen Osten noch immer ein großes Thema ist, müssen wir uns dringend erinnern, welche Rolle der Westen bei diesem barbarischen Brauch spielt. Einige der frühesten Klitorisbeschreibungen stammen aus dem antiken Griechenland und entspringen Schilderungen von Genitalverstümmelung, die mutmaßlich in Ägypten vorgenommen wurden.** Einer der ältesten erhaltenen Nachweise von FGM findet man bei dem griechischen Historiker und Geografen Strabon (etwa 64 v. Chr.-24 n. Chr.), der behauptete, die Ägypter würden bei jedem Kind, das geboren würde, »die männlichen beschneiden und

* Terry Waite wurde 1987 im Libanon entführt und vier Jahre lang gefangen gehalten. Die Bezeichnung *Terry Waite's allotment* für Vulva spielt also darauf an, dass diese Vulva so zugewachsen ist wie Waites fiktiver Schrebergarten nach dessen vierjähriger Abwesenheit (Anm. d. Ü.).

** Frühe Autoren wie Hippokrates und Aristoteles schreiben beachtlich viel über die Funktionen der Vulva, es bleibt aber unklar, ob sie dabei auch die Klitoris beschreiben. (Vincent Di Marino und Hubert Lepidi, *Anatomic Study of the Clitoris and the Bulbo-Clitoral Organ*. Cham: Springer International Publishing, 2014, S. 2.)

die weiblichen ausschneiden«.[3] Obwohl mehrere griechische Geschichtsschreiber berichteten, dass die Ägypter Frauen beschnitten, so gibt es doch nur wenige historische Belege aus Ägypten selbst, die Aussagen darüber ermöglichen würden, wie diese zur Klitoris standen – vielleicht haben sie sie herausgeschnitten, vielleicht haben sie sie in Ruhe gelassen, vielleicht haben sie sie wie Mr. Potato Head verkleidet, wir werden es niemals erfahren.*

Galen (etwa 129–216 n. Chr.), der wahrscheinlich einflussreichste unter den griechischen Ärzten, nannte die Klitoris »Nymphe« und nahm an, ihre Aufgabe sei es, den Schoß warm zu halten, wie so eine Art Pudelmütze.[4] Das leuchtete den griechischen Menschen damals absolut ein, denn alle wussten ja, dass Frauen heiß und feucht waren und Männer kalt und trocken. Dieser Überzeugung war auch Galens Zeitgenosse Soranos von Ephesos, der im 2. Jahrhundert n. Chr. in Alexandria und Rom praktizierte. In seiner vierbändigen Gynäkologie-Abhandlung beschreibt Soranos die Anatomie der Vulva recht genau und nennt die Klitoris ebenfalls Nymphe, denn sie liege »versteckt unter den Vulvalippen, ganz so wie sich junge Bräute unter ihrem Schleier verstecken«.[5] Von Soranos stammt eine der frü-

* Ägyptische Quellen zur *lullo-bump* (1995; in etwa »Pimmelbeule«) zu finden, ist sehr schwierig. In *Studies in Ancient Egyptian Anatomical Terminology* (1997) führt James Walker »šd« als einen Begriff für Vulva auf, »sp.ty šd« für die Vulvalippen. Er nennt außerdem das Wort »ḫnn-k3t« in seiner Liste anatomischer Begriffe und übersetzt es zögerlich mit »Klitoris (?)«. (James H. Walker, *Studies in Ancient Egyptian Anatomical Terminology*. Wiltshire: Aris and Phillips, 1997, S. 272.) Ägyptologe Dimitri Meeks schreibt, »Hnn« bedeute »Phallus«, aber im selben Eintrag erwähnt er auch noch »ḫnn-k3t« und übersetzt ebenfalls zurückhaltend mit »Klitoris (?)«. (Dimitri Meeks, *Année Lexicographique*. Paris: Cybèle, 1998, S. 250.) Der Grund für Unsicherheit und Fragezeichen liegt darin, dass »ḫnn-k3t« ebenso gut die Eichel eines Penis sein könnte. (Erik Hornung, *Das Buch der Anbetung des Re im Westen (Sonnenlitanei) nach den Versionen des Neuen Reiches*. Genf, 1975, S. 144, Eintrag 483.) Frustrierend, oder? Natürlich bedeutet das alles nicht, dass die alten Ägypter*innen nichts von der Klitoris wussten, es heißt nur, dass die überlieferten Quellen es nicht bestätigen. Ich möchte Sonja Greer für ihre unschätzbare Hilfe beim Auffinden der Klitoris in altägyptischen Texten danken. Sie hat detaillierte Nachforschungen angestellt und unzählige Übersetzungen für dieses Buch geliefert. Ohne sie wäre ich verloren gewesen.

hesten Beschreibungen »übergroßer« Klitorides und der »Behandlung«, derer diese bedurften. Bitte Zähne zusammenbeißen.

> Zur extrem großen Klitoris, welche die Griechen die »vermännlichte« Nymphe nennen. Die Besonderheit besteht in einer großen vermännlichten Klitoris. Tatsächlich wird berichtet, dass sich ihr Fleisch aufrichtet wie beim Mann und wie auf der Suche nach häufigem Geschlechtsverkehr. Auf folgende Weise wird Abhilfe geschaffen: Mit der Frau in Rückenlage, Beine gespreizt, ist es notwendig, die Klitoris mit einer Zange festzuhalten, sodass der überschüssige Teil sichtbar wird, dann die Spitze mit dem Skalpell abzuschneiden und die entstandene Wunde mit der gebotenen Sorgfalt zu versorgen.[6]

Soranos Arbeit war offensichtlich sehr einflussreich, denn unterschiedliche Varianten dieser Prozedur tauchten nun in zahlreichen medizinischen Texten in der gesamten antiken Welt auf.* Der im 6. Jahrhundert praktizierende byzantinische Arzt Aëtios von Amida baut auf Soranos Arbeit auf und schreibt, die »unverhältnismäßige« Klitoris sei beides, »eine Deformation und eine Quelle der Schande«. Seine sechzehn Bände umfassende Enzyklopädie gibt einen detaillierten und anschaulichen Einblick in dieses furchtbare Verfahren (noch mal tief durchatmen):

> Setze das Mädchen auf einen Stuhl, während ein muskulöser junger Mann sie unterhalb der Schenkel von hinten festhält. Er soll nun ihre Beine öffnen und diese und ihren ganzen Körper ruhig stellen. Der Chirurg steht vor ihr und hält die Klitoris mit einer breiten Zange in

* Zur Vertiefung des Themas FGM in der antiken Welt siehe Mary Knight, »Curing Cut or Ritual Mutilation? Some Remarks on the Practice of Female and Male Circumcision in Graeco-Roman Egypt«, *Isis*, 92.2 (2001), S. 317–38.

> seiner linken Hand, er zieht sie hinaus und schneidet gleichzeitig mit der rechten Hand den Teil oberhalb der Zange ab. Es sollte nach diesem Schnitt ein Stück stehen bleiben von der Länge des Gewebes zwischen den Nasenlöchern, es sollte also nur überschüssiges Material entfernt werden; wie gesagt, der Teil, der abgenommen werden sollte, ist nur der oberhalb der Zange. Da die Klitoris eine hautähnliche Struktur hat und sich stark dehnen lässt, muss man aufpassen, nicht zu viel abzuschneiden, denn so kann es zu Harnfisteln kommen. Nach der Operation wird empfohlen, die Wunde mit Wein oder kaltem Wasser zu behandeln und mit einem Schwamm sauber zu wischen, um dann Weihrauchpulver darüber geben zu können. Saugfähige, in Essig getauchte Verbände sollten angelegt werden, darüber ein in Essig getränkter Schwamm. Nach dem siebten Tag trage Zinksalbe guter Qualität auf. Zusätzlich können entweder Rosenblütenblätter oder ein Genitalpuder aus gebranntem Lehm aufgetragen werden. Folgendes ist besonders gut: Röste und zermahle Dattelkerne und streue das Pulver auf die Wunde; diese Mischung wirkt auch bei wunden Genitalien.[7]

»Übergroße« Klitorides wurden als Minipenis interpretiert und also verantwortlich gemacht für lesbische Liebe und abnormen Sexualtrieb bei Frauen. Diese Überzeugung dominierte unsere kulturelle Haltung zum *sweet spot* bis ins 20. Jahrhundert hinein. Die modernen medizinischen Fachausdrücke hierfür sind Klitorishypertrophie, Megaloklitoris oder Klitoromegalie, und dieses Leiden ist extrem selten.

Aber wenn man sich die Häufigkeit ansieht, mit der hypertrophe Klitorides in historischen Medizintexten auftauchen, dann könnte man meinen, unsere Vorfahrinnen hätten allesamt eine Ausstattung gehabt, die einen Esel vor Neid erblassen lässt. Das war natürlich nicht der Fall, wir müssen also davon ausgehen, dass diese Besessenheit von Klitoris und Sexualität eher kultureller denn biologischer

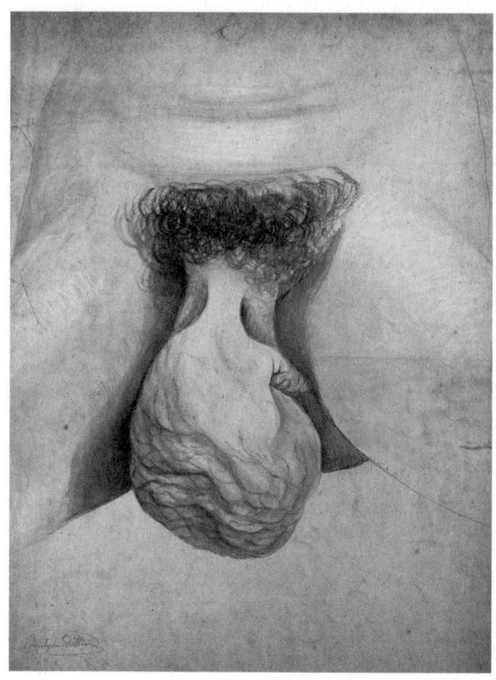

Female Genitalia Showing Severely Diseased Tissue and Hypertrophy of the Clitoris, Aquarell von Christopher D'Alton, 1857.

Natur war. Angesichts der Begeisterung, mit der vorwitzige Klitorides herausgeschnitten wurden, ist es eigentlich nicht verwunderlich, dass die armen Dinger so lange ihre Köpfchen eingezogen haben. Außerhalb der Medizinliteratur der griechisch-römischen Antike wird das *jellyroll gumdrop* (1919; etwa »Biskuitrollen-Weingummi«) nicht viel erwähnt, aber mit ein bisschen Mühe finden wir es.*

* Nicht einmal das *Kamasutra*, entstanden im 3. Jahrhundert n. Chr., erwähnt die Klitoris direkt, sondern spricht stattdessen nur vom *mons veneris*, dem Venushügel. Dennoch, dies ist einer der frühesten Texte, die den weiblichen Orgasmus umfassend erforschten, und das alte Sanskrit selbst enthält einige Begriffe für Klitoris: *yoni-lingam* (Vulva-Penis), *bhagankura* (Spross der Vulva) und, mein persönlicher Favorit, *smara-chatra* (Regenschirm des Gottes der Liebe). Ein Dankeschön an Professorin Wendy Doniger, die so freundlich war, mich durch die Bezeichnungen für Vulva im alten Originalsanskrit des *Kamasutras* zu führen.

Das Wort Klitoris kam erst um das 16. Jahrhundert herum in Gebrauch. Im antiken Griechenland und Rom wurde der »kleine kahle Mann« (1997; *little bald man*) wahlweise Nymphe, Myrtenbeere, Dorn, Zungentasche oder schlicht Tasche genannt.[8] Charmant. Aber noch nicht genug der Komplimente. Die Klitoris oral zu erfreuen, galt als anstößig. Wenn es in der klassischen Literatur um Cunnilingus geht, dann ist das immer etwas Ekliges, etwas, dem sich nur Lesben und Schwächlinge hingeben, deren Erektion sie im Stich gelassen hat. Das führte sogar so weit, dass es zur Beleidigung wurde zu sagen, jemand habe »sich am Y bedient« (*dining at the Y*; 1963). Der griechische Theaterdichter Aristophanes (etwa 446–386 v. Chr.) erwähnt Cunnilingus immer dann, wenn es darum geht, die Lasterhaftigkeit einer Figur herauszustellen.

Römisches Fresko in der Terme Suburbane in Pompeji, 79 n. Chr.

Die Figur des Ariphrades taucht in mehreren Stücken als »Erfinder« von Oralsex auf: »Er weidet sich am Laster, ist nicht nur ein zügelloser Mann und gänzlich verdorben, er erfand sogar eine neue Form des Lasters; er beschmutzt seine Zunge mit grässlichen Freuden.«[9]

Die Römer setzten noch eins drauf und betrachteten allein das Wort Klitoris (lat. *landica*) als unanständig, ganz ähnlich wie heute *cunt.** Cicero spricht von dem »verbotenen Wort«.[10] Es wurde als derart schlimm empfunden, dass es einem tatsächlich lediglich in Graffiti begegnet: »*Fulviae landicam peto*« (»Such die Klitoris von Fulvia«) und »*Eupla laxa landicosa*« (»Eupla, eine labbrige große Klitoris«).[11] Der Dichter und Satiriker Martial (etwa 41–104 n. Chr.) verspottet die Klitoris als »monströsen Schandfleck« und »Auswuchs«.[12] Dieses ganze *big-clit-bashing* mag entmutigen, aber, um es mit der Autorin Melissa Mohr zu sagen, *people swear about what they care about* (die Menschen ziehen über das her, was ihnen wichtig ist). Und es scheint, als wäre den Römern die Klitoris mit ihrer anregenden Wirkung ziemlich wichtig gewesen.[13] Davon abgesehen haben sie wenigstens über die Klitoris gesprochen, denn das hört irgendwie plötzlich auf, als das Mittelalter beginnt.

Es ist nicht ganz fair zu behaupten, die Menschen hätten die Klitoris im Mittelalter vergessen – sie wussten, dass es sie gab und wofür sie gut war (na ja, so ganz grob), aber sie haben die Debatte der Schwergewichte der griechisch-römischen Gynäkologie nicht wirklich vorangebracht.** Heute wissen wir, dass wissenschaftliche Forschung ein Verfallsdatum hat, das heißt, dass die Informationen so

* Zur vertiefenden Lektüre darüber, wie »Klitoris« in der Antike als obszöne Beleidigung verwendet wurde, siehe Melissa Mohrs *Holy Sh*T: A Brief History of Swearing* (Corby: Oxford Academic Publishing Ltd, 2013).

** Einen wirklich großartigen Überblick über das medizinische Verständnis der Klitoris im Mittelalter gibt Karma Lochries *Heterosyncrasies: Female Sexuality When Normal Wasn't* (Minneapolis: University of Minnesota Press, 2005), S. 71–102.

schnell aktualisiert werden, dass die Hälfte dessen, was Medizinstudent*innen gelernt haben, obsolet sein wird, wenn sie die Uni verlassen.[14] Die mittelalterlichen Ärzte Europas hingegen glaubten fest an die alte Medizin und dudelten die größten Hits der Gynäkologie noch einige Hundert Jahre länger herunter. Einer der Pilger in Chaucers *Canterbury Tales* (1400) ist ein Arzt, der, so lernen wir, sehr gebildet ist, weil er studiert hat …

> … den alten Asklepios,
> Dioskurides, und auch Rufus,
> den alten Hippokrates, Hali und Galen,
> Serapion, Rhazes und Avicenna,
> Averroes, Gilbertus und Konstantin,
> Bernard und Gatisden und Johannes von Damaskus.[15]

Heißt also, dass auch im Spätmittelalter die aktuellsten Quellen von Chaucers Arzt schon über zweihundert Jahre alt sind. Man stelle sich vor, wie sich ein Arzt mit einem Hackebeil in der einen und einem Medizinhandbuch aus dem 18. Jahrhundert in der anderen Hand über einen beugt … völlig bizarr. Es ist also kein Wunder, dass sich das mittelalterliche Verständnis von Klitorides in ähnlichen Bahnen bewegte wie in der antiken Welt, und zwar: Große sind schlecht, und Lesben mögen sie. Im Mittelalter wurden jedoch auch zeitgenössische arabische Medizinschriften übersetzt und veröffentlicht, die sich als sehr einflussreich erwiesen. Die Arbeiten islamischer Ärzte wie Avicenna (980–1037) und Abulcasis (936–1013) wurden von Gerhard von Cremona (1114–1187) ins Lateinische übersetzt und waren in der westlichen Welt noch bis ins 17. Jahrhundert hinein in Gebrauch.

Auch die arabischen Texte aus dem Mittelalter zeigen sich anhaltend besorgt, was große Klitorides angeht, und empfehlen, sie zu

Eine Frau liebkost eine andere, die ein Wurzelgemüse als Dildo zweckentfremdet, 1900.

stutzen, um jedwede Art lasterhaften Verhaltens einzudämmen, darunter Promiskuität und lesbische Liebe. Abulcasis, oft als »Vater der Chirurgie« bezeichnet, schrieb:

> Die Klitoris kann über ihre von der Natur vorgesehene Größe hinaus anwachsen und damit ein schrecklich entstelltes Aussehen bekommen; bei manchen Frauen erigiert sie wie das männliche Organ und kann zum Koitus gelangen […] auch das sollte weggeschnitten werden.[16]

Avicenna meldete sich ebenfalls zu Wort und behauptete, dass eine große Klitoris bei einer Frau dazu da ist, »den Koitus mit Frauen zu vollziehen, ähnlich wie Männer es tun«.[17] Aber wenigstens erkennt Avicenna die Funktion der Klitoris, Lust zu bereiten, und er ermuntert die Männer, den »Bereich zwischen Anus und Vulva« zu reiben, »denn dies ist der Sitz der Lust«.[18] Glücklicherweise war Avicennas Arbeit sehr einflussreich im gesamten mittelalterlichen Europa, und der Rat, den »Sitz der Lust« zu stimulieren, findet sich in etlichen späteren Texten wieder, zum Beispiel in Wilhelm von Salicetos

Summa Conservationis et Curationis (1285) und in Arnald von Villanovas *De Regimen Sanitatis* (um 1311).[19]

Im Mittelalter gab es keine nennenswerten Neuerungen im Bereich der Gynäkologie, aber die Übersetzung arabischer Texte ins Lateinische brachte eine ganze Reihe neuer Bezeichnungen für den Liebesknopf hervor. Nymphe, Myrtenbeere und *landica* waren immer noch in Gebrauch, aber nun hielten auch *tentigo* und *virga* (beides in Anspielung auf Erektion) Einzug in den medizinischen Fachjargon. *Bobrelle* erscheint im 15. Jahrhundert in England auf der Bildfläche, was so nett nach *bobble* (Bommel) klingt und wahrscheinlich meint, dass sich hier etwas erhebt.[20] *Kekir* stammt ebenfalls aus dieser Zeit. Es wird neben *bobrelle* in Thomas Wrights *Anglo-Saxon and Old English Vocabularies* aufgeführt und bedeutet so viel wie *tentigo* (oder Erektion).[21] Doch abgesehen von diesem Rumgebobbel wird die Klitoris in den erhaltenen mittelalterlichen Quellen nicht ausführlich erörtert. Und wenn das doch einmal vorkam, dann wiederholten die Ärzte des Mittelalters einfach nur die frühere medizinische Meinung und drohten, das arme Ding abzuschneiden. Aber die Renaissance setzte dem Ganzen dann die Krone auf.

Im wahrscheinlich spektakulärsten Fall von Mansplaining in der gesamten Menschheitsgeschichte verkünden zwei Anatomen der Renaissance im Jahr 1559 stolz, sie hätten die Klitoris »entdeckt«. (Langsames Händeklatschen ertönt aus dem Off.) Der italienische Anatom Realdo Colombo (ca. 1515–1559) war Professor für Anatomie an der Universität von Pisa und behauptete in seinem Werk *De re Anatomica*, die *quimberry* (2008; »Fotzenbeere«) sei seine Entdeckung gewesen.* (Aufgepasst, hier geht es um Colombo, nicht um

* Siehe Mark D. Stringer und Ines Becker, »Colombo and the Clitoris«, *European Journal of Obstetrics & Gynaecology and Reproductive Biology*, 151.2 (2010), S. 130–3, <https://doi.org/10.1016/j.ejogrb.2010.04.007>.

Columbo, den Typen im Trenchcoat.) Der Zweitplatzierte in der gynäkologischen Version von *Wo ist Walter?* ist Gabriele Falloppio (1523–1562), bekannt für seine *Fallopian tubes* (Eileiter). Falloppio veröffentlichte 1561 seine *Observationes Anatomicae*, behauptete aber, er habe das Werk bereits 1550 geschrieben und damit als Erster seine Fahne auf Mount Clit gehisst: »Wenn andere hiervon gesprochen haben, dann seid euch gewiss, dass sie es von mir oder meinen Studenten haben.«[22] Natürlich reden beide Männer Blech, denn nicht nur hatten Ärzte damals seit geraumer Zeit von der Klitoris gewusst, auch Frauen hatten schon eine leise Ahnung ihrer Position gehabt.

Colombo und Falloppio »entdeckten« die Klitoris ungefähr so, wie Kolumbus etwa neunundsechzig Jahre zuvor sehr zum Erstaunen der Ureinwohner*innen Amerika »entdeckt« hatte. Aber was waren sie beide stolz auf ihre Entdeckung! Aufgeregt schrieb Colombo:

> Da niemand sonst jene Vorgänge und Funktionsart erkannt hat; wenn es statthaft ist, der Sache, die ich da entdeckt habe, einen Namen zu geben, sollte sie Liebe oder Süße der Venus genannt werden. Ich kann gar nicht sagen, wie sehr mich diese vielen bemerkenswerten Anatomen erstaunen, dass sie es nicht einmal wahrgenommen haben, wo dieses wunderschöne Ding doch so vieles vermag.[23]

Falloppio war sich sicher: »Sie ist so versteckt, dass ich sie als Erster entdeckt habe.«[24] Fairerweise muss man sagen, dass die Behauptung, es hier mit etwas Neuem zu tun zu haben, eher für einen Mangel an medizinischen Informationen spricht, als dass es die Arroganz der beiden beweist. Und da Colombo und Falloppio ihre Arbeit auf umfangreiche Autopsien stützten, haben sie am Ende doch neue anatomische Fakten zur »Süße der Venus« geliefert. Okay, Colombo nahm an, die mächtige »Bohne« (1997; *bean*) produziere eine Art Frauensperma, das er »Amor Veneris« nannte, aber wenigstens hat er nicht versucht, sie abzuschneiden. Sie verstanden außerdem, dass die Klitoris ein Organ war, nicht einfach nur ein netter Hubbel zum Reiben, und diese Information war brandneu. Darüber hinaus machten Anatomen in der Renaissance die Bedeutung der Klitoris für Sex und Lust deutlich. Colombo schrieb, seine Entdeckung sei »der Hauptsitz der weiblichen Freude beim Geschlechtsverkehr; wenn du die Frau hier also nicht nur mit deinem Penis reibst, sondern auch mit deinem kleinen Finger berührst, dann wird die Lust ihren Samen in alle Richtungen fließen lassen, schneller als der Wind«.[25] Nach rechts wischen, Ladys.

Um die Dinge noch komplizierter zu machen, entdeckte der niederländische Anatom Reinier de Graaf die Klitoris in seinem bahnbrechenden Werk *De Mulierum Organis Generationi Inservientibus* (1672) erneut wieder und schalt seine Arztkollegen für ihre Ignoranz: »Wir sind extrem überrascht, dass manche Anatomen diesen Teil nicht weiter erwähnen, als würde er im Universum der Natur überhaupt nicht existieren [...] In jedem Kadaver, den wir bisher seziert haben, war er recht gut zu sehen und zu fühlen.«[26] Entscheidend ist aber, dass de Graaf Schluss machte mit diesem ganzen Tentigo-Süße-der-Venus-Nymphen-Quatsch und konsequent »Klitoris« in seinem gesamten Werk verwendete. Das Wort ist etymologisch ein rechtes Rätsel, kommt aber höchst wahrscheinlich vom griechischen *kleiein*, was so viel wie »schließen, zumachen« bedeutet. Dies könnte mit der Tatsache zu tun haben, dass die Klitoris von den inneren Vulvalippen bedeckt wird. Oder aber es bezieht sich auf ältere Theorien, nach denen die Klitoris eine Art Tür war, die den Mutterleib warm hielt.

Die älteste überlieferte Erwähnung des Wortes findet sich in Helkiah Crookes *Mikrokosmographia* (1615), einer Enzyklopädie der

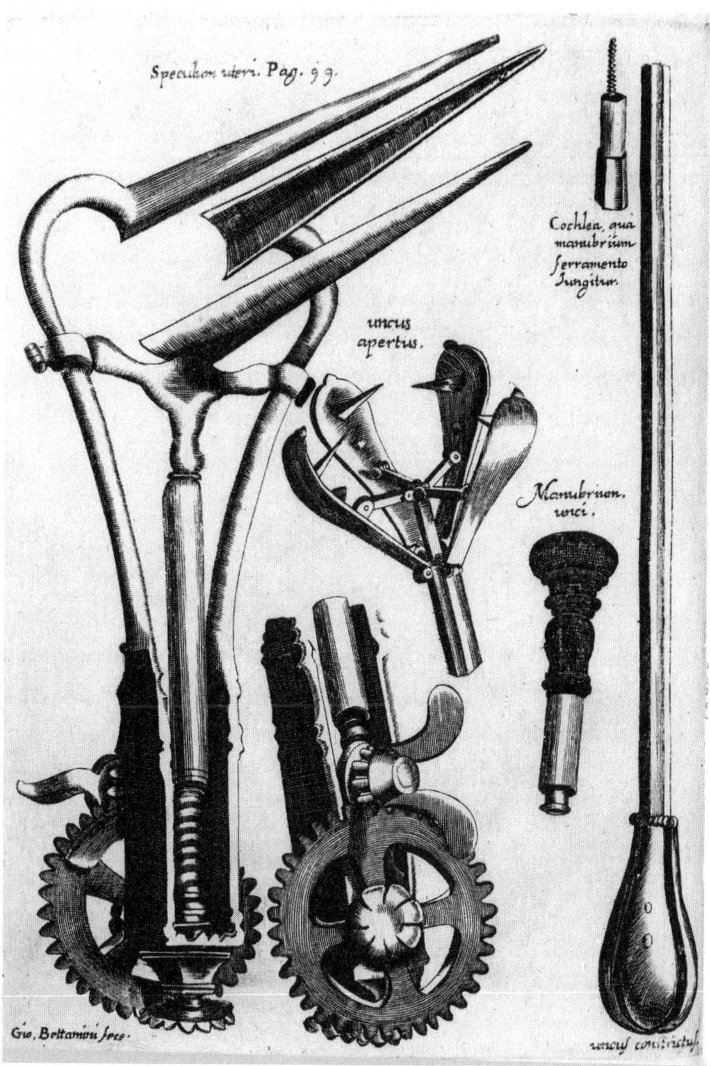

Vaginalspekulum, 1678.

menschlichen Anatomie, in der Crooke Sitz, Aufbau und Muskelstruktur der Klitoris korrekt abbildet.* Und hier beginnt der Aufstieg von »Klitoris«.

Ungeachtet der gigantischen Sprünge in der Medizin des 16. Jahrhunderts, was das Verständnis weiblicher Körperteile anging, setzte sich die Obsession mit hypertrophen Klitorides fort. Im Jahr 1653 nannte der niederländische Arzt Thomas Bartholin die Klitoris *contemptus viorum*, »Verachtung der Menschheit«, denn er glaubte, dass Frauen, die ihre Klitoris übermäßig reizten, zu *confricatrices*, also zu Lesben würden. Bartholin behauptete sogar, von einer Frau zu wissen, die sich derartig an ihrer »Verachtung der Menschheit« vergangen habe, dass diese so lang wie ein Gänsehals geworden sei. (Ein GÄNSEHALS!) Er schrieb:

> Ihre Größe ist normalerweise gering; am Anfang liegt sie größtenteils verborgen unter den Nymphen [Vulvalippen], später ragt sie ein wenig hervor. Denn bei Mädchen, die beginnen, in der Liebe aktiv zu werden, entdeckt sich die Klitoris von allein. Sie ist von Mensch zu Mensch unterschiedlich groß: Bei manchen hängt sie raus wie das Gemächt eines Mannes, nämlich dann, wenn junge Frauenzimmer sie häufig und anhaltend befingern und reiben, wie Beispiele belegen. Dass sie aber auf die Länge eines Gänsehalses heranwächst, wie uns Platerus von einem Fall berichtet, ist doch ganz und gar unnatürlich und abscheulich. Tulpius kennt eine ähnliche Geschichte von einer, halb so lang wie der

* Griechische und lateinische Vorläufer zu »Klitoris« waren seit Rufus von Ephesos (1./2. Jh. n. Chr.) im Umlauf gewesen, der sowohl κλειτορίς (Klitoris) als auch κλειτοριάζειν (»klitorisieren«) in seinen Arbeiten über Anatomie verwendete. Rufus benutzte »klitorisieren« als Verb und meinte damit »die Klitoris stimulieren«. Siehe hierzu Carolyn J. Gersh, *Naming the Body: A Translation with Commentary and Interpretive Essays of Three Anatomical Works Attributed to Rufus of Ephesus* (unveröffentlichte Doktorarbeit, University of Michigan, 2012); Helkiah Crooke, *Mikrokosmographia* (London, gedruckt von William Iaggard, 1615), S. 129.

> Finger eines Mannes und so dick wie der Schwengel eines Jungen, was sie offen für die körperliche Zusammenkunft mit Frauen machte. Je stärker dieser Teil aber wächst, desto mehr behindert er den Mann bei seiner Arbeit. Denn wenn es zur Kopulation kommt, schwillt er an wie das Gemächt eines Mannes und provoziert, derart erigiert, noch mehr Begierde.[27]

Es wäre schön, glauben zu können, Bartholin wäre ein einsamer Spinner gewesen, aber das war bei Weitem nicht der Fall. In Nicolas Venettes anhaltend populärem Sexhandbuch *Tableau de l'amour conjugal* (1686) warnt dieser vor einigen Klitorides, die anschwellen würden zu »einer derartigen Größe, als würden sie den Eintritt verwehren wollen«, und von Vulvalippen, »so lang und widersetzlich«, dass es nötig sei, »sie abzuschneiden, bevor die Mädchen heiraten«.[28] In *A Faithful Catalogue of Our Most Eminent Ninnies* (ca. 1688) attackiert der Earl of Dorset eine gewisse Lady Harvey als räuberische Lesbe und schreibt, ihre *»clitoris will mount in open day«* – was bedeutet, ihre Klitoris sei so groß, dass Lady Harvey sie als Penis benutzen könne.[29]

Sogar Frauen mischten hier mit. Die Hebamme Jane Sharp veröffentlichte 1671 einen wegweisenden Text über Schwangerschaft und Geburt, *The Midwives Book*, und beschreibt dort die Vulva und die Funktion der Klitoris im Detail. Sie führt aus, die Klitoris mache »Frauen begierig und lustvoll beim Beischlaf, und gäbe es sie nicht, dann hätten sie kein Verlangen und kein Vergnügen und würden auch niemals empfangen«.[30] Auf den ersten Blick wirkt das wie ein Gewinn für den »Liebesknopf« (2008), aber auch Sharp warnt vor Klitorides, die »wie das Geschlecht eines Mannes hervorschauen«. Sie macht das Ganze noch schlimmer, indem sie eine kräftige Prise Rassismus hinzufügt und schreibt, dass »unzüchtige Frauen« in Indien und Ägypten ihre großen Klitorides oftmals benutzten wie

»Männer das Ihre«, wenn sie auch noch nicht von einer einzigen englischen Frau gehört haben will, die sich so aufführe.[31] Sie fährt fort:

> In manchen Ländern werden sie so lang, dass ein Chirurg sie abschneidet, um Ärger und Schande zu vermeiden, hauptsächlich in Ägypten; sie bluten stark, wenn sie abgeschnitten werden [...] Seefahrer erzählen, dass sie Negerinnen gesehen haben, die gänzlich nackt herumliefen, und unten hingen diese Flügel raus.[32]

Das markiert den Anfang der westlichen Besessenheit von den Genitalien und der Sexualität von Women of Colour, die bis heute anhält.

Wir wissen nicht, ob dieser medizinische »Rat« rund um die Klitoridektomie tatsächlich befolgt wurde oder was die Frau von nebenan zu alldem gesagt hat, denn deren Stimme ist für uns (leider) verloren. Wir wissen, dass manche Ärzte wegen großer Klitorides besorgt waren, aber wie viel davon am Ende des Tages im Bewusstsein der breiten Bevölkerung ankam, das kann niemand mit Sicherheit sagen.

Es gibt da allerdings umstrittenes Beweismaterial, das uns zur Verfügung steht, wenn wir herausfinden wollen, in welchem Maße medizinische Theorien zu hypertrophen Klitorides die Welt außerhalb der medizinischen Gemeinschaft in der Frühen Neuzeit beeinflusst haben: die Hexen-Prozessakten. Seit Langem weisen verschiedene Historiker*innen darauf hin, dass es sich beim sagenumwobenen *witch's teat** um die Klitoris handeln könnte.[33] Zahlreichen

* Im Deutschen verwenden wir die Bezeichnung »Hexenmal« und unterscheiden diese Male nicht wie im Englischen: *witch's teat* und *witch's mark*. Darum ist dieser Abschnitt recht spezifisch für den englischsprachigen Raum (Anm. d. Ü.).

Verfasser*innen von Online-Artikeln ist diese Idee ein bisschen zu Kopf gestiegen, sie behaupten, mit *witch's teat* sei in der Frühen Neuzeit konkret die Klitoris benannt worden, aber das stimmt nicht. Ein *witch's mark* wurde vom Teufel hinterlassen, um dessen Eigentum zu kennzeichnen (wie bei *Harry Potter* mit dem »Dunklen Mal«), ein *witch's teat* aber war eine Art Nippel, an dem die Hexe Satan in Gestalt eines vertrauten Menschen nuckeln ließ. Der Unterschied zwischen beiden Begriffen ist rein akademisch, denn beide wurden herangezogen, um eine »Hexe« zum Tode zu verurteilen. Absolut alles konnte als Hexenmal identifiziert werden:

Furunkel, Verbrennungen, Warzen, Muttermale, Narben, Hämorrhoiden, einfach jede Art von Hubbel oder Knubbel. Und obwohl sich dieses Mal überall auf dem Körper befinden konnte, wurde es doch regelmäßig auf den Genitalien ausgemacht.

In seinem Hexenjagd-Ratgeber *Daemonologie* von 1597 erklärt James VI. von Schottland (später James I. von England) den Menschen, wo sie nach diesem geheimen Mal suchen sollten:

> Üblicherweise kennzeichnet der Teufel sie mit einem persönlichen Mal, die Hexen haben selbst gebeichtet, dass der Teufel sie mit seiner

T. Norris, *The History of Witches and Wizards*, 1720.

> Zunge an einem geheimen Teil ihres Körpers beleckt, bevor er sie als Dienerinnen empfängt, für gewöhnlich unter dem Haar irgendwo am Körper versteckt, wo es nicht leicht zu entdecken ist, auch nicht bei gründlicher Suche.[34]

Es gibt Berichte darüber, dass dieser Nippel am Hals auftauchte, auf dem Bauch, der Brust und auch bei Männern, in diesen Fällen handelt es sich also ganz klar nicht um die Klitoris. Aber die Ähnlichkeit zwischen den hypertrophen Klitorides, über die sich in medizinischen Texten ausgelassen wird, und den sexualisierten Beschreibungen des *witch's teat* ist nicht zu leugnen, was zu der Annahme führen könnte, dass die Klitoris von übereifrigen Hexenjägern als *witch's teat* interpretiert wurde.

Nachdem die sechsundsiebzig Jahre alte Alice Samuel 1593 als Hexe hingerichtet worden war, untersuchte der Gefängniswärter deren Körper und fand unwiderlegbare Beweise für ihre Schuld.

> Auf dem Körper der alten Frau Alice Samuel fand er eine kleine fleischige Beule, die hervorragte wie eine Zitze, etwas über einen Zentimeter lang; was er und seine Frau erkannten, war, dass sie nicht auf den ersten Blick auffindbar sein sollte, denn sie befand sich nahe einem sehr geheimen Ort, der zu sehen nicht schicklich war.[35]

In einem letzten Akt der Demütigung wurde der Körper der armen Alice öffentlich zur Schau gestellt, damit die Menschen selbst deren Genitalien inspizieren konnten. Im Jahr 1619 beichtete Margaret Flowers, sie habe eine schwarze Ratte, die an der Zitze im »inneren Teil ihres Geheimnisses«[36] sauge. 1665 wurde Margaret Moone vom selbst ernannten »Hexenfinder-General« Matthew Hopkins befragt. Die arme Margaret war eines von Hopkins' zahlreichen Opfern, die seiner Einschätzung nach »lange Zitzen oder Wucherungen in ihrem Schoß, an denen scheinbar kürzlich gesaugt wurde«, hatte.[37] In Bury St. Edmunds machte man 1665 die Entdeckung, dass die betagte Rose Cullender drei Zitzen in ihrer Vulva hatte. Eine sah so aus, »als habe jüngst jemand daran gesaugt, und zog man daran, trat eine weiße milchige Substanz aus«[38]. All diese Frauen wurden wegen Hexerei hingerichtet. Wir werden nie erfahren, was genau diese Zitzen waren, aber deren Beschreibung als lange, fleischige Ausbuchtungen der Vulva, an denen Dämonen saugen, um der Hexe Lust zu bereiten, erinnert doch stark an die bekannten irrationalen Ängste vor langen Klitorides.

Am Ende des 16. Jahrhunderts war die Klitoris-Katze wirklich und wahrhaftig aus dem Sack, und das nicht nur in medizinischen Texten oder im wirren Gefasel von Hexenjägern. Sie war als Organ an-

Richard Boulton, *The Witches of Warboyse*, 1720.

erkannt, und zwar als eines, das Lust bereitete. Sogar gelacht hat man über sie. Unser aller liebster vulgärer Adliger, John Wilmot, zweiter Earl of Rochester, nennt eine seiner Figuren in *The Farce of Sodom, or The Quintessence of Debauchery* (1689) »Clitoris«. Clitoris ist ein Hoffräulein, das seine Königin Cuntigratia regelmäßig zum Orgasmus bringt. Und der als schlimmer Finger bekannte Sir Francis Fane machte Scherze über *cunt bay* und *pier clitoris* in der Stadt Bath.

Im 18. Jahrhundert boomte die Druckindustrie. Produktions- und Vertriebsmethoden wurden verbessert, die Kosten fielen, und die literarischen Erzeugnisse nahmen zu – Zeitungen, Zeitschriften, Jahrbücher und kostengünstige Flugblätter für die Massen. Und wo die Technik voranschreitet, da lässt der Sex nicht lange auf sich warten, also begann der Handel mit erotischer Literatur bald ähnlich zu florieren. Die pornografische Literatur aus dem 18. Jahrhundert bietet eine sehr willkommene zweite Meinung zu den Skalpell schwingenden Ärzten und deren Auffassung von Klitorides.* Nicolas Choriers *Die Gespräche der Aloisia Sigaea* (Erstveröffentlichung auf Latein um 1660, Anm. d. Ü.) ist der fiktive erotische Austausch zwischen einer MILF und deren Magd, wobei die ältere der beiden Frauen der jüngeren alles über Sex beibringt. Ein Teil dieser Lektionen behandelt die Klitoris. Hurra!

> Zum oberen Teil der Fotze hin gibt es ein Ding, das Klitoris genannt wird, sie ist ein wenig wie der Schwanz eines Mannes, denn sie schwillt an und steht dann aufrecht wie dieser; und wird sie sanft gerieben, zum Beispiel mit seinem Glied, wird sie vor größter Lust einen Saft verspritzen, währenddessen wir wie in Trance geraten, wie in einen Todestaumel, all unsere Sinne sind wie betäubt, alles ist konzentriert auf

* Eine wirklich großartige Quelle zur Pornografie des 18. Jahrhunderts ist Julie Peakmans *Mighty Lewd Books* (Palgrave Macmillan, London, 2014).

> diesen einen Ort, unsere Augen geschlossen, unsere Herzen voller Sehnen, unsere Glieder ausgestreckt, folgt die Auflösung all unseres Seins und ein Schmelzen vor so unaussprechlicher Lust, dass sie niemand, der sie nicht fühlt, auszudrücken oder zu verstehen vermag.[39]

Das Werk des Marquis de Sade ist erwartungsgemäß ein regelrechtes Klitoris-Fest. Und obwohl sich Sade erstaunlich ausgiebig der Klitoris-Folter hingibt, so gibt es hier auch Cunnilingus, Fingereien und jede Menge Clit-Tipps – so wie: »bestehe darauf, dass deine Klitoris gewichst wird, während man es dir von hinten macht« und »Madame, gib dich nicht damit zufrieden, ihr die Klitoris zu lecken, fahre ihr mit deiner lüsternen Zunge in den Schoß«.[40] Was ein vernünftiger Rat für alle ist, ehrlich gesagt.

Ein Genre innerhalb der erotischen Literatur waren die *Merryland Books*, sie erschienen das gesamte 18. Jahrhundert hindurch. In diesen Texten wird der weibliche Körper beschrieben, als wäre er eine Landschaft, die es zu entdecken gilt. Es gibt zahlreiche sich erhebende Hügelchen, moosige Täler und fruchtbare Böden, und ab und zu darf die Klitoris auch mal ran. Wie man sieht, war die Wertschätzung der Klitoris zwar erkennbar gestiegen, doch die medizi-

Hubert François Bourguignon D'Anville und John Cleland, *Memoirs of a Woman of Pleasure*, 1766.

nische Besessenheit von großen Klitorides fand ihren Weg auch zwischen die abgegriffenen Seiten der Pornoliteratur des 18. Jahrhunderts, wo sie dann weiter als Indikator sexueller Abartigkeit fetischisiert wurde.

> In der Nähe der Festung liegt die Metropole CLTRS *[clitoris]*; sie ist ein angenehmer Ort, die Königinnen von MERRYLAND weilen gerne dort, sie ist deren Hauptpalast, oder besser gesagt Freudensitz; am Anfang war sie recht klein, doch die Freuden, die einige der Königinnen dort fanden, hat ihre Grenzen beträchtlich ausgedehnt.[41]

Obwohl große Klitorides mit einer ausgeprägten Libido und Lesbianismus gleichgesetzt wurden, gab es mit dem 18. Jahrhundert und den aufkeimenden Ängsten rund um Masturbation nun auch einen neuen möglichen Grund für einen Gänsehals – Überbeanspruchung durch exzessives *diddling* (1938). M. D. T. de Bienville, ein wenig bekannter französischer Arzt, veröffentlichte 1771 seine Arbeit über die Gefahren der Nymphomanie. Bienville glaubte, Masturbation sei der Grund für diesen bemitleidenswerten Zustand, und warnte, dass Frauen, die masturbierten, bald das »zähmende, ehrbare Joch der Scheu« abwerfen und »schamlos und offen mithilfe der kriminellsten und verkommensten Sprache den Erstbesten bedrängen« würden, ihr »unstillbares Verlangen zu befriedigen«. Tja, wer hat das noch nicht getan? Darüber hinaus war Bienville überzeugt davon, dass Frauen, die an »Furor uterinus«, einer Form von »Hysterie«, litten, deutlich größere Klitorides hatten als »unaufdringliche Frauen«.[42] Auch wenn Bienvilles Arbeit vielerorts verspottet wurde, so war er doch nur einer von etlichen Ärzten zu dieser Zeit, die Masturbation pathologisierten und die Größe der Klitoris als Hinweis darauf betrachteten, ob sich eine Frau einen runtergeholt hatte oder nicht – eine Art Clitmustest, könnte man sagen.

Wenn die Klitoris auch durchaus ihre Fans hatte in der viktorianischen Pornografie, so gab es doch eine kleine, aber lautstarke Gruppe innerhalb der medizinischen Gemeinschaft, die weiterhin ernste Bedenken bezüglich der Klitoris hegte, der Clitmustest überdauerte also bis ins 19. Jahrhundert.* Der französische Arzt Alexandre Parent du Châtelet (1790–1836) beispielsweise untersuchte die Genitalien von über fünftausend Pariser Sexarbeiterinnen und war überrascht, im Gegensatz zur verbreiteten Meinung festzustellen: »Die Genitalien der Prostituierten [...] zeigen keine auffälligen Veränderungen, die ihnen gemeinsam wären, in dieser Hinsicht unterschieden sie sich nicht von denen von verheirateten Frauen makellosen Charakters.«[43] Und: »Es gibt nichts Erwähnenswertes, weder was die Größe noch was die Anlage der Klitorides der Pariser Prostituierten angeht, bei ihnen wie bei allen verheirateten Frauen gibt es Unterschiede, jedoch nichts Außergewöhnliches.«[44] Diese Studie hinderte andere Ärzte leider nicht daran, auch weiterhin ihre Nasen auf der Suche nach Zeichen für sexuelle Verkommenheit in die Angelegenheiten der Frauen zu stecken. Die 1854er-Ausgabe des *Medical Lexicon: A Dictionary of Medical Science* führt das Wort *clitorism* (»Klitorismus«) auf und definiert es als »Wort, erfunden um den Missbrauch der Klitoris auszudrücken. Außerdem eine ungewöhnlich große Klitoris«.[45] Das *American Homeopathic Journal of Gynaecology and Obstetrics* (1885) behauptete, dass »als Beweis von Masturbation« die Klitoris »stark verlängert« und die »Vorhaut hypertrophiert und faltig« sei.[46] Einige Ärzte meinten, für eine hyper-

* Die Anti-Clit-Bewegung hatte jedoch trotz dieser verbreiteten medizinischen Haltung lediglich einen begrenzten Einfluss, denn die viktorianische Erotik zeigt keinerlei Bedenken in dieser Hinsicht. *The Pearl Magazine* (1879–80) macht klitorale Lust regelmäßig zum Gegenstand. Der Erotikroman *Romance of Lust* (1873) enthält nicht weniger als 166 Erwähnungen der Klitoris, alle in positiven und angenehmen Schilderungen. Sogar in der Hommage an gleichgeschlechtliche Liebe, *The Sins of the Cities of the Plain* (1881), geht es darum, Frauen zum klitoralen Orgasmus zu bringen.

trophe Klitoris sei Masturbation verantwortlich, andere dachten, es verhielte sich genau andersrum.

Der berüchtigtste englische Anhänger der Anti-Clit-Brigade war der Gynäkologe Dr. Isaac Baker Brown (1811–1873). Brown war ein weithin angesehener Arzt. Er war Gründungsmitglied des St. Mary's Hospital in London, Fellow des Royal College of Surgeons (Berufsverband der Chirurgen) und wurde 1865 zum Präsidenten der Medical Society of London gewählt. Alles schien perfekt zu laufen für Brown, bis er im Jahr 1866 *On the Curability of Certain Forms of Insanity, Epilepsy, Catalepsy, and Hysteria in Females* veröffentlichte. Dort berichtete Brown von seinen Erfolgen bei der Heilung von Hysterie, Rückenschmerzen, Epilepsie, Unfruchtbarkeit, Lähmung, Erblindung und vielem mehr durch den Einsatz der Klitoridektomie. In einem Fall aus dem Jahr 1863 schnitt Brown einer dreißigjährigen Frau die Klitoris heraus, die eine »große Abneigung gegen ihren Ehemann« entwickelt hatte. Brown nannte die Operation einen »kompletten Erfolg«, die Patientin war nun bereit, ihrer Ehe noch eine Chance zu geben.[47] (Tief durchatmen.)

> Nachdem die Patientin mit Chloroform gänzlich ruhiggestellt wurde, wird die Klitoris entweder mit der Schere oder mit dem Messer großzügig herausgeschnitten – ich bevorzuge stets die Schere. Die Wunde wird daraufhin fest mit einem Druckverband und einem Tupfer verschlossen, gesichert durch eine T-Bandage.[48]

Browns Theorien wurden nicht gut aufgenommen, und 1867 wurde er von der Obstetrical Society of London (Verband für Geburtshilfe) ausgeschlossen. Über seine Anhörung wurde ausführlich berichtet, und Brown war offensichtlich völlig ratlos, warum ausgerechnet er herausgepickt worden war, wo doch so viele seiner Kollegen selbst Klitoridektomien vorgenommen hatten. »Ich behaupte, alle meine

Kollegen hier in diesem Raum haben diese Operation schon durchgeführt […] nicht meine Operation, erinnern Sie sich, meine Herren, sondern eine Operation, die, wie Dr. Haden gezeigt hat, seit Hippokrates' Zeiten durchgeführt wird.«[49] Und da mag er recht gehabt haben. Brown ist vielleicht der Buhmann der viktorianischen Gynäkologie, aber dessen Gemetzel spielte sich nicht in einem Vakuum ab. Ich habe keinen Zweifel daran, dass viele der braven Doktoren, die über Browns Ausschluss entschieden, ebenso schuldig waren wie dieser, wenn sie vielleicht auch weniger darüber geredet hatten. Aber all das konnte Brown nicht retten, seine Karriere erholte sich nie wieder, und er starb 1873 in Armut – wahrscheinlich der einzige Mann in der Geschichte, der es bereut hat, die Klitoris je gefunden zu haben.

Sigmund Freud beschrieb die weibliche Sexualität einmal als »dunklen Kontinent« der Psychologie.[50] Wenn ich bedenke, wie viel Zeit er damit verbrachte, auf selbigem herumzuspazieren, ganz

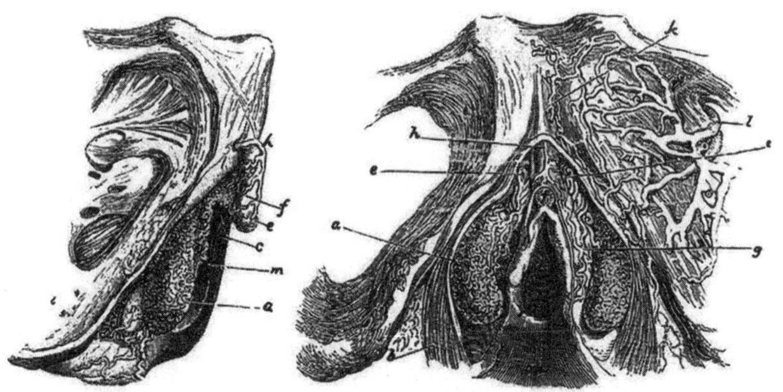

Lateral view of erectile structures of external organs in female (left). Blood vessels were injected, and skin and mucous membrane were removed. *a*, bulbus vestibule. *c*, plexus of veins named pars intermedia. *e*, glans clitoridis. *f*, clitoral body. *h*, dorsal vein of clitoris. *l*, right crus clitoridis. *m*, vestibule. *n*, right gland of Bartholin. Front view of erectile structures of external organs in female (right). *b*, sphincter vaginae muscles. *e*, venous plexus of pars intermedia. f, glans clitoridis. *g*, connecting veins. *k*, veins passing beneath pubes. *l*, obturator vein.

Georg Ludwig Kobelt, *Dissektion der Schambeinregion mit Klitoris*, aus *Die männlichen und weiblichen Wollustorgane des Menschen und einiger Säugethiere*, 1844.

offensichtlich ohne Orientierung und völlig verängstigt von dessen Ureinwohnerinnen, bin ich geneigt, ihm zu glauben.

Eine von Freuds berühmten, wenn auch weniger brillanten Theorien besagte, dass klitorale Orgasmen von sexueller Unreife zeugten. In seinen *Drei Abhandlungen zur Sexualtheorie* (1905) argumentiert Freud, dass die Sexualität des weiblichen Kindes bis zur Pubertät ausschließlich klitoral und maskulin sei, dann müsse es seine »erogene Reizbarkeit von der Klitoris auf den Scheideneingang« übertragen, um reif und weiblich zu werden.[51] Freud hat vielleicht keine Genitalverstümmelungen vorgenommen, aber seine Ideen kamen einem metaphorischen Wegschneiden der Klitoris aus der Vorstellung von gesunder Sexualität im Grunde gleich. Und wenn Freud auch nicht der einzige Arzt war, der zwischen vaginalem und klitoralem Orgasmus unterschied, so war er doch ganz sicher der einflussreichste.*

Eine von Freuds berühmtesten Patientinnen war Prinzessin Marie Bonaparte (1882–1962), die Urgroßnichte Napoleons I. Marie Bonaparte heiratete Prinz Georg von Griechenland und Dänemark im Jahr 1907 und hatte zusätzlich noch etliche Liebhaber, vermochte es aber nie, durch vaginale Penetration zum Orgasmus zu kommen.

Stark beeinflusst von Freuds Theorien und mit einigem wissenschaftlichen Interesse ausgestattet, begann Marie, ihre eigene »Frigidität« zu erforschen. Sie kam zu dem Schluss, dass sie den allgewaltigen vaginalen Orgasmus deshalb nicht erreichte, weil ihre Klitoris zu weit entfernt von ihrer Vagina lag. Dies untermauerte sie noch mit einer Befragung von 243 Frauen und veröffentlichte deren Re-

* Eine hervorragende Quelle für die medizinische Praxis der Klitoridektomie des 19. und 20. Jahrhunderts ist Sarah B. Rodriguez, *Female Circumcision and Clitoridectomy In the United States* (University of Rochester Press, New York, 2014).

Prinzessin Marie Bonaparte (1882–1962).

sultate im *Journal Médicale de Bruxelles* von 1924 unter dem Pseudonym A. E. Narjani. Marie bezeichnete Frauen mit einem kurzen Abstand zwischen Klitoris und Vaginaeingang, die leicht zum Orgasmus kamen, als *paraclitoridiennes* und solche, bei denen dieser Abstand mehr als zweieinhalb Zentimeter betrug und die nur schwer den Höhepunkt erreichten, als *téleclitoridiennes* (dazwischen lagen irgendwo die *mesoclitoridiennes*).[52] Marie wurde 1925 Freuds Patientin, was sie noch weiter in ihrer Überzeugung bestärkte, sie würde nur durch penile Penetration zu Orgasmus und Befriedigung gelangen können (pssst, hört ihr die Lesben lachen?). Das Ende vom Lied war, dass Prinzessin Marie, besessen von dem Thema der reifen und unreifen Orgasmen, im Jahr 1927 den Chirurgen Josef von Halban damit beauftragte, ihre Klitoris in einer Operation näher an den Vaginaeingang zu versetzen. Als der Eingriff nicht das gewünschte Resultat brachte, operierte er sie 1930 noch einmal und ein weiteres Mal 1931. Die bemitleidenswerte Prinzessin Marie kam niemals zu ihrem vaginalen Orgasmus und endete vermutlich mit einem Kitzler, der wie ein loser Knopf an ihr herunterbaumelte. Arme, arme Marie.

Und nicht nur arme Marie. Weil Freuds Theorien zum Unterschied zwischen vaginalem und klitoralem Orgasmus sich bald in der medizinischen Welt festsetzten, wurde Frauen nun regelmäßig erzählt, sie seien sexuell gesehen Loserinnen, wenn sie nur durch klitorale Stimulation zum Höhepunkt kommen könnten. 1934 veröffentlichten Eduard Hitschmann und Edmund Bergler ihr äußerst einflussreiches Werk *Die Geschlechtskälte der Frau. Ihr Wesen und ihre Behandlung.* Dort behaupteten sie: »Das einzige Kriterium der Frigidität ist das Ausbleiben des vaginalen Orgasmus.«[53] 1950 bezeichnete Dr. William S. Kroger Frauen, die »lediglich durch klitorale Stimulation erregbar« seien, als »frigide«. Er führte weiter aus, dass der vaginale Orgasmus die »optimale Art der sexuellen Reaktion« darstelle.[54] In Amerika schickten sich daraufhin zahlreiche Gynäkologen an, die Klitoris operativ von ihrer Vorhaut zu »befreien«, was einer frigiden Frau angeblich ermöglichen sollte, mit ihrem Mann zum Höhepunkt zu kommen. Sogar Alfred Kinsey empfahl diese »sehr einfache Prozedur«: »Mit einem Werkzeug kann der Arzt die Klitoris freilegen, was der Vorhaut ermöglicht zurückzurollen und einen entscheidenden Unterschied für die sexuelle Reaktion der Frau machen könnte.«[55] Es ist bizarr, aber noch heute bieten plastische Chirurgen Klitorisvorhaut-Entfernungen mit dem Ziel an, die Orgasmusfähigkeit zu erhöhen, obwohl die WHO partielle oder vollständige Vorhautektomien als weibliche Genitalverstümmelung eingestuft hat.[56]

Was aber besonders ärgerlich an diesem ganzen Vaginaler-gegen-klitoraler-Orgasmus-Blödsinn ist: Mit unserem wachsenden Verständnis für den Aufbau der Struktur der Klitoris wurde irgendwann völlig offensichtlich, dass JEDER Orgasmus ein klitoraler

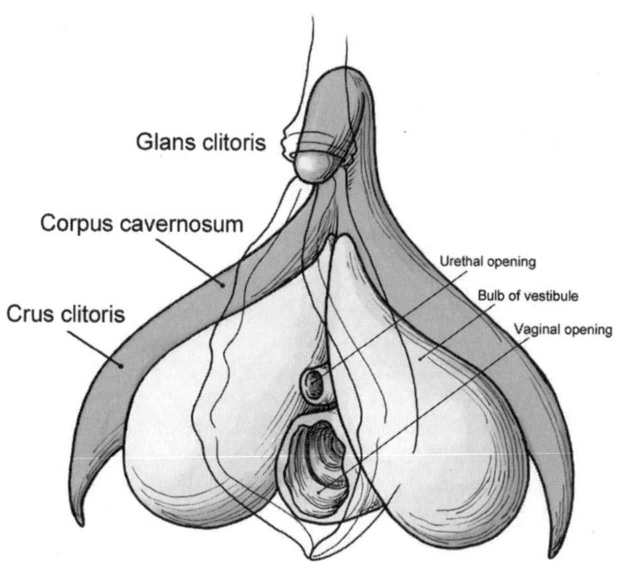

Anatomie der Klitoris. Von rechts oben nach links oben im Uhrzeigersinn Harnröhrenmündung / Vorhofschwellkörper / Vaginaöffnung / Klitorisschenkel / Schwellkörper / Eichel.

Orgasmus ist. Die Klitorisstruktur ist so komplex wie ausgedehnt, sie umfasst Klitoriseichel, Vorhaut, Klitorisschaft, Schwellkörperschenkel, Vorhofschwellkörper, *Ligamentum suspensorium* und Klitoriswurzel – mit Eichel und Vorhaut als einzigen sichtbaren Teilen.[57] Der Aufbau erstreckt sich ausgehend vom Schambein bis hinunter in den fleischigen Venushügel.

Erst 2009 setzten Pierre Foldès und Odile Buisson 3-D-Sonografie ein, um ein exaktes Bild einer stimulierten Klitoris zu bekommen, und plötzlich verstanden wir, was zur Hölle da unten los war! Man fand heraus, dass die Klitoris anschwoll, bis sie die Vorderwände der Vagina berührte.[58] 2010 taten sich Buisson und Foldès mit Emmanuele Jannini und Sylvain Mimoun zusammen und scannten Vagina und Klitoris einer Frau, während sie Sex in der Missionarsstellung hatte. Die Ergebnisse zeigten, dass der Penis die Klitoriswurzel dehnte und während des (hüstel) Stoßens diese nun gedehnte Wurzel wiederholt gegen die Vorderwand der Vagina prallte – was ganz klar bewies, dass der vielgepriesene G-Punkt eigentlich die ganze Zeit ein K-Punkt gewesen ist.[59] Das vorläufige Ende einer in der Medizin seit Jahrzehnten hitzig geführten Diskussion.*

Die Frage, die bleibt, ist natürlich: Warum? Warum wurde die »Pussy-Perle« (2007) im Lauf der Geschichte so fürchterlich schika-

---

* Nicht alle waren glücklich mit dieser Theorie, allen voran Vincenzo Puppo, der überzeugt davon war, dass es keine irgendwie geartete innere Klitoris gebe. (Vincenzo Puppo, »Anatomy of the Clitoris: Revision and Clarifications About the Anatomical Terms for the Clitoris Proposed (Without Scientific Bases) by Helen O'Connell, Emmanuele Jannini, and Odile Buisson«, *ISRN Obstetrics and Gynecology*, 2011, S. 1–5.) Jedenfalls, auch wenn andere diskutieren, wie Vagina, Klitoris und Harnröhre beim Orgasmus zusammenarbeiten, wurde das Konzept des G-Punkts als eigenständige anatomische Sinneseinheit weitgehend widerlegt (siehe z. B. Kilchevsky et al., 2012). Verschiedene Neotantra-Gruppierungen (wie »The New Tantra«) lehren aber weiterhin, dass klitorale Orgasmen vaginalen gegenüber minderwertig seien, mit der Begründung, dass ein klitoraler Orgasmus »explosiv« sei und dabei verschiedene neurochemische Substanzen im Gehirn reagieren würden. Es gibt keinerlei Beweise, die diese Theorie belegen. Das ist Schwachsinn.

niert, warum wird sie noch immer in weiten Teilen der Welt misshandelt, wenn doch alles, was sie will, Lust bereiten ist? Die Weltgesundheitsorganisation (WHO) listet eine Vielzahl von Gründen auf, warum FGM noch heute praktiziert wird, darunter, um »die Libido der Frau zu reduzieren und damit [...] zu helfen, außerehelichen sexuellen Handlungen zu widerstehen«[60]. Wenn wir uns ihre Geschichte ansehen, dann ist das mit Sicherheit der Fall. Zwar wurde die Klitoris schon früh als »Sitz der Lust« erkannt, doch dieser barg, wie man befand, einige Risiken. Denn die Klitoris schien imstande, die Libido von Frauen exzessiv zu steigern, womit man alle möglichen gesundheitlichen Probleme verband – sowohl körperlicher als auch psychosomatischer Natur. Doch bei diesen Attacken gegen die Klitoris geht es um mehr als nur darum, weibliche Begierde zu drosseln, es geht darum, die Vorherrschaft des Penis zu wahren. Die Klitoris verschafft Lust ganz ohne Penetration, kein Mann ist hier nötig, um irgendwelche Knöpfe zu drücken. Die Ängste, eine überbeanspruchte Klitoris könnte sich in einen Penis verwandeln und dieser dann andere Frauen penetrieren, sprechen für die Furcht, der Penis könnte überflüssig, der Mann ersetzt werden. Freuds Überzeugung, dass für den einzig richtigen Orgasmus ein Penis notwendig sei, zeugt außerdem von dem Bedürfnis, dem heiligen Zauberstab Achtung zu zollen. Dass sich in der Antike über Männer lustig gemacht wurde, die Frauen oral befriedigten, die Assoziation der Klitoris mit lesbischer Liebe und der angeblich durch Masturbation herbeigeführte »Klitorismus« – alles stille Vorwürfe in Richtung Klitoris, sie würde den Penis ignorieren.

Wir werden nie erfahren, wie viele Klitorides im Zuge der Geschichte gekappt, verätzt und abgeschnitten wurden, aber wir wissen, dass praktisch jeder dieser Eingriffe unnötig war. Die Klitoris ist ein wirklich großartiges Organ, und sie gibt noch immer Rätsel auf – warum kommen manche Frauen durch Penetration zum Orgasmus und andere nicht? Wie genau arbeitet alles im Körper zusammen, um einen Orgasmus zu produzieren? So viel wissen wir: Die Klitoris ist das einzige Organ im menschlichen Körper, das ausschließlich dazu da ist, Lust zu bereiten. Sie hat achttausend Nervenenden, doppelt so viele wie die Peniseichel, und fast fünfundsiebzig Prozent der Frauen müssen an der Klitoris stimuliert werden (am außenliegenden Teil), um zum Orgasmus kommen zu können. Bis hierher war es ein weiter Weg, und es gibt noch viel zu tun, aber wir beginnen endlich zu verstehen, wie wichtig die Klitoris ist, wenn es um sexuelle Erfüllung geht.

»Zwei Berge Wackelpudding«

Eine Geschichte der rassistischen Fetischisierung

Sir Mix-a-Lots Smash-Hit »Baby Got Back« von 1992 war eine ironische Verbeugung vor den Körpern Schwarzer Frauen – ein akustisches *Fuck you!* an all die superdünnen weißen Frauen, die das westliche Schönheitsideal bestimmten. Das Video beginnt mit zwei weißen Mädels, die den Körper einer Schwarzen Frau kritisieren und sie mit einer »Prostituierten« vergleichen.[1] Auch wenn »Baby Got Back« oft als alberner Spaß-Rap abgetan wurde, gelang es dem Song doch, die Aufmerksamkeit auf zahlreiche Fragen im Zusammenhang mit Herkunft, Sexualität und Frauen zu lenken, die auch sechsundzwanzig Jahre später noch ungeklärt sind: die Dominanz weißer Menschen in der Beauty-Industrie, die Marginalisierung der Schwarzen Stimme und die Hypersexualisierung von Women of Colour, allen voran die Schwarzer Frauen.

Der Hauptfokus liegt in diesem Kapitel auf der historischen Sexualisierung Schwarzer Frauen durch weiße Siedler. Ich bin eine weiße Frau und nicht in der Position, über die Erfahrungen Schwarzer Frauen zu sprechen. Ich weiß nicht, wie es ist, eine Schwarze Frau in einer Welt zu sein, die Schwarze Körper fetischisiert. Aber ich bin Historikerin, und ich sehe Parallelen in der Sprache, die weiße Siedler nutzten, um über Women of Colour zu sprechen (und sie zu entmachten), und modernen *Bootylicious*-Narrativen. In diesem Kapitel soll weder die Fetischisierung von Women of Colour fortgeführt noch irgendeine Art Statement zu Schwarzer Kultur abgesetzt werden. Hier geht es darum, wie weiße Menschen im Lauf der Geschichte die Körper Schwarzer Frauen betrachtet, kommentiert und in Besitz genommen haben, insbesondere in Bezug auf deren Genitalien.

Als die ersten Menschen aus Europa nach Afrika kamen, stießen sie auf eine Kultur, die sich von der ihren in so gut wie jeder Hinsicht unterschied. Aber eines, das den sexuell unterdrückten römisch-katholischen Entdecker*innen sofort auffiel, war die Tatsache, dass die Afrikaner*innen ihre Du-sollst-nicht-Doktrin nicht teilten.

Heinrich der Seefahrer (1394–1460) erreichte im Jahr 1441 von Portugal aus die westafrikanische Küste. Er war in einer zutiefst repressiven Kultur aufgewachsen, wo Frauen, deren Männer sie des Ehebruchs angeklagt hatten, zum Tode verurteilt wurden.[2] Afrikanische Frauen hingegen tanzten, trugen kaum verhüllende Kleidung und kannten keine sexuelle Scham. Für die zugeknöpften Europäer*innen konnte das nur bedeuten, dass sie einen gesteigerten Geschlechtstrieb haben mussten. Schwarze Frauen wurden nicht nur stark erotisiert, sie wurden auch als sexuell ungezähmt betrachtet, als Frauen, die kontrolliert werden mussten – von weißen Männern, so befand man. In *A New Voyage to Guinea* (1744) beschrieb William Smith afrikanische Frauen als »Damen von hitziger Natur«: »Sie verpassen keine Gelegenheit und erfinden unausgesetzt Strategien, um einen Liebhaber zu gewinnen. Wenn sie einen Mann treffen, legen sie ihn umgehend untenrum frei, werfen sich auf ihn und drohen, sie würden es sofort ihrem Ehemanne melden, wenn er sie nicht befriedigen würde.«[3] Ein britischer Bericht über den Sklavenhandel aus dem Jahr 1789 findet den Grund für die niedrige Geburtenrate bei Schwarzen Frauen in der »Prostitution aller Frauen in deren jungen Jahren, wo sie nachts von einer Siedlung zur nächsten gehen und Unruhe stiften […]«[4] Diese Texte suggerierten, Schwarze Frauen seien von Natur aus promiskuitiv, und ihre Körper schienen alle Beweise zu liefern, die weiße Siedler*innen brauchten, um das als wissenschaftliche Tatsache anzuerkennen.

Der traurige Fall der Sarah (auch Sara, Saartje oder Saartjie) Baartman (ca. 1789–1815) ist zum Inbegriff der Obsession weißer Westlicher mit dem Körper Schwarzer Frauen und deren schlussendlicher Kommerzialisierung geworden.[5] Baartman war eine südafrikanische Khoikhoi, die 1810 von William Dunlop, einem schottischen Militärarzt, und ihrem Dienstherren Hendrik Cesars nach London gebracht und dort als »Hottentotten-Venus«* ausgestellt wurde.

Baartman war eine von mehreren Khoikhoi-Frauen, die in ganz Europa ausgestellt wurden, damit ein weißes Publikum sie begaffen konnte, aber sie wurde zur bekanntesten unter ihnen. Noch 1840 wurde eine Schwarze Engländerin namens Elizabeth Magnas in Leeds als »Hottentotten-Venus« vorgeführt, bis sie, nach sechs Jahren, an Alkoholismus starb.

Was fanden die weißen Europäer*innen so faszinierend an diesen Frauen? Das waren ihre Körper, besonders ihre Gesäße und ihre Genitalien. Die Steatopygie ist eine genetische Besonderheit, die sich häufig bei den Khoisan (Bevölkerungsgruppen, zu denen die Khoikhoi und die San gehören, Anm. d. Ü.) in Südafrika findet. Dabei sammeln sich beträchtliche Mengen an Fett um Gesäß und Schenkel an. In den Augen weißer Europäer*innen hatten Frauen wie Sarah Baartman und Elizabeth Magnas übermäßig große Hintern, und das reichte als Rechtfertigung dafür, sie in Freakshows zu stecken.

---

* Das Wort »Hottentotten« stammt aus dem späten 17. Jahrhundert und war die Bezeichnung der weißen Europäer*innen für die Khoikhoi in Südafrika.

Saartje, die Hottentotten-Venus, 1810

Als sei es eine Rechtfertigung für die Behauptung, Schwarze Frauen seien sexuell freizügig, beschrieben Reiseschriftsteller wie François Le Vaillant (1753–1824) und Sir John Barrow (1764–1848) afrikanische Frauen als mit großen Gesäßbacken und hypertrophen, hervorragenden Vulvalippen ausgestattet, die man auch »Hottentotten-Schürze« nannte. François Le Vaillant berichtete ausführlich von seinen Versuchen, südafrikanische Frauen dazu zu bringen, ihm ihre Genitalien zu zeigen: »Verwirrt, verlegen und zitternd bedeckte sie ihr Gesicht mit beiden Händen, ließ zu, dass ihr Schurz gelöst wurde, und erlaubte mir, nach Belieben zu betrachten, was meine Leser selbst in den exakten Abbildungen, die ich angefertigt habe, sehen werden.«[6] In seinen *Travels into the Interior of Southern Africa* (1806) beschreibt Barrow das Gesäß und die Schenkel einer Khoisan als »Vorsprung, der aus Fett besteht, und wenn die Frau lief, sah es so albern aus, wie man es sich nur vorstellen kann, jeder Schritt begleitet von einem Zittern und Beben, als hätte man hinten zwei Berge Wackelpudding befestigt«[7].

Solch einem Publikum wurde Sarah Baartman vorgeführt. Auf der Bühne trug Sarah enge, fleischfarbene Kleidung, Halsketten aus Perlen und Federn und im Mund eine Pfeife. *The Times* berichtet 1810: »Sie trägt eine Farbe, die der ihrer Haut so stark wie möglich ähnelt. Ihre Kleidung soll die Form ihres Körpers genau nachzeichnen, und die Zuschauer werden sogar eingeladen, dessen Besonderheiten genau zu untersuchen.«[8] Auch damals schon verursachte die Vorstellung, eine Frau würde wegen ihres Hinterns ausgestellt, einen Aufruhr, und viele Menschen setzten sich für Sarahs Freiheit ein. Zachary Macaulay (1768–1838), Aktivist in der Antisklavereibewegung, und die African Association schafften es, Sarahs Fall 1810 vor Gericht zu bringen, wo ein Anwalt sie über mehrere Stunden lang einem Kreuzverhör unterzog, um herauszufinden, ob sie ihrer Behandlung zustimmte. William Dunlop, der Militärarzt, der sie für die Ausstellungen nach London gebracht hatte, durfte während Sarahs Aussage im Gerichtssaal bleiben, und er förderte sogar einen Vertrag zwischen ihm und Sarah zu Tage, in dem sie sich als mit ihren Arbeitsbedingungen einverstanden erklärt hatte.[9] Wir werden nie erfahren, ob Dunlops Anwesenheit Sarah daran hinderte, sich anders zu äußern, aber sie sagte dem Gericht, sie stehe unter »keinerlei Zwang« und sei »glücklich in England«.[10] Der Fall wurde zu den Akten gelegt.

Sarah wurde weder jemals nackt ausgestellt, noch erlaubte sie es französischen Chirurgen, ihre Genitalien zu untersuchen, als man sie 1814 ans Palais Royal verkaufte. Nach ihrem Tod mit sechsundzwanzig Jahren aber sezierte Georges Cuvier (1773–1838) Sarahs Leichnam und veröffentlichte im Anschluss einen detaillierten Bericht über dessen Anatomie. Dieser Bericht ist weithin bekannt, genau wie dessen ausführliche, voyeuristische Beschreibung von Sarahs Vulva, ihres Gesäßes und Gehirns – das er mit dem eines Affen verglich.[11]

Cuvier konservierte ihr Gehirn und Skelett und steckte ihre Genitalien in ein Probenglas. Von Baartmans Körper wurden mehrere Gipsabgüsse angefertigt, genau wie ein Wachsabdruck ihrer Vulva, die alle bis 1974 im Muséum national d'Histoire naturelle ausgestellt waren. Nelson Mandela, ehemaliger Präsident von Südafrika, sorgte im Jahr 2002 für die Rückführung von Baartmans Körper und der diversen Abgüsse von Frankreich nach Südafrika, und so fand Sarah in der kleinen Stadt Hankey in der Provinz Ostkap schließlich ihre letzte Ruhe.

DIE HOTTENTOTTEN-VENUS

In einem der Räume des Muséum national d'Histoire naturelle wird nun ein Gipsabguss der Hottentotten-Venus angefertigt, die vorgestern an einer Krankheit verstarb, die nur drei Tage angedauert hatte. Ihr Körper zeigte keine sichtbaren Spuren dieser Krankheit, lediglich einige rötlich braune Flecken an Mund, Beinen und Körperseiten. Ihr Umfang und die enormen Wucherungen sind unvermindert, und ihr stark gelocktes Haar wurde nicht verlängert, wie es die Neger normalerweise bei Krankheit oder Tod tun. Das Sezieren dieser Frau wird einen Beitrag zu diesem extrem merkwürdigen Kapitel in der Geschichte über die Vielfalt der menschlichen Spezies liefern.

Belfast Commercial Chronicle, 15. Januar 1816.

Das 19. Jahrhundert war das goldene Zeitalter der Physiognomie, eine erfreulicherweise inzwischen widerlegte Praxis, bei der der Charakter eines Menschen durch dessen äußerliche Erscheinung »gelesen« wird. Frühe Kriminologen wie Cesare Lombroso (1835– 1909) vertraten die These, dass kriminelle Tendenzen durch die Untersuchung physischer Eigenschaften vorhergesagt werden könnten. Einer dieser »kriminellen« Charakterzüge, den Physiologen meinten, am Körper eines Menschen ablesen zu können, war die Hinwendung zur Prostitution. Wissenschaftler wie Adrian Charpy (1848–1902) führten umfangreiche Recherchearbeiten zu den Genitalien von Sexarbeiterinnen durch, die mit denen Schwarzer Frauen verglichen wurden, um daraus ableiten zu können, ob es sich hier um Frauen mit starkem Geschlechtstrieb handelte.[12] Charpy behauptete, dass sowohl Prostituierte als auch »Hottentotten« hypertrophe Vulvalippen hätten, was auf eine minderwertige Sexualität hindeute. In seinem Buch *La donna delinquente* von 1893 vergleicht Lombroso die Abbildungen von Körpern Schwarzer Frauen mit denen von Prostituierten, um die abartige, animalische Natur beider zu beweisen.[13]

Auch wenn es in diesem Kapitel in erster Linie um die Inbesitznahme der Genitalien Schwarzer Frauen geht, ist es dennoch wichtig anzumerken, dass Europäer*innen in gleichem Maße fasziniert (und eingeschüchtert) von den Genitalien Schwarzer Männer waren. Der Mythos des »großen schwarzen Schwanzes« oder auch BBC *(big black cock)*, wie die entsprechende Kategorie heutiger Pornoseiten lautet, hat seine Wurzeln ebenfalls in frühester kolonialer Propaganda, Schwarze Männer seien sexuell wild, animalisch und gefährlich.* So wie die Genitalien und Gesäßbacken Schwarzer Frauen als Beweis für deren Promiskuität angesehen wurden, so belegte der

* Für mehr Details zur Geschichte von Herkunft und Penis, siehe David M. Friedman, *A Mind of Its Own* (London: Hale, 2001).

Penis des Schwarzen Mannes eindeutig dessen hypersexuelle, tierische Natur. 1904 veröffentlichte Dr. William Lee Howard in der Zeitschrift *Medicine* den Artikel »The Negro as a Distinct Ethnic Factor in Civilization«. Dort führt Howard aus, dass die »beträchtliche Größe des Penis des afrikanischen Mannes« verhindert, dass dieser jemals so »zivilisiert« oder »moralisch« werden könne wie der weiße Mann. Er vermutet außerdem, dass die geistige Entwicklung beim Schwarzen Mann in der Pubertät endet und von da an »genetische Instinkte der dominierende Faktor in seinem Leben« wären. »Er wandelt nachts mit einem von Krankheit geschwollenen Penis durch die Gassen und infiziert seine zukünftige Braut mit derselben Nonchalance, die er eine Stunde später zur Schau stellt, wenn er mit dem niedersten seiner Rasse zusammenkommt.«[14]

Die Wirkung, die dieser pseudowissenschaftliche Rassismus hatte, war weitreichend und diente als Rechtfertigung für die brutale Behandlung und sexuelle Ausbeutung Schwarzer Männer und Frauen bis weit ins 20. Jahrhundert hinein. Militär-Propagandakampagnen der Zwanziger- und Dreißigerjahre bedienten sich aktiv dieser etablierten sexuellen Stereotypen von Frauen in den Kolonien, um europäische Männer in die dortigen Armeen zu locken.

Die Postkarten aus den Kolonien dieser Zeit betonen Brüste, ausgeprägte Gesäße und Nacktheit der Women of Colour, um deren sexuelle Verfügbarkeit für europäische Männer zu verdeutlichen. Die Frauen auf diesen Postkarten sind reine Dekoration – Requisiten, die die Kolonialmacht untermauern sollen. Sie sind auf ihre Erscheinung reduziert, genau wie es Sarah Baartman war: Gebrauchsgüter für eine weiße Abnehmerschaft.

Und es waren nicht nur Schwarze Körper, die von Europäer*innen sexualisiert wurden. Da Afrika, Asien und Amerika kolonisiert wurden, fand auch dort der Prozess der sexuellen Ausgrenzung nichtweißer Frauen als »exotisch« statt.

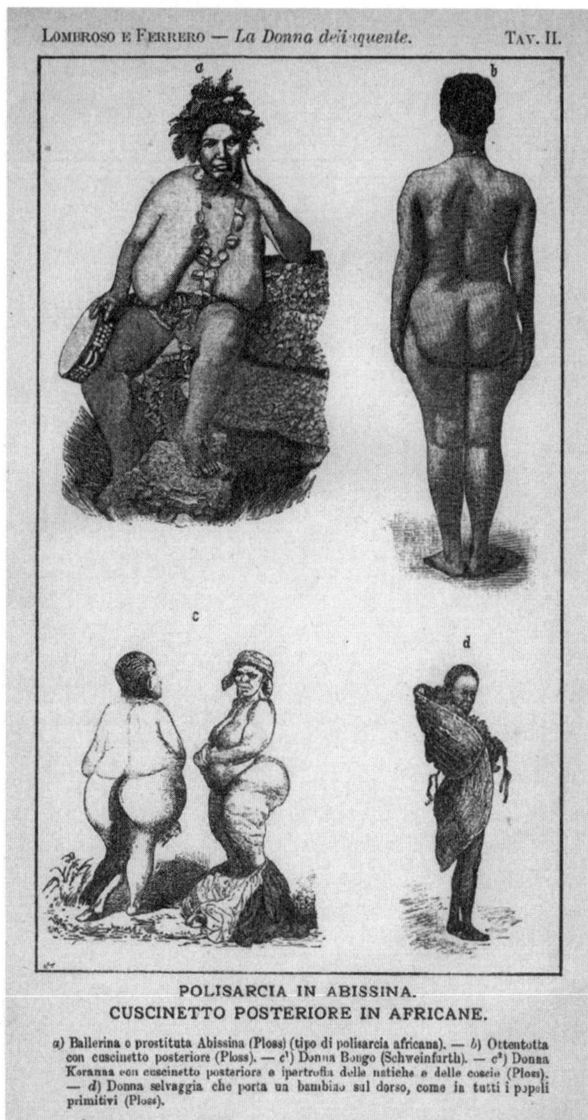

Große Gesäßbacken und hervortretende Vulvalippen werden in dieser italienischen Studie zur weiblichen Kriminalität aus dem 19. Jahrhundert mit Promiskuität und ethnischer Minderwertigkeit in Zusammenhang gebracht.

Postkarte aus Deutschland. Aus: Inge Oosterhoff, *Greetings from the Colonies: Postcards of a Shameful Past.*

Solche Postkarten verraten mehr über die kolonialen Fantasien des Fotografen als über die fotografierte Frau. Aus: Malek Alloula, *The Colonial Harem.*

Sarah Baartmans eigene Meinung ist nicht dokumentiert. Viele sprachen für sie oder über sie, aber ihre eigene Stimme ist uns verloren. Wir werden nie erfahren, was sie über ihr Leben, ihren Körper, ihre Situation dachte. Leider wurden uns alle Befunde über sie von weißen Männern vermittelt. Baartmans Erfahrungen mögen schockieren, aber sie sind nur ein Teil der größeren Geschichte der Sexualisierung von Women of Colour – und der Inanspruchnahme ihrer Körper zur Legitimierung ihrer Unterdrückung. Wir werden nie wissen, welche Wahl Sarah hatte, aber heute können Frauen sehr wohl entscheiden, ob sie Teil einer Geschichte sein wollen, die sie

Jean Jules Antoine Lecomte du Nouÿ, *Rhamsès dans son Harem,* aus: Louis Enault, *Paris-Salon*, ca. 1887.

Eugène Delacroix, *Noce juive au Maroc*, 1841.

fetischisiert. Viele Frauen empfinden es als bestärkend, sich ihre Sexualität nach ihren eigenen Bedingungen zurückzuerobern, und arbeiten daran, ihre Geschichte entsprechend eben dieser Bedingungen neu zu schreiben. Doch es ist wichtig, wirklich zu begreifen, welche Geschichte es war, die den Entscheidungen von heute vorausgegangen ist.

»So leicht wie Pudding kochen«

Eine Geschichte der Jungfräulichkeitstests

Im Jahr 2017 veröffentlichten Wissenschaftler*innen der University of Minnesota einen systematischen Bericht über die Gesamtheit der vorhandenen, von Fachleuten überprüften Untersuchungen zur Verlässlichkeit sogenannter Jungfräulichkeitstests, bei denen das Hymen* geprüft wird, sowie über deren Auswirkungen auf die untersuchte Person. Das Team machte 1269 Studien aus. Die Ergebnisse wurden zusammengefasst und bewertet, und hier kommt das Fazit:

> Diese Überprüfung ergab, dass Jungfräulichkeitsuntersuchungen, auch bekannt als Zwei-Finger-, Hymen- oder Vaginal-Untersuchungen, kein brauchbares klinisches Werkzeug darstellen und in körperlicher, psychologischer und sozialer Hinsicht verheerende Auswirkungen auf die untersuchte Person haben können. Im Hinblick auf die Menschenrechte stellen Jungfräulichkeitstests eine Form der Geschlechter-

---

* Um den Quellen gerecht zu werden, wird im Folgenden der Begriff »Hymen« verwendet, wenn der Begriff »vulvinale Korona« für den Schleimhautkranz auch korrekt und angebracht ist (Anm. d. Ü.).

> diskriminierung und eine Verletzung der Grundrechte dar, werden sie nicht einvernehmlich durchgeführt, sind sie als eine Form sexueller Gewalt zu betrachten.[1]

Im Jahr darauf, 2018, veröffentlichten die drei UN-Organisationen WHO, United Nations Human Rights und United Nations Women ein Statement mit dem Aufruf, Jungfräulichkeitstests zu beenden. »Jungfräulichkeitstests stellen eine Verletzung der Menschenrechte von Mädchen und Frauen dar und können die körperliche, physische und soziale Gesundheit von Frauen und Mädchen schädigen. Jungfräulichkeitstests untermauern ein stereotypes Verständnis von weiblicher Sexualität und die Geschlechterungleichheit.«[2] Einen verlässlichen Jungfräulichkeitstest gibt es nicht. Genauso wenig wie man einem Menschen auf den Bauchnabel gucken kann, um herauszufinden, ob er sich vegetarisch ernährt, kann man einem anderen Menschen zwischen die Beine gucken, um herauszufinden, ob er schon Sex hatte. Doch obwohl Jungfräulichkeit nicht über den Körper bewiesen, getestet oder lokalisiert werden kann, lassen sich einige Leute nicht beirren und behaupten noch immer anderes.

Leider wird der Jungfräulichkeit einer Frau noch heute an vielen Orten der Erde eine große Bedeutung beigemessen. Das hat zu einer Vielzahl zerstörerischer Rituale geführt, die sich um das Erhalten und das Nachweisen der sexuellen Reinheit von Frauen ranken und noch heute praktiziert werden. Die Tests beinhalten für gewöhnlich die Suche nach dem intakten Hymen, bekannt als Zwei-Finger-Test, und sollen auch die vaginale Festigkeit prüfen. Dieses Vorgehen ist bekannt unter anderem aus Afghanistan, Bangladesch, Ägypten, Indien, Indonesien, Iran, Jordanien, Palästina, Südafrika, Sri Lanka, Swasiland, der Türkei und Uganda. Die FGM National Clinical Group erklärt, dass die weibliche Genitalverstümmelung als Instru-

Henry O'Neil, *Jephthah's daughter contemplating her virginity and her imminent death surrounded by woeful attendants with musical instruments (Jephthas Tochter beklagt ihre Jungfräulichkeit und ihren bevorstehenden Tod umgeben von ihrer klagenden Dienerschaft mit Musikinstrumenten)*, 1846.

ment gesehen wird, das »die Jungfräulichkeit eines Mädchens bis zur Heirat sicherstellen soll (zum Beispiel im Sudan, in Ägypten und Somalia).

In vielen dieser Länder wird FGM als Voraussetzung zur Heirat angesehen, und die Heirat ist unverzichtbar für das soziale und ökonomische Überleben einer Frau«.[3] Die WHO schätzt, dass weltweit zweihundert Millionen Mädchen der weiblichen Genitalverstümmelung unterzogen wurden, nicht zuletzt, um deren Jungfräulichkeit bis zur Heirat zu bewahren.[4]

Der Vorstellung der sexuellen Reinheit einer Frau als Voraussetzung für eine Heirat unterliegen viele Kulturen und Religionen rund um die Welt. In Indonesien ist ein Jungfräulichkeitstest Bedingung für Frauen, die in die Armee oder in den Polizeidienst eintreten wollen. In ganz Amerika werden sogenannte »Reinheitsbälle« veranstaltet: Der Vater führt seine Tochter aus, sie schwört, bis zur Hochzeit Jungfrau zu bleiben, und er schwört, ihre Jungfräulichkeit zu schützen, bis sie verheiratet ist (wahrscheinlich mit einer Schrotflinte und irgendeiner Art Alarmanlage). Heutzutage können sich Frauen gegen Geld ihr Hymen für den Heiratsmarkt rekonstruieren lassen, das Hymenoplastik-Business boomt. 2016 stellte eine Gemeinde in der südafrikanischen Provinz KwaZulu-Natal ein Hochschulstipendium für junge Frauen vor, die ihre Jungfräulichkeit beweisen können.[5] Und 2017 verursachten die russische Untersuchungsbehörde SKR und der Gesundheitsminister Vladimir Shuldyakov einen Eklat, weil sie Ärzte angewiesen hatten, Jungfräulichkeitstest bei Schülerinnen durchzuführen und jede ohne Hymen den Behörden zu melden.[6]

Es ist nicht nur unmöglich, Jungfräulichkeit nachzuweisen, sie ist auch schwer zu definieren. Man könnte meinen, das sei eine ganz klare Sache, aber sobald wir ein bisschen nachbohren, sieht das auf einmal ganz anders aus. Genauer gesagt, was wir unter erstem Sex verstehen, kann komplizierter sein, als wir zunächst denken. Wenn zwei Mädchen Sex miteinander haben, zählt das als Entjungferung? Was ist, wenn sie einen Strap-on benutzen? Wenn ein heterosexuelles Paar den ersten, zweiten und dritten Schritt geht, auf den vierten aber schwitzend und befriedigt verzichtet, kann man dann noch von Jungfrauen sprechen? Kann ich meine Jungfräulichkeit an mich selbst verlieren? Oder braucht es dafür eine Penis-Vagina-Penetration?

Wenn ja, schließt das gleichgeschlechtlichen Sex aus? Tummeln sich auf Gay-Pride-Demos in Wahrheit jede Menge Jungfrauen? Und was ist, wenn ein heterosexuelles Paar nur Analsex hat? Verliert er seine und sie behält ihre wegen eines technischen Details?

»Aber natürlich können unverheiratete Mädchen Pursettes verwenden!« Werbeanzeige aus den Sechzigerjahren von Pursette-Tampons.

Auch wenn es mittlerweile umfangreiche Untersuchungen dazu gibt, so sind zum Hymen doch noch immer viele Märchen im Umlauf. Manche Menschen glauben weiterhin, dass Sport und Reiten das Hymen beschädigen können (falsch), und noch in den Neunzigern versicherte der Hersteller Tampax, dass Tampons einem Mädchen nicht die Unschuld rauben. Sogar die Sprache rund um Jungfräulichkeit ist aufgeladen. Das Konzept des »Verlierens« oder »Bewahrens« der Jungfräulichkeit suggeriert, dass Frauen, wenn sie einmal verloren ist, etwas fehlt und sie nicht länger vollständig sind. Es geht davon aus, dass es so etwas wie Jungfräulichkeit als konkretes Merkmal überhaupt gibt. Metaphorisch gesprochen können wir unsere Jungfräulichkeit an jemanden verschenken, aber es ist ja nun nicht so, als könnte derjenige sie sich dann an die Wand hängen oder bei eBay weiterveräußern.

Die Idee der Jungfräulichkeit ist unbestreitbar geprägt von Geschlechterklischees, und der Grund dafür, dass wir glauben zu wissen, was wir meinen, wenn wir davon sprechen, unsere »Kirsche« (1933; *cherry*) zu »verlieren«, liegt darin, dass wir ein unterbewusstes Verständnis von Jungfräulichkeit als Teil von Penis-in-Vagina-Sex haben. Das ist es, was »Zwangsheterosexualität« bedeutet. Hier ist nicht wortwörtlich gemeint, dass Heterosexualität ein Zwang ist, sondern dass unser kulturelles Drehbuch zur Sexualität sich mehr auf heterosexuellen Sex konzentriert als auf irgendeinen anderen: Er ist »normal« für uns geworden. Nun, das alles ist ohne Frage ein Cis-Privileg, aber auch das Ergebnis einer jahrtausendelangen kulturellen Konditionierung. Nur der gigantischen Arbeit von LGBTQ-Aktivist*innen der letzten fünfzig Jahre ist es zu verdanken, dass die Menschen angefangen haben, einen Raum zu schaffen, in dem über Alternativen zu Mann-Frau-Sex überhaupt gesprochen werden kann. Aber es liegt noch ein weiter Weg vor uns.

Wenn sich irgendjemand um Jungfräulichkeit Sorgen macht, dann geht es fast immer um die Jungfräulichkeit einer Frau. Das Wort bezeichnete ursprünglich ein unverheiratetes Mädchen oder eine unverheiratete Frau. Männer und Jungen wurden nie wie Frauen am Status ihrer Jungfräulichkeit gemessen. In der Geschichte wurden Frauen vielfach ausgestoßen, eingesperrt, mit einem Bußgeld belegt, verstümmelt, ausgepeitscht und sogar getötet, wenn sie ihre Jungfräulichkeit außerhalb einer Ehe verloren haben.

Über vierzigjährige männliche Jungfrauen gibt es lediglich lustige Filme.*

Warum genau die weibliche Jungfräulichkeit so vehement hochgehalten wird, ist Gegenstand einiger Diskussionen, aber wahrscheinlich ist all das auf das Patriarchat zurückzuführen. Es ist unfair, aber in der Welt vor der Pille war eine Schwangerschaft außerhalb des Ehestandes eine Angelegenheit, die Müttern weit größere körperliche und finanzielle Probleme bereitete als den Vätern. Folglich wurden ihre »Fehltritte« kritischer betrachtet als seine. Und noch wichtiger, in einer paternalistischen Gesellschaft, in der Wohlstand und Macht auf den männlichen Erben übergehen, wird weibliche Keuschheit aufs Strengste kontrolliert, um die Rechtmäßigkeit der Nachkommen sicherzustellen und dafür Sorge zu tragen, dass weltliche Güter in den Besitz der eigenen genetischen Kinder übergehen (und nicht in den der Kinder des Milchmanns). Diese Theorie bekommt einiges an Gewicht, wenn wir daran denken, dass in den wenigen matrilinearen Gesellschaften auf der Welt der Wohlstand an die weiblichen Nachkommen weitergegeben wird. Und in diesen Kulturen wird weibliche Sexualität sehr anders betrachtet.**

Heute ist der bekannteste »Beweis« für Jungfräulichkeit das Blut, das ein »gerissenes Hymen« verursacht. Aber unsere Ahnen ver-

---

* Dem gesellschaftlichen Ideal der Jungfräulichkeit steht eine Veröffentlichung des *Journal of Sex Research* entgegen, die zeigt, dass erwachsene Jungfrauen beider Geschlechter (älter als fünfundzwanzig) in den USA stark stigmatisiert werden und glauben, sie seien keine begehrenswerten Liebespartner*innen. Männliche Jungfrauen hatten das Gefühl, ihre Männlichkeit würde infrage gestellt, weibliche dachten, sie würden als »alte Jungfern« abgeschrieben. (Amanda N. Gesselman, Gregory D. Webster und Justin R. Garcia: »Has Virginity Lost Its Virtue? Relationship Stigma Associated with Being a Sexually Inexperienced Adult«, in: *The Journal of Sex Research,* 54, 2016, S. 202–223.)

** Unter anderem die Minangkabau in West-Sumatra, Indonesien, die Mosuo in China, die Akan in Ghana, die Bribri in Costa Rica, die Garo und die Khasi im indischen Meghalaya und die Nagovisi in Papua-Neuguinea werden als matriarchal oder matrilinear organisierte Gesellschaften angesehen.

wendeten nicht einmal das Wort »Hymen«, und mit Sicherheit haben sie auch nicht wie die Goldgräber auf der Suche nach vergrabenen Schätzen irgendwelche Vaginen durchforstet. Tatsächlich ist in medizinischen Texten erst im 15. Jahrhundert die Rede vom Hymen.[7] Keiner der antiken Ärzte erwähnt es (Galen und Aristoteles zum Beispiel). Der griechische Arzt Soranos behauptete, dass jede vaginale Blutung nach dem Geschlechtsverkehr auf geplatzte Blutkörperchen zurückzuführen sei, er lehnte die Vorstellung irgendeiner Art Membran in der Vagina kategorisch ab.[8] Viele alte Texte räumen ein, dass Jungfrauen bluten können, wenn sie zum ersten Mal Sex haben, aber diese Tatsache wurde nicht mit dem Hymen in Verbindung gebracht. Man meinte vielmehr, das Bluten sei auf das Trauma der Penetration zurückzuführen und nicht Beweis genug für Jungfräulichkeit. Der italienische Arzt Giovanni Michele Savonarola war es, der Ende des 15. Jahrhunderts das erste Mal das Wort »Hymen« benutzte und es als Membran beschrieb, »die bei der Defloration reißt, womit das Blut fließt«[9]. Ab jetzt wurden Bemerkungen zum Hymen und dessen Zusammenhang mit Jungfräulichkeit häufiger. Aber nur weil unsere Ahnen nicht nach intakten Hymen suchten, heißt das nicht, dass die Jungfräulichkeit nicht gründlich überprüft wurde, bevor das Hymen zum Maßstab für die Frage wurde, ob sich hieran schon jemand zu schaffen gemacht hat.

Die berühmtesten Jungfrauen der antiken Welt waren Roms vestalische Jungfrauen. Die vestalischen Jungfrauen waren Priesterinnen, die der Göttin von Heim und Herd, Vesta, dienten. Als junge Mädchen wurden sie ausgewählt, um fortan dreißig Jahre in Verehrung und Keuschheit für die Stadt Rom zu leben und das Herdfeuer im Vesta-Tempel am Brennen zu halten. Eine Vestalin, die Sex hatte, wurde in ein Verlies gesperrt und dort ausgehungert.

Wie testet man also die Jungfräulichkeit einer Vestalin? Na ja, Beten spielt eine gewisse Rolle.

Pietro Saja, *Vergine Vestale condannata a Morte (Zum Tode verurteilte Vestalin),* 1800.

Man glaubte, die Vestalinnen hätten eine besondere Verbindung zu den Göttern und Göttinnen. Als die Vestalin Tuccia angeklagt wurde, gab man ihr darum die Chance, irgendein Wunder zu vollbringen und damit ihre Jungfräulichkeit zu beweisen. Valerius Maximus berichtet, Tuccia bewies ihre Jungfräulichkeit, indem sie Wasser in einem Sieb trug. Tuccia rief: »O Vesta, wenn es wahr ist, dass ich stets mit reinen Händen in deinem geheimen Dienste stand, dann mache jetzt, dass ich es mit diesem Sieb vermag, Wasser vom Tiber in deinen Tempel zu tragen.«[10] Seit dieser Geschichte ist das Sieb ein Symbol für Jungfräulichkeit, Queen Elizabeth I. wurde mehrfach mit einem porträtiert, um klarzustellen, dass noch niemand ihre Kirsche gepflückt hatte. Wenn man aber zufällig gerade kein Sieb zur Hand hatte, gab es auch noch andere Möglichkeiten, seine Jungfernschaft zu beweisen – alles, was es brauchte, waren eine Schlange, ein paar Ameisen und ein Kuchen. Der römische Gelehrte

Aelinius (ca. 175–235 n. Chr.) beschrieb ein Testritual, das an Feiertagen vollzogen wurde:

> In einem Wald liegt eine riesige, tiefe Höhle, das Versteck einer Schlange. An festgelegten Feiertagen tragen Jungfern Gerstenkuchen dorthin, die Augen verbunden. Die göttliche Eingebung geleitet sie auf einem sicheren Weg und ohne Stolpern geradewegs zur Schlange. Sind sie noch Jungfrauen, gibt die Schlange Antwort und nimmt die Speise an, wenn nicht, bleibt sie unangetastet. Ameisen brechen den Kuchen der Deflorierten auf, tragen die Stückchen aus der Höhle und reinigen so den Platz. Die Menschen erfahren vom Ergebnis, die Mädchen werden untersucht, und diejenige, die ihre Jungfräulichkeit verraten hat, wird bestraft.[11]

Worin genau diese »Bestrafung« bestand, das wird nicht erörtert, und wenn man bedenkt, dass Schlangen nicht gerade für ihren Hang zu Marmorkuchen bekannt sind, erscheint einem der Test doch ziemlich unfair.

Aber um wirklich ganz sicher sein zu können, dass das Siegel nicht gebrochen wurde, brauchte man eine Flasche Pipi. Die Schrift *De Secretis Mulierum* aus dem 13. Jahrhundert erklärt, der Urin einer Jungfrau sei »klar und hell, manchmal weiß, manchmal funkelnd«.

Der Grund dafür, dass »verdorbene Frauen« einen »trüben Urin« hätten, liege am »Riss« der Haut und am »Sperma des Mannes«, das »am Grund« auftauche.[12] Perrier pissen mag ein netter Partygag sein, aber es gibt noch andere beachtenswerte Anzeichen. Wilhelm von Saliceto (ca. 1210–1277) schrieb: »Eine Jungfrau uriniert mit einem feineren Rauschen«, und würde man das Ganze mit einer Stoppuhr messen, so könnte man sehen, dass es »tatsächlich länger dauert als bei einem kleinen Jungen«.[13]

Nach Gerrit Dou (1613–1675), *Ein Arzt untersucht eine Urinprobe.*

Mittelalterliche Jungfräulichkeitstests sind ziemlich urinfokussiert, und so war auch der italienische Arzt Niccolo Falucci ein Pisse-Prophet, wenn er auch noch ein paar besondere Asse im Ärmel hatte:

> Bedeckt man eine Frau mit einem Tuch und räuchert sie mit bester Kohle ein, dann wird sie, wenn sie noch Jungfrau ist, deren Geruch mit Mund und Nase nicht wahrnehmen; wenn sie es doch tut, ist sie keine Jungfrau. Wenn sie die Kohle in einem Getränk zu sich nimmt, wird sie sofort Urin ausscheiden, wenn sie keine Jungfrau ist. Eine verdorbene Frau wird außerdem auch dann sofort urinieren, wenn eine Räucherung mit Herzmuscheln vorgenommen wird. Wird mit Ampfer geräuchert, wird eine Jungfrau sogleich blass, ist die Frau aber keine, so ergießt sie sich ins Feuer, dies und anderes wird über sie berichtet.[14]

Das anonym und auf Hebräisch verfasste *Sever Ahavat Nashim (Book of Women's Love)* aus dem 13. Jahrhundert stellt fest: »Am Abend soll das Mädchen auf ›marshmallows‹ urinieren und sie am Morgen mitbringen; sind sie noch frisch, so ist sie anständig und gut, wenn nicht, ist sie es nicht.«[15] Bevor hier jetzt jemand in eine Tüte Mäusespeck pinkelt: Bei den Marshmallows, die hier gemeint sind, handelt es sich um den alten englischen Namen für eine Heilpflanze namens Sumpfmalve (Eibisch).

Falls man aus irgendeinem Grund Schwierigkeiten haben sollte, das Pipi der Auserkorenen zu inspizieren, ihm zu lauschen oder seine Rauslaufzeit zu stoppen, muss man wohl ihre gesamte Gestalt in Augenschein nehmen auf der Suche nach Hinweisen, dass ihre Unschuld bereits geraubt wurde. Bevor er erklärt, dass die Pisse einer Jungfrau funkelt, sagt uns Pseudo-Albertus Magnus in *De Secretis Mulierum*, worauf man achten sollte: »Die Anzeichen für Keuschheit sind diese: Scham, Bescheidenheit, Furcht, ein makelloser Gang und Ausdruck, das Niederschlagen der Augen vor Männern und deren Handlungen.« (Das sind übrigens auch die Anzeichen dafür, dass sie eine Familienpizza für sich allein bestellt hat und jetzt hofft, dass niemand die Beweise im Mülleimer bemerkt.) »Magnus« fährt fort:

> Wenn die Brüste eines Mädchens nach unten zeigen, ist das ein Zeichen dafür, dass sie besudelt wurde, denn im Augenblick der Schwängerung bewegt sich die Menstruation nach oben, und das zusätzliche Gewicht lässt die Brüste hängen. Wenn ein Mann Geschlechtsverkehr mit einer Frau hat und sich sein Penis nicht wund anfühlt und er keine Probleme hat einzudringen, ist das ein Zeichen dafür, dass sie schon verdorben wurde. Jedoch ist es ein sicherer Hinweis auf die Jungfräulichkeit einer Frau, wenn der Akt schwierig zu vollziehen ist und ein Wundgefühl am Glied verursacht.[16]

Als die Hymenprüfung erst einmal zum Go-to-Jungfräulichkeitstest geworden war, geriet das Untersuchen auf funkelndes, leise plätscherndes Pipi, straffe Brüste und die Fähigkeit, Kohle einzuatmen, ohne sich einzunässen, weitgehend in Vergessenheit. Jungfräulichkeitstests konzentrierten sich jetzt voll und ganz auf Straffheit und Blut.

Blutige Bettlaken als Beweis für die Jungfräulichkeit einer Frau spielen noch heute in weiten Teilen der Welt eine Rolle, wenn auch seltener. In manchen Regionen Georgiens haben Bräute eine »Yenge«, meist ein älteres Familienmitglied, die sie darauf vorbereitet, was sie in ihrer Hochzeitsnacht erwartet. Traditionell war es die Aufgabe der Yenge, die blutigen Laken des Ehebetts zu nehmen und sie den Familien vorzuführen, als Beweis dafür, dass die Braut Anfängerin auf dem Gebiet gewesen ist. Zwar ist die Rolle der Yenge heute weitestgehend eine rituelle, doch das Präsentieren von blutigen Laken findet in manchen Gegenden noch immer statt.[17]

Der Blutige-Laken-Test hat eine lange Tradition. Wir finden ihn in der Bibel und in mittelalterlichen Romanzen, sogar Katharina von Aragon soll angeblich ein blutbeflecktes Laken präsentiert haben, um zu beweisen, dass sie Henry VIII. als Jungfrau geheiratet hatte.[18] Seit sich die Menschen diesem extrem mangelhaften Test verschrieben haben, wurden natürlich auch Mittel und Wege gefunden, ihn zu fälschen. Wenn man bedenkt, was auf dem Spiel stand, sollte das Jungfräulichkeitsgeschenk vor dem Jawort bereits von einem anderen ausgepackt worden sein, dann versteht man gut, warum eine Frau in ihrer Hochzeitsnacht eventuell ein wenig flunkert. Und ebenso lang, wie uns mittelalterliche Texte schon erzählen wollen, wie man Jungfräulichkeit nachweist, so lange geben sie uns auch Ratschläge dazu, wie man sie bewahrt. *Trotula* werden drei italienische Texte aus dem 12. Jahrhundert genannt, die sich mit der Gesundheit von Frauen beschäftigen. Mindestens einer der drei wurde von einer Frau verfasst, Trota von Salerno, die in der süditalienischen Küstenstadt Salerno Heilkunst betrieb. Das Werk hält diesen ganz besonders kruden Rat für Frauen bereit, deren Unschuld bereits zum Teufel ist:

> Dieses Mittel wird von jeder jungen Frau benötigt, die sich dazu hat verleiten lassen, ihre Beine zu öffnen und ihre Jungfräulichkeit zu verlieren durch die Torheiten der Leidenschaft, geheimer Liebschaften und Versprechungen […] Rückt die Hochzeit näher, muss die falsche Jungfrau ihren Mann folgendermaßen täuschen, damit er nichts erfährt. Sie nehme gemahlenen Zucker, ein Eiweiß und Alaun und vermenge das Ganze mit Regenwasser, in dem Poleiminze und Bergminze zusammen mit ähnlichen Kräutern gekocht wurden. Mit einem in dieser Mischung getränkten, grobporigen Tuch wasche sie nun ihre Blöße. Am besten aber ist dieser Schwindel: Am Tag vor ihrer Hochzeit soll sie vorsichtig einen Blutegel auf ihre Vulvalippen setzen und dabei aufpassen, dass er nicht hineingleitet; aus dieser Stelle wird Blut hervortreten und eine kleine Kruste wird sich bilden. Durch den Blutstrom und den beengten Kanal ihrer Vagina wird der Mann beim Beischlaf von der falschen Jungfrau getäuscht.[19]

In Silber gefasste aufklappbare Kaurimuschel mit einer Malerei, die einen Mann zeigt, der den Keuschheitsgürtel einer sich zurücklehnenden Frau öffnet.

Das *Book of Women's Love* empfiehlt Folgendes zur Wiederherstellung der Jungfräulichkeit: »Nimm Myrtenblätter und koche sie gründlich in Wasser, bis nur noch ein Drittel davon übrig bleibt; dann nimm Brennnesseln ohne Stacheln und koche sie in diesem Wasser, bis ein Drittel übrig bleibt. Neun Tage lang soll sie ihre Blöße morgens und abends mit diesem Wasser waschen.« Wenn du es allerdings richtig eilig hast, »nimm Muskatnuss und zermahle sie zu einem Pulver; trage es dort auf, und ihre Jungfräulichkeit ist sofort wiederhergestellt«.[20] Nicolas Venette (1633–1698), der französische Autor von *Tableau de l'amour conjugal,* hatte diesen Tipp, um Jungfernschaft vorzutäuschen:

> Bereite ein Bad aus Blättern der Malve und des Greiskrauts zu, mit ein paar Handvoll Leinsamen und Flohkrautsamen, Gartenmelde, Bärenklau oder Nieswurz. Lasse sie eine Stunde lang darin baden, dann soll sie abgewischt und zwei oder drei Stunden nach dem Baden untersucht werden, bis dahin muss man sie genau beobachten. Wenn eine Frau eine Jungfrau ist, sind die Teile ihres Geschlechts zusammengedrückt und liegen eng aneinander, wenn nicht, so sind sie schlaff und locker und treten frech hervor, anstatt faltig und eng zu sein, wie sie es waren, bevor sie sich entschied, uns aufzusuchen.[21]

Wie Hanne Blank in ihrem großartigen Buch *Virgin: The Untouched History* ausführt, waren viele der hier genannten Zutaten Adstringenzien oder Entzündungshemmer, von denen man glaubte, sie würden die Vagina festigen. Auch wenn Venette es hier nicht aufführt, war einer der bekanntesten Fotzen-Festiger Alaunwasser. In seinem *Dictionary of the Vulgar Tongue* (1785) beschreibt Francis Grose das »Runzelwasser« so: »Wasser, mit Alaun versetzt, wird von alten erfahrenen Händlern benutzt, um Jungfräulichkeit vorzutäuschen.«[22] Alaune bilden eine Gruppe chemischer Verbindungen, die heute vielfach in der Lebensmittelindustrie eingesetzt werden. Es ist verrückt, aber da draußen gibt es zahlreiche Internetseiten, auf denen noch immer Alaun zur Festigung der Vagina empfohlen wird. Ich möchte diesen Moment nutzen, um zu sagen: Um Gottes willen, bitte tut das euren armen Mumus nicht an! Macht schön euer Beckenbodentraining und bleibt zuversichtlich.

NOCTURNAL REVELS:
OR, THE
HISTORY
OF
KING'S-PLACE,
AND OTHER
MODERN NUNNERIES.
CONTAINING THEIR
MYSTERIES, DEVOTIONS, and SACRIFICES.
Compriſing alſo, The
ANCIENT and PRESENT STATE of PROMISCUOUS GALLANTRY:
WITH THE
PORTRAITS of the moſt CELEBRATED DEMIREPS and COURTEZANS of this PERIOD:
AS WELL AS
Sketches of their Profeſſional and Occaſional Admirers.

By a MONK of the ORDER of ST. FRANCIS.

IN TWO VOLUMES.
VOL. I.

THE SECOND EDITION, CORRECTED AND IMPROVED, WITH A VARIETY OF ADDITIONS.

Il vero eſt, quod ego mihi puto palmarium,
Me reperiſſe, quo modo adoleſcentulus
Meretricum ingenia & mores poſſit noſcere:
Mature ut cum cognorit, perpetuo oderit.
TER. EUN. Act 5. Sc. 4.

LONDON:
Printed for M. GOADBY, Pater-noſter-Row.
1779.

Titelseite von *Nocturnal Reveals, or: The History of King's-Place, and Other Modern Nunneries,* 1779.

Ein weiterer Grund dafür, warum ein Mädchen als Novizin hätte durchgehen wollen, war neben der Hochzeitsnacht die Tatsache, dass Jungfrauen begehrte Mangelware darstellten. Im 18. Jahrhundert waren Jungfrauen ein lukratives Geschäft, und jede Sexarbeiterin wusste, wie man ein Hymen für den maximalen Profit rekonstruierte. *Nocturnal Reveals* (1779) liefert unzweideutige Details über Frauen, die ihre Jungfräulichkeit wiederholt verkaufen, und zitiert die berühmte Charlotte Hayes, die gesagt haben soll, Jungfräulichkeit vorzutäuschen sei »so leicht wie Pudding kochen«. Weiter gibt sie an, ihre eigene »Tausende Male« verkauft zu haben.[23] Die titelgebende Heldin in *Fanny Hill* (1749) erklärt den Leser*innen ganz genau, wie Jungfräulichkeit in der Sexindustrie gefakt wird:

> In jedem Pfosten des Bett-Kopfteils, genau über dem Punkt, wo das Bettgestell ist, gab es eine kleine Schublade, so kunstvoll an die Holzarbeiten angepasst, dass sie auch bei gründlichster Suche verborgen blieb: Diese Schubladen öffneten und schlossen sich bei der kleinsten Berührung einer Sprungfeder und waren mit einem flachen Glasgefäß ausgestattet, das randvoll war mit künstlichem Blut, in dem vollgesogen und gebrauchsfertig ein Schwamm lag, nach dem man nur still die Hand ausstrecken musste, um ihn herauszunehmen und ordentlich zwischen den Schenkeln auszudrücken, wobei mehr Blut austrat, als zur Ehrenrettung eines Mädchens nötig gewesen wäre.[24]

Andere raffinierte Tricks waren Sex während der Menstruation und das Platzieren von Vogelherzen oder mit Blut gefüllten und wieder zugenähten Schweineblasen in der Vagina, was »Bluten« auf Knopfdruck garantierte.[25]

War der Glaube an die blutende Jungfrau historisch gesehen auch tief verwurzelt, wurde all das doch nicht komplett einhellig von der wissenschaftlichen Gemeinschaft angenommen. Immer gab es auch

Francisco de Goya,
Bien tirade está
(Es ist schön gedehnt),
1798.

einsame Stimmen der Vernunft, die erkannten, was für ein Haufen Mist das war.

Ärzte wie Ambroise Paré lehnten nicht nur die Idee ab, dass Jungfräulichkeit mithilfe eines Hymens nachgewiesen werden könne, er stellte auch schon 1573 die Behauptung auf, dass es so ein Ding überhaupt nicht gebe. Seit damals wurde immer wieder hinter vorgehaltener Hand geflüstert, das Hymen könnte vielleicht nicht der Echtheitsbeweis sein, als der es angepriesen wurde. Im 19. Jahrhundert war aus diesem Flüstern ein hörbares Grummeln geworden. Dr. James Blundell stellte den Wert dieser »geheimnisvollen Membran« infrage, und Erasmus Wilson stellte 1831 klar, das Hymen dürfe »nicht als notwendige Begleiterscheinung der Jungfräulichkeit« bewertet werden.[26] Edward Foote schrieb: »Das Hymen ist ein grausamer und unverlässlicher Jungfräulichkeitstest« und: »Ärzte wissen, es ist ein sehr fehlerhafter Jungfräulichkeitstest.«[27] Mit dem 20. Jahrhundert wurde aus dem Grummeln ein ohrenbetäubendes Geschrei, und im 21. Jahrhundert trat an den Platz dieses Geschreis ein dramatisches Augenrollen, begleitet von einem entnervten »Meine Güte! Nicht dieser Scheiß schon wieder!«. Die Forschungsarbeit der University of Minnesota, die ich am Anfang dieses Kapitels erwähnt habe, erfasste in elektronischen Datenbanken ganze 1 269 Studien, die die Wirksamkeit von Jungfräulichkeitstests und die Verlässlichkeit der Hymenüberprüfung untersuchen, und sie kommt überwältigend eindeutig zu dem Schluss, dass es unmöglich ist zu »beweisen«, dass jemand eine Jungfrau ist, und dass Hymen einen feuchten Kehricht über die sexuelle Vergangenheit ihrer Besitzerinnen aussagen.[28] Trotzdem hält sich der Mythos hartnäckig, und Frauen werden regelmäßig sinnlosen und übergriffigen Untersuchungen unterzogen, die den Stand ihrer sexuellen Erfahrung feststellen sollen.

Heute werden Jungfräulichkeitsuntersuchungen größtenteils bei unverheirateten Mädchen und Frauen durchgeführt, oft ohne Einverständnis oder in Situationen, in denen es den Betroffenen unmöglich ist, ihr Einverständnis zu geben.[29] Jungfräulichkeitstests an Schulmädchen finden in Südafrika und Eswatini mit dem Ziel statt, voreheliche sexuelle Aktivität zu verhindern. In Indien war der Test bis 2013 Teil der medizinischen Untersuchungen von weiblichen Vergewaltigungsopfern. In Indonesien wurden noch bis 2021 Polizeirekrutinnen im Zuge ihrer Bewerbung dem Test unterzogen.[30] Aber selbst wenn sich Jungfräulichkeit auf diese Art nachweisen ließe, es geht hier letztlich nicht um die Untersuchung selbst (auch wenn die schon schlimm genug ist) – die kulturelle Haltung, mit der der Wert von Frauen anhand der Frage bemessen wird, ob sie sexuell aktiv sind oder nicht, ist das eigentliche Problem. Es ist unmöglich, mit einer Untersuchung der Genitalien nachzuweisen, ob jemand bereits Sex hatte oder nicht, denn »Jungfräulichkeit« ist nichts Greifbares. Das Hymen ist einfach nur dehnbares Gewebe in der Vagina, aber es verschließt diese nicht wie ein Tupperdeckel eine Tupperdose. Hymen gibt es in vielen Formen und Stärken – manche bluten, wenn sie angerissen werden, andere nicht. Aber auf keinen Fall »zerplatzt« es, und es kann über die sexuelle Vergangenheit eines Menschen nicht mehr berichten als ein Ellbogen. Man kann seine Jungfräulichkeit nicht »verlieren«, denn Jungfräulichkeit ist eine Erfindung, kein physischer Fakt – wie sehr die Pisse auch funkeln mag.

SEX UND PENISSE

Heimliche Höhepunkte

Orgasmus und Onanie

Vom weiblichen Orgasmus wird oft gesprochen, als wäre er ein versteckter Schatz, den man nur mit der Hilfe von Karten, genauen Anweisungen und ordentlich Proviant finden kann. Der unerschrockene Sexabenteurer zieht wie Indiana Jones mutig los, um die Mysterien des weiblichen Körpers zu erforschen, die Hinweise zu lesen, das Puzzle zu lösen und dann weise innezuhalten, bevor er aus dem Heiligen Gral trinkt. Der männliche Orgasmus hingegen wird wie eine Coladose behandelt: schütteln, bis sie explodiert und alles klebrig macht. Mission erfüllt.

Fast alle Slangausdrücke für Orgasmus beziehen sich seit jeher auf den männlichen, nicht den weiblichen Orgasmus. Wenn es um Orgasmussprache geht, müssen die Frauen sie mit den Männern teilen, sie besitzen kaum eine eigene: »Kommen«, »Klimax« und »Höhepunkt«, alle unisex, mit Ausnahme vielleicht von *squirting.** Während es unendlich viele Bezeichnungen für Sperma gibt – wie viele fallen uns ein für das natürliche Gleitgel, das Frauen beim Sex produzieren? Im Englischen gibt es dafür nicht einmal ein eigenständiges Wort. Im medizinischen Fachjargon spricht man von *vaginal mucus* oder *vaginal secretion,* Vaginalsekret. In Frankreich nennt

* Im Englischen gibt es mehr dieser Unisex-Ausdrücke: *cumming, spending, climaxing, orgasming* werden hier erwähnt (Anm. d. Ü.).

man die Flüssigkeit *cyprine*, von »Zypern«, dem Geburtsort von Aphrodite, der Göttin der Liebe. Um nicht von den Franzosen abgehängt zu werden, trat in den Neunzigern *Roger's Profanisaurus* auf den Plan, um die lexikalische Ödnis Englands mit solchen Juwelen wie *fanny batter* und *gusset icing* zu beleben (etwa »Mösenteig« und »Zwickelglasur«). So willkommen solche Beiträge auch sein mögen, es bleibt ein Fakt, dass die Synonyme für Sperma ein ganzes Wörterbuch füllen könnten und die fürs weibliche Äquivalent nur für eine kurze Fußnote reichen würden.

Wahrscheinlich ist es nicht allzu überraschend, dass der männliche und der weibliche Orgasmus so unterschiedlich diskutiert werden. Elisabeth Lloyds umfangreiche Analyse von dreiunddreißig Studien aus achtzig Jahren zu unserem Sexualverhalten zeigt, dass bis zu achtzig Prozent der Frauen Schwierigkeiten haben, bei rein vaginalem Geschlechtsverkehr zum Höhepunkt zu kommen. Zwischen fünf und zehn Prozent der Frauen hatten noch nie einen Orgasmus.[1] Niemals. Bisher gibt es zwar lediglich eine Handvoll Studien zum Orgasmus von Transfrauen nach penil-invasiver Vaginoplastie, aber diese zeigen, dass achtzehn Prozent der Transfrauen nicht allein durch Masturbation zum Orgasmus kommen können, vierzehn Prozent über Anorgasmie klagen und bis zu zwanzig Prozent insgesamt Schwierigkeiten haben, seit der Operation den Höhepunkt zu erreichen.[2] Studien haben außerdem gezeigt, dass die meisten Frauen mindestens zwanzig Minuten brauchen, um zu kommen, und dass es eine Million Faktoren gibt, die das Ganze kaputtmachen können: Alter, Stress, Stimmung, Geruch, Selbstwertgefühl.[3] Offen gesagt, die Fluchtgefahr ist ziemlich groß.

Im Vergleich dazu scheint der männliche Orgasmus ziemlich unkompliziert zu sein, aber seine Geschichte ist alles andere als das. Das historische Verständnis dessen, was mit dem Körper und der Seele eines Mannes passiert, wenn er kommt, ist dunkel und äußerst verstörend. Von mittelalterlichen Theologen, die bei Impotenz tatsächlich Bohnen empfahlen, weil sie glaubten, eine Erektion käme durch in den Penis strömende Luft zustande, bis hin zu den Priestern der Kybele in Rom, die sich in wilden Zeremonien selbst kastrierten – es war ein steiniger Weg für den *hot rod* (1972). Aber ich möchte mich hier auf die Verbindung zwischen Orgasmus und Energie konzentrieren, auf die alte Theorie, dass der Orgasmus den Mann schwächt und dessen Manneskraft buchstäblich abfließen lässt. Ihr wisst schon. In *Rocky* (1976) warnt Mickey, der legendäre Trainer des italienischen Haudraufs, Frauen würden die Beine schwächen.[4] Der britische Sprinter Linford Christie berichtete, nach Sex in der Nacht vor einem Rennen würden sich seine Beine »wie Blei« anfühlen.[5] Boxer Carl Froch verzichtete drei Monate lang auf Sex, bevor er George Groves im Weltmeisterschaftskampf ausknockte.[6] Bei jeder Fußballweltmeisterschaft wird gemunkelt, welcher Trainer seine Spieler mit einem Sex-Embargo vor dem Spiel belegt hat.

Bevor wir weitermachen, ist es wichtig festzuhalten, dass es absolut keine wissenschaftlichen Daten gibt, die diese Theorie stützen. Ein systematischer Überblick von 2016 über alle vorliegenden wissenschaftlichen Hinweise auf die Effekte sexueller Aktivität auf die sportliche Performance stellte fest: »Die Erkenntnisse deuten darauf hin, dass sexuelle Aktivität am Tag vor einem Wettkampf keinen negativen Einfluss auf die Leistung hat.«[7] Der Manager der New York Yankees, Casey Stengel, hat einmal gesagt, es sei »nicht der Sex, der diese Typen fertigmacht, es ist die nächtliche Suche danach«.[8] Wie auch immer, der Mythos lebt.

Die Theorie, ein Orgasmus erzeuge ein Energietief, reicht bis ins alte China und den Taoismus zurück. Eine fundamentale Überzeugung im Taoismus besteht in der Lebenskraft des Spermas *(yuan ching)* und darin, dass das Sperma den Körper nicht verlassen, sondern von ihm resorbiert werden sollte, um das Gehirn zu nähren *(huan jing)*. Männer werden zwar ermutigt, Sex zu haben, sie sollen aber nicht ejakulieren, damit die Lebenskraft erhalten bleibt. *Su Nu Ching* (zwischen 200–500 n. Chr.) ist ein in Form eines Streitgesprächs zwischen dem Gelben Anführer und der Göttin Su Nu geschriebener Text. Der Anführer fragt die Göttin, wie er seine Lebensenergien erhalten könne, und sie rät ihm, beim Sex nicht zu ejakulieren.

> Ein Akt ohne Erguss macht das Chi stark. Zwei Akte ohne Erguss schärfen das Gehör und klären die Sicht. Drei Akte ohne Erguss lassen alle Leiden verschwinden. Vier Akte ohne Erguss, und die »fünf Elemente« kommen alle ins Reine. Fünf Akte ohne Erguss, und der Puls geht ruhig und entspannt. Sechs Akte ohne Erguss stärken Taille und Rücken. Sieben Akte ohne Erguss geben Gesäß und Schenkeln Kraft. Acht Akte ohne Erguss lassen den ganzen Körper strahlen. Neun Akte ohne Erguss, und du wirst dich einer unbegrenzten Lebensdauer erfreuen können. Zehn Akte ohne Erguss, und du wirst ins Königreich der Unsterblichen gelangen.[9]

Der Taoismus lehrte, dass die Aufnahme des Vaginalsekrets das Yang stärke, die männliche Essenz. Die Pussy wurde also nicht nur gefeiert, sie galt auch als Superfood.

Zieht euch das rein, ihr labbrigen Kale Chips! Das Spermazurückhalten wird noch immer in taoistischen und Neotantra-Gruppierungen ausgeübt, die daran glauben, dass Energie und Gesundheit durch so einen Sperma-Stöpsel gesteigert werden können. Aber bevor hier jetzt alle anfangen, ihr Sperma wie eine Art Zauberwichse zu horten: Die Harvard University hat einen Zusammenhang zwischen Ejakulation und Prostatakrebs gefunden. »Männer, die aufs Leben gerechnet einundzwanzigmal oder öfter pro Monat

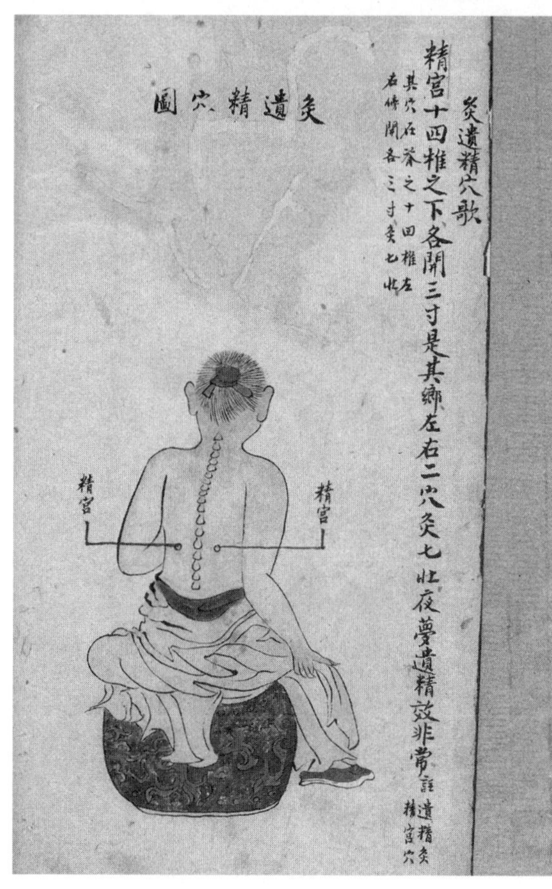

Akupunktur-/Moxibustionstafel, die den Jinggong-Punkt zeigt (Palast der Essenz/des Samens). Aus *Chuanwu lingji lu* (Aufzeichnungen des Herrschers), von Zhang Youheng. Diese Arbeit hat nur als Manuskriptkopie überlebt, die 1869 fertiggestellt wurde.

ejakulierten, hatten ein um dreiunddreißig Prozent geringeres Risiko, an Prostatakrebs zu erkranken, als Männer, die von vier bis sieben Ejakulationen pro Monat berichteten.«[10] Eine australische Studie zeigte ähnliche Ergebnisse, dort fand man heraus, dass Männer mit vier bis sieben Ejakulationen pro Woche mit einer Wahrscheinlichkeit von sechsunddreißig Prozent seltener Prostatakrebs entwickelten als Männer mit weniger als zwei oder drei Ejakulationen pro Woche.[11]

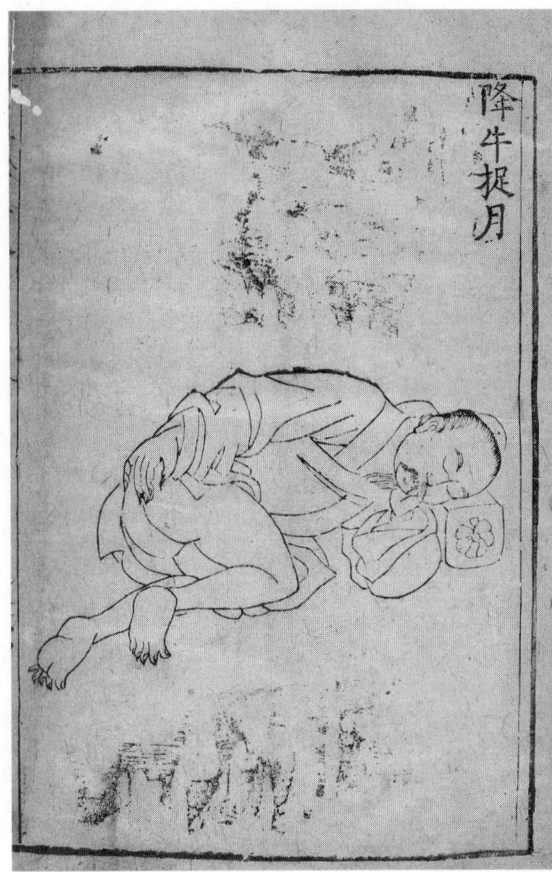

Xiuzhen miyao, ein Text zur Gymnastik *(daoyin/qigong)* unbekannten Ursprungs, der 1513 wiederentdeckt und mit einem Vorwort von Wang Zai veröffentlicht wurde. Er beinhaltet neunundvierzig Übungen. Diese Illustration zeigt *Jiang niu zhuo yue* (vom Ochsen steigen, um den Mond zu fangen), eine Technik, die bei unfreiwilligem Samenerguss eingesetzt wurde.

Aber ich schweife ab.

Auch die alten Griechen und Römer meinten, dass ständiges Handanlegen der Gesundheit schade und wichtige Energiereserven erschöpfe. Hippokrates lehrte, dass in einem gesunden Körper die Körperflüssigkeiten (Blut, gelbe Galle, schwarze Galle und Schleim) in Balance sein mussten. Folgerichtig musste das Absondern von zu viel *baby juice* (1901) diese empfindliche Balance stören und die Gesundheit damit beeinflussen. Aristoteles glaubte, zu viel Sex könne das Wachstum hemmen. Plutarch riet Männern, ihren Samen »zu speichern«. Platon schrieb: »Wenn ein Mann seinen Samen zurückhält, ist er stark, und der Beweis hierfür sind abstinente Athleten.« Um sicherzugehen, dass es nicht zu nächtlichen Ergüssen kam, empfahl Galen Athleten, auf Bleiplatten zu schlafen.[12]

Diese Überzeugungen blieben auch im Mittelalter bestehen. Albertus Magnus, oder auch Sankt Albert der Große (ca. 1200–1280), glaubte ganz fest, »der Koitus entleert das Gehirn«, und dass Hunde lüsternen Menschen hinterherliefen, denn: »Der Körper einer Person mit viel Geschlechtsverkehr nähert sich dem Zustand eines Kadavers an, wegen all des faulenden Samens darin.«[13] Natürlich, wenn es möglich war, dass man zu viel Sperma abgeben konnte, dann konnte im Umkehrschluss auch zu viel von dem Zeug vorhanden sein, was die Körperflüssigkeiten ebenso ins Ungleichgewicht brachte. Im Jahr 1123 verhängte das Erste Laterankonzil das verpflichtende Zölibat über alle Priester. Wie man sich unschwer vorstellen kann, gab es auf Seiten des Klerus gehörigen Widerstand gegen diese Anordnung, und hierbei berief man sich vielfach auf medizinische Gründe. Gerald von Wales war im 12. Jahrhundert Erzdiakon von Brecon, er schrieb von einer Vielzahl von Fällen, in denen das Zölibat zum Tod von Priestern und Bischöfen geführt habe. Gerald berichtete vom Tod eines Erzdiakons von Louvain, dessen Genitalien aufgrund des Zölibats »anschwollen vor unsagbarer Flatulenz«.[14] Der Erzdiakon habe sein Gelübde dennoch nicht gebrochen und sei kurze Zeit später gestorben. Dies ist im mittelalterlichen Europa bei Weitem nicht das einzige Beispiel von solch ärztlichem Rat. Es mag uns merkwürdig vorkommen, dass die Kirche für Sex plädierte; für sie galt zwar Lust als Sünde, aber Sex war unabdinglich, um den göttlichen Auftrag des Seid-fruchtbar-und-mehret-euch zu erfüllen. Also war funktionaler, spaßbefreiter Geschlechtsverkehr das Gebot der Stunde. Die Kirche des Mittelalters war wie ein Sperma-Navi, das die *duck butter* (1938; »Entenbutter«) eines Typen mit so wenig falschen Abzweigungen wie möglich und auf tunlichst effizientem Weg zum rechtmäßigen uterinen Ziel führte. Sperma, das an diesem Ziel vorbeischoss, galt in der Tat als gefährliches Zeug. Manche mittelalterlichen Theologen dachten, Dämonen würden den Samen von Masturbierenden und Paaren, die Coitus interruptus praktizierten, stehlen, um damit Frauen zu schwängern. Thomas von Aquin schrieb in seiner *Summa Theologica*, dass diese Dämonen die Gestalt wunderschöner Frauen, den Succuben, annähmen, die Lust in den Männern entfachten, sie verführten und deren Samen ernteten.[15]

Dann würde der Dämon die Gestalt eines Mannes (Incubus) annehmen und eine willige Frau schwängern.

Diese nette kleine Theorie wird in Heinrich Kramers und Jakob Sprengers berüchtigtem Hexenjagdführer *Malleus Maleficarum* (1486) wiederholt und weitergesponnen. Auch wenn der sogenannte »Hexenhammer« anerkennt, dass auch Männer Hexen sein können, stellt er doch fest: »Eine größere Anzahl an Hexen gibt es beim fragilen Geschlecht der Frauen als unter den Männern.«[16] Weiter wird argumentiert, dass Frauen, anders als Männer, »keine Mäßigung bei Tugend wie bei Laster« kennen würden, und dass »alle Hexenkunst« von »fleischlicher Lust« herrühre, die »in Frauen unersättlich« sei.[17] Die Angst davor, Frauen könnten Männer dominieren, sie kastrieren oder ihre *oyster soup* (1890; »Austernsuppe«) klauen und ihnen damit ihre Kraft rauben, durchzieht den Hexenhammer wie ein roter Faden. »Und gesegnet sei der Höchste, Der das männliche Geschlecht bisher vor einem so großen Verbrechen bewahrt hat: Denn weil Er bereit war, geboren zu werden und für uns zu leiden, darob gab Er den Männern den Vorrang.«[18] Die Sorge, ein Orgasmus könnte Männer ihrer Kraft berauben, ist darin spürbar.

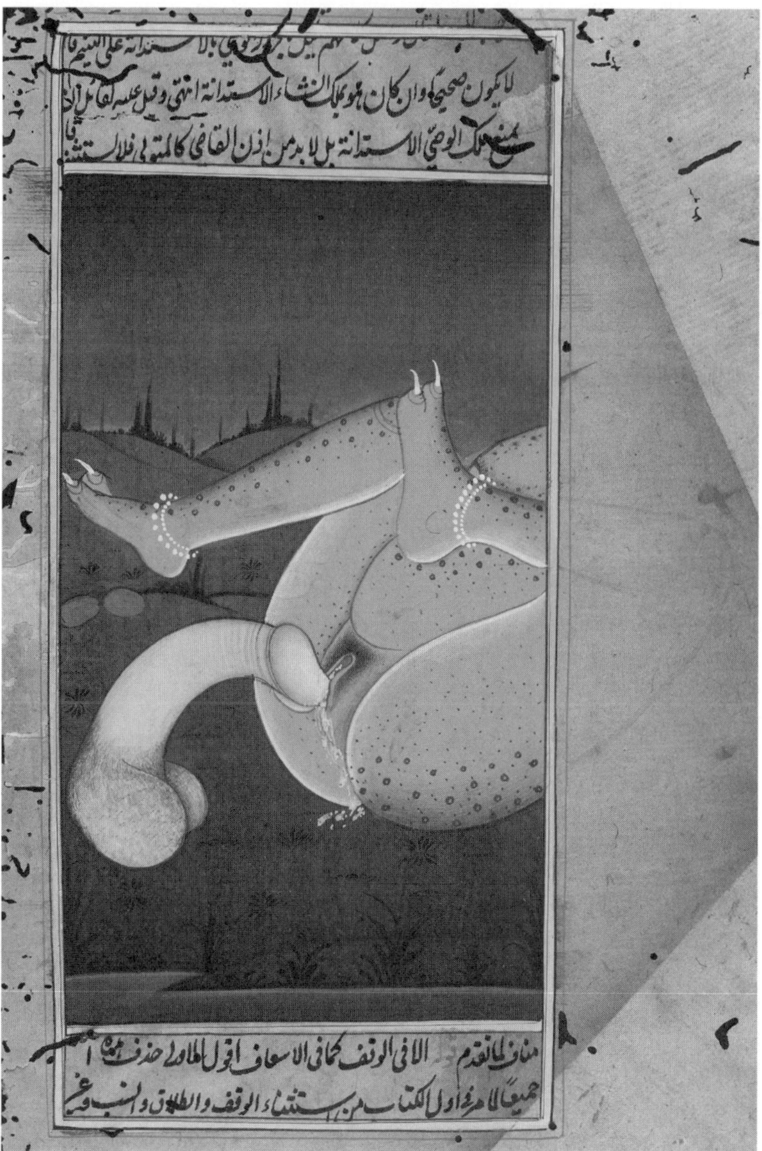

Indische Gouache-Malerei mit einem riesigen Penis, der mit einem weiblichen Dämon kopuliert. Um 1900.

Warum der Orgasmus in Verbindung mit dem Verlust von Kraft und Potenz steht, ist leicht nachvollziehbar. In Frankreich wird der Orgasmus auch *la petite mort* (der kleine Tod) genannt, und das mit gutem Grund. Fragt euch einmal selbst, wie ihr euch nach dem Orgasmus fühlt, wenn sich der Nebel langsam lichtet. Vielleicht pauschalisiere ich hier, aber für diejenigen unter uns mit Vulven ist Sex oft so eine Art Endgegner. Ein leidenschaftlicher Showdown, der uns ins nächste Level bringt, der Lust auf mehr in uns weckt – nur härter. Auch wenn die Genitalien sich bei uns Frauen nach dem Sex manchmal schmerzhaft gereizt anfühlen, können wir immer noch weitermachen und multiple Orgasmen erleben, wie die *Cosmo* nicht müde wird, uns zu versichern. Aber hat der Penis erst einmal sein »Pulver« verschossen, ist alles vorbei, und bevor du noch sagen kannst »Mach weiter, Liebling«, liegt er schon schnarchend in seiner Lache. Im medizinischen Fachjargon wird dieser spezielle Zeitraum »Refraktärphase« genannt. Definiert wird sie als »vorübergehende Zeitspanne nach der Ejakulation, die einhergeht mit Abschwellung, reduziertem Interesse an sexueller Aktivität, Unvermögen, zu ejakulieren oder einen Orgasmus zu erleben, und erhöhter Abneigung gegen genitale Stimulation«[19]. Die Schuld an dieser Phase wird in der Regel besonders den Serotonin- und Prolaktinschwankungen im Gehirn in die Schuhe geschoben. Da aber ein Ansteigen des Prolaktin- und Serotoninlevels vor und nach dem Orgasmus auch bei Frauen beobachtet werden kann, reicht dies nicht als Erklärung dafür aus, warum Männer eine Refraktärphase durchleben, Frauen aber nicht.[20] Was auch immer der Grund sein mag, die Refraktärphase ist eine sehr reale Angelegenheit, und der rasante Post-Orgasmus-Abstieg vom supergeilen Sexgott zum schlafenden Bären scheint ein unbestreitbarer Beweis dafür zu sein, dass ein Orgasmus den Mann seiner Potenz beraubt.

All das war eine völlig klare Sache für Dr. Samuel Auguste Tissot, als er 1758 *L'Onanisme: Dissertation sur les Maladies produits par la Masturbation (Von der Onanie, oder Abhandlung über die Krankheiten, die von der Selbstbefleckung herrühren)* schrieb. Tissot behauptete, Sperma sei eine lebensnotwendige Körperflüssigkeit und Masturbation ein höchst verheerender Weg, diesen kostbaren *liqueur séminale* zu verlieren. Tissots Beschreibung eines Mannes, der zu viel ejakuliert, ist wirklich nicht schön. Er räsonierte, dass exzessive Masturbation, nächtliche Ergüsse und Coitus interruptus schlichtweg dazu führten, dass der Körper dahinsieche:

> Ich hatte einen Patienten in Behandlung, dessen Störung mit Abgeschlagenheit begann, mit einem Schwächegefühl in allen Körperteilen, besonders der Leistengegend; begleitet wurde dies von einer unfreiwilligen Bewegung der Sehnen, regelmäßigen Spasmen und einem körperlichen Verfall, so ausgeprägt, als solle das ganze leibliche Gerüst zerstört werden; er fühlte einen Schmerz bis in die Membranen des Gehirns hinein, einen Schmerz, den Patienten als trockene, brennende Hitze bezeichnen und der unablässig von innen das Alleredelste verbrennt.[21]

Tissots Arbeit legte den Grundstein für einen Kreuzzug gegen die Masturbation, der die nächsten zwei Jahrhunderte fortgeführt werden sollte. Das einsame Laster, die Selbstbefleckung, Onanie oder *jerkin the gherkin* (1938; »am Gürkchen rütteln«) wurde zunehmend genauester medizinischer Betrachtungen unterzogen, und des Mannes Wunderhorn musste verschiedenste Kurpfuscher-Heilverfahren über sich ergehen lassen, von irgendwie amüsant bis wirklich gefährlich.

Bis zum 19. Jahrhundert hatte sich die medizinische Theorie, dass ein Verlust des Samens eine ernsthafte Gefährdung der Gesundheit

Vierzackiger »Harnröhrenring« zur Behandlung von Masturbation aus dem 19. Jahrhundert. Der Ring wurde vor dem Schlafengehen um den Penis geschnallt, und wenn der Träger dann nachts eine Erektion bekam, versenkten sich die Zähne in dessen Penis und weckten den armen Kerl auf.

darstellte, fest etabliert. Überall auf der Welt warnten Ärzte, Masturbation könne nicht nur gefährlich, sondern schlichtweg tödlich sein. Dr. Léopold Deslandes (1797–1852) zum Beispiel schrieb: »Der Patient ist sich der Gefahr nicht bewusst und verharrt in seiner krankhaften Gewohnheit – die Ärzte behandeln nur die Symptome, und bald macht der Tod allem ein Ende.«[22]

Männer wurden gewarnt, ihre »Essenz« zu bewahren, indem sie Unzucht und Masturbation vermeiden und den ehelichen Sex begrenzen sollten. Eine Vielzahl an Antimasturbationsgeräten stand zur Verfügung, um »nächtliche Ergüsse« zu verhindern und junge Männer davon abzuhalten, es sich selbst zu machen. Es gibt Berichte über Ärzte, die Penisse mit Säuren, Nadeln und Elektroschocks behandelten, um »Spermatorrhö« (Schwäche durch Spermaverlust) zu heilen. Es wurde karge Kost empfohlen, um die Lust zu bekämpfen, und Reinheitskreuzzügler wie John Harvey Kellogg (1852–1943) stellten fade Müslis her, um den Trieb zu drosseln. Kellogg meinte, Masturbation könne alle möglichen Krankheiten auslösen, von Gebärmutterkrebs bis Epilepsie, von Wahnsinn bis Impotenz. Aber Kellogg ging noch weiter, als einfach nur eine Ständer-Sperre zum Frühstück zu verticken. Er hielt eine Menge nützlicher Informatio-

Ein junger Bursche ist verwelkt und gealtert, weil er ständig masturbierte. 1845.

nen für Eltern bereit, wie man ein Kind vom Drang zur Masturbation »heilen« konnte.

> Das Geschlechtsteil zu bandagieren, hat sich als erfolgreich erwiesen. In manchen Fällen ist es auch erfolgreich, wenn man die Hände zusammenbindet, aber das ist nicht immer der Fall, denn oft versuchen sie, anders zu ihrem Ziel zu kommen, zum Beispiel, indem sie die Hüfte einsetzen oder sich auf den Bauch legen. Die Organe mit einem Käfig zu umgeben, erfreute sich großen Erfolgs.[23]

Die Methode jedoch, die nach Kellogg am meisten Erfolg gegen *knuckle shuffle* (2001; etwa »Knöchelschwingen«) versprach, war Beschneidung – ohne Betäubung.

> Ein Mittel, das bei kleinen Jungen fast immer zum Erfolg führt, ist die Beschneidung, besonders wenn eine Form der Vorhautverengung vorliegt. Die Operation sollte ohne Verabreichung einer Narkose durchgeführt werden, denn der kurze Schmerz, der diese begleitet, hat einen heilsamen Effekt auf den Geist, besonders dann, wenn das Ganze mit der Vorstellung von Strafe verbunden wird, was in manchen Fällen so sein wird. Das Wundsein, das die nächsten Wochen über fortbestehen wird, unterbricht die Gewohnheit, und wenn sie nicht bereits zu fest verankert ist, mag sie gänzlich vergessen und nicht wiederaufgenommen werden.[24]

Wenn Frauen notorisch masturbierten, empfahl Kellogg, die Klitoris mit Phenolsäure auszubrennen, ein »exzellentes Mittel, die abnormale Erregung zu mildern und das Wiederauftreten der Angewohnheit zu verhindern«.[25] Es ist nicht in geringem Maße solchen Antimasturbationskreuzzüglern wie Kellogg zu verdanken, dass die Beschneidung noch heute in den USA so weit verbreitet ist. Aber es ist auch wichtig, sich klarzumachen, dass Ärzte wie Kellogg wirklich glaubten, sie würden den Menschen helfen, und dass Orgasmen schädlich wären.

Das *Boy Scout Handbook* von Robert Baden-Powell (1857–1941) aus dem Jahr 1911 widmet ein ganzes Kapitel der Belehrung kleiner Jungs, wie sie ihre »natürlichen Kräfte anhäufen« und damit »Stärke und Männlichkeit« konservieren könnten.

> Den Körper eines jeden Jungen, der das Teenageralter erreicht, hat der Schöpfer des Universums mit einer sehr wichtigen Flüssigkeit gefüllt. Diese Flüssigkeit ist der wundervollste Stoff in der gesamten materiellen Welt. Ein Teil davon findet seinen Weg in unser Blut und gibt über das Blut den Muskeln ihre Spannkraft, dem Gehirn seinen Antrieb und den Nerven ihre Stärke. Diese Flüssigkeit ist die Geschlechtsflüssigkeit […] Jede Angewohnheit eines Jungen, die dazu führt, dass diese Flüssigkeit aus seinem Körper ausgeschieden wird, mindert dessen Stärke, macht ihn anfälliger für Krankheiten und verfestigt unglücklicherweise Gewohnheiten in ihm, mit denen er später in seinem Leben nicht mehr wird brechen können.[26]

Viktorianischer »Spermatorrhö«-Ring.

Obwohl Pfadfinder noch bis in die Fünfzigerjahre hinein gewarnt wurden, nicht »den Jesuiten zu melken« (1744), begannen die ersten Sexualwissenschaftler*innen nun, mit den Masturbationsmärchen aufzuräumen. 1908 ermittelte Albert Moll vier Phasen des Orgasmus und definierte ihn als »Höhepunkt der Lust«, auf den ein »plötzliches Nachlassen des Lustgefühls« und Abschwellung folgten.[27] Wilhelm Reich beschrieb den Orgasmus als »bioelektrische Entladung«, und die Arbeit von Alfred Kinsey deckte auf, dass Masturbation eine nahezu universelle menschliche Erfahrung darstellte.[28] Die Arbeit von William Masters und Virginia Johnson aus dem Jahr 1966 war es schließlich, die aufzeigte, was genau mit dem männlichen Körper vor, während und nach dem Orgasmus passierte, und die außerdem die Refraktärphase benannte.[29] Und wenn wir vielleicht auch nicht gerade beim Kaffeekränzchen mit dem Pastor über unsere privaten Rubbeleien plaudern würden, so möchte ich doch behaupten, dass über Themen wie Ejakulation und Masturbation mittlerweile nicht mehr so schamhaft der Teppich des Schweigens ausgebreitet wird.

Aber es wird noch besser: In einem fort entstehen neue Forschungsarbeiten, die zeigen, wie wichtig der Orgasmus für menschliche Beziehungen ist. Bartels und Zeki bewiesen 2004, dass die Hirnareale, die während eines Orgasmus aktiv sind, auch aktiviert werden, wenn diese Person sich ein Bild von ihrem/ihrer Liebsten ansieht.[30] Die Arbeiten von Komisaruk und Whipple (2008), Kurtz (1975) und Yang et al. (2007) zeigen allesamt, dass die Hirnaktivität während des Orgasmus bei Menschen und bei Tieren mit der Gedächtniskonsolidierung in Verbindung steht, was bedeutet, dass der Orgasmus die Partner*innen aneinanderbindet.[31] Hierauf baut die Arbeit von Pfaus et al. (2016) auf und zeigt, dass der Orgasmus der Schlüssel zur Paarbildung und sogar zur Entwicklung von Vorlieben bestimmter »Typen« ist.[32] Im Jahr 2007 untersuchte Stuart Brody die vaginalen Orgasmen von 1 256 Frauen und kam zu dem Schluss,

The instrument consists of a ring (A), which is hinged for the purpose of keeping the circuit open when the organ is quiescent. Upon the ring is a flat plate of ivory (*a*), furnished with a bolt (*b*), which, upon erection, is pushed backwards so as to complete the

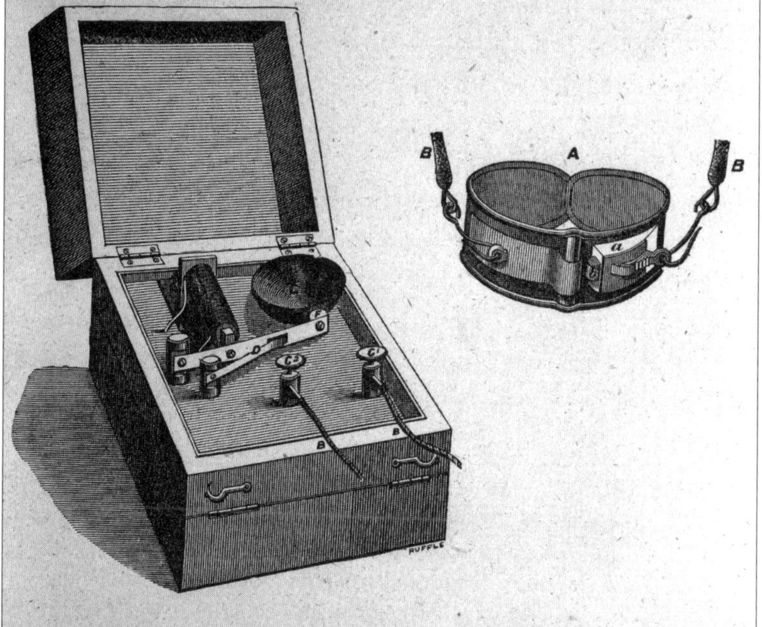

circuit at this point. With the ring and bolt are connected two insulated wires (B, B), which convey the current to two binding screws (C1, C2). Of these C1 is in communication with one of

»Der elektrische Alarm« zur Behandlung von Masturbation. Diese nette Gerätschaft wurde erfunden, um dem Penis ihres Trägers einen Stromstoß zu versetzen, falls dieser eine Erektion bekam. 1887.

dass regelmäßige Orgasmen zu einem erfüllteren Sexleben, zu geistiger Gesundheit und allgemeinem Wohlbefinden führten.[33] 2011 zeigten Luca Cindolo und Kolleg*innen, dass unregelmäßiges Ejakulieren zu einer Verschlechterung des Miktionsreflexes führt (die

Fähigkeit, Urin abzusetzen). In einer weiteren Studie fand man heraus, dass zweiunddreißig Prozent von 1866 befragten US-Amerikanerinnen in den vorangegangenen drei Monaten masturbiert hatten, weil es ihnen beim Einschlafen hilft. Dieselbe Studie belegte außerdem, dass Orgasmen den Endorphin- und Corticosteroidspiegel ansteigen lassen, was uns weniger schmerzempfindlich macht und Leiden wie Arthritis, Menstruationskrämpfe und Migräne lindert.[34] 2001 zeigten Untersuchungen, dass Orgasmen bei Migränebeschwerden und Clusterkopfschmerzen bei bis zu einem Drittel der Patient*innen Erleichterung brachten.[35] Und ich habe hier nur leicht an der Oberfläche der Forschung gekratzt, die belegt, warum ein Orgasmus gut für uns ist.

Also bitte, schüttelt euch einen von der Palme, poliert euch die Brosche und würgt den Jürgen – solange sich niemand davon gestört fühlt, besorgt es euch nach Herzenslust selbst. Das ist eine ärztliche Empfehlung. Und jedes Mal wenn ihr das tut, dann seht euren Orgasmus als Würdigung all der Menschen vor euch, die einen unglaublich hohen Preis bezahlt haben für den Genuss dessen, was Quentin Crisp als ultimativen »Ausdruck der Selbstachtung« bezeichnet hat.[36]

Eierdiebe

Hodentransplantationen im 20. Jahrhundert

Der Zusammenhang zwischen zu häufigem Ejakulieren und einer nachlassenden Gesundheit galt bis ins 20. Jahrhundert hinein als medizinischer Fakt. Was tut ein Kerl also, wenn ihm seine sexuelle Potenz abhandengekommen ist und seine Männlichkeit dringend einen Neustart braucht? Die offensichtliche Lösung für ein sinkendes Samenniveau war eine Aufstockung der Reserven. Im frühen 20. Jahrhundert entwickelte sich die chirurgische Verjüngung alternder Männer durch Genitaloperationen und Erhöhung der Samen- und/oder Sexualhormonmenge zum regelrechten Medizinhype. Abhängig davon, für welchen Arzt man sich entschied, wurde man einer bilateralen Vasektomie unterworfen oder bekam einen Affenhoden in den Hodensack transplantiert. Dies waren die frühen Tage von Endokrinologie und Hormonersatztherapie in der Medizin, und die Ärzte, die diese Prozeduren vorantrieben, priesen sie als absolute Jungbrunnen an (obwohl Spermabrunnen hier besser gepasst hätte). Aber bevor ihr euch jetzt bei eBay auf die Suche nach Affeneiern macht, solltet ihr wissen, dass diese Operationen mit den Dreißigerjahren in Verruf gerieten, als man herausfand, dass sie mehr Schaden als Nutzen brachten (und das galt für Menschen wie für Affen).

In den 1880er Jahren begann der französische Physiologe Charles-Édouard Brown-Séquard (1817–1894), sich selbst Hodenextrakte von Meerschweinchen und Hunden zu injizieren.[1] Er nannte sein Gebräu »Elixier des Lebens« und glaubte, es würde seinen eigenen »Samenschwund« wieder ausgleichen. »Ich möchte die Idee in den Raum stellen, dass wir, sofern es möglich ist, gefahrlos Samen ins Blut alter Männer zu injizieren, wahrscheinlich Anzeichen gesteigerter Aktivität im Hinblick auf die geistigen und verschiedensten körperlichen Kräfte würden verzeichnen können.« Und weiter:

> Es ist weithin bekannt, dass Samenverluste, woher sie auch rühren mögen, eine geistige und körperliche Schwäche verursachen, die proportional zu deren Häufigkeit steht. Diese und viele andere Tatsachen haben zur allgemein anerkannten Auffassung geführt, dass es in der von den Hoden abgesonderten Samenflüssigkeit eine oder mehrere Substanzen gibt, die, aufgenommen über das Blut, einen maßgeblichen Nutzen für die Stärke unseres Nervensystems und anderer Teile des Körpers haben.[2]

Charles-Édouard Brown-Séquard (1817–1894) war ein mauritischer Physiologe und Neurologe.

Überzeugt davon, dass der Alterungsprozess durch das Einbringen von Sperma in den Körper aufgehalten werden könnte, begann Brown-Séquard, an Tieren herumzuexperimentieren. Er versuchte, Teile von Meerschweinchen in Rüden zu transplantieren, und injizierte alten Kaninchen das Blut oder das Sperma aus den Hoden jüngerer. Was man eben so macht.[3] In der festen Annahme, dieser Spermatausch sei positiv für die Versuchstiere, fing Brown-Séquard an, sich selbst eine Mischung aus Blut, Sperma und »Saft, entnommen den Hoden« von Hunden und Meerschweinchen zu spritzen.

> Zu den drei Zutaten, die ich gerade genannt habe, fügte ich noch destilliertes Wasser in einer Menge hinzu, die das Drei- bis Vierfache deren Volumen nicht überstieg. [...] Nachdem sie durch einen Papierfilter gelaufen war, hatte die Flüssigkeit einen rötlichen Farbton und war eher milchig [...] Für jede Injektion verwendete ich einen knappen Kubikzentimeter der gefilterten Flüssigkeit.[4]

Unmittelbar nach diesen Injektionen, so berichtete er, konnte Brown-Séquard länger arbeiten, sich besser konzentrieren und mit zweiundsiebzig Jahren wieder Treppen hoch- und runterrennen. Er veröffentlichte seine Entdeckungen in *The Lancet* und legitimierte die Organotherapie als unbedenkliche medizinische Disziplin.[5]

Brown-Séquard mag ein früher Pionier gewesen sein, aber der Mann, der dafür verantwortlich war, dass operative Verjüngungen zum Mainstream wurden, war der in Russland geborene französische Chirurg Serge Voronoff (1866–1951). Voronoff war Labordirektor am renommierten Collège de France, als er sich mit der Transplantation von Affenhoden einen Namen machte, die Männern eingesetzt wurden, deren Spritzigkeit nachgelassen hatte. Voronoff war ein Experte in der Manipulation der Presse, und so stand seine Arbeit bald weltweit im Fokus.

Mr Affensack höchstpersönlich, Dr. Serge Abrahamovitch Voronoff (1866–1951).

Bevor er seine ganze Aufmerksamkeit den Affeneiern zuwendete, war Voronoff ein angesehener Gynäkologe gewesen und hatte mit *Les Feuilles de Chirurgie et de Gynecologie* (1910) Pionierarbeit auf dem Feld neuer chirurgischer Techniken geleistet. Beeinflusst von der Arbeit Brown-Séquards, startete Voronoff seine Tierversuche, um zu sehen, ob das Transplantieren von tierischen Hodendrüsen zu einer Verjüngung führte. Davon überzeugt präsentierte Voronoff dem französischen Chirurgenkongress 1919 seine Ergebnisse. *Le Petit Parisien* berichtete am nächsten Tag:

> Doktor Serge Voronoff, Direktor des Physiologielabors des Collège de France, hielt einen erstaunlichen Beitrag zum Chirurgenkongress am gestrigen Tag bereit. Er behauptet, er habe alternde Ziegen und Schafböcke verjüngt und belebt, in dem er eine interstitielle Drüse von einem Tier in ein anderes derselben Rasse transplantiert habe […]
> Die gesamte Menschheit wird vom Erfolg Herrn Voronoffs profitieren,

> denn er arbeitet mit Eifer daran, ähnlich erfolgversprechende Ergebnisse zu erzielen, indem er alternden Männern die interstitielle Drüse von Affen transplantiert. Es spielt keine Rolle, was das für Drüsen sind. Wenn deren Einbringen mithilfe von Dr. Voronoffs Skalpell unseren müden Organismen Jugend und Vitalität schenken kann, mögen interstitielle Drüsen hochleben![6]

Nachdem er seine Experimente viele Hundert Male an Schafen, Hunden und Bullen wiederholt hatte, begann Voronoff im Jahr 1920 damit, Affendrüsen in Menschen zu transplantieren. Ursprünglich hatte er den Plan gehabt, menschliche Hoden von Leichen und Verbrechern zu verwenden, aber er begriff bald, dass es mit einem stetigen Nachschub schwierig werden könnte, also wurden es am Ende doch die Affeneier. Am Ende musste Voronoff eine Affenkolonie in der Nähe von Nizza kaufen, um die Nachfrage bedienen zu können.[7]

Die ganze Prozedur war so einfach wie schrecklich. Die Hoden des Schimpansen wurden entfernt und in Längsscheiben geschnitten. Dann wurde der Hodensack des Mannes aufgeschnitten, um die Hoden und Membranen freizulegen. Der zerschnittene Schimpansenhoden wurde unter die Tunica-vaginalis-Membran implantiert, dann wurde die Wunde wieder zugenäht. Die Idee war, dass die Affendrüsen direkt von den Sexualdrüsen des Patienten absorbiert würden. Der Affe wurde eingeschläfert.

Voronoff wusste, was Kundenreferenzen wert waren, und in seinem 1924 erschienenen Buch *Forty-Three Grafts From Monkey to Man* führte er sorgfältig seine vielen Erfolge auf, darunter den vierundsiebzigjährigen Engländer Arthur Liardet. Voronoff hatte Liardet 1921 einen Pavianhoden transplantiert und erklärte: »Dieser Mann wurde sicher um fünfzehn bis zwanzig Jahre verjüngt. Der körperliche Zustand, die Vitalität der Genitalien, alles hat sich radikal verändert durch die Hodentransplantation, die einen senilen alten Mann, schwach und bemitleidenswert, in einen kraftstrotzenden Mann mit allen Möglichkeiten verwandelt hat.«[8] Trotz dieser Verwandlung »von Tattergreis zu aktivem Mann in der Blütezeit seines Lebens« starb Liardet nur zwei Jahre später.[9] In seinem Buch *Rejuvenation by Grafting* von 1925 behauptete Voronoff unverdrossen, seine Patienten würden fünfzehn Jahre jünger erscheinen und weit verbreitete Leiden wie Verstopfung, Krämpfe, Abgeschlagenheit und Kolitis würden sich immens verbessern. Was Depressionen anginge, so würden die Patienten nach der Operation »alerter« wirken, »sie zeigten gesteigerte Vitalität, hatten fröhliche Augen und mehr Energie«.[10] Die am häufigsten genannten Leiden, die Voronoff behauptete, heilen zu können, waren natürlich Impotenz und fehlende Libido. Ein siebenundsechzigjähriger Patient berichtete, seine Libido sei nach der Operation in einem »außergewöhnlichen Ausmaß« wiedergekehrt.[11]

Trotz Voronoffs Selbstsicherheit war die wissenschaftliche Gemeinschaft immer weniger davon überzeugt, dass es eine gute Idee war, Affenhoden ins Skrotum alternder Männer einzunähen. Wissenschaftler versuchten, Voronoffs bemerkenswerten Erfolg zu wiederholen, und es gelang ihnen nicht. Der französische Veterinärchirurg Henri Velu experimentierte mit Hodentransplantationen bei Schafen, um deren Gesundheit zu verbessern, und stellte fest, dass das Ganze lediglich zu schlecht gelaunten Tieren führte. Er legte seine Erkenntnisse 1929 dem französischen Veterinäramt vor und nannte Voronoff »wahnhaft«. Ähnliche Studien aus Australien und Deutschland zeigten ebenfalls, dass Drüsentransplantationen keinerlei positive Effekte hatten.[12] Zu allem Übel wurde Voronoff wegen Misshandlung von Tieren die Arbeitserlaubnis für Großbritannien entzogen. Führende Tierversuchsgegner des Landes brandmarkten seine Vorstöße als »Angriff auf Moral, Hygiene und Anstand«.[13]

Aber wenigstens war Voronoff ein etablierter Chirurg, was man von dem Amerikaner John Richard Brinkley (1885–1942) nicht gerade behaupten kann. Der nämlich verpflanzte Ziegenhoden in menschliche Versuchskaninchen, ausgerüstet einzig und allein mit einem gekauften Diplom und einer Alles-ist-möglich-Einstellung.[14] Brinkley wurde als »Ziegendrüsendoktor« berühmt und verdiente eine Stange Geld damit, Männern weiszumachen, er könne ihnen mithilfe eines Ziegenbocks ihr Stehvermögen wiedergeben. Inspiriert von Verjüngerern wie Voronoff, operierte Brinkley Hunderte von Menschen (Männer wie Frauen). Weil er aber wirklich keinerlei Qualifikation hatte, waren Infektionen an der Tagesordnung, und viele Patient*innen starben. Zwischen 1930 und 1941 wurde Brinkley mehr als ein Dutzend Mal wegen fahrlässiger Tötung angeklagt.[15] Schlussendlich entlarvte das Gericht Brinkley als »Scharlatan und Quacksalber im üblichen, allgemein gebräuchlichen Wortsinn«, und die im Anschluss losrollende Lawine an Klagen bedeutete letztendlich seinen Ruin.[16] Brinkley meldete 1941 Insolvenz an und starb verarmt im darauffolgenden Jahr.

Einem solchen Schicksal entging Voronoff, doch mit den späten Zwanzigerjahren erntete der einst gefeierte Chirurg mehr und mehr Gespött anstelle von Lobpreisungen. Im Jahr 1928, kurz vor Voronoffs Vorlesungsbeginn in London, schrieb George Bernard Shaw einen Brief an die *London Daily News*, verfasst aus der Perspektive eines Affen:

> Wir Menschenaffen sind eine geduldige und freundliche Spezies, aber das hier ist mehr, als wir ertragen können. Hat irgendein Affe jemals einem lebendigen Mann die Drüsen herausgerissen, um sie wegen einer kurzen und unnatürlichen Verlängerung seines Lebens einem anderen Affen einzupflanzen? […] Der Mensch bleibt, was er immer gewesen ist, das grausamste aller Tiere. Lasst ihn seine groteske Ähnlichkeit zu uns

nicht weiter ausbeuten; er wird bleiben, was er ist, egal wie sehr Dr. Voronoff sich bemüht, einen ehrbaren Affen aus ihm zu machen.
Hochachtungsvoll
Consul Junior, The Monkey House Regents Park,
26. Mai 1928.[17]

Voronoff erklärte 1929, er habe nun fast fünfhundert Drüsentransplantationen durchgeführt, doch er hatte seine Glaubwürdigkeit gegenüber der Öffentlichkeit und seinen Kollegen eingebüßt. Nicht nur wurden seine Theorien von neuen Forschungen widerlegt, auch seine Patienten alterten weiter, verfielen und starben. Irgendwann verlor Voronoffs Name in den Zeitungen seinen Glanz, seine Arbeit wurde weitgehend verurteilt, und bald sah man in ihm nur noch einen weiteren Quacksalber. Voronoff und seine Ideen mögen längst der Vergangenheit angehören, aber eine letzte verstörende Schleife bringt uns zu ihm zurück, denn es wird vermutet, dass der Trend, Affengewebe in Menschen zu transplantieren, dafür verantwortlich gewesen sein könnte, dass das Simiane Immundefizienz-Virus (HIV-1) vom Affen auf den Menschen übertragen wurde und damit zur globalen AIDS-Krise von heute führte.[18]

Voronoff war wohl der bekannteste Chirurg, der sich auf der Suche nach ewiger Jugend am Skrotum vergriff, aber er war mit Sicherheit nicht der einzige.* Der österreichische Physiologe Eugen Steinach (1861–1944) glaubte, dass eine bilaterale Vasektomie (beide Samenleiter werden durchtrennt) wie eine Art Stöpsel funktioniere, der das Sperma im Körper festhalte und dem müden Sexleben wieder Auftrieb gebe. Nach Experimenten an Ratten verfeinerte Stei-

* Andere Ärzte, die in der Drüsen- und Verjüngungschirurgie arbeiteten, waren unter anderem Victor Darwin Lespinasse (1878–1946), George Frank Lydston (1858–1923) und Leo Leonidas Stanley (1886–1976).

Eugen Steinach (1861–1944), Pionier auf dem Gebiet der Vasektomie zum Aufhalten des Alterungsprozesses – er starb trotzdem daran.

nach seine Technik nach und nach und machte schließlich mit Menschen weiter. Er behauptete, seine frühen Experimente würden nicht nur Impotenz heilen, sondern seine Patienten auch jünger, »lebensfroher und lebendiger« machen.[19] Vor der Operation wurden diese als »von lähmender Erschöpfung, Arbeitsunlust, Teilnahmslosigkeit und Depression beherrscht« beschrieben, »all dies schließt Fortschritt und jedwede Art von Wettbewerb aus«, und natürlich waren sie »impotent«.[20]

Das Versprechen ewiger Jugend und eines gewaltigen *hard-on* (1864; Ständer) ist extrem verlockend, und es ist kein Wunder, dass die Öffentlichkeit so enthusiastisch auf Steinachs Schaffen reagierte.

Bald verbreitete sich die Nachricht von »Steinachs Operation«, und Ärzte wie Harry Benjamin, Robert Lichtenstern, Victor Blum und Norman Haire eröffneten ihre eigenen Kliniken und begannen, in ganz Europa und Amerika Männern die Nüsse zu verdrehen. Aber nicht alle waren davon überzeugt, dass operative Verjüngung funktionierte. Ein Leitartikel des *Journal of the American Medical Association* von 1924 prangert sie als anfällig für »Missbrauch und gigantische Ausbeutung« an und äußert sich verächtlich über diejenigen, die bereit seien, »derart neue Wege, um zu einem belebenden Ergebnis zu kommen«, einzuschlagen.[21] Doch das hielt zahlreiche Personen des öffentlichen Lebens nicht davon ab, sich unters Messer zu legen.

Den Quellen zufolge soll sich Sigmund Freud bei Dr. Victor Blum im Jahre 1923 einer Vasektomie unterzogen haben, um seinen Krebs zu heilen.[22] Der irische Dichter und Nobelpreisträger William Butler Yeats (1865–1939) ging dafür zu Dr. Norman Haire nach London, er versprach sich von einem Libido-Boost auch einen für die Qualität seiner Arbeit. Kurz nach der Operation schrieb Yeats einem Freund, er fühle sich nun »wunderbar stark, mit einer Vision von der Zukunft«.[23] Ethel Mannin allerdings, die nach dessen Operation eine kurze Beziehung mit Yeats gehabt hatte, nannte die Steinach-Operation später einen »Misserfolg«.[24] Autsch.

Misserfolg oder nicht, in der ersten Hälfte des 20. Jahrhunderts versprachen Drüsen das große Geschäft. Zeitungen berichteten von riesigen Lieferungen von Rhesusaffen nach Australien, wo sie die »große Nachfrage nach Verjüngungsoperationen« bedienen sollten.[25] Dr. William Bailey, Direktor der American Endocrine Laboratories, skizzierte für die American Chemical Society 1924 sieben mögliche Methoden der chirurgischen Verjüngung:

1. Transplantation der Drüsen von einer Position an eine andere
2. Das Verpflanzen von tierischem Drüsengewebe in das eines Menschen (Voronoff-Methode)
3. Durchtrennen und unterbinden der Drüsenkanäle oder Vasoligatur (Steinach-Operation)
4. Einsatz von Röntgenstrahlung

5. Einsatz von Radiumstrahlung oder Gammastrahlung
6. »Narkotisieren« der Drüsen mit Jod oder Alkohol
7. »Diathermie«, oder der Einsatz von Hitze mittels hochfrequenter Elektrizität[26]

Es gab keinen Mangel an Chirurgen, die bereit waren, das beste Stück des Mannes allerlei Kurpfuschereien zu unterziehen, aber der heilige Gral unter den Drüsenmethoden war die Transplantation. Männer, die ihre Jugend dahinschwinden fühlten, scheuten keine Kosten und Mühen, um an ein paar elastische junge Drüsen zu kommen, legal oder nicht. Das Ausmaß dessen, was manche von ihnen zu tun bereit waren, offenbarte sich im Jahr 1922.

An einem hellen Chicagoer Sommermorgen fand man einen Mann Anfang dreißig bewusstlos vor einem Hauseingang, Ranch Avenue Ecke Adam Street, liegen. Da es ihnen nicht gelang, ihn wachzurütteln, brachten besorgte Anwohnende ihn ins örtliche Kreiskrankenhaus, wo man ihn bald darauf als Henry Johnson identifizierte, einen Elektriker, der bei seiner Schwester Beryl Heiber lebte. Ein Chirurgiepraktikant untersuchte Johnson und entdeckte, dass dessen Hoden aus dem Skrotum entfernt worden waren und man die Wunde antiseptisch gereinigt und »fachmännisch« wieder zugenäht hatte. Später entsann sich Johnson, dass er am Abend zuvor mit einem Freund in der Madison Street etwas getrunken hatte. Seine letzte Erinnerung bestand darin, wie er in die Straßenbahn stieg, um nach Hause zu fahren, dann sei alles schwarz geworden. Die Ärzte, die Johnson nun behandelten, waren der Ansicht, man habe ihn vor der Tat unter Drogen gesetzt, und betonten das chirurgische Können, das nötig sei, um einem Mann die Hoden zu entfernen, ohne dabei die Arterie zu verletzen. Doch Johnson schämte sich zu sehr für all das, um es bei der Polizei anzuzeigen, stattdessen machte er sich auf den Weg nach Hause und wieder an die Arbeit.

Vier Monate später, im Oktober, wachte der vierunddreißigjährige polnische Arbeiter Joseph Wozniak in einem verlassenen Haus auf. Er hatte kaum eine Erinnerung, wie er dorthin gekommen war. Wozniak war mit seinem Freund Kuchnisky auf einen Drink in der Milwaukee Avenue unterwegs gewesen, und das Letzte, was er wusste, war, wie er sich ein Taxi heranwinkte, um nach Hause zu fahren. Sein Kopf schmerzte, er fühlte sich desorientiert und hatte einen chemischen Geschmack im Mund. Es gelang Wozniak, sich bis nach Hause in die Seventeenth Street im Norden Chicagos zu schleppen. Im Laufe des nächsten Tages wurde der heftige Schmerz in seiner Leistengegend immer schlimmer, bis Wozniak schließlich ins Krankenhaus ging, wo Dr. Sampolinski ihn untersuchte und feststellte, dass auch seine Hoden entfernt worden waren. Der starke chemische Geschmack, den Wozniak im Mund hatte, kam von Chloroform.

Schockiert rief Dr. Sampolinski die Polizei, und sobald die Presse die Geschichte spitzgekriegt hatte, wurde weltweit von Joseph Wozniak, dem Opfer von »Drüsenraub«, berichtet. Wozniaks Trinkgefährte Kuchnisky war verschwunden. Die Polizei vermutete, ihn habe das gleiche Schicksal ereilt wie Wozniak, er sei aber zu beschämt, darüber zu sprechen, und halte sich deshalb versteckt.

YOUTH GLANDS STOLEN.

Operation by Force After Kidnapping.

Desire to Rejuvenate Wealthy Patron.

Kidnapped, chloroformed, and his interstitial glands removed, Joseph Wozniak, a Polish labourer in Chicago, has been the victim of one of the most extraordinary thefts on record.

Berichte über den Fall des Hodenraubs schafften es bis nach Großbritannien. *Dundee Evening Telegraph,* Montag, 16. Oktober 1922.

Als Henry Johnson in der Zeitung über den Fall Wozniak las, meldete er sich bei der Polizei und berichtete auch von seiner Entführung. Schnell wurde klar, dass diese Fälle nicht nur in Verbindung zueinander standen, sondern dass hier auch sehr wahrscheinlich ein Chirurg am Werk gewesen sein musste.

> Es wird vermutet, dass diese Gräueltat von einer Bande Dieben ausgeführt wurde, um die aktuelle Nachfrage nach Drüsen zur menschlichen Verjüngung zu befriedigen. In den medizinischen Kreisen Chicagos herrscht größte Bestürzung. Dr. Sampolinski, der hinzugezogen wurde, um Wozniak zu behandeln, vermutet, die Drüsen seien wahrscheinlich für einen wohlhabenden betagten Patienten entnommen worden. Wozniak, ein polnischer Kriegsveteran, berichtete der Polizei, er habe am Abend vor der Tat einen Fremden kennengelernt, der ein gewisses Interesse an ihm zu haben schien und ihm zwei Pfund und mehrere Drinks spendiert hätte, nachdem er erfahren habe, dass Wozniak auf Jobsuche sei. »Er bestellte ein Taxi, das mich nach Hause bringen sollte«, erklärte Wozniak. »In dem Taxi saßen bereits vier weitere Männer, und bevor ich wusste, wie mir geschah, wurde mir ein Sack über den Kopf gezogen, und ich verlor das Bewusstsein. Als ich wieder zu mir kam, befand ich mich in einem verlassenen Haus. Ich war wie betäubt und hatte zunächst keine Ahnung, dass ich operiert worden war. Ich war noch benebelt von den Drinks [...] Dann bemerkte ich den Geschmack von Chloroform in meinem Mund und verspürte einen heftigen Schmerz. Ich schaffte es, nach Hause zu kommen und [Dr.] Sampolinski aufzusuchen, der mich schließlich darüber aufklärte, was mit mir passiert war.«[27]

Im darauffolgenden Jahr gab es noch zwei weitere Übergriffe, die sich innerhalb von vierundzwanzig Stunden ereigneten. Der Taxifahrer Charles Ream wurde betäubt, und man entfernte ihm beide

Hoden, John Powell aus Nordchicago wurde verstümmelt, konnte aber mit intakten Hoden fliehen.

Führende Mediziner auf dem Gebiet der Verjüngungschirurgie beeilten sich, eine derartige Barbarei zu verurteilen und sich davon zu distanzieren. Voronoff selbst befand, »dem Chirurgen, der das getan hat, sollte das gleiche Schicksal widerfahren«.[28] Der Fall versetzte die Bewohner Chicagos in Angst und Schrecken, und die Polizei bereitete sich »auf eine Epidemie von Drüsenrauben vor, wie die Burke-und-Hare-Epidemie in [Großbritannien]«.* Glücklicherweise blieb die aus, aber die Täter wurden nie geschnappt.

Mit Hoden ließ sich in der ersten Hälfte des 20. Jahrhunderts viel Geld machen, und unzählige Produkte überschwemmten den Markt, die die Vorteile einer Hodentransplantation ohne die Kosten und Risiken einer tatsächlichen Operation boten. Und anders als bei heutigen Beauty-Produkten brüstete man sich stolz mit all dem Hokuspokus-Eierkram, der sich darin befand. »Drüsenextrakt-Tabletten« versprachen »Perfektion ohne Medikamente«.

Drüsen-Gesichtscremes, so hieß es, »lassen alle Spuren von Linien, Falten, Krähenfüßen, schlaffer Muskulatur und anderen Schönheitsfehlern im Gesicht endgültig verschwinden«.

Mit der Zeit ließ der Hype um Drüsenchirurgie und drüsenbasierte Beauty-Produkte nach. Wie viele Menschen und Tiere genital verstümmelt wurden auf dieser Jagd nach sexueller Potenz und einer faltenfreien Stirn, ist unbekannt. Auch wenn uns der Gedanke, sich Affenhoden in die Genitalien einpflanzen zu lassen, dieser Tage vollkommen abscheulich vorkommt, so lassen sich manche Menschen in dem Versuch, die Zeit anzuhalten, auch heute noch auf

* William Burke und William Hare begingen in Edingburgh 1827 und 1828 insgesamt sechzehn Morde. Die Leichen verkauften sie an die Anatomie-Abteilung des Edingburgh Medical College (Anm. d. Ü.).

REJUVENATION
Gland Extract Tablets (concentrated)
Perfection at Last! Nature's Own Remedy.
Without Drugs. SAFE. SPEEDY. SURE.
Guaranteed Brain and Spinal Cord Ext.
Recommended by the Medical Faculty.
WEEK'S SUPPLY, 5/-. Sample and literature free
(mention paper).
THE LABORATORIES, 15, Chestnut Road,
West Norwood, London, S.E.27.

»Verjüngungstabletten« aus Drüsenextrakt hergestellt, um das Altern aufzuhalten, 1926.

Anti-Aging-Creme aus Drüsenextrakt, 1938.

extreme und bizarre Eingriffe ein. Plastische Chirurgie, Botoxinjektionen, Penisvergrößerungen, Vaginalliftings, Cremes und Zaubertränke und alle möglichen vermeintlichen Zaubermittel werden im Kampf gegen Alter und Impotenz herangezogen.

Wir mögen die Drüsenchirurgen heute belächeln, aber ich kann nicht ausschließen, dass ich mir das Gesicht mit einer Hodencreme einschmieren würde, wenn ich nur daran glaubte, dies könnte ein paar Falten den Garaus machen. Der Drüsen-Operationswahn des 20. Jahrhunderts ist ein Beweis sowohl für die menschliche Unsicherheit als auch unsere Eitelkeit. Aber selbst auf dem Höhepunkt von Voronoffs Ruhm gab es Leute, die andere ermahnten, diesen Quatsch sein zu lassen und das Alter mit ein bisschen mehr Würde zu tragen – eine Haltung, die heute genauso wichtig ist, wie sie es damals war.

Tough Love

Impotenztests im Mittelalter

Wie wir sehen konnten, haben sich die Menschen im Laufe ihrer Geschichte extremen Behandlungen unterzogen, um ihrer Impotenz beizukommen. Aber erst als die amerikanische Arzneimittelbehörde (FDA) am 27. März 1998 Sildenafil (Handelsname Viagra) zuließ, gab es endlich etwas, was auch wirkte. Viagra tat mehr, als Millionen von Männern überall auf der Welt Hoffnung zu schenken, es führte zur Medikalisierung von Erektionsstörungen. Tatsächlich haben wir es Viagra zu verdanken, dass es überhaupt den Begriff »Erektionsstörung« gibt. Bis zur Revolution der blauen Pille hatte niemand »Erektionsstörungen«, die waren alle schlicht »impotent«, und das musste man akzeptieren wie kreisrunden Haarausfall und Schmerbauch. Oder wie es der Werbechef von Viagra, Ken Begasse jr., formulierte:

> Das Ganze Erektionsstörung statt Impotenz zu nennen, war eine der ersten großen Entscheidungen, die Pfizer und die [Werbe-]Agentur trafen, um das soziale Stigma zu beseitigen. Die ersten Anzeigen – viele davon – wurden als Viagra-Werbung verstanden und waren doch eigentlich Anzeigen zur Männergesundheit. Aber in Wahrheit waren sie dazu da, das Stigma zu zerstören.[1]

Die Wirkung von Sildenafil wurde zufällig entdeckt, als Wissenschaftler*innen bei Pfizer in Großbritannien den Stoff als kardiovaskuläres Medikament zur Blutdrucksenkung testeten. Die Ironie daran, dass Viagra ursprünglich irgendetwas senken sollte, ist so herrlich, es ist kaum auszuhalten, aber es stimmt trotzdem.

Das Medikament wirkt, indem es bei sexueller Erregung den Blutfluss in den Penis erhöht, was es *Captain Standish* (1890; »Kapitän Aufrecht«) ermöglicht, in den Hafen zu steuern, anstatt im Flachwasser zu kentern. Dieser unerwartete Nebeneffekt wurde entdeckt, als sich Teilnehmer der klinischen Studie weigerten, das Medikament an Pfizer zurückzugeben.[2]

Sich über Viagra lustig zu machen, ist leicht, aber die Pille hat nichts weniger getan, als eine sexuelle Revolution herbeizuführen. Laut *Pharmaceutical Journal* wurde sie weltweit bisher mehr als vierundsechzigmillionenmal verschrieben. Die *Times* schreibt, dass die Nachfrage kurz nach der Zulassung so groß war, dass Ärzt*innen sich eigens Stempel anschafften, um die vielen Rezepte ausstellen zu können.[3] Klar, wir alle wissen, dass Viagra von ein paar Flachpfeifen als Partydroge eingeschmissen wird, weil sie denken, die Pille würde ihren Penis in einen Power Ranger verwandeln, aber für die war das Medikament nicht gedacht. Denn Viagra hat mehr zu bieten als die Möglichkeit, eine Nacht durchzuvögeln. Die erfolgreiche Behandlung von Erektionsstörungen kann eine einschneidende Wirkung auf die mentale Gesundheit eines Patienten haben. Das *Journal of General Internal Medicine* veröffentlichte 2006 eine Studie, die zeigte, dass Männer, die mit Sildenafil behandelt worden waren, »grundlegende Verbesserungen in Selbstbewusstsein, Selbstvertrauen und der Befriedigung in sexuellen Beziehungen« vorwiesen. »Verbesserungen bei diesen psychosozialen Faktoren wurden kulturübergreifend beobachtet und standen in einem deutlichen Zusammenhang mit Verbesserungen der Erektionsfunktion.«[4]

Heute stehen zwischen dir und deinem persönlichen Happy End lediglich der Gang zur Apotheke oder ein Online-Formular, aber so einfach war es in Prä-Viagra-Zeiten ganz und gar nicht. Die Kirche im Mittelalter betrachtete die Ehe (und tatsächlich auch Sex) als zur Fortpflanzung notwendig. Sex war ein so zentraler Bestandteil des Ehelebens, dass der Kirchenrecht-Text *Decretum* aus dem 12. Jahrhundert Impotenz als Grund für eine Annullierung aufführte.* Eine Scheidung war im Mittelalter so gut wie unmöglich, und selbst wenn sie erlaubt wurde, so durfte man nicht wieder heiraten, solange der oder die andere lebte. Impotenz jedoch wurde als rechtmäßiges Hindernis für den Fortbestand einer Ehe angesehen, wenn diese bei der Heirat vor der Ehefrau verheimlicht worden war. Wenn bei der nächsten Hochzeit, zu der ihr eingeladen seid, also nach Gründen gefragt wird, warum das Paar nicht den Bund der Ehe eingehen sollte, dann erinnert euch, dass es eure Pflicht ist, die Versammelten davon zu unterrichten, falls der Bräutigam keinen hochkriegt. Impotenzverfahren erlaubten es einer Frau im Mittelalter, ihren Mann zu verklagen, und, das war entscheidend, bei Gewährung einer Annullierung durften beide Parteien wieder heiraten.[5]

---

* Bei *Decretum* handelt es sich um eine riesige Sammlung an Papstbriefen, Bußbüchern und Schriften verschiedener Kirchenväter, die von Bischof Ivo von Chartres (um 1040–1115) zusammengetragen wurde. Hierin nahm Ivo einen Brief von Papst Gregor II. (um 669–731) auf, in dem dieser forderte, dass eine Ehe annulliert werden könne, wenn Mann und Frau keinen Sex haben konnten und nicht »wie Bruder und Schwester« zusammenleben wollten. Allein der Umfang des Werkes machte es nicht gerade zum Bestseller. Um 1139 jedoch trug ein Kirchenrechtler, bekannt nur unter dem Namen Gratian, eine Kirchenrecht-Sammlung zusammen, das *Decretum Gratiani*, das auch Impotenz als Annullierungsgrund nannte. Das *Decretum Gratiani* wurde schnell zum Standardwerk an europäischen Rechtsschulen und Impotenz zum legitimen Deal Breaker. Catherine Rider: *Magic and Impotence in the Middle Ages* (Oxford University Press, 2008), S. 57; »The Medieval Canon Law Virtual Library«, web.colby.edu, 2018, <http://web.colby.edu/canonlaw/category/canon-law/> [Aufgerufen am 26.8.2018].

Malereien von Trinkgelagen in Kneipen und Bordellen waren bei niederländischen Sammler*innen aus dem 16. Jahrhundert sehr beliebt. Joachim Beuckelaer, *Bordeel*, 1562.

Für die mittelalterliche Kirche war das völlig logisch: kein Sex, keine Kinder, kein Sinn. Es war nun aber nicht so, dass die Frau nur bekanntgeben musste, dass bei ihrem Mann tote Hose herrschte, und schon war die Sache geritzt. Die Kirche vertraute nicht darauf, dass Frauen die Wahrheit sagten, und ganz bestimmt annullierte sie nicht gerne Ehen. Sosehr sie auch hinterher war, dass ihre Schäfchen hingingen und sich mehrten, es mussten doch einige Kriterien erfüllt werden, bevor die Kirche einer Trennung zustimmte. In der Regel musste ein Paar drei Jahre verheiratet gewesen sein, bevor es seinen Fall vor Gericht bringen konnte. Wenn ihr Mann die Vorwürfe bestritt, musste die Frau Zeug*innen vorweisen, die bestätigten, dass sie eine vertrauenswürdige Person war. Gab der Mann zu, impotent zu sein, mussten die Nachbar*innen des Paares bezeugen, dass sie von ehrlichem Charakter waren und bezeugen konnten, dass dieser Behauptung nichts widersprach. Und natürlich verlangte die Kirche einen »Beweis« für die Impotenz des Mannes.[6]

Aber wie beweist du, dass der *Johnson* (1863) deines Mannes nicht ganz so magic ist? Heute würde Arzt oder Ärztin vielleicht eine nächtliche penile Tumeszenz-Messung (NPT) durchführen, einen Schwellkörperinjektionstest (SKAT) oder einen Doppler-Ultraschall machen. Im 12. Jahrhundert aber brauchte es eine Gruppe »weiser Oberinnen«, einen Priester und eine Veranstaltung, die »Kongress« genannt wurde. Ein Kongress wurde in den meisten Impotenzklagen benötigt, er bestand darin, dass eine Gruppe aus Frauen den angeklagten Mann öffentlich begutachtete und ausdauernd versuchte, Leben in die Sache zu bringen. In *Summa Confessorum* empfahl Thomas of Chobham (um 1160–1230) Folgendes:

> Nach dem Essen und Trinken müssen sich der Mann und die Frau zusammen in ein Bett legen, und weise Frauen sollen für viele Nächte um das Bett herum versammelt werden. Und wenn das Glied des Mannes immerfort nur reglos bleibt, wie tot, so soll es dem Paar erlaubt werden, sich zu trennen.[7]

Die Ergebnisse solcher Tests finden sich in vielen mittelalterlichen Prozessakten und sind für die Beschuldigten nicht gerade schmeichelhaft. Zum Beispiel der Fall von John Sanderson aus York aus dem Jahr 1370: Johns Ehefrau Tedia brachte ihren Fall vors Kirchengericht, das drei Frauen damit beauftragte, Johns Johannes zu inspizieren. Der Kongress wurde abgehalten, und die Oberinnen meldeten dem Gericht:

> Das Glied des besagten John ist wie ein leerer Darm aus fleckiger Haut, und darunter gibt es weder Fleisch noch Adern, und vorne in der Mitte ist es völlig schwarz. Besagte Zeugin streichelte es mit der Hand und benetzte es mit ihrer Feuchtigkeit, aber auch nachdem es so gestreichelt und an jenen ihren Ort gelegt wurde, wurde es weder dicker noch größer. Auf die Frage, ob er ein Skrotum mit Hoden habe, sagte sie, er habe lediglich die Haut eines Skrotums, aber darin hingen die Hoden nicht herunter, sondern seien mit der Haut verwachsen wie bei Kleinkindern.[8]

Im Jahr 1368 verlangte Katherine Paynel, man möge ihren Mann Nicholas untersuchen, und wenig überraschend weigerte sich dieser einzuwilligen. Aber das hielt Katherine nicht davon ab, verschiedene Zeuginnen zu berufen, die beweisen sollten, dass Nicholas sich der Situation niemals »gewachsen« gezeigt hatte. Thomas Waus erklärte dem Gericht, Katherine habe

> oft versucht, die Genitalien des besagten Nicholas mit der Hand zu finden, wenn sie mit besagtem Nicholas im Bett lag und dieser schlief, und sie habe weder etwas streicheln noch etwas dort finden können, und dort, wo Nicholas' Genitalien sein sollten, sei es so flach wie die Hand eines Mannes.[9]

In Canterbury bezeugten 1292 zwölf Frauen »von gutem Ruf«, dass Walter de Fontes »männliches Glied« vollkommen »nutzlos« sei. Im Verfahren gegen John of York, 1433, liefen die Dinge etwas aus dem Ruder, als eine Oberin

> ihre nackten Brüste freilegte und mit ihren am Feuer gewärmten Händen den Penis und die Hoden des besagten John festhielt und rieb. Und sie umarmte und küsste besagten John immer wieder, und sie

> rührte ihn auf, sosehr sie konnte, damit er seine Männlichkeit und seine Potenz zeigen könne, und sie ermahnte ihn, er solle hier und jetzt beweisen, dass er ein Mann war. Und sie sagte, über die ganze Dauer der beschriebenen gründlichen Untersuchung und Befragung sei besagter Penis kaum länger als sieben Zentimeter gewesen.

In jedem dieser Fälle wurde der Ehefrau die Annullierung gewährt und die Erlaubnis gegeben, sich einen Mann zu suchen, der »sie besser versorgen und zufriedenstellen« würde können.[10]

Das mittelalterliche Kirchenrecht kannte zwei Arten von Impotenz: *dauerhafte Impotenz*, hervorgerufen durch das körperliche Unvermögen, Sex zu haben, und *vorübergehende Impotenz*, die, so meinte man, durch Hexenkraft herbeigeführt wurde. Denn es war weithin bekannt, dass Impotenz eher etwas mit Magie zu tun haben konnte statt mit irgendeinem persönlichen Versagen des Mannes.

Bischof Burchard von Worms warnte in einem Bußbrief aus dem 11. Jahrhundert vor derlei Dingen:

> Hast du getan, was die Gewohnheit mancher ehebrecherischer Frauen ist? Wenn sie erfahren, dass sich ihre Liebhaber rechtmäßige Ehefrauen nehmen wollen, dann löschen sie das Verlangen der Männer mit irgendeiner magischen Kunst, sodass diese ihren rechtmäßigen Ehefrauen nicht mehr von Nutzen sind und sie keinen Geschlechtsverkehr mit ihnen haben können. Wenn du so etwas getan hast oder es anderen beigebracht hast, so sollst du vierzig Tage bei Brot und Wasser Buße tun.[11]

Wie wir bereits gesehen haben, hat der *Hexenhammer*, das berüchtigte Hexenjagd-Handbuch von Heinrich Kramer und Jakob Sprenger von 1486, so einiges zum Thema Impotenz zu sagen. Ein ganzes

Kapitel ist der Art und Weise gewidmet, wie Hexen die »Macht der Erzeugung behindern«. Mit ihrer dunklen Magie könnten Hexen die Spermareserven eines Mannes austrocknen lassen oder ihn mit einem Fluch belegen und damit »die Macht der Erzeugung beeinträchtigen – so, dass ein Mann keinen Sex mehr haben kann«.[12] Aber laut Kramer und Sprenger können Hexen den Kronjuwelen noch Schlimmeres antun, als sie einfach nur zu verfluchen, sie können sie auch komplett entfernen, wenn ihnen der Sinn danach steht. Das heißt, sie verhexen den *gigglestick* (1944; »Kicherstab«), damit er »durch einen bösen Geist verborgen bleibt, der die Kunst der Illusion anwendet, auf dass er nicht gesehen oder angefasst zu werden vermag«.[13] Kramer und Sprenger greifen auch die verbreitete Geschichte auf, dass manche Frauen die *family jewels* (1911; »Familienschmuck«) rauben und in Bäumen, Nestern oder Schränken verstecken würden:

> Was endlich von denjenigen Hexen zu halten sei, welche bisweilen solche Glieder in namhafter Menge, zwanzig bis dreißig Glieder auf einmal, in ein Vogelnest oder einen Schrank einschließen, wo sie sich wie lebende Glieder bewegen, Körner und Futter nehmen, wie es von vielen gesehen ist und allgemein erzählt wird, so ist zu sagen, dass alles dies durch teuflische Handlung und Täuschung geschieht […][14]

Hexen halten sich also nicht wirklich *dicks* (1836) auf Bäumen als Haustiere. Wenn man bedenkt, wie sehr Hexen davon fasziniert zu sein schienen, Schwänze zu verhexen, dann ist es kein Wunder, dass in einem Impotenz-Gerichtsverfahren auch magische Aspekte berücksichtigt werden mussten.

Als Hinkmar, Erzbischof von Reims (um 806–882), gebeten wurde, den fränkischen König Lothar II. in seinen Bemühungen zu beraten, sich von seiner Frau, Königin Theutberga, scheiden zu lassen, antwortete er mit seiner Abhandlung *Über die Scheidung von König Lothar und Königin Theutberga.* Dort weist er auf die Möglichkeit hin, dass des Königs Lieblingsmätresse Waldrada ihn verhext haben musste, damit er keinen Sex mehr mit seiner Frau haben würde.[15] Hinkmar war ganz sicher, dass »Zauberinnen und Magierinnen [...] im Auftrag des Teufels« einen Mann impotent machen und damit verhindern konnten, dass eine Ehe vollzogen wurde. War dies der Fall, so empfahl Hinkmar dem Paar, eine »klare Beichte aller Sünden vor Gott und einem Priester abzulegen, mit reuevollem Herzen und demütigem Geist«.

> Mit vielen Tränen und sehr großzügigen Almosen und Beten und Fasten sollten sie den Herrn zufriedenstellen können, nach dessen Urteil, wenn es ihm auch nicht gefällt und sie es selbst verschuldet haben, sie es verdienen, die Segnung nicht zu empfangen, die der Herr unseren ersten Eltern im Paradiese vor dem Sündenfall geschenkt hatte.[16]

Einer der berühmtesten Fälle von durch Magie herbeigeführter Impotenz war der von König Philipp II. August von Frankreich (1165–1223), der behauptet hatte, er sei unfähig gewesen, die Ehe mit Ingeborg von Dänemark zu vollziehen, weil er verhext worden sei. Nach übereinstimmenden Berichten soll der König sich auf die Hochzeit mit Ingeborg gefreut haben, trotzdem wollte er sie bereits am Tag danach für ungültig erklären lassen. Drei Monate nach der Hochzeit hatten Philipps Berater einen fadenscheinigen Familienstammbaum gebastelt, der beweisen sollte, dass der König und Ingeborg verwandt waren und daher gar nicht hätten heiraten dürfen. Als Ingeborg Einwände erhob, behauptete der König natürlich, er sei durch einen Zauber impotent gemacht worden. Später beschuldigte er Ingeborg selbst der Hexerei, sie habe ihn verflucht. Nichts davon konnte Papst Innozenz III. überzeugen, und so war Philipp gezwungen, mit Ingeborg verheiratet zu bleiben. Philipp reagierte, indem er Ingeborg in der Burg Étampes wegsperrte und 1196 Agnes-Maria von Andechs-Meranien heiratete. Der Papst war so erbost, dass er sich nicht nur weigerte, diese Hochzeit anzuerkennen, er befahl außerdem, dass alle Kirchen Frankreichs für neun Monate geschlossen wurden, und erließ eine Verordnung, dass alle Kinder, die in dieser Zeit geboren wurden, als unehelich zu betrachten waren. Nach diesem Eklat bestimmte Papst Innozenz III., dass eine Ehe nicht länger aus Gründen der durch Zauberei herbeigeführten Impotenz annulliert werden könne.[17]

Ehefrauen versuchten noch bis ins 18. Jahrhundert hinein, mit Impotenz als Begründung eine Annullierung ihrer Ehen zu erreichen, die Kongress-Praxis war jedoch bereits im 17. Jahrhundert weitgehend aufgegeben worden.[18] Trotzdem war penile Demütigung offenbar weiterhin Teil der Scheidungsprozesse, denn oft wurden die Details in Form von schlüpfriger Erotikliteratur veröffentlicht. Skrupellose Verleger wie Edmund Curll und George Abbot vertrieben zahlreiche Sammlungen skandalöser Gerichtsprozesse, darunter *The Case of Impotency; and Cases of Divorce for Several Causes* von 1714 und *Cases of Impotency as Debated in England* von 1719. »Weise Oberinnen« wurden nun zwar nicht mehr eingesetzt, um das männliche Glied zu untersuchen, aber diese Texte stellten sicher, dass jedes Detail der sexuellen Dysfunktion der betroffenen Ehemänner ans Licht der Öffentlichkeit gelangte.

Im Jahr 2018 feierte Viagra seinen zwanzigsten Geburtstag, und das ist ganz bestimmt ein Grund zum Feiern. Die erfolgreiche Behandlung von Erektionsstörungen brachte neuen Schwung ins Leben von Millionen Menschen. Wir sollten uns auch all diejenigen ins Bewusstsein rufen, denen eine solche Behandlung im Lauf der

Geschichte nicht möglich gewesen ist, und uns klarmachen, was für eine wichtige Rolle der Sex für das Wohlergehen eines Menschen spielt. Wenn du dir also jemals eine blaue Pille einschmeißen solltest, dann denk dran, dass du hier für alle »untauglichen Glieder« strammstehst, die es in die Geschichtsbücher geschafft haben, weil sie es sonst nirgendwo reingeschafft haben.

SEX UND ESSEN

Unser täglich Brot

Sex und Backwaren

Wir können es nicht leugnen: Essen und Sex sind zwei Freuden, die in der menschlichen Psyche in sehr enger Verbindung miteinander stehen. Das tatsächliche Mischen von beidem (oder umgangssprachlich »Sploshing«) kann zwar zu einer saftigen Reinigungsrechnung und einem lebenslangen Pizza-Hut-Hausverbot führen, aber es bleibt trotzdem dabei: Essen ist sexy. Zahllose Ess-Metaphern beschreiben sexuelle Handlungen: *eat* Pussy, Schwanz *lutschen,* einen Liebhaber mit den Augen *verschlingen* und so weiter. An jedem Valentinstag beschenken sich Liebende mit Geschmackssensationen wie Schokolade, Wein und Austern, und Sexgöttin Nigella Lawson machte sich einen Namen, indem sie mit gebutterten Pastinaken Fellatio andeutete.

Beim Essen werden dieselben Sinne aktiviert wie beim Sex: sehen, riechen, schmecken, fühlen etc. Beides kann Gefühle von Trost und Liebe oder von Schuld und Scham hervorrufen. Sowohl zu viel als auch zu wenig zu essen, kann in Verbindung zu sexueller Frustration und sexuellem Trauma stehen.[1] Und natürlich handelt es sich bei Sex und bei Essen um angenehme Aktivitäten, die man miteinander teilen oder denen man sich alleine hingeben kann. Wie heißt es so schön im *Buch der Sprichwörter*, Kapitel 9, Spruch 17: »Gestohlenes Wasser ist süß, und heimlich gegessenes Brot schmeckt wohl.«[2]

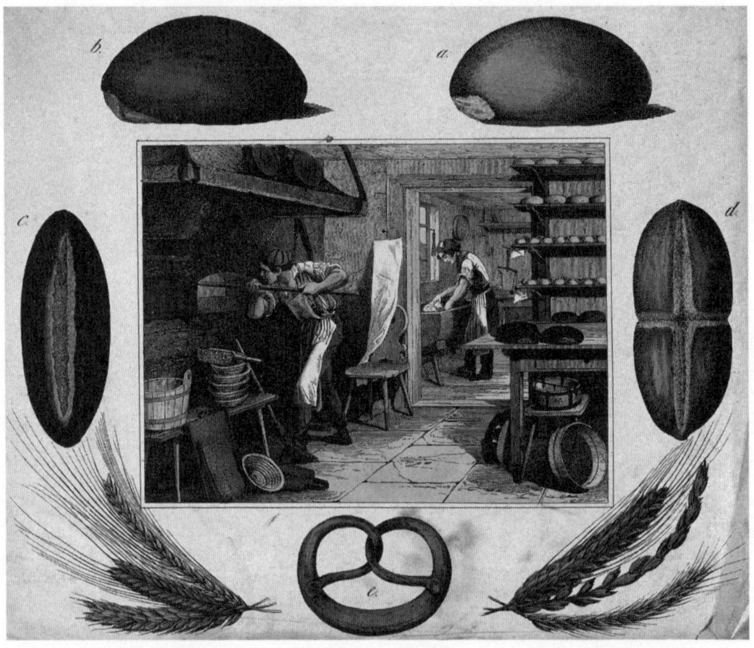

Ein Mann knetet Teig, während ein anderer das Feuer im Ofen schürt. Auf dem Tisch und in den Regalen liegen Brote, drum herum Stapel von Körben. Kolorierte Radierung aus dem 16. Jahrhundert.

Manche Lebensmittel haben mehr Sexappeal als andere. Champagner und Kaviar sind entschieden verführerischer als Capri-Sonne und Ravioli aus der Dose, auch wenn mir da vielleicht einige von euch widersprechen würden. Brot mag auf den ersten Blick nicht sehr erotisch wirken, aber es hat ein paar überraschend heiße Geheimnisse unter der Kruste. Erst einmal steckt der ganze Zubereitungsprozess voller Anspielungen: Nachdem es kräftig durchgeknetet wurde, kommt Brot in einen heißen Ofen, wo es anschwillt und wächst, und am Ende bekommt es manchmal eine klebrige Glasur.

Solche Verbindungen zwischen aufgehendem Brot und sich aufbäumenden Penissen, zwischen heißen Öfen und heißen Vulven, lassen sich bis 79 v. Chr. und in die römische Stadt Pompeji zurückverfolgen. Bei einer Ausgrabung dort fand man über dem Ofen einer Bäckerei eine Terrakottatafel mit einem in die Höhe ragenden Penis, die die Inschrift trug: *hic habitat felicitas*, »Hier wohnt das Glück«.[3]

Das Potenzial für teigige Zweideutigkeiten entging auch den Angelsachsen nicht. *The Exeter Book* wurde irgendwann im 10. Jahrhundert von Geistlichen zusammengestellt, es enthält zahlreiche herrlich zotige Rätsel wie dieses »Rätsel 45«:

> Ich habe von etwas gehört, das wächst unter einem Tuch,
> es schwillt und stöhnt, es wuchtet seine Hülle hoch.
> Eine stolze Frau, die Tochter irgendeines Prinzen, greift mit ihren Händen nach dem knochenlosen Ding und bedeckt es mit ihrem Kleid.[4]

Die Antwort lautet natürlich »Brotteig« (höhö, zwinker, zwinker). Es liefert aber nicht nur reichlich Material für pikante Witze, Brot kann auch in alle möglichen unanständigen Formen verwandelt werden. In seinen Epigrammen macht der römische Satiriker Martial (um 40–104) Witze über Brot-Dildos und behauptet, dass sexuelles Verlangen dadurch gemildert werden könne, dass man an Brot in Penisform knabbere anstatt am Original. »Wenn du deinen Hunger stillen möchtest, kannst du meinen Priapus essen; du magst an seinem Anhang nagen und bleibst doch unbefleckt.«[5] Ob es sich nun tatsächlich jemand mit einem Laib Brot besorgte oder nicht – Fruchtbarkeitsfeste wurden über Tausende von Jahren hinweg mit Broten in Phallus- und Yoniform gefeiert.

Der griechisch-ägyptische Autor Athenaios aus Naukratis (um 170–223) beschrieb, wie Demeter, die Göttin der Ernte, auf Sizilien mit vulvaförmigen Broten verehrt wurde, den *mylloi*.[6] Außerdem

Ein Bäcker schiebt Teig in einen Ofen, während eine Frau gebackene Laibe davonträgt. Holzschnitt von J. Amman (1539–1591).

gibt es Belege dafür, dass Brote in Genitalform vom Mittelalter bis in die Frühe Neuzeit hinein zu Ostern gebacken wurden. Der französische Historiker Jacques-Antoine Dulaure (1755–1835) zitiert 1825 aus einem Buch von Johannes Bruerinus Campegius, das dieser im 16. Jahrhundert verfasst hatte und das »die Verkommenheit der Manieren, wenn Christen selbst Freude in Obszönitäten und unsittlichen Dingen finden, sogar wenn es um ihr Essen geht«, aufzeige. Dulaure berichtet weiterhin darüber, wie Penisbrote im französischen Limousin rund um Brive noch immer zu Ostern gebacken würden, wohingegen die Menschen in Clermont die Auferstehung Christi mit einem Brot in Vulvaform feierten.[7] Thomas Wright berichtet 1865, dass phallische Brote in der Provinz Saintonge noch immer »als Opfergaben gebacken und dann von Haus zu Haus getragen« würden.[8] Es liegt absolut im Bereich des Möglichen, dass die englische Ostertradition der *hot cross buns* (Karfreitagsbrötchen) vom alten Brauch herrührt, Fruchtbarkeit und Frühling mit Pimmelbrot zu feiern.

Brot wurde im Lauf seiner Geschichte aber nicht nur in sexuell zweideutige Formen geknetet, es wurde auch für Liebesbanne eingesetzt. Viele mittelalterliche Kirchenautoritäten ließen Bücher für Priester drucken, in denen die angemessenen Bußleistungen für die verschiedenen Sünden aufgelistet waren, die ein Gemeindemitglied beichten könnte. Das waren die sogenannten Bußbücher. Die ältesten stammen aus dem 6. Jahrhundert in Irland, und sie sind eine wahre Goldgrube für jede Person, die sich mit Sexualität im Mittelalter beschäftigt, denn wenn die Kirche eines war, dann sorgfältig (und fantasiereich) beim Nachweisen sexueller Sünden. Eines der bekanntesten Bußbücher stammt aus dem *Decretum* von Bischof Burchard von Worms (um 965–1025). Hier listet der gute Bischof zahlreiche Bußleistungen für sexuelle Sünden auf, einschließlich das Aufnehmen von Körperflüssigkeiten, von Spermaschlucken (sieben Jahre Buße an Fastentagen) bis hin zu Frauen, die ihre Männer mit einer List dazu bringen, ihr Menstruationsblut zu trinken (fünf Jahre Buße an Fastentagen).[9] Besonders ausgiebig befasst sich Burchard mit Frauen, die verschiedene Lebensmittel an ihren Körpern reiben, um Männer auf diese Weise mit einem Bann zu belegen. Manche davon waren sogar imstande, Ehemänner zu töten, zum Beispiel dieser hier:

> Hast du getan, was mancher Frauen Gewohnheit ist? Sie legen ihre Kleider ab und schmieren ihren nackten Körper mit Honig ein. Mit dem Honig am Körper rollen sie sich über ein am Boden ausgebreitetes Laken mit Weizen hin und her. Dann sammeln sie

> sorgfältig alle Weizenkörner ab, die an ihrem feuchten Körper kleben, tun sie in eine Mühle, drehen die Mühle in die der Sonne entgegengesetzte Richtung, mahlen den Weizen zu Mehl und backen daraus ein Brot. Dann servieren sie es ihrem Mann zum Essen, diese werden immer schwächer und sterben. Wenn du das getan hast, so sollst du vierzig Tage bei Brot und Wasser Buße tun.[10]

Es kann sich aber auch um Liebes- und Lustzauber handeln, so wie hier:

> Hast du getan, was manche Frauen zu tun pflegen? Sie nehmen einen lebendigen Fisch und stecken ihn sich in ihre Vagina, sie behalten ihn eine Weile dort, bis er stirbt. Dann kochen oder rösten sie ihn und geben ihn ihren Männern zu essen. Das tun sie, um die Inbrunst in der Liebe ihrer Männer anzufachen. Wenn du das getan hast, so sollst du zwei Jahre an festgelegten Fastentagen Buße tun.[11]

Bevor ihr euch jetzt die Schlüpfer vom Leibe reißt und zum nächsten Karpfenteich rennt, lasst uns kurz innehalten und über das Ganze nachdenken. In der Denkweise des Mittelalters ergab das alles absolut Sinn. Berührung und Übertragung waren sowohl für die mittelalterliche Medizin als auch für den Aberglauben sehr wichtig. Viele mittelalterliche Aphrodisiaka sollten sexuelle Potenz über körperliche Aufnahme von der Quelle aufs Ziel übertragen. Spatzen beispielsweise galten einmal als Symbole der Lust. Chaucer drückt aus, dass einer der Pilger in seinen Canterbury Tales (der Bote) sexbesessen ist, indem er ihn als »heiß und lüstern wie ein Spatz« beschreibt.[12] Also glaubten Ärzte im Mittelalter, dass Patienten mit einer erlahmenden Libido etwas von dieser Lust aufnehmen könnten, wenn sie lüsterne Spatzen essen würden.[13] Die Vulva wurde nachvollziehbar mit Lust assoziiert, es leuchtete also ein, dass sie, gespickt mit einem Fisch, der gerade im *glory hole* (1930; »Loch der Herrlichkeit«) gestorben ist, das Feuer in einem Mann zu entfachen vermochte.

Burchard von Worms zeigte sich außerdem besorgt wegen Frauen, die mit ihren Pobacken Brot backen, und er kennt auch hierfür eine angemessene Strafe:

> Hast du getan, wie es mancher Frauen Gewohnheit ist? Sie legen sich mit dem Gesicht nach unten auf den Boden, entblößen ihr Hinterteil und tragen jemandem auf, auf ihren nackten Hinterbacken Brot zu machen. Wenn sie es gebacken haben, geben sie es ihren Männern zu essen. Das tun sie, um die Inbrunst in der Liebe ihrer Männer anzufachen. Wenn du das getan hast, so sollst du zwei Jahre an festgelegten Fastentagen Buße tun.[14]

Es sei euch verziehen, wenn ihr denkt, all das ist das Produkt einer überregen Fantasie und zu viel Messweins, aber da liegt ihr falsch. Diese spezielle Art der Brotzubereitung ist noch einmal für sechshundert Jahre später dokumentiert, nur nennt man es da mittlerweile *Cocklebread* (Herzmuschelbrot) und hat dazu passend ein Lied und einen Tanz im Schlepptau. Das Stück *The Old Wives' Tale* von George Peele aus dem Jahr 1595 enthält folgende Zeilen:

> Schöne Jungfer, weiß und rot.
> Streichle mich sanft, mein Haar entknot'.
> Und du sollst haben dein Herzmuschelbrot.[15]

Auch Richard Brome bezieht sich in *A Jovial Crew* (1641) auf junge Frauen, die »Herzmuschelbrot formen« und *»clatterdepouch«* und *»hannykin booby«* tanzen.[16] Aber es ist der Autor John Aubrey (1626–1697), der am genauesten erklärt, wie Herzmuschelbrot zube-

Holzschnitt aus dem 16. Jahrhundert, der zwei Menschen beim Brotbacken zeigt.

reitet wurde. Aubrey schreibt von jungen Frauen und ihrem »lüsternen Spiel«, dem »Herzmuschelbrotformen«.

Er erklärt, wie »junge Frauenzimmer« auf einen Tisch steigen und ihre Mäntel »bis über die Knie und so weit wie möglich« hochziehen, und dann »wackeln sie mit ihren Hinterbacken vor und zurück, als würden sie den Teig mit ihren Hintern kneten«. Während sie so wackeln, singen die Frauen:

> Die Lady ist krank, liegt im Bett wie tot.
> Und ich zieh los und back Herzmuschelbrot!
> Runter mit dem Kopf, hoch mit den Hacken,
> So geht es, das Herzmuschelbrotbacken.

Wenn das Brot gebacken war, wurde es dem Objekt der Begierde gebracht, damit es dessen Lust anheizen möge (oder auch dessen Gedärm). Aubrey nennt das ein »Relikt der Naturmagie« und weist darauf hin, dass *cockle* von einem angelsächsischen Wort mit der Bedeutung »Hintern« kommen könnte, eine Annahme, die von dem Ausdruck *hot cockles* aus dem 16. Jahrhundert gestützt wird, der »Sex haben« bedeutet.[17] *Cocklebread* taucht später wieder in viktorianischen Texten auf, zu dem Zeitpunkt ist daraus allerdings ein Kinderspiel geworden, das nichts mehr mit Unanständigkeit (oder mit Brot) zu tun hat und bei dem man in der Hocke sitzt und sich vor und zurück wiegt und ein Lied über seine Oma singt. Wenn die gewusst hätten …

Im Jahr 2015 hatten Muschibrote ein kurzes, aber denkwürdiges Comeback, als die feministische Bloggerin Zoe Stavri aus der Hefe ihrer vaginalen Pilzinfektion einen Sauerteig machte.[18] Anders als bei den »lüsternen Frauenzimmern«, über die Aubrey geschrieben hatte, sollte damit niemand verführt werden, die Aktion war ein Statement zur kulturellen Haltung der Vulva gegenüber. Man kann wohl behaupten, dass sich bei Stavris Brot die Geister schieden, und obwohl das Internet flächendeckend berichtete, setzte sich das Rezept nie wirklich durch.

Trotz solcher edlen Bemühungen sind genitalbasierte Koch-und Backtechniken seit dem 17. Jahrhundert auf dem Rückzug, obwohl ein Revival an der Zeit wäre, wenn ihr mich fragt. Vielleicht könnten Kochbuchautorinnen wie Delia Smith oder Mary Berry ja wegweisend werden bei der Wiederbelebung dieser alten Traditionen. Aber wahrscheinlich würde das Gesundheitsamt die Nase über genitalgeformte Backwaren rümpfen und gleich irgendeine Art Haarnetz vorschreiben. Vielleicht ist es doch sicherer, wenn man sich an eine Schachtel Merci hält. Sollte sich irgendwem von euch aber mal ein Lover mit einem seltsam geformten Bauernbrot nähern, sagt nicht, ich hätte euch nicht gewarnt.

Liebesnahrung

Eine Austerngeschichte

Auster, die. Ein schleimiges, plumpes Schalentier, das Männer, mit der Zivilisation kühn geworden, ohne vorangehende Entfernung der Eingeweide verspeisen!
Ambrose Bierce

Sie ist das wahrscheinlich bekannteste und beständigste aller Aphrodisiaka und hat seit einem Jahrtausend einen ganz besonderen Platz in unser aller Herzen und Mägen inne. Wie genau es diesem fischigen, klumpigen Weichtier, das in seiner eigenen Brühe schwimmt und etwas ähnelt, das man während der Grippesaison aus seinem Hals hochzieht, gelang, zum Go-to-Liebesnahrungsmittel zu werden, ist Gegenstand einiger Diskussion. Wusstet ihr, dass Austern Augen haben? Augen! Aber eins nach dem anderen – wirken sie tatsächlich aphrodisierend?

2005 machte die Nachricht die Runde, »die Wissenschaft« habe endlich bewiesen, dass Austern ein Aphrodisiakum seien.[1] Aber das stimmte nicht ganz. Professor George Fisher und eine Gruppe Wissenschaftler*innen aus den USA und Italien präsentierten der American Chemical Society ihre Forschung zu den aphrodisierenden Eigenschaften der Meeresmuscheln. Zwei Jahre zuvor hatte dasselbe Team Untersuchungen veröffentlicht, die nahelegten, dass D-Asparaginsäure (DAA) und N-Methyl-D-Aspartat (NMDA) die

Ausschüttung sexueller Hormone (zum Beispiel Progesteron und Testosteron) in Ratten anregen.[2] Die Studie von 2005 wies das Vorkommen von DAA und NMDA in manchen Weichtieren nach, nämlich in Miesmuscheln und Venusmuscheln. Hieraus schloss das Team, dass der Verzehr einen aphrodisierenden Effekt auf Menschen haben könnte.[3] Entscheidend ist aber, dass die Studie nichts über Austern aussagt und dass es keine Untersuchungen mit Menschen gab, die diese These hätten stützen können – alles reine Theorie.

Aber eine gute Story ist eine gute Story, also stürzte sich die Presse auf diese Ergebnisse und verkündete: »Rohe Austern sind tatsächlich ein Aphrodisiakum, behaupten Wissenschaftler!«[4] Nur dass sie das nicht getan hatten. Es gibt nicht den leisesten Hinweis darauf, dass sich beim Verzehr von Austern irgendetwas hebt außer deinem Klodeckel, wenn du eine schlechte erwischt hast. Abgesehen davon sind Austern aber unfassbar gesund. Sie haben nicht nur lächerlich wenige Kalorien, sie sind auch randvoll mit Zink, Kupfer, Vitamin B_{12}, Vitamin C und Lean-Proteinen. Interessanterweise verliert ein Mann bei jedem Austerntauchgang (um es mal so zu sagen) zwischen einem und drei Milligramm Zink, die berühmte Molluske ist also der ideale Snack zur Auffrischung von Spermareserven.[5] Austern mögen wirklich gut für uns sein, aber eine Art Viagra aus dem Meer sind sie nicht.

Die Muscheln sind ein sehr altes Lebensmittel, ihre Schalen wurden an vielen paläontologischen Grabungsstätten überall auf der Welt gefunden. In einem fossilen Riff an der Küste des Roten Meeres in Eritrea hat man Werkzeuge zum Öffnen der Schalentiere gefunden, die etwa 125 000 Jahre alt sind.[6] Es gibt viele verschiedene Austernarten, und man trifft sie in allen Weltmeeren an. Austern sind uralt, in Fülle vorhanden, und vielleicht kann man sie sogar als das erste Fast Food bezeichnen – aber warum gelten sie als sexy?

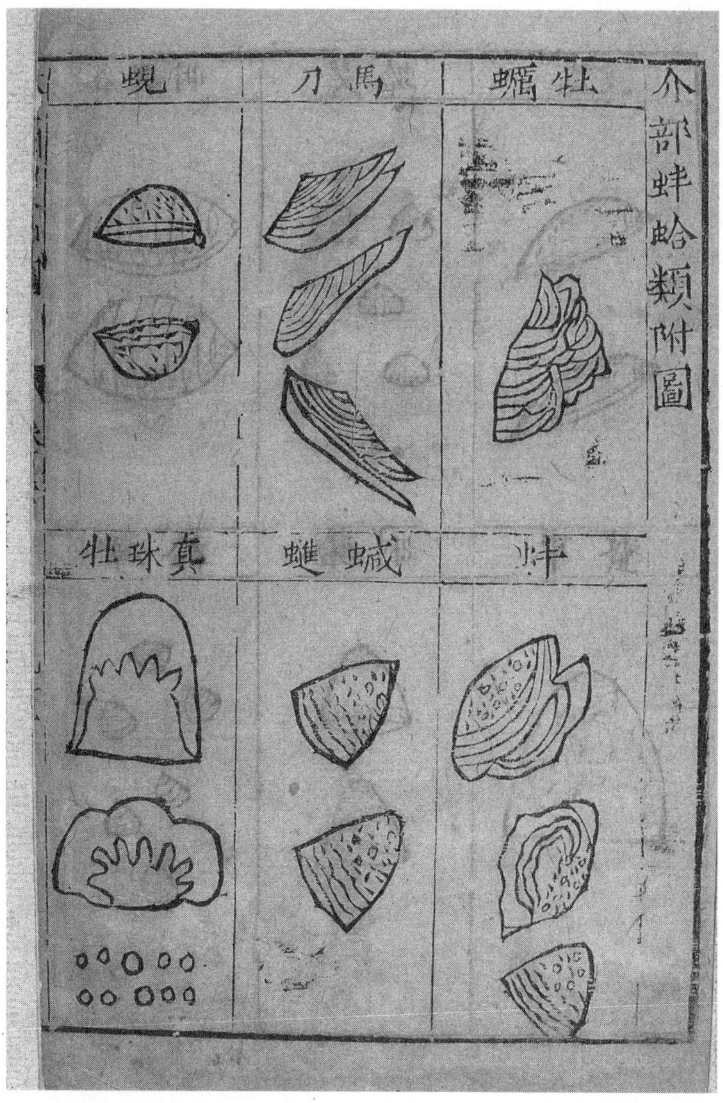

Illustrationen von sechs Schalentier-Typen – *muli* (Auster), *madao* (Schwertmuschel), *xian* (Venusmuschel), *beng* (Flussperlmuschel), *xianjin* (eine Art Venusmuschel) und *zhenzhu mu* (Perlenauster), aus Li Shizhens pharmazeutischer Enzyklopädie *Bencao Gangmu (Große Enzyklopädie der Materia Medica)*, 1596.

Botticellis berühmtes Gemälde von der Geburt der Venus zeigt die Göttin in einer Jakobsmuschel, nicht in einer Auster. Sandro Botticelli, *La Nascita di Venere (Die Geburt der Venus),* 1486.

Eine nachvollziehbare Begründung könnte darin liegen, dass Austern irgendwann mit der griechischen Göttin der Liebe, Aphrodite (und später bei den Römern Venus), assoziiert wurden. Aphrodite soll aus dem Meer stammen, laut dem griechischen Dichter Hesiod (geboren um 700 v. Chr.) entstieg »die Schaumgeborene« vollendet dem Wasser, nachdem Kronos die Genitalien von Uranos ins Meer geworfen hatte.[7] Hesiod erwähnt in seiner Geschichte keinerlei Weichtiere, aber in Gemälden der Renaissance, wie in Botticellis *Geburt der Venus* (um 1486), steht Aphrodite auf einer Jakobsmuschel, und hier mag der Ursprung des sexy Rufs von Muscheln liegen – und da sind sie nicht die Einzigen.

Auch Spatzen brachte man mit Aphrodite in Verbindung, und wie die Austern wurden auch sie in der klassischen Welt bald als wirkungsvolles Aphrodisiakum betrachtet. Sogar im *Kamasutra* stehen einige Rezepte mit Spatzeneiern, die die Leidenschaft anfachen sollen.

> Chataka ist der Name des gemeinen Sperlings. Nimm den Saft seiner Eier, mit Reis gemischt und in Milch gekocht, mische dann alles mit Honig und Ghee. Nach dem Verzehr erstarken die sexuellen Fähigkeiten so sehr, dass man eine unbegrenzte Zahl junger Frauen haben kann.[8]

Der Glaube an die stimulierende Wirkung von Spatzenhirn hielt sich über Hunderte von Jahren hartnäckig. »Isst man das Gehirn von Spatzen, so steigert das die Lust beträchtlich«, behauptet auch Nicholas Culpepers *The Complete Herbal* von 1653 – aber zurück zu den Austern.[9]

Ob man Austern im antiken Griechenland und Rom wirklich als Aphrodisiakum betrachtete, ist unklar, aber mit Sicherheit wurden sie als Luxusgut wahrgenommen. Kaiser Clodius Albinus war angeblich dazu fähig, vierhundert von den schleimigen Dingern auf einen Sitz zu verdrücken.[10] Plinius der Ältere berichtet von opulenten Festgelagen, bei denen schneebedeckte Austern gereicht wurden.[11] Die Römer*innen glaubten, Austern seien gut bei einer Vielzahl von Leiden (von Verdauungsstörungen bis Hautproblemen), aber von etwaigen sexuellen Vorteilen gibt es kaum Erwähnungen.

Dafür müssen wir bis in die Frühe Neuzeit vorspulen, denn hier fanden Austern endgültig ihre Bestimmung als das kulinarische Anmach-Essen schlechthin.

Alain Chartier konstatierte schon im frühen 15. Jahrhundert: »Warum wurden Austern in antiken Zeiten der Venus geweiht? Weil Austern Wollust hervorrufen.«[12] Und tatsächlich, mit der Renaissance tauchen Austern als Unterstützung in Liebesdingen vermehrt in medizinischen Schriften auf. Zum Beispiel empfiehlt sie Felix Platter in *A Golden Practice of Physick* (1664), um das »Bedürfnis nach Kopulation« zu stillen, wenn »im Akt kein oder nur geringes

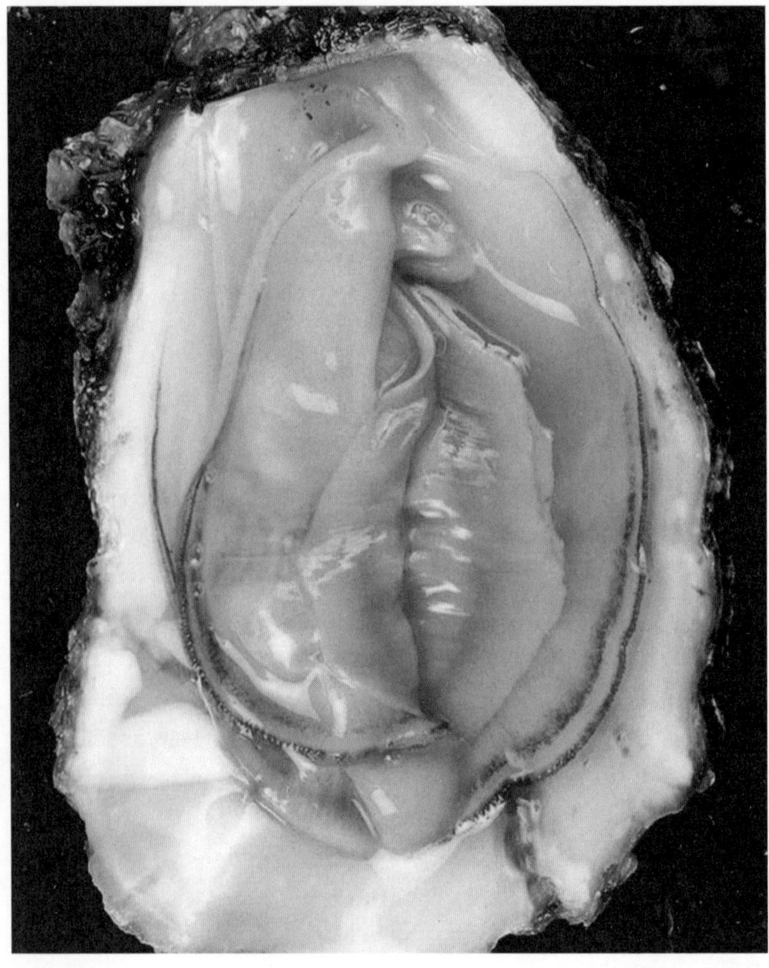

Der Gebrauch von *Oyster* als Bezeichnung für die Vulva ist seit dem 16. Jahrhundert belegt. Es ist wirklich nicht schwer zu verstehen, warum.

Vergnügen liegt«, und Humphrey Mills berichtet 1646 von eingelegten Austern, die Freiern in Bordellen serviert werden.[13]

Der wahrscheinlich offensichtlichste Grund aber, warum Austern mit Sex in Verbindung gebracht werden, liegt in deren Ähnlichkeit mit der Vulva. Die weichen Falten pinken salzigen Fleischs und die eingebetteten Perlen führen beinahe zwangsläufig zum Vergleich, und so ist *oyster* auch seit dem 16. Jahrhundert als Slang für die Vulva belegt. John Marston riss 1598 derbe Witze über »gähnende Austern«.[14] Thomas Killigrew schreibt in *The Parson's Wedding* (1641), »er, der er ihre stinkende Auster öffnet, hat sich die Perle verdient«[15], und der liederliche Schuft Rochester brachte 1673 die folgenden Zeilen zu Papier:

Gewölbt an beiden Seiten lag sie klaffend wie eine Auster.
Ich hatte ein Werkzeug vor mir, das versenkte ich
Tief hinein, und sogleich schloss sich die Auster;
Schloss und klammerte sich mit jedem Stoß fester.[16]

Bedenkt man die Zweideutigkeit, dann ist es kein Wunder, dass die Figur des »Austernmädchens«, das seine Waren auf der Straße verkauft, nach und nach mit Sexarbeit und genereller Verdorbenheit assoziiert wurde. Im 18. Jahrhundert waren raue Lieder über Austernmädchen weit verbreitet. M. Randalls *The Eating of Oysters* (1794) beginnt zum Beispiel so:

In London war's, ich ging so dahin,
da traf ich ein Mädchen, ein hübsches kleines Ding.
Ich spähte in ihren Korb, das hatte den Sinn,
zu sehen, ob darin wohl Austern lagen.
»Austern, Austern, Austern«, rief sie.
»Bessere Austern aßen Sie nie.
Drei für 'nen Penny, umsonst nur für Sie.[17]

Die irische Volksheldin Molly Malone verkaufte »Herzmuscheln und Miesmuscheln, lebendig, lebendig, oh!« und wurde 1876 in

Ein junges Mädchen verkauft einem Kunden auf der Straße Austern. Kolorierte Lithografie aus dem 19. Jahrhundert von J. Brydone & Sons.

Versform verewigt, in einem Lied, das James Yorkston zugeschrieben wird. Es erzählt von der schönen Molly Malone, die ihre Waren in ganz Dublin verkaufte und später »an einem Fieber« starb.[18]

Im Lauf der Zeit wurde das Lied zur inoffiziellen Hymne Dublins, und 1988 wurde im Georgian Quarter eine Bronzestatue von Molly Malone aufgestellt. Die Dubliner nennen die Statue liebevoll *the tart with the cart* (»die Sahneschnitte mit dem Karren«), und wiederholtes Begrapschen hat ihr Dekolleté über die Jahre hinweg blankpoliert.

2010 wurde *Apollo's Medley* entdeckt, ein Literaturwissenschaftler*innen bis dahin unbekannter Text von 1790, der eine frühere Version des Molly-Malone-Songs enthält. Hier ist »Sweet Molly Malone« nicht ganz die mustergültige junge Frau, als die sie ein Jahrhundert später dargestellt wird. Der Erzähler singt:

Ach! Ich brülle und stöhne,
Molly Malone, meine Schöne,
Bis ich dein bin, dir fröne,
bis ich schlafe in deinem Bett [...]

Sei Gift, was ich trinke
Wenn ich schlaf, schnarche, blinke,
Es in Vergessenheit sinke,
dass du liegst dort allein.[19]

1805 wurde die Beliebtheit des Liedes durch die Neuvertonung von John Whitaker belegt, der diese derbe Version als ein »Lieblingslied« bezeichnete.[20] *The Widow Malone* wird auf das frühe 19. Jahrhundert datiert und zeichnet Molly als eine sehr wohlhabende und sehr geile Witwe:

»An Liebhabern hatte sie alle und mehr [...]
Vom Minister bis runter zum Diener der Krone,
alle buhlten sie um Witwe Malone.«[21]

Auch wenn Sweet Molly Malone ihr Handkarren mit Herzmuscheln und Miesmuscheln erst später angedichtet wurde, scheint es doch so, als habe ihr schon lange der Ruf der Promiskuität angehaftet, und ihre Besetzung als Austernmädchen ist Teil dieser Geschichte.

Molly Milton, die hübsche Austernfrau, 1788. Molly präsentiert ihre Waren einem schicken jungen Mann, der sie mit Hand in der Hosentasche beäugt.

Der wahrscheinlich berühmteste Fan des Austern-Aphrodisiakums war der legendäre Liebhaber Giacomo Casanova (1725–1789).

Casanova soll täglich fünfzig rohe Austern zum Frühstück gegessen haben – aber das ist wohl etwas übertrieben, auch wenn er mit Sicherheit viele davon ausgeschleckt hat. Casanova berichtet von vielen Ereignissen, bei denen er Teller mit fünfzig Austern mit seinen Gästen geteilt habe, und es gibt keinen Zweifel daran, dass er an deren aphrodisierende Wirkung glaubte. Eine seiner liebsten Verführungsstrategien bestand darin, seinen Liebhaberinnen beizubringen, wie man richtig Austern isst. »Wir saugten sie ein, eine nach der anderen, nachdem wir sie einander auf die Zunge gelegt hatten. Lüsterne Leser, probiert es selbst, und sagt mir, ob das nicht der Nektar der Götter ist!«[22] Er schreibt über das »Austernspiel«, mit dem er zwei Freundinnen, Armelline und Emilie, verführte.

> Ich platzierte die Schale am Rande ihrer Lippen, und nach einigem Gelächter saugte sie die Auster ein, die sie so zwischen ihren Lippen hielt. Ich jagte sie ihr sogleich ab, indem ich meine Lippen an die ihren legte [...] [Armelline] war beeindruckt von der Behutsamkeit, mit der ich die Auster wegsaugte, meine Lippen hatten ihre kaum berührt. Man kann sich vorstellen, wie angenehm überrascht ich war, als ich sie sagen hörte, dass nun ich es sei, der die Auster halten solle. Unnötig zu erwähnen, dass ich dieser Pflicht mit größtem Vergnügen nachkam.[23]

Casanovas Tagebuch verrät auch, dass sie dieses »Spiel« zweimal spielten. Beim zweiten Mal lässt er seine Auster »aus Versehen« in Armellines Ausschnitt rutschen und entkleidet diese daraufhin, um sie mit seinen Zähnen wieder herauszuangeln. Vielleicht probierst du das ja auch mal aus, wenn du das nächste Mal erfolgreich nach rechts gewischt hast – also, vorausgesetzt du hast Lust dazu, eine glibberige Molluske zwischen den Titten einer Frau herauszufischen, schon klar.

Im 19. Jahrhundert boomte das Geschäft mit den Austern. Es gab einen solchen Überfluss an Muscheln, dass sie zum Grundnahrungsmittel in Armen- und Arbeiterklassegegenden wurden. In *The Pickwick Papers* (*Die Pickwicker*, 1837) bemerkt Dickens, »Armut und Austern scheinen zusammenzugehören«.[24] Aber nur weil sie viel konsumiert wurden, hieß das nicht, dass sie ihr sexy Image ablegten. Es ist kein Zufall, dass zwei der berühmtesten Underground-Erotikmagazine des viktorianischen London *The Pearl* und *The Oyster* hießen.

Jonathan Swift schrieb einmal: »Das war ein mutiger Mann, der als Erster eine Auster gegessen hat«, aber ich vermute mal, dass das

Eine Frau, der das Licht einer Lampe aufs Gesicht fällt, steht vor einem Fass mit Austern und öffnet eine davon mit einem Messer, 1885. In der Bildunterschrift steht: »4. August. Eine Austernfrau des letzten Jahrhunderts. (Gemälde von H. Morland).«

Ritual, mit dem das Austernessen verknüpft ist, ein weiterer entscheidender Faktor bei der weit zurückreichenden Assoziation mit Sex ist.[25] Wie schon Casanova beobachtete, liegt etwas unbestreitbar Sinnliches im Akt der Freilegung der drallen Auster aus ihrer Schale – wenn man sich das flüssige, salzige Fleisch in den Mund laufen lässt, um es dann mit der Zunge weiterzuschieben und schließlich am Stück zu schlucken. Gedanklich mit der Tatsache kombiniert, dass die Auster wie eine Vulva aussieht (yonisch) und in enger Verbindung zu Aphrodite/Venus steht, ist es kein Wunder, dass diese bescheidene Molluske den Ruf hat, ein verführerisches Aphrodisiakum zu sein. Wie Trebor Healey einst schrieb: »Die Welt ist deine Auster, so sagen sie, also fülle sie mit Perlen aus Samen.«[26]

Runter mit der Hitze

Eine Geschichte des Anaphrodisiakums

Ein Aphrodisiakum ist definiert als Essen, Trinken, Medikament oder Droge mit der Eigenschaft, die Libido zu erhöhen und/oder die sexuelle Lust und Leistungsfähigkeit zu steigern.[1] Der Einsatz von Aphrodisiaka ist für jede Kultur in unserer Geschichte belegt, von Nashorn-Hörnern in China über den »Liebesstein« der Westindischen Inseln bis hin zur hochgiftigen »Spanischen Fliege«, die aus zermahlenen Käfern hergestellt wird.[2] Einer der frühesten Hinweise auf die Behandlung von Impotenz wurde in dem althinduistischen Medizintext *Sushruta Samhita* gefunden, er wird auf ungefähr 600 v. Chr. datiert.

> Sesampulver, Urdbohnen und S'ali-Reis müssen mit Saindhava-Salz und reichlich Rohrzuckersaft gemischt werden. Dazu wird Schweineschmalz gegeben, dann wird alles in Butterschmalz gekocht. Mit diesem Utkarika kann ein Mann bei einhundert Frauen liegen.[3]

Ich habe so manchen Abend damit verbracht, Fett, Zucker und Salz in mich reinzuschaufeln, und ich muss sagen, das hat mir nie Energie für irgendwas gegeben außer für heftige, fette Reue. Aber das mag an mir liegen.

Die Geschichte des Aphrodisiakums ist gut dokumentiert. Aber was ist mit dem Anaphrodisiakum? Ein Anaphrodisiakum ist das

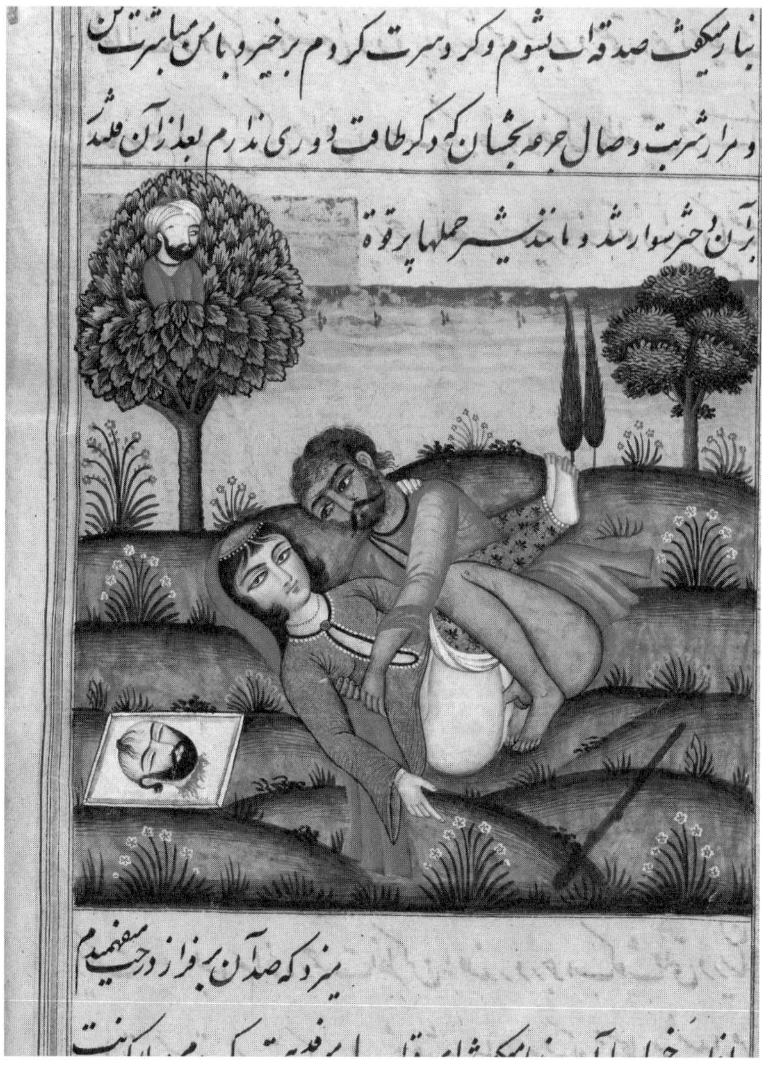

Lizzat Al-Nissa (Die Freuden der Frauen) von Ziya' al-Din Nakhshabi, einem persischen Arzt aus dem 14. Jahrhundert. Der Text stammt aus der sanskritischen Abhandlung *Ratirahasya* (Geheimnisse der Liebe) und behandelt Themen wie Sex, Essen und Aphrodisiaka. Diese Abbildung ist aus einer Ausgabe von 1824, die sich in der Wellcome Library in London befindet.

Gegenteil eines Aphrodisiakums und soll Libido und sexuelle Funktion vermindern – das kulinarische Äquivalent zur kalten Dusche.

Aber warum sollte irgendjemand sein sexuelles Verlangen unterdrücken wollen, höre ich euch kreischen. Fragt euch nur mal selber, wie viel Ärger euch eure Libido schon eingehandelt hat, vielleicht habt ihr dann die Antwort. Ganz zu schweigen davon, wie viel produktiver die Arbeit im Homeoffice sein könnte, wenn wir aufhören könnten zu »prokrasturbieren«. Der griechische Dichter Sophokles stellte fest, dass er das hohe Alter begrüße, denn es habe ihn von seiner Libido befreit: »Ich fühle mich, als wäre ich einem rasenden, grausamen Meister entkommen.«[4] Dies soll also die Geschichte von dem Versuch sein, diesem Meister zu entkommen.

Vor der Erfindung der chemischen Kastration lassen sich die Anaphrodisiaka in drei Kategorien einteilen: den Körper runterkühlen, den Körper aushungern, den Körper sedieren. Den Körper zu sedieren, konnte man mithilfe von Drogen wie Opium, Fasten und exzessiver Bewegung erreichen. Fasten wird noch heute in vielen religiösen Gemeinschaften praktiziert (Opium nicht so) und oft mit dem Abschwächen sexueller Begierden in Verbindung gebracht. Googelt mal »fasten und sexuelle Begierde« und ihr stoßt auf Hunderte von religiösen Seiten, auf denen diskutiert wird, inwiefern das Fasten dabei helfen kann, lustvolle Gedanken zu unterdrücken. Diese Methode wird seit Ewigkeiten angewendet. Frühe christliche Heilige wie Hieronymus (um 347–419) fasteten regelmäßig, um den Körper zu reinigen und lustvolle Gedanken wegzuwaschen. Mittelalterliche Mönche hungerten über eine lange Zeit hinweg, um die Herrschaft über Nahrung und sexuellen Hunger zu erlangen.[5] Und hinter dem Wahnsinn steckt wahrscheinlich sogar System: Ein Forscher*innenteam aus Katar fand 2015 heraus, dass im heiligen Monat Ramadan fastende Männer einen signifikanten Rückgang des follikelstimulierenden Hormons (FSH) aufwiesen, dem Hormon, das verantwortlich ist für die Stimulation der Keimdrüsen.[6]

Lange nahm man an, dass Sport sowohl den Körper als auch die Libido erschöpfe. Als viktorianische Ärzte überlegten, wie sie Frauen von Nymphomanie heilen könnten, wurde fast immer sportliche Betätigung und viel frische Luft verschrieben. Henry Newell Guernsey war einer von vielen Ärzten, die dem Verlangen mit »Bewegung im Freien […] täglich bei günstigem Wetter« beizukommen versuchten.[7] Sehr zum Unglück viktorianischer Frauen wissen wir jedoch heute, dass dies den Sexualtrieb eher steigert.

Wissenschaftler*innen von der University of Austin fanden 2012 heraus, dass regelmäßige Bewegung nicht nur den Sexualtrieb bei Frauen vor der Menopause steigert, sondern sogar die triebhemmende Wirkung von Antidepressiva umkehren kann.[8]

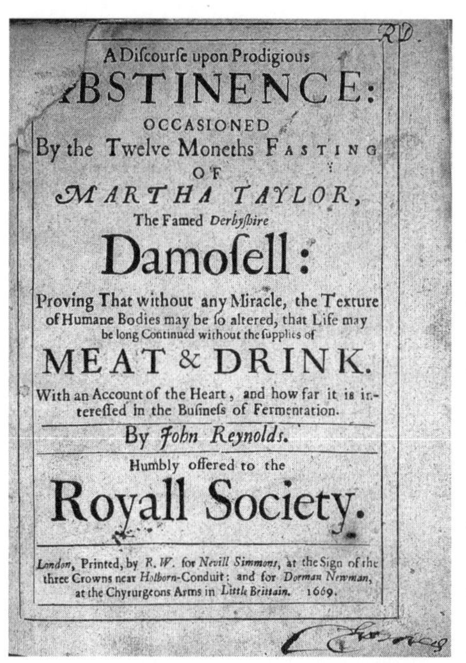

A Diſcourſe upon Prodigious

ABSTINENCE:

OCCASIONED

By the Twelve Moneths FASTING

OF

MARTHA TAYLOR,

The Famed *Derbyſhire*

Damoſell:

Proving That without any Miracle, the Texture of Humane Bodies may be ſo altered, that Life may be long Continued without the ſupplies of

MEAT & DRINK.

With an Account of the Heart, and how far it is intereſſed in the Buſineſs of Fermentation.

By *John Reynolds.*

Humbly offered to the

Royall Society.

London, Printed, by *R. W.* for *Nevill Simmons*, at the Sign of the three Crowns near *Holborn*-Conduit: and for *Dorman Newman*, at the Chyrurgeons Arms in *Little Brittain.* 1669.

Eine Arbeit aus dem 17. Jahrhundert zum Nutzen des Fastens. John Reynolds, Nevill Simmons und Dorman Newman, *Ein Diskurs über außergewöhnliches Fasten: Veranlasst von der Fastengeschichte Martha Taylors, der berühmten Jungfer aus Derbyshire: Sie beweist, dass ganz ohne Einwirkung von Wundern die Beschaffenheit des menschlichen Körpers dahingehend verändert werden kann, dass es das Leben ohne Speis und Trank weithin verlängere. Mit einem Bericht über das Herz und inwieweit es mit dem Vorgang der Gärung zusammenhängt.*

Den Körper abzukühlen, damit das Gleiche mit dem Verlangen passieren möge, leuchtete absolut ein, denn Hitze wurde (und wird noch immer) mit Sexualität assoziiert. Sex ist »heiß«, und Abstinenz ist wortwörtlich »frigide« (vom lateinischen *frigere*; frieren, kalt sein). Wir reden immer noch von der »kalten Dusche«, die unter anderem dabei hilft, *the horn* loszuwerden (1695; s. *horny*, sexuell erregt sein). Auch in der Antike war die Wirkung des Abkühlens bereits bekannt. Aristoteles empfahl kalte Bäder und Barfußlaufen, um Lust zu unterdrücken. Er glaubte, die Nacktheit der Füße verursache »Trockenheit und Kälte [...] Es ist schwierig, wenn nicht unmöglich, Geschlechtsverkehr zu haben, wenn die Füße nicht warm sind«.[9] Plinius der Ältere setzte noch einen drauf und empfahl, Bleiplatten auf die Genitalien zu legen, um sie abzukühlen, »geschlechtliche Leidenschaften« zu unterdrücken und die »libidinösen nächtlichen Träume mit plötzlichen Ergüssen, die die Form einer Krankheit annehmen«, zu bändigen.[10] Sexbesessene viktorianische Ladys kriegten von Ärzten im Kampf um die Kontrolle der weiblichen Begierden eiskalte Vaginalduschen verpasst und wurden in Wannen mit halb gefrorenem Wasser getaucht. »Kalte Bäder, Duschbäder, Spülungen und Kälteanwendungen im Bereich des Uterus kommen mit großem Erfolg zum Einsatz.«[11]

Während heißes Essen im Verdacht stand, die Sinne zu entfachen, meinte man im Umkehrschluss, dass kaltes, fades Essen zu allgemeiner Abkühlung führe. Gurken sind fade und kalt, und trotz ihrer Form wurden sie lange als Anaphrodisiakum betrachtet. Ein altgriechisches Sprichwort lautet: »Iss die Gurke, oh Weib, und webe deinen Mantel.«[12] Was so viel bedeutet wie: Beruhige dich und erledige deine Arbeit.

Der französische Schriftsteller und Arzt François Rabelais (1494–1553) empfahl eine Reihe von Lebensmitteln, die den lüsternen Leib abkühlen sollten:

> Die Glut der Lust wird von bestimmten Medikamenten, pflanzlichen Kräutern und Wurzeln vermindert, sie machen einen kalt, übelgesinnt, untauglich und unfähig, den Liebesakt zu vollziehen: vielfältig beobachtet bei Seerose, Heraclea, Mönchspfeffer, Weidenzweig, Hanfstängel, Geißblatt, Tamariske, Alraune, Nelkenwurz, Nilpferdhaut und vielen anderen mehr [...][13]

Ich habe es selbst noch nicht ausprobiert, kann mir aber vorstellen, dass eine Mahlzeit aus Hanfstängeln und Nilpferdhaut einer leidenschaftlichen Nacht tatsächlich im Weg stehen könnte. Rabelais hat sich aller Wahrscheinlichkeit nach über medizinische Quacksalber lustig gemacht, aber die meisten Pflanzen auf seiner Liste wurden tatsächlich als Anaphrodisiaka verschrieben. Noch 1869 berichtete John Davenport über Medikamente, die *refrigerants*, Kühlmittel, genannt wurden und den Eisberg zur Verfügung stellten, der die MS Libido versenken sollte.

> Davon die beliebtesten sind Aufgüsse aus den Blättern oder Blüten der Weißen Seerose *(Nymphaea alba)*, des Sauerampfers, aus Salat und vielleicht auch aus Malve, Veilchen und Endivie *(Cichorium)*, aus Ölsaaten, Wasser aus Salat, Seerosen, Gurken, Portulak und Endivie. Sehr geschätzt werden auch Orgeat-, Zitronen- und Essigsirup, wozu in angemessenen und langsam ansteigenden Dosen Kirschlorbeerwasser hinzugefügt werden kann. Schierling, Kampfer und Mönchspfeffer werden ebenfalls sehr zur Zügelung des sexuellen Verlangens empfohlen.[14]

Genau wie Lebensmittel, die den Körper abkühlen sollten, wurden auch solche vorgeschlagen, die, so dachte man, den Körper »austrockneten«. Diese Behandlungsart hat ihre Wurzeln in der altgriechischen Viersäftelehre. Hippokrates (um 460–375 v. Chr.) lehrte, dass die menschliche Gesundheit von der Balance zwischen vier Körperflüssigkeiten abhinge: Blut, gelbe Galle, schwarze Galle und Schleim. Galen (um 129–216 n. Chr.) vertiefte diese Theorie später und kombinierte sie mit vier Temperamenten: warm, kalt, feucht und trocken. Bis ins frühe 19. Jahrhundert hinein dominierte die sogenannte griechische Humorallehre die westliche Medizin. Frauen, so meinte man, wurden von den feuchten und warmen Körpersäften geleitet, was sie unkontrollierter und lüsterner machte als Männer, die im Gegensatz dazu als kalt und trocken begriffen wurden.[15] Um also die Kontrolle über eine lüsterne Natur wiederzugewinnen, sollte man versuchen, den Überschuss an Körpersäften »auszutrocknen«.

Trotz seiner anregenden Wirkung wurde Kaffee seit seiner Einführung in Europa im 17. Jahrhundert nachgesagt, er könne Kerle komplett trockenlegen. Ärzte der École de Médicine in Paris warnten 1695, dass täglicher Kaffeegenuss »sowohl Männer als auch Frauen ihrer Fortpflanzungskraft« beraube.[16] 1674 wurde in London eine bemerkenswerte Petition veröffentlicht, die angeblich von »lebenslustigen« Frauen stammte, deren Männer angefangen hatten, Kaffee zu trinken, und jetzt unbrauchbar im Bett waren.

The Women's Petition Against Coffee ist aller Wahrscheinlichkeit nach eine Spottschrift, aber sie zeigt dennoch, wie sehr das »schlechte, schwarze, dicke, böse, bittere, stinkende, ekelerregende Pfützenwasser« in Verdacht stand, die Potenz verkümmern zu lassen.[17] Die »Ehefrauen« beschuldigen Kaffee, den »Lebenssaft« ihrer Ehemänner »auszutrocknen« und sie »so impotent wie Greise und so unfruchtbar wie die Wüsten, aus denen diese unglückselige *Beere* stammen soll« zu machen.[18] Der Raubbau an den Lebenssäften ließe ihren Männern »nichts *Feuchtes* außer ihren schnodderigen Nasen, nichts *Steifes* außer ihren Gelenken, nichts *Stehendes* außer ihren Ohren«.[19]

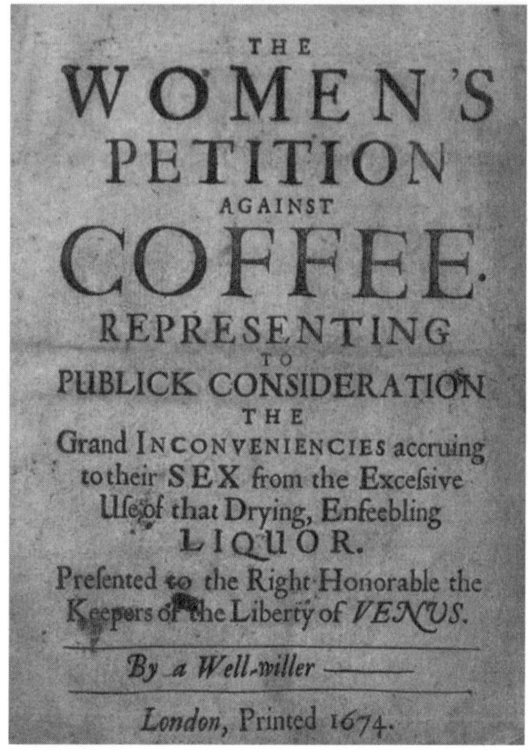

THE
WOMEN'S
PETITION
AGAINST
COFFEE.
REPRESENTING
TO
PUBLICK CONSIDERATION
THE
Grand INCONVENIENCIES accruing
to their SEX from the Exceſsive
Uſe of that Drying, Enfeebling
LIQUOR.
Preſented to the Right Honorable the
Keepers of the Liberty of *VENUS*.

By a Well-willer ——

London, Printed 1674.

Titelseite von *The Women's Petition Against Coffee*, einem 1674 anonym in London veröffentlichten Pamphlet.

Nicholas Culpeper empfiehlt in *A Physical Directory* (1649) Seerosen, um den Körper auszutrocknen und Lust zu unterdrücken.[20] In *The Anatomy of Melancholy* (*Die Anatomie der Melancholie*, 1621) rät Robert Burton Männern, ihr Genital mit Kampfer einzureiben, um die Lust abzutöten, und etwas davon in ihren Kniehosen zu tragen, damit der Penis schlaff bleibt.[21] Der französische Gelehrte Joseph Justus Scaliger (1540–1609) behauptete, dass Mönche regelmäßig an Kampfer riechen und ihn kauen würden, um ihre Gelüste im Zaum zu halten.[22] Im 19. Jahrhundert wurde Kampfer wegen seiner beruhigenden Wirkung eingesetzt, oft in Verbindung mit Eiswasser-Einläufen.

> Allerlei Medizin wird zur Geschlechtshemmung empfohlen […] Eiswasser, auch innerlich angewendet, und Salpeter, allein oder mit Kampfer kombiniert. Die beruhigende Wirkung des Kampfers, in großen Dosen verabreicht, auf die Fortpflanzungsorgane, wie etwa bei schmerzhaften Erektionen bei Gonorrhöe, macht ihn zu einem effizienten Heilmittel.[23]

So wie Lebensmittel, die als austrocknend galten, wurde auch fades und einfaches Essen mit der Erwartung eingesetzt, es möge den Körper beruhigen und verhindern, dass er sich überhaupt erst aufheize. Davenport empfahl, das Ungeheuer zu bändigen, indem man »weniger nahrhaftes Essen« zu sich nehme und »alle Gerichte, die den Gaumen besonders stimulieren […] genau wie Wein und andere alkoholische Getränke« zu meiden.[24] *The Diagnosis, Pathology and Treatment of Diseases of Women* (1868) rät zu einer »einfachen und schlichten, aber nahrhaften Ernährung«, zur »Vermeidung mentaler Aufregung und Anstrengung« und regelmäßigem Eintauchen in kalte Bäder.[25]

Wenn ihr nach dem ultimativ faden, trockenen und langweiligen Essen sucht, um eurem Verlangen den Garaus zu machen, dann wären das wohl die bescheidenen Cornflakes. In »Sex und Penisse« ging es ja schon um Dr. John Harvey Kellogg (1852–1943), den amerikanischen Gesundheitsapostel, Ernährungsexperten und Direktor des Battle Creek Sanitarium in Michigan. Er war ein Verfechter der Abstinenz, betrachtete Masturbation als Wurzel allen Übels und glaubte daran, dass die Ernährung eine unverzichtbare Waffe im Kampf gegen das Wichsen war.

In *Plain Facts for Old and Young* (1887) widmet Kellogg ganze Kapitel dem Thema, wie wichtig die Ernährung sei, wenn es um den Erhalt der Keuschheit geht. Er empfiehlt, sich niemals zu überfressen, überhaupt nur zweimal am Tag Nahrung zu sich zu nehmen

John Harvey Kellogg (1852–1943), Mitgründer der Kellogg Company.

(und nicht nach drei Uhr nachmittags) und alle Heißgetränke zu meiden. Auf alle »anregenden Nahrungsmittel« sollte außerdem verzichtet werden, einschließlich »Gewürze, Pfeffer, Ingwer, Senf, Zimt, Nelken, Essenzen, alle Würzmittel, Eingelegtes etc. und Fleischspeisen nur in moderaten Mengen«. Stattdessen, so Kellogg, sollte man »Früchte, Körner, Milch und Gemüse« essen: »Es gibt eine reiche Auswahl an diesen Nahrungsmitteln, und sie sind gesund und regen nicht an. Graham-Mehl (grobgemahlenes Vollkornmehl, Anm. d. Ü.), Haferflocken und reifes Obst sind unverzichtbar für all jene, die unter sexuellem Druck leiden.«[26] Das Graham-Mehl, das Kellogg hier preist, wurde von Reverend Sylvester Graham (1794–1851) entwickelt, der einen großen Einfluss auf Kelloggs Arbeit hatte.

Der Prediger Sylvester Graham war Ernährungsreformer und Anführer der amerikanischen Abstinenzbewegung. Er plädierte für schlichtes, einfaches Essen (überwiegend Brot), um die Jugend

Amerikas vor Krankheit und Sünde zu bewahren. Er sah außerdem eine eindeutige Verbindung zwischen reichhaltigem Essen und Masturbation. In *A Lecture to Young Men on Chastity* (1848) warnte er, Steaks und Wein würden die »lüsterne Erregbarkeit [...] der Genitalorgane« erhöhen und zu allen möglichen »sexuellen Exzessen« führen sowie die »moralischen Anlagen« beeinträchtigen.[27] Grahams Arbeit zur einfachen Ernährung verdanken wir Graham-Cracker, Graham-Mehl und Graham-Brot – alles gemacht, um die Libido mittels Langeweile in die Knie zu zwingen.

Für Graham ging es um mehr als um »Selbstbefleckung«, er nahm auch Krankheiten und den allgemeinen moralischen Verfall ins Visier. Aber Kellogg war besessen vom *diddling* (1938), und seine Cornflakes hatten die klare Aufgabe, Lust zu unterdrücken und notorische Onanist*innen zu heilen. Er und sein Bruder William Kellogg entwickelten eine reizlose Kost für die Patient*innen in ihrem Sanatorium. Hier erblickten auch Cornflakes das Licht der Welt. Sie waren alles, was Kellogg verordnete, um sexuelles Verlangen zu ersticken: reizlos, schlicht, fleischfrei und aus Getreide. Die Originalcornflakes ließ sich Kellogg 1894 patentieren, er verschrieb sie allen seinen Patient*innen, die sich außerdem auf tägliche Joghurt-Einläufe, Eisbäder und -spülungen, viel frische Luft und ein straffes Sportprogramm freuen durften.[28] Obwohl die Humorallehre bereits in Verruf geraten war, als Kellogg seinen Patient*innen hinten Joghurt und vorne Cornflakes reinstopfte, ist es erstaunlich, wie sehr seine Behandlungsmethoden denen aus dem Mittelalter glichen.

Heute müssen wir nicht mehr barfuß rumlaufen oder Gurken essen, um unseren Sexdrive zu bremsen. Die chemische Kastration wird umstrittenerweise in weiten Teilen der Welt angewendet, um Sexualstraftäter zu »behandeln« und eine Alternative zur Inhaftierung zu bieten.[29] Antiandrogene werden mit dem Ziel verabreicht, die Wirkung von Androgenen wie Testosteron zu hemmen. Zwar ist das Ganze reversibel, aber dennoch eine recht extreme Wahl, wenn es nur darum gehen soll, mehr erledigt zu kriegen oder dem Booty-Call um drei Uhr nachts zu widerstehen.

Eine letzte Möglichkeit, die man vielleicht erwägen sollte, bevor man zu Opiaten und Eisspülungen greift, ist Mathematik. Ein Mann, der sich bestens mit unkontrollierter Libido auskannte, war der Genfer Philosoph Jean-Jacques Rousseau (1712–1778). In seinem Werk *Les Confessions (Die Bekenntnisse)* berichtet Rousseau von seiner verzweifelten Begierde nach einer jungen Frau, die ihn scharf angewiesen habe, »die Damen aufzugeben und Mathematik zu studieren«.[30] Auch John Davenport empfiehlt Mathe, um lüsterne Gedanken loszuwerden. Er argumentiert:

> Tatsächlich wird man feststellen, dass Mathematiker in allen Epochen nur selten zur Liebe veranlagt oder ihr verfallen waren, und der meistgefeierte unter ihnen, Sir Isaac Newton, hatte angeblich niemals sexuellen Verkehr. Die starke mentale Beanspruchung, die die philosophische Abstraktion voraussetzt, lenkt die Nervensäfte zwangsläufig in Richtung der intellektuellen Organe und hindert sie daran, in jene der Fortpflanzungsorgane zu fließen.[31]

Vielleicht setzen sich da manche Menschen aber doch lieber mit einer Schüssel Cornflakes in die kalte Badewanne.

SEX
UND
MASCHINEN

Spaßbremsen

Vibratoren und Viktorianer*innen

Das habt ihr doch ganz bestimmt auch schon mal gehört: Viktorianische Ärzte haben den Vibrator erfunden, um Frauen zum Orgasmus zu bringen, weil sie mit dem Ziel, deren Hysterie zu heilen, so viele Patientinnen gefingert hatten, dass ihnen die Arme wehtaten. Wir lieben diese Geschichte. Ich liebe diese Geschichte. Hollywood liebt diese Geschichte so sehr, dass sowohl *The Road to Wellville* (*Willkommen in Wellville*, 1994) als auch *Hysteria* (*In guten Händen*, 2011) darauf basieren. Aber traurigerweise ist es wirklich nur eine Geschichte. Wie Trickle-down-Ökonomie und Jamie Lee Curtis' Hermaphroditismus ist das einfach nur ein Ammenmärchen. Aber wie bei allen guten Geschichten steckt auch hier ein Fünkchen Wahrheit drin. Wir lieben diese Geschichte, weil sie genau ins Herz der viktorianischen Scheinheiligkeit in Bezug auf Sex trifft, über die wir so gerne lästern: »Wusstest du, dass viktorianische Ärzte ihre Patientinnen gewichst haben und gleichzeitig fanden, dass nackte Tischbeine unanständig waren? Gott sei Dank sind wir heute nicht mehr so drauf!« (Das Tischbein-Ding ist leider auch nur ein Märchen, aber das würde jetzt den Rahmen sprengen.)

Der Ursprung der Wichsende-Ärzte-Theorie ist Rachel Maines' Buch *Technology of Orgasm* von 1999. Hier stellt Maines die Hypothese auf, dass Ärzte Frauen aus gesundheitlichen Gründen zum Orgasmus masturbierten und der Vibrator daher nicht weniger als ein Gottesgeschenk für die Ärzte und ihre überlasteten Zeigefinger war. Außerdem stellt Maines die Behauptung auf, diese Praxis könne bis in die Klassik zurückverfolgt werden. Allerdings muss an dieser Stelle erwähnt werden, dass Maines' Nachweise für medizinische Vulvamassagen in der Antike stark kritisiert wurden, ganz besonders von Professorin Helen King sowie von Hallie Lieberman und Eric Schatzberg, die diese Behauptungen akademisch zerlegten.[1] Was das angeht, ist es aber wichtig, sich in Erinnerung zu rufen, dass Maines ihre Argumentation selbst als Hypothese kennzeichnete. Und fairerweise muss man sagen, es ist eine verdammt interessante. In einem Online-Interview von 2010 sagte Maines:

> Die Leute liebten meine Hypothese, und genau darum geht es auch, um eine Hypothese, die besagt, dass Frauen mit Massagen gegen diese Krankheit, Hysterie, behandelt wurden, die man wahrscheinlich seit hippokratischer Zeit, um 450 v. Chr., kennt, und dass der Vibrator erfunden wurde, um diese Krankheit zu behandeln. Na ja, die Leute finden die Idee so cool, dass sie das alles glauben, als wäre das eine Tatsache. Und ich immer so: Es ist eine Hypothese! Es ist eine Hypothese! Aber wissen Sie, es ist auch egal. Die Leute mögen sie so sehr, sie wollen nichts von irgendwelchen Zweifeln wissen.[2]

Okay, schauen wir uns diese Hypothese mal etwas genauer an. Viktorianische Ärzte waren besessen von Sex und Gesundheit, so viel steht fest, und es waren viele höchst zweifelhafte Theorien unterwegs, von der Anti-Onanie-Truppe, die meinte, Masturbation sei tödlich, bis hin zum italienischen Kriminalanthropologen Cesare Lombroso, der behauptete, dass Sexarbeiterinnen keine Gefühle in der Klitoris hätten, weil sie durch »Übergebrauch« »unempfindlich« geworden wären.[3] Aber die Theorie, Ärzte hätten Vibratoren erfunden, um Hysterie zu heilen, ist aus mehreren Gründen fraglich.

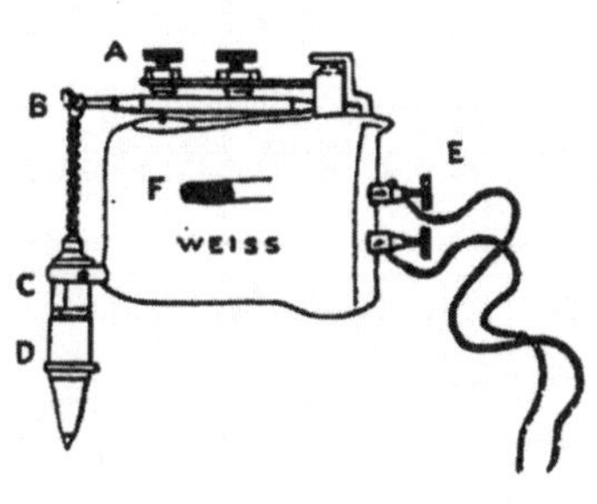

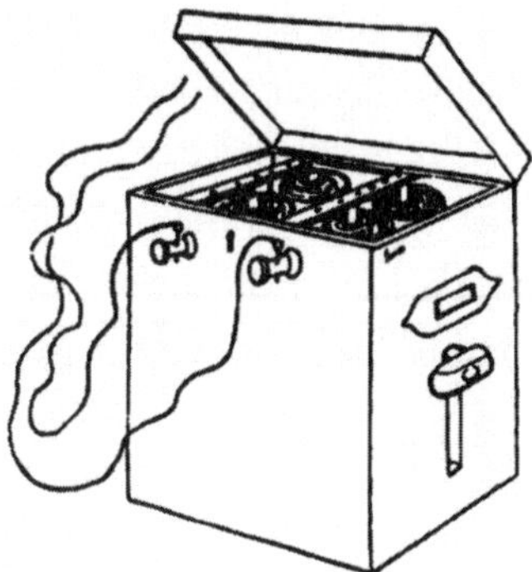

Das ist Granvilles Vibrator, und wie man sieht, war der nicht zur inneren Anwendung entwickelt worden. Abbildung aus Joseph Mortimer Granvilles *Nerve-Vibration and Excitation as Agents in the Treatment of Functional Disorder and Organic Disease*, 1803.

Der britische Arzt Joseph Mortimer Granville (1833–1900) ließ sich den ersten elektrischen Vibrator in den 1880er Jahren patentieren, und zwar nicht als Sexspielzeug, sondern als Massagegerät, das die Beschwerden von Männern, nicht Frauen, lindern sollte – da war er ziemlich deutlich. In seinem Buch *Nerve-Vibration and Excitation as Agents in the Treatment of Functional Disorder and Organic Disease* (1883) schrieb Granville: »Bisher habe ich noch keine Patientin perkussiert […] Ich habe es vermieden und werde es auch weiterhin vermeiden, Frauen mittels Perkussion zu behandeln, einfach weil ich nicht durch die Wechselfälle des hysterischen Zustands getäuscht werden und eine Hilfe dabei sein möchte, andere fehlzuleiten.«[4]

Zudem muss man nur einen kurzen Blick auf diese Apparatur werfen, und wir sind uns mit Sicherheit alle einig, dass man sie nur unter Aufsicht und mit vereinbartem Safeword in die Nähe seiner Weichteile lassen sollte. Das Gerät war eindeutig nicht zur inneren Anwendung gedacht. Es sollte den Körper ähnlich wie ein kleiner Hammer abklopfen, und darum nannte Granville das Ganze auch »perkussieren«.

Bald folgten weitere vibrierende Massagegeräte der losgetretenen Welle pseudowissenschaftlicher Theorien zur Elektrizität, die als Allheilmittel gepriesen wurde, genau wie Anal-Dilatatoren und Radium. Vibrationsmassagen versprachen alle Arten mentaler und körperlicher Störungen zu lindern (inklusive der mysteriösen »Hysterie«), aber sie wurden nicht zur Verwendung an den Genitalien konzipiert, und sie wurden auch nicht von Ärzten benutzt, um Orgasmen herbeizuführen. Gut, das bedeutet nicht, dass die Menschen nicht herausgefunden hätten, dass die Massagegeräte auch auf andere, weniger hygienische Art eingesetzt werden konnten. *Kink Blink* nenne ich das: die absurd kurze Zeitspanne zwischen der Einführung einer neuen Technologie und deren Adaption für den sexuellen Gebrauch. Und genau wie bei Spekulum, Krankenschwesternuniform und Viagra ging es auch für den Vibrator ratzfatz von medizinisch zu schweinisch. Ein früher pornografischer Film aus den Dreißigerjahren, *The Masseur*, zeigt den Vibrator in Aktion, zwei neckische Masseure behandeln den Hintern irgendeines Glückspilzes ausführlich damit. Aber entscheidend ist, dass auch hier der Vibrator nur äußerlich angewendet wird.

Wenn wir glauben, dass Vibratoren Allgemeingut waren und weithin benutzt wurden, um Orgasmen zu erzeugen, dann müssen wir der Tatsache Rechnung tragen, dass es nicht einen einzigen Hinweis darauf gibt, weder in viktorianischen Texten noch auf viktorianischen Bildern. Nicht einen. Allerdings gibt es viele Dildo-Referenzen und auch die ein oder andere zweckentfremdete Gurke. Sexspielzeug war nichts Neues. Und wie diese Bilder zeigen, wussten die Viktorianer*innen genau, wie man einen Dildo einsetzte. Wenig überraschend hat sich das Design nicht groß verändert, seit die ersten Höhlenmenschen *dongs* (1890) aus Stein gehauen haben. Sie neigen dazu, na ja, schwanzförmig zu sein.

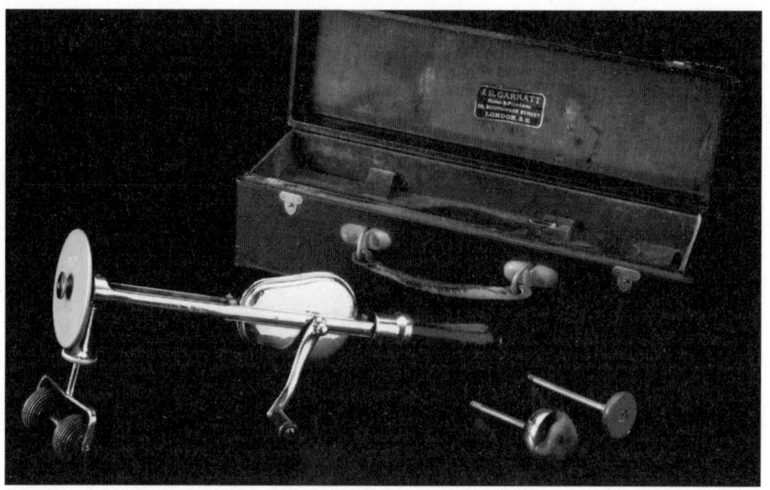

»VeeDee«, ein mechanischer Vibrator aus London, 1900–1915. Der VeeDee-Massagevibrator heilte angeblich Erkältungen, Verdauungsbeschwerden und Flatulenz durch »kurative Vibration«.

Anonyme viktorianische Porno-Fotografie, die ein Paar beim »Pegging« zeigt (die Frau penetriert den Mann mit einem Umschnalldildo, einem Strap-on).

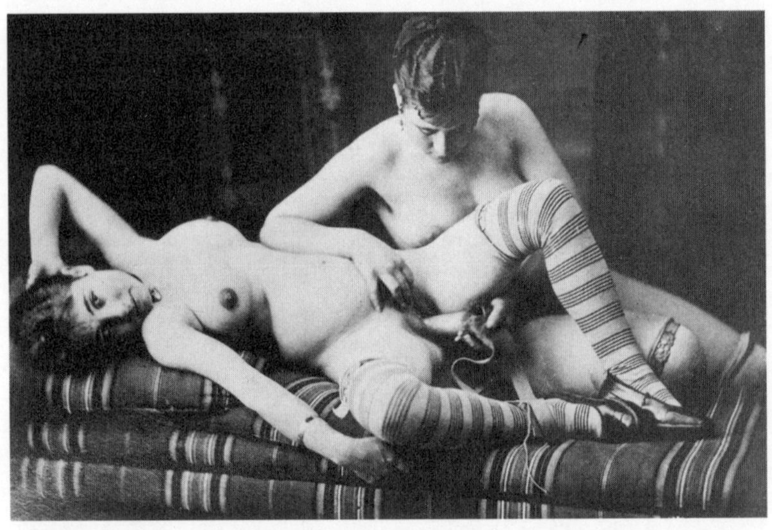

Anonyme viktorianische Pornografie, die eine Frau zeigt, die von ihrer Liebhaberin mit einem Strap-on masturbiert wird.

Wenn man sich in modernen Sexshops umsieht, stellt man schnell fest, dass die Schwanzform bei Sextoys immer noch sehr angesagt ist.

Die viktorianischen Dildos waren aus Holz, Leder und sogar Elfenbein und versprachen eine Menge Spaß, wie dieser Auszug aus der Zeitschrift *The Pearl* belegt: »Weil wir fünf gegen zwei sind, wie man sieht, habe ich einen Vorrat an feinen, biegsamen, solide gemachten Dildos, die die männliche Unterlegenheit ausgleichen und in abwechselndem Gebrauch mit dem Original dafür sorgen werden, dass wir uns gründlich amüsieren.«[5]

Oder dieses heitere Liedchen mit dem Titel *The Old Dildo*:

Sie floh auf ihr Zimmer mit dem neuen Spiel
(das hatte die Größe von ’nem Besenstiel)
Oh! Welch Ekstase, welch Entzücken,

Anonyme viktorianische Fotografie, die beweist, dass man in viktorianischer Zeit ganz genau wusste, wozu ein Dildo gut ist.

Als sie hochwarf die Beine an Stuhles Rücken.
In jede Ader schoss die Flamme empor,
sicher und zügig lief der Motor;
Vorne und hinten und aufhören, no! No!
Schneller und schneller flog der gute Dildoe.[6]

Nicht nur gibt es keine Erwähnungen von Ärzten und ihren Vibratoren in der viktorianischen Pornografie, auch in der Arbeit von frühen Sexologen findet sich nichts darüber. Iwan Bloch, Havelock Ellis, Richard von Krafft-Ebing und Sigmund Freud katalogisierten sorgfältig jeden Fetisch, jede Abweichung von der Norm, jede bekannte Äußerung von Sexualverhalten, aber keiner von ihnen erwähnt Ärzte, Vibratoren und Orgasmen. Ellis und Bloch berichten sogar von Frauen, die sexuelle Lust im Zusammenhang mit Nähmaschinen und Siegelwachs empfinden, aber weit und breit keine Spur von einem Vibrator.* Auch Alfred Kinsey erwähnt fünfzig Jahre später in seinem bahnbrechenden Buch *Sexual Behaviour in the Human Female* (1953) keine Vibratoren in seinen ausführlichen und umfassenden Kapiteln zur weiblichen Masturbation. Man sollte doch meinen, wenn Ärzte Frauen wirklich für mehr Wohlbefinden gefingert hätten, dann wäre das irgendwo in diesen Texten aufgetaucht.

Aber was ist mit den viktorianischen Medizinschriften selbst? Da gibt es doch bestimmt Berichte von Ärzten, die »Beckenmassagen« bei ihren Patientinnen vornahmen? Oh ja! Ja, die gibt es, und zwar

* In *Das Sexualleben unserer Zeit in seinen Beziehungen zur modernen Kultur* (1907) schreibt Bloch, die Bewegung der Tretkurbel einer Nähmaschine gebe Anlass zu »masturbatorischer Stimulation«, genau wie Reiten, Radfahren und die Schenkel aneinanderreiben (S. 461). Auch Havelock Ellis erwähnt Frauen, die Nähmaschinen zur sexuellen Stimulation nutzen, genau wie Siegelwachs, Bananen, Haarnadeln und Korken. Havelock Ellis, *Psychology of Sex: A Manual for Students* (London: Heinemann, 1933), Seite 104.

zahlreich! Der Medizinhype Beckenmassage wurde vom schwedischen Geburtshelfer und Gynäkologen Thure Brandt (1819–1895) ausgelöst, der 1861 mit seiner Behandlung von Frauen begann. Die »Thure-Brandt-Methode« der Beckenmassage und der »Bearbeitung des Uterus« erwies sich als sehr beliebt und war zu jener Zeit bald weit verbreitet. Das *New York Medical Journal* (1876) war eine unter vielen anderen Zeitschriften, die die Technik detailliert beschrieben:

> Brandt behauptet, diese Behandlungsmethode sei nützlich bei Gebärmuttervorfällen; Vaginavorfällen; Hypertrophie und uterinen Verhärtungen; Geschwüren; übermäßigen Blutungen bei Uterusrelaxation; Risiko für Fehlgeburten; leichter Hypertrophie der Eierstöcke. Die Methode ist einfach, sie besteht aus drei Bewegungen:
>
> 1. Über Lenden und Kreuzbeinregion streichen. Hierbei nimmt die Patientin eine nach vorn geneigte Position ein, die Hände ruhen an Wand oder Tür.
> 2. Mit den Fingerspitzen beider Hände Druck an beiden Körperseiten ausüben, über Lenden- und Kreuzbeinregion genau wie über die obere und vordere Fläche des Sitzbeins. Der Druck wird mit einem schwingenden Schütteln verbunden. Die Patientin nimmt eine halbliegende Position ein, die Knie sind gebeugt, um die Bauchmuskulatur zu entspannen.
> 3. Anhebung der Gebärmutter unter schwingendem Schütteln. Die Position der Patientin ähnelt der vorangegangenen. Der Behandelnde bemüht sich, die Fingerspitzen beider Hände genau über dem horizontalen Ast des Schambeinbogens an beiden Seiten hinunter bis zum kleinen Becken zu drücken und dann die Gebärmutter anzuheben. Dieser Versuch der Anhebung erfolgt ebenfalls unter Schwingung.[7]

Wie man sieht, wird die Technik weitgehend äußerlich angewendet, man beachte die auffällige Abwesenheit von Vibratoren und Orgasmen. Und wenn sich immer noch jemand unsicher sein sollte, wie genau diese Massage funktioniert, dann gibt es in dem 1895 erschienenen Buch von A. Jentzer, *Die Heilgymnastik in der Gynaekologie und die mechanische Behandlung von Erkrankungen des Uterus und seiner Adnexe nach Thure Brandt,* Illustrationen, die den Prozess zeigen und die wahrscheinlich verstörendsten Bilder von gynäkologischen Untersuchungen beinhalten, die jemals produziert wurden.

Wenn man erst einmal die Tatsache verwunden hat, dass Arzt und Patientin aussehen, als seien sie gerade aus der Area 51 geflohen, dann wird man feststellen, dass die Technik im Grunde darin

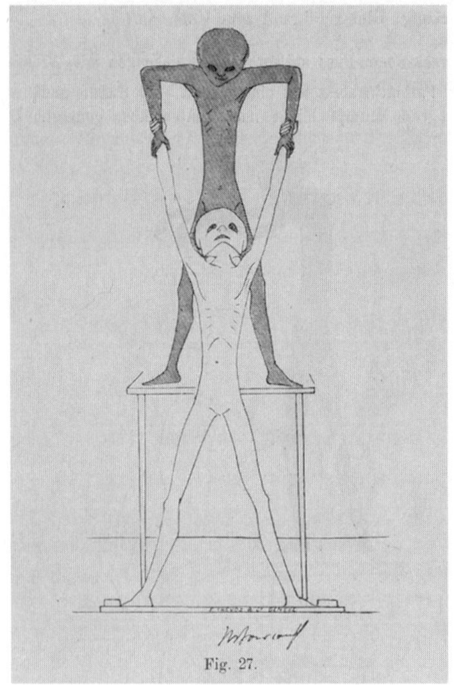

Furchteinflößende Illustration zur Beckenmassage in *Die Heilgymnastik in der Gynaekologie* von Dr. Jentzer.

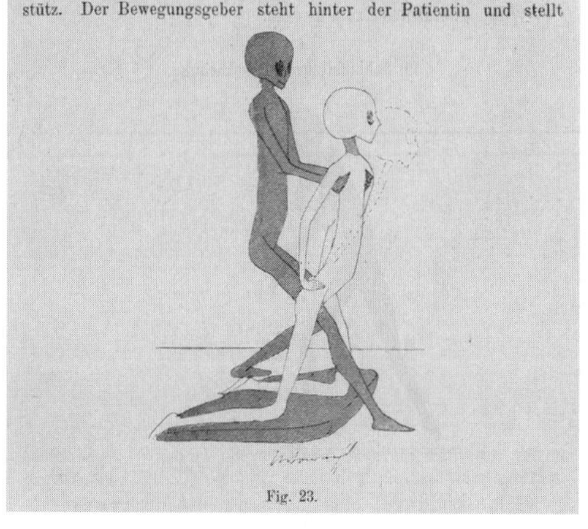
18. Niedrig-Bogen-spaltknieend Rumpf-Schraubendrehung. (Passive Bewegung.)

Die Patientin kniet gespreizt auf einem Kissen, Hände in Hüftstütz. Der Bewegungsgeber steht hinter der Patientin und stellt

Fig. 23.

Ein Teil von Brandts Methode bestand im Dehnen der Wirbelsäule.

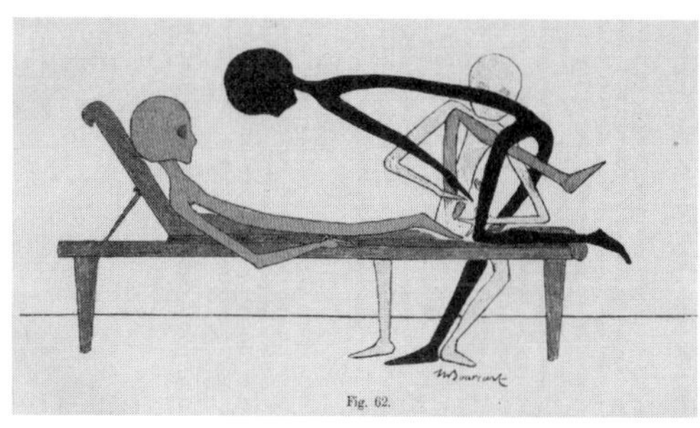
Fig. 62.

Illustration der innerlichen Anwendung von Brandts Beckenmassage.

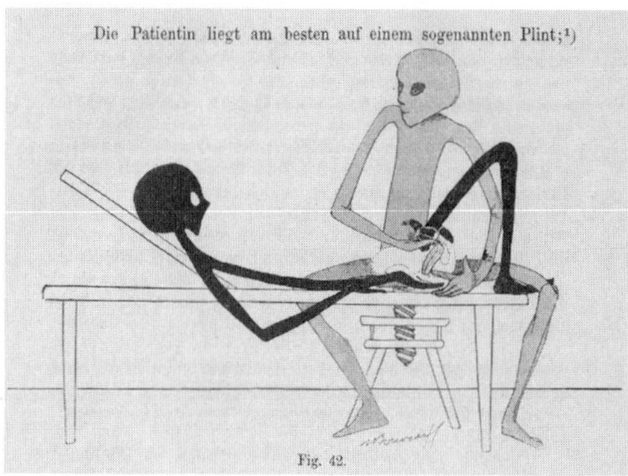
Die Patientin liegt am besten auf einem sogenannten Plint;[1])

Fig. 42.

Weitere Illustration der innerlichen Anwendung der Beckenmassage.

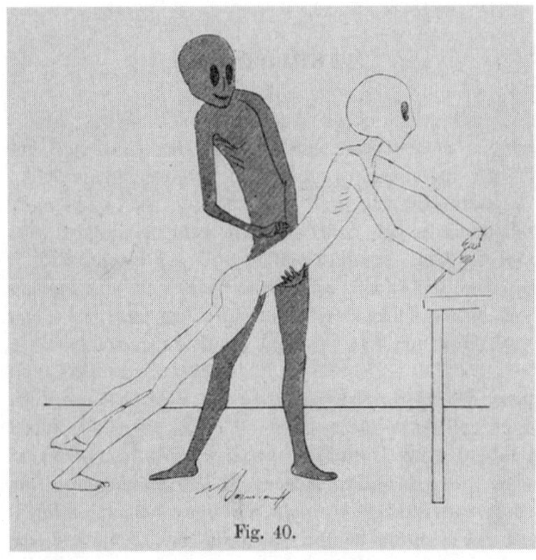

Ein großer Teil von Brandts Massage bestand darin, die Patientin energisch zu schütteln oder in Schwingung zu versetzen.

besteht, in verschiedenen komischen Positionen Druck auf den Beckenbereich auszuüben. Hier sieht man auch, dass ein Teil der Massage tatsächlich innerlich erfolgte (Brandt war schließlich Gynäkologe), ein Finger wurde eingeführt, und die andere Hand drückte von oben auf den Bauch. Aber nirgends wird ein Orgasmus erwähnt oder ein Vibrator benötigt.

Brandts Theorien wurden gefeiert und nach dessen Tod von Dr. Robert Ziegenspeck (1856–1918) weitergeführt. In *Anleitung zur Massagebehandlung (Thure Brandt) bei Frauenleiden: Für praktische Ärzte* (1895) gibt Ziegenspeck umfangreiche Details zum inneren Teil der Beckenbodenmassage preis. Der gute Doktor betont, dass es bei dieser »örtlichen« Behandlung viel »Massage und Dehnung« bedarf, wobei ein Finger in der Vagina steckt und die freie Hand auf den Bauch drückt.[8] Für den Fall, dass man immer noch nicht genau wusste, was man da tat, gab es eine praktische Sieben-Schritte-Anleitung von Ziegenspeck:

Die Eigenthümlichkeiten Brandt's bei der Diagnose bzw. auch bei der Massage sind die,

1. dass die Kleider der Kranken nicht abgelegt, auch nicht zurückgeschlagen, sondern in der Taille nur geöffnet werden; auch das Corset wird aufgehakt, so dass kein Band, kein Haken mehr schnürt; das Hemd wird dann so weit hinaufgezogen, dass die Hand darunter auf den Leib gelegt werden kann; dieser selbst wird nicht entblößt;
2. dass der in die Vagina einzuführende Finger unter dem Knie der entsprechenden Seite hindurch auch unter den Kleidern der Ost. vaginae genähert wird, die Knie dabei nicht gespreizt werden;
3. dass nur ein Finger unter allen Umständen eingeführt wird und zwar der Zeigefinger, ausgenommen bei der Ventro-vaginal-rectal-Palpation, wo der Zeigefinger in das Rectum, der Daumen in die Vagina kommt;
4. dass die auf den Bauchdecken entgegentastende Hand nicht gleichmäßig aufdrückt, sondern unter sanft massierenden Cirkelbewegungen tiefer und tiefer eindringt;
5. dass der Untersuchende am unteren Ende des Lagers auf einem Stuhle sitzt und die Ecken dieses Lagers zwischen seine gespreizten Knie nimmt;
6. dass ausschließlich ein niedriges Lager in Form einer Bank, eines Sophas, oder das sogenannte Plint benutzt wird, kein Untersuchungsstuhl oder Untersuchungstisch, und
7. dass die nicht eingeführten Finger nicht in die Hohlhand eingeschlagen werden (Untersuchung mit geschlossener Hand), sondern schlaff ausgestreckt in der Kerbe zwischen den Nates liegen (Untersuchung mit offener Hand).[9]

Es ist schwierig, dieses Stück Text zu lesen und nicht das Gefühl zu kriegen, hier ginge es einzig und allein ums Fingern, und scheinbar zog diese »Behandlung« im 19. Jahrhundert ganz ähnliche Kritik auf sich. Ziegenspeck behauptet, dass man der Massage »ungerecht zum Vorwurfe« mache, es könne dabei »eine sexuelle Erregung eintreten«.[10]

> Wenn man die [...] Regeln befolgt, so kommt sexuelle Erregung auch nicht öfter bei der Massage vor, wie sonst bei einer gynäkologischen Diagnose. Es gibt ja abnorm sexuell reizbare Frauen, die aber dann auch bei jeder gynäkologischen Diagnose, ja ganz ohne eine solche Ursache sexuell erregt werden. Diejenigen aber, welche immer und immer wieder diesen Einwand gegen die Methode erheben, freilich ohne sie genauer zu kennen, beschuldigen in verletzender Weise damit einestheils die zahlreichen Aerzte, welche dieselbe anwenden, entweder der Sorglosigkeit oder der Gewissenlosigkeit, da man es ja erkennen kann, ob eine Frau sexuell erregt ist oder nicht, beschimpfen auf das Gröbste andererseits Tausende von hochachtbaren Frauen, dass sie trotzdem oder sogar deswegen diese Methode an sich haben anwenden lassen.

Sexuelle Erregung während der Beckenmassage galt es offensichtlich zu vermeiden, zumindest wenn es nach Ziegenspeck ging. Sollte eine Patientin sexuelle Erregung verspüren, könne man diese »sehr leicht wieder zum Schwinden bringen, indem man nun so stark aufdrückt, dass wirklich Schmerzen entstehen«.[11]

Die Theorien und Techniken, die hinter der »Beckenmassage« stehen, sind wirklich bizarr, und obwohl ich immer zurückhaltend mit einer Bewertung nach heutigen Maßstäben bin, hat diese »Behandlung« zweifellos etwas Sexuelles an sich. Das weiß ich, das wisst ihr, und die Leute damals wussten es offensichtlich auch. Aber da gab es keinen Vibrator, keinen Orgasmus, keine Hysterie, und die Praktizierenden bestritten energisch, dass es sich bei ihrer Methode um medizinische Masturbation handelte. Trotzdem scheint der Mythos, dass viktorianische Ärzte ihre Patientinnen kollektiv ins postorgasmische Delirium wichsten, genau hier, in der verwirrenden Praxis der Beckenmassage, seinen Ursprung zu haben.

Den anderen hartnäckigen Teil der Vibrator-als-Medizin-Story bildet der »hysterische Paroxysmus«, unter dem Maines den »weiblichen Orgasmus unter klinischen Bedingungen« versteht.[12] Wenn man aber anfängt, die medizinischen Texte dieser Zeit zu untersuchen, dann hat man nicht den Eindruck, selbst schon einmal einen hysterischen Paroxysmus-Orgasmus gehabt zu haben. In *Hysterical and Nervous Affections of Women. Read Before the Harveian Society* wird der hysterische Paroxysmus als »unkontrollierbare Attacke von abwechselndem Schluchzen und Lachen« definiert.[13] Andrew Whyte Barclays *A Manual of Medical Diagnosis* (1864) beschreibt ihn als »Anfall« und »Epilepsie-Simulation«.[14] John Henry Walsh meint, der hysterische Paroxysmus beginne mit unkontrollierbarem Gekicher und dauere »mindestens eine Stunde, oft aber fünf oder sechs«.[15] William Potts Dewees behauptet: »Sehr häufig setzt der Bauch am Ende des hysterischen Paroxysmus eine gehörige Menge Gas frei, was der Patientin große Erleichterung verschafft.«[16] Entschuldigung, aber ein Furz-und-Kicher-Anfall, der den ganzen Nachmittag dauert, ist kein Orgasmus. Was auch immer das sein mag, die Beschreibung ähnelt der eines Anfalls oder einer nervösen, unkontrollierbaren psychischen Episode. In der medizinischen Theorie jener Zeit wird dieses merkwürdige Phänomen mit einer gynäkologischen Ursache erklärt. Walsh schrieb, die »reichliche Absonderung blassen Urins« begleite diese Krankheit.[17] George Bacon Wood notierte, der hysterische Paroxysmus neige dazu, »um die Menstruation herum« schlimmer zu werden, und W. W. Bliss war sich sicher: »Hysterische Paroxysmen sind für gewöhnlich eine Begleiterscheinung schmerzhafter Menstruation.«[18] Das sollte nicht weiter überraschen, denn das Wort »Hysterie« kommt vom lateinischen *hystericus*, was »die Gebärmutter betreffend« heißt und selbst wiederum vom altgriechischen *hysterikos* abgeleitet wird, »Leiden an der Gebärmutter«.

Das mysteriöse medizinische Phänomen, das wir »Hysterie« nennen, wurde in der modernen Wissenschaft ausgiebig untersucht, eben weil niemand so wirklich weiß, was das ist. Das Wort deckt eine Unzahl an psychologischen und physiologischen Leiden ab und wurde bis Freud weitgehend als Frauenkrankheit verstanden. Auf die Gefahr hin, dass ich hier zu stark vereinfache: Hysterie war die körperliche oder verhaltensmäßige Manifestation der psychologischen Probleme von Frauen. Das konnte sich in Aggressionen, Ohnmachtsanfällen, Nymphomanie oder Furzattacken äußern. Die Annahme, dass die Gebärmutter emotionale Instabilität hervorrufe, reicht bis ins antike Griechenland mit seiner Theorie der »wandernden Gebärmutter« zurück. Aretaios, Arzt und Zeitgenosse Galens im 2. Jahrhundert n. Chr., beschreibt, wie die Gebärmutter im Bauchraum umherwandert und damit Wahnsinn verursacht:

> Zwischen den Flanken der Frau liegt die Gebärmutter, ein weibliches Organ, das einem Tier ähnelt; denn es bewegt sich hin und her zwischen den Flanken, auch in direkter Linie aufwärts bis unter den Rippenknorpel, auch quer nach rechts oder nach links, entweder zur Leber oder zur Milz, und genauso senkt es sich ab, mit einem Wort, die Gebärmutter ist ganz und gar unberechenbar. Sie erfreut sich an Wohlgerüchen und bewegt sich auf sie zu; und sie hat eine Abneigung gegen üble Gerüche und zieht sich von ihnen zurück; alles in allem ist die Gebärmutter wie ein Tier in einem Tier.[19]

Im 19. Jahrhundert wurde die Theorie der wandernden Gebärmutter obsolet, wenngleich die Verbindung zwischen Gebärmutter und

Hysterie offensichtlich einen letzten Aufschwung mit dem Thema Beckenmassage und Gebärmuttermanipulation erlebte. Der hysterische Paroxysmus war lediglich eine weitere unklar definierte Kategorie der Hysterie, die man in den Medizinhandbüchern des 19. Jahrhunderts neben hysterischem Koma, hysterischen Kopfschmerzen, hysterischer Aufregung, hysterischen Zuckungen und (natürlich) hysterischer Flatulenz finden kann.

Anonyme viktorianische Fotografie.

Und außerdem: Die Viktorianer*innen wussten, was ein Orgasmus war! Es gab keinen Grund, ihn hinter einer euphemistischen Sprache zu verstecken. Ein flüchtiger Blick in die erotische Literatur dieser Zeit reicht, um zu erkennen, dass man gut darüber Bescheid wusste, was es mit Orgasmen auf sich hatte. *The Pearl* (1879–1880) ist vollgestopft mit kommenden Frauen: »Ich fühlte, wie es warm und cremig ihren Schlitz flutete, während mein eigener Saft voller Anteilnahme über ihre Hand und ihr Kleid rann.«[20] Auch *The Romance of Lust* ist im Bilde darüber, was Frauen wollen: »Sie kam rasend schnell zum ekstatischen Ende, stieß fast mein ganzes Gesicht in ihren gewaltigen Orbit und spritzte eine wahre Flutwelle über mein Gesicht und meinen Nacken.«[21] Und Jack Saul dirigiert ein regelrechtes Orgasmus-Konzert in *Sins of the Cities of the Plain* (1881): »Wie oft ich sie zum Kommen brachte, ist unmöglich zu sagen.«[22]

Fern Riddell, einer der führenden Wissenschaftler*innen, wenn es um die Sexualität in der viktorianischen Epoche geht, drückt es so aus: »Viktorianische Ärzte wussten genau, was der weibliche Orgasmus war; genau genommen ist das einer der Gründe, warum sie fanden, dass Masturbation nicht so eine gute Idee sei.«[23]

Die Ärzte wussten damals nicht nur, was ein Orgasmus war, die Medizintheorie des 19. Jahrhunderts lehrte auch größtenteils, dass Orgasmen potenziell gefährlich seien und darum eingeschränkt werden sollten. Bei Frauen nahm man an, dass Masturbation Hysterie hervorrufe, nicht heile. In *The Generative System and Its Functions in Health and Disease* (1883) behauptet James George Beaney, dass Hysterie eine Krankheit sei, die »mit weiblicher Masturbation in Verbindung gebracht wird und sehr häufig darauf beruht«.[24] Edward John Tilt (1815–1893) schrieb: »Gewohnheitsmäßige Masturbation vermindert die Spannkraft des gesamten Systems, verursacht ein gereiztes Gemüt [und] die milderen Erscheinungsformen der Hysterie.«[25] Im Jahr 1852 unterschied Samuel La'mert ganz klar zwischen hysterischem Paroxysmus und Masturbation, als er schrieb: »Frauen, die sich der libidinösen Selbstbeschmutzung hingeben, sind anfälliger insbesondere für hysterischen Paroxysmus.«[26] In dem Artikel »Sexuelle Perversion bei Frauen« nennt Dr. A. J. Block aus New Orleans weibliche Masturbation »moralischen Aussatz«.[27] Man hielt die Masturbation bei Frauen für derart gefährlich, dass sie auf zahllosen Einweisungsunterlagen in Irrenanstalten auftaucht und den Quacksalber Isaac Baker Brown dazu veranlasste, routinemäßig Klitoridektomien durchzuführen.* Also noch mal: Sieht das etwa nach einer Gruppe von Leuten aus, die eine Runde Finger-Action verschreiben würde?

Aber ganz so schlimm, wie es hier den Anschein hat, war es auch wieder nicht. Zwar sorgten Ärzte nicht eigenhändig für Orgasmen bei ihren Patientinnen, aber Eheleuten wurden sie allgemeinhin empfohlen, und blieben sie beim Erfüllen der ehelichen Pflichten aus, so betrachtete man das als etwas Schlechtes. In einem Artikel in *The Lancet*, der 1842 von Dr. W. Tyler Smith veröffentlicht wurde, wird Impotenz bei Frauen als »Unvermögen, den sexuellen Orgasmus hervorzubringen« beschrieben.[28] Eine Denkschule in der Medizin ging davon aus, dass Orgasmen bei der Empfängnis halfen. Dr. J. R. Beck zum Beispiel argumentierte 1872, dass ein Orgasmus es dem Gebärmutterhals erlaube zu kontrahieren und damit dem Spermium helfe, das Ei zu erreichen.[29] Andere wiederum, wie Dr. John S. Parry, widersprachen nicht der Möglichkeit, dass ein Orgasmus hilfreich sein könnte, waren sich jedoch ziemlich sicher,

---

* Siehe auch »The Boy in the Boat« für eine detaillierte Auseinandersetzung mit Dr. Isaac Baker Brown. Der *State Report* an den Gouverneur von Kalifornien aus dem Jahr 1872 berichtet, Masturbation stehe »noch immer an erster Stelle der angegebenen Gründe« für die Aufnahme in einer Anstalt. *Appendix to the Journals of the Senate and Assembly of the Nineteenth Session of the Legislature of the State of California* (Sacramento: T. A. Springer, 1872), Seite 211.

dass er »nicht unerlässlich für die Empfängnis« sei.[30] Aber wie auch immer die medizinische Meinung in dieser Angelegenheit aussah, die viktorianische Pornografie beweist eindeutig, dass der Orgasmus zumindest als sehr wichtiger und vergnüglicher Teil von Sex verstanden wurde.

Was von diesem viel geliebten und weit verbreiteten Ammenmärchen lässt sich also retten? Es stimmt, dass die Ärzte in viktorianischer Zeit fasziniert waren vom weiblichen Fortpflanzungssystem und, genau wie ihre Vorgänger, Wahnsinn mit der Gebärmutter in Verbindung brachten. Um Hysterie in all ihren merkwürdigen Erscheinungsformen zu heilen, verschrieben sie alle möglichen verrückt klingenden Behandlungen, so wie die Beckenmassage, die in Wahrheit nur vornehmes Fingern war. Außerdem hingen Ärzte der seltsamen Vorstellung nach, dass Orgasmen und Masturbation die Gesundheit ruinierten und Hysterie verursachten. Den »hysterischen Paroxysmus« gab es wirklich, er war aber kein Orgasmus, sondern wurde als Anfall aus Kichern und Furzen beschrieben, der Stunden dauern konnte. Es stimmt auch, dass vibrierende Massagegeräte im späten 19. Jahrhundert sehr gefragt waren und zur Heilung verschiedenster Krankheiten empfohlen wurden.* Aber hier kommt die entscheidende Tatsache: Ärzte mögen ihre armen Patientinnen sediert, in die Irrenanstalt eingewiesen oder mehr oder weniger grob an ihren Muschis herumhantiert haben – aber sie haben sie nicht mit dampfbetriebenen Vibratoren zum »hysterischen Paroxysmus« hin masturbiert, um sie von Hysterie zu heilen. Tut mir leid, dass ich so eine Spaßbremse sein muss.

---

* Zur weiteren Lektüre über die Entwicklung des Vibrators im 20. Jahrhundert siehe Hallie Lieberman, *Buzz: A Stimulating History of the Sex Toy* (New York: Pegasus Books; 2017).

Rauchen, Schießen, Fahrrad fahren

Sex und Fahrräder

Was ist die wichtigste Erfindung im Kampf um die Gleichberechtigung der Geschlechter? Die Pille? Der selbstreinigende Vibrator? *Kleenex Mansize?* Wie wäre es mit dem bescheidenen Fahrrad?

Bevor ihr jetzt in Panik ausbrecht, in diesem Kapitel geht es nicht um Menschen, die Sex mit Fahrrädern haben, aber wenn ihr euch dafür interessiert, dann gibt es sowohl im Erotic Museum in Amsterdam als auch im Museum of Sex in New York Beispiele von »Dildo-Fahrrädern«.[1] Fahrräder sind ziemlich sexy. Vielleicht liegt das am Sattel, der an den Genitalien reibt, oder an der vorgebeugten Arsch-nach-oben-Haltung, die man bei manchen Modellen einnehmen muss. Was auch immer es ist, Fahrräder hatten lange etwas verschmitzt Verruchtes an sich. Freddie Mercury wusste das, als er von »Fat Bottomed Girls« (dickärschigen Mädels) auf ihren Fahrrädern sang. Queen packten 1978 sogar exakt so ein dickärschiges Mädel aufs Cover ihrer Doppelsingle mit den Songs »Bicycle Race« und »Fat Bottomed Girls«.

Die Rolle, die das Fahrrad für die sexuelle Emanzipation von Frauen gespielt hat, wird oft übersehen, dabei schenkte es ihnen eine zuvor ungeahnte Freiheit. Und das war nicht nur die Freiheit, sich

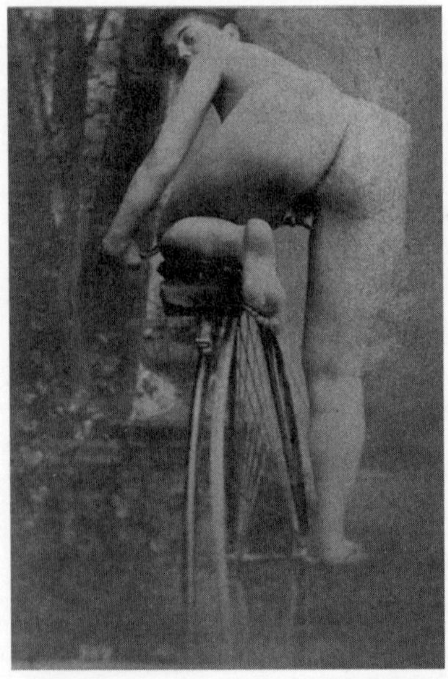

Erotik-Postkarte aus viktorianischer Zeit mit einer nackten Frau auf einem Fahrrad.

fortzubewegen – das Fahrrad erlöste sie auch von sperrigen Reifröcken und tittenquetschenden Korsetts. Es veränderte die Einstellungen zu Gesundheit, Fitness und Sport und bewies, dass Frauen keine schrecklich empfindlichen Pflänzchen waren. Die Beliebtheit des Fahrrads erzwang eine medizinische Debatte über die stimulierende Wirkung des Sattels auf die Fortpflanzungsorgane und die sexuelle Natur von Frauen.* Die amerikanische Frauenrechtlerin Susan B. Anthony behauptete, das Fahrrad habe »mehr zur Emanzipation von Frauen beigetragen als alles andere auf der Welt«.[2] Für

* Diese Debatte setzt sich bis heute fort. Laut einer Untersuchung der University of California würden sich Frauen, die regelmäßig Fahrrad fahren, »besserer sexueller Funktion« erfreuen als Nichtradlerinnen, was in direktem Widerspruch zur früheren Forschung steht, die nahelegte, dass es eine Verbindung zwischen Radfahren und sexuellen Störungen gebe. (Thomas W. Gaither et al., »Cycling and Female Sexual and Urinary Function: Results from al Large, Multinational, Cross-Sectional Study«, *The Journal of Sexual Medicine*, 15.4 (2018), Seiten 510–518, <https://doi.org/10.1016/j.jsxm.2018.02.004>.)

Eine weitere viktorianische Erotik-Postkarte, die eine nackte Frau auf einem Fahrrad zeigt. Wie verwegen.

manche viktorianischen Moralisten war das alles zu viel, und so wurde das Fahrrad bald mit sexueller Promiskuität assoziiert, und zwar so verbreitet, dass Fahrräder zu einem äußerst beliebten Motiv in der Porno-Fotografie des 19. Jahrhunderts wurden. Nicht nur, weil sie eine bequeme Ausrede fürs Vorbeugen mit gespreizten Beinen lieferten, sondern auch, weil das Fahrrad zum Attribut der sexuell befreiten Frau wurde, die ihre Lust genoss.

Die Viktorianer*innen haben das Fahrrad nicht erfunden, aber sie haben sein Design weiterentwickelt, damit man es benutzen konnte, ohne sich alle Gräten zu brechen und sich in Lebensgefahr zu bringen. Einer der ältesten Entwürfe eines zweirädrigen Apparates stammt von 1534 und wird Gian Giacomo Caprotti zugeschrieben, einem Schüler Leonardo da Vincis, aber das erste brauchbare Fahrrad wurde von dem deutschen Baron Karl von Drais im Jahr 1817 erfunden und »Laufmaschine« genannt. Es gab weder Pedale noch Bremsen oder Federung, aber die Vorrichtung ermöglichte es, sich halb rennend, halb fahrend fortzubewegen. Bald darauf produzierte der britische Kutschenbauer Denis Johnson eine verbesserte, schnittigere Version, die »Fußgängerkutsche« oder »Velocipede« genannt wurde. Aber es sollte noch fünfzig weitere Jahre dauern, bis das Fahrrad weithin bekannt wurde.

Vierräder, Hochräder, Niederräder, »Boneshaker« mit Tretkurbelantrieb – alles wichtige Wegmarken in der Evolution des modernen Fahrrads, aber auch alle ziemlich gefährlich.* Sie hatten durchweg keine Federung, keine Bremsen oder Luftreifen und waren extrem instabil. Bei voller Fahrt von einem Penny-Farthing (Hochrad) zu fallen, führte zu schrecklichen Verletzungen und zahllosen Todesfällen. Die offenen Speichen und der gefährlich angebrachte

* Für weiterführende Lektüre zu frühen Fahrrädern siehe Andrew Ritchie, *Early Bicycles and the Quest for Speed* (Jefferson: McFarland & Company, Incorporated Publishers, 2018).

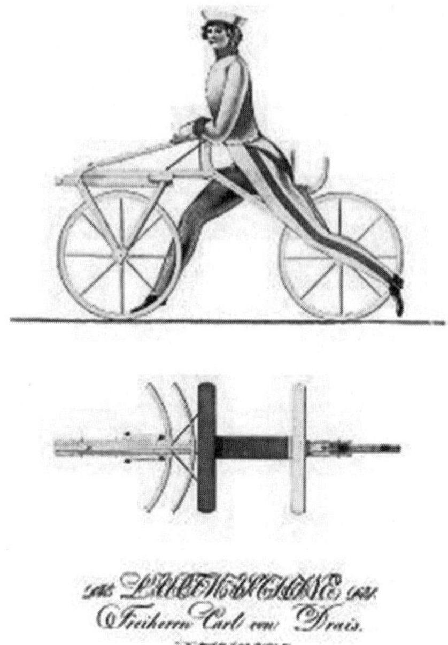

Illustration einer »Draisine« von 1817.

Sattel verhinderten, dass Frauen damit fahren konnten, zumal durch Gedränge, ohne dass sich ihre Kleidung verfing und ihnen ihre Pumpunterhosen vom Leib gerissen wurden. Infolgedessen waren Fahrräder zu dieser Zeit eher etwas für waghalsige junge Männer, die mit gepimpten Penny-Farthings übers viktorianische Kopfsteinpflaster rumpelten.

Dankenswerterweise wurde in den 1880er Jahren das »Sicherheitsfahrrad« erfunden, es besaß Lenkrad, Bremsen, Pedale, Federung und schließlich auch Luftreifen. Endlich konnten alle Fahrrad fahren. Historiker*innen nennen die 1890er oft das »goldene Zeitalter des Fahrrads«, und das mit gutem Grund. Das Fahrrad war zum Must-have avanciert, und Frauen fingen scharenweise das Radeln an.

So aufregend all das auch war, die Fahrradfahrerin wurde von Anfang an misstrauisch beäugt. Da ein Fahrrad nicht im Damen-

Das *Rover Ladies Safety Bicycle* (Rover Damen-Sicherheitsfahrrad), erfunden von John Kemp Starley, um 1889.

sitz gefahren werden kann, waren die Ärzte besorgt aufgrund der möglicherweise stimulierenden Wirkung, die all das Rumgerutsche auf dem Sattel auf die Damenwelt haben könnte. Männern traute man zu, der möglichen Gefahr einer Stimulation auf dem Fahrrad zu widerstehen, aber Frauen, so befand man, waren von schwächerer Natur.

Das *South Wales Echo* berichtet 1897: »Das Fahrrad wurde von einer männlichen Kreatur erschaffen und ist noch immer das Gefährt einer männlichen Kreatur«; Frauen, so heißt es dort, »sollten sich vor den Gefahren des Fahrradfahrens in Acht nehmen«.[3]

Die Gefahren, auf die hier angespielt wurde, waren weitaus größer als ein Purzelbaum über die Lenkstange. Weil der Sattel an den

Eine viktorianische Erotik-Postkarte, die eine nackte Frau mit einem Hochrad zeigt.

Viktorianische Postkarte: »Die neue Frau« und ihr sexy Fahrrad. Fahrräder waren das Must-have-Accessoire jeder modernen Frau.

Genitalien rieb, bezogen sich die Gefahren, denen eine Frau ins Auge blicken musste, auf deren Fruchtbarkeit und sexuelle Gesundheit. Ein französischer Arzt warnte, »die ungewohnte Anstrengung zusammen mit dem riskanten Fehlen des Korsetts könnten die weiblichen Organe der ehelichen Notwendigkeit schädigen und sie durch das Rütteln lockern«.[4] Obwohl die Angst vorm Radfahren in den 1890er Jahren überall auf der Welt vorherrschte, waren amerikanische und kanadische Ärzte scheinbar besonders besorgt um radelnde Frauen und deren »Organe der ehelichen Notwendigkeit«, dementsprechend waren die Anti-Fahrrad-Stimmen dort auch am lautesten.

Die *St. Louis Medical Review* behauptete 1895 nicht nur, dass Fahrradfahren eine »außerordentlich unfeine und unziemliche Beschäftigung für junge Damen« sei, sondern auch zu »Eierstockentzündungen, Nieren- und Gebärmutterblutungen, Fehlstellungen und Fehlgeburten« führen könne.[5] Ein Artikel im *Iowa State Register* warnte, Fahrradfahren »könnte die Menstruation unterdrücken oder aber eine unregelmäßige und fürchterlich schmerzhafte hervorrufen und vielleicht Ursprung zukünftiger Krankheiten sein«.[6] Das Medizinjournal *Cincinnati Lancet-Clinic* (1895) unterstützte das Fahrradfahren weitgehend, hatte aber Bedenken gegenüber dem Sattel als »Reibungsmittel« und die »gefährliche Lage«, in die er eine Dame bringen könnte.[7]

Es war tatsächlich der Sattel und seine Natur als »Reibungsmittel«, über die in den meisten dieser Medizinschriften Sorge geäußert wurde. Der ganze Alarm von wegen »uteriner Störungen« und »Eierstockentzündungen«, die durch den Sattel hervorgerufen werden könnten, war nichts anderes als die insgeheime Angst, eine Frau könnte sexuelle Lust dabei empfinden, mit einem Stück Leder zwischen den Beinen übers Kopfsteinpflaster zu fahren. Andere Ärzte äußerten ihre Bedenken ganz direkt. Der Herausgeber des kanadischen Journals *Dominion Medical Monthly* wurde 1896 überregional zitiert: »Die Übereinstimmung nimmt Tag für Tag in überwältigendem Ausmaße zu, dass Fahrradfahren beim weiblichen Geschlecht zu ausgeprägten Orgasmen führt.«[8] Empört über die Andeutung, kanadische Frauen könnten ihre Fahrräder für wenig mustergültige Zwecke missbrauchen, zog dies eine Flut von Artikeln nach sich, die dieser Behauptung widersprachen. So wie dieser hier aus dem *Canadian Medical Practitioner* (1896):

> Wenn man diesem Bericht Glauben schenken könnte, dann müssten wir mit Verzweiflung der Zukunft des Landes entgegenblicken, denn verglichen mit Kanada, oder wenigstens mit Toronto, wären Sodom und Gomorrha so sittsam wie die Heilsarmee. Es erscheint ja geradezu, als wäre Fahrradfahren, das so viel zu Gesundheit, Schönheit und Anmut unserer Frauen beiträgt, in Kanada, oder wenigstens in Toronto, lediglich dazu da, unser unheiliges und tierisches Verlangen zu befriedigen.

Und weiter: »[...] der obszöne Unsinn, auf den der *Record* verweist, ist schon an sich bösartig genug, wohingegen die direkten Vorwürfe gegen die Frauen und Mädchen aus Toronto einfach niederträchtig sind«.[9] Es ist zweifelhaft, dass die Vorstellung von Frauen, die regelmäßig auf ihren Rädern zum Höhepunkt kamen, in Medizinerkreisen weit verbreitet war, aber die Tatsache, dass eine öffentliche Debatte über dieses Thema losbrach, beweist, dass manche Leute es wirklich für möglich hielten.

Das *American Journal of Obstetrics and Diseases of Women and Children* druckte einen Artikel von Dr. Robert Dickinson über »Fahrradfahren für Frauen« ab, der die Frage der sexuellen Erregung aufgriff. »Ein sehr gewichtiger Einwand wurde gegen den Gebrauch des Fahrrads durch Frauen hervorgebracht, der, wenn er denn stimmt, uns dazu veranlassen sollte, außerordentlich vorsichtig zu sein mit dem Ratschlag, diesen Sport zu betreiben. Es heißt, er erzeuge oder fördere die Angewohnheit der Masturbation.« Dickinson fährt fort:

> Eine der sehr begabten Frauen, die Körperkultur in New York unterrichten, erzählte einem befreundeten Mediziner, dass eine ihrer Schülerinnen, die von sich behauptete, recht vielfältige Erfahrungen in den sexuellen Freuden zu haben, sagte, sie könne sich keine größere Befriedigung vorstellen als die, die ihr Fahrradsattel ihr bieten könne. Dr. Vance hat den Fall eines fünfzehnjährigen überreizten, blassen, etwas mageren Mädchens beobachtet, dessen Sattel so eingestellt war, dass der Sattelknauf vorne in einem etwa 35-Grad-Winkel nach oben zeigte, und die sich beim Fahren erkennbar nach vorne lehnte, wobei ihr Tun in der Zeit, in der er die Möglichkeit hatte, sie zu beobachten, stark auf die Art Genuss hindeuteten, die wir bereits angenommen hatten.[10]

Glücklicherweise scheint der gesunde Menschenverstand überwogen zu haben, und obwohl Dickinson von einigen Frauen wusste, die ihre Sättel so einstellten, dass sie ihnen »ständige Reibung über die Klitoris und die Vulvalippen« boten, so glaubte er doch nicht, dass das die Normalität war. Er kam zu dem Schluss, es gebe nur eine geringe »Gefahr, die Gewohnheit könnte aufgenommen oder gefördert« werden, wenn eine Frau anfing, Rad zu fahren.[11]

Auch wenn eine Reihe prominenter Ärzte der Öffentlichkeit versicherte, dass Frauen ihre Fahrräder nicht zum Masturbieren benutzten, war die bloße Andeutung, sie könnten es doch tun, Grund genug für viele Menschen, das Fahrradfahren als unziemlich zu verurteilen.

Eine viktorianische Postkarte mit einer nackten Frau, die ihr Fahrrad feiert.

Kit Coleman, Redakteurin von Kanadas erster »Frauenseite«, schrieb 1889:

> Keiner Frau über 39 sollte es erlaubt sein, Fahrrad zu fahren. Es ist unmoralisch. Unglücklicherweise sind es gerade ältere Damen, die leidenschaftliche Fahrradfahrerinnen sind. Sie lieben es, sich da auf ihren Speichen zu räkeln und herumzuschlingern, sich auf eine Art zu drehen und zu winden, die sie wohl an längst vergangene Tanzfreuden erinnern. Millionenfach vergnügen sie sich nun, im Herbste ihres Lebens, auf so mancher Haupt- und Nebenstraße.[12]

Charlotte Smith, die Präsidentin der Women's Rescue League, behauptete, »das Fahrradfahren unter jungen Frauen hat wie nichts anderes dazu geführt, die Reihen leichtsinniger Mädchen zu füllen, die schlussendlich ins stehende Heer der verstoßenen Frauen Amerikas abdriften«. Sie ging sogar so weit, das Fahrrad den »Vorboten des Teufels« zu nennen.[13]

Um den Anstand zu wahren, vertrieben manche Firmen »Hygiene-Sättel« mit Löchern, die den »schädlichen Druck« auf das Fahrgestell der Damen mindern sollten. Manche Räder waren mit einem Sichtschutz ausgestattet, der den Blick auf die weiblichen Knöchel verhindern sollte. Aber es war nicht allein die ungehörige Tatsache, dass man sich auf einen Sattel setzen musste, die Anlass zur Sorge bot.

Das Fahrrad gab Männern und Frauen die Möglichkeit für Romanzen und sexuelle Abenteuer, was zweifellos noch zu seiner erotischen Aura beitrug. Fahrradfahren bedeutete, dass Paare unbeaufsichtigt von zu Hause wegkommen und leicht räumliche Distanzen überwinden konnten, wenn sie sich treffen wollten. Die Freiheit, die das Fahrrad bot, rief bei so manchem den Verdacht hervor, sie könnte für »unmoralische Zwecke« genutzt werden.[14] Und tatsächlich waren Fahrradromanzen im späten 19. Jahrhundert ein heißes Thema. Die englische Zeitschrift *The Wheelwoman* zum Beispiel berichtete, dass im Anschluss an ein Picknick eines Fahrradklubs fünfzehn Verlobungen bekanntgegeben worden waren, und frohlockte: »Sicher könnte sich doch niemand eine bessere Empfehlung fürs Radfahren wünschen als diese?«[15]

Zwar ist es schwer nachvollziehbar, wie sich überhaupt irgendjemand während einer Fahrradtour verlieben konnte, wo Ärzte Radfahrer*innen doch vor einem ernsten Leiden namens »Fahrrad-Gesicht« warnten. Dieses furchtbare Gebrechen befiel Männer und Frauen gleichermaßen, aber man nahm an, für Frauen sei es besonders erschütternd. So beschrieb Dr. A. Shadwell 1897 die Symptome des Fahrrad-Gesichts: »Erstarrte Gesichter, die Augen stur nach vorn gerichtet, und ein Ausdruck, der entweder ängstlich, gereizt oder bestenfalls versteinert ist.«[16] Der Herausgeber des *Harper's Magazine* empfiehlt im selben Jahr allen Frauen, während des Radfahrens Kaugummi zu kauen, denn »Kaugummikauen hält das Gesicht in Bewegung und bewahrt es vor dem Ausdruck der Angst, von dem uns die Ärzte sagen, er könne mit der Zeit ein wesentlicher Teil der Gesichtszüge einer Fahrradfahrerin werden«.[17]

Aber Gott sei Dank nahmen nicht alle Viktorianer*innen das ernst, und so wurde das Fahrrad-Gesicht bald zum Running Gag. Die Zeitungen von damals sind voll von spöttischen Gedichten und Witzen übers Fahrrad-Gesicht wie diesem aus dem *Derry Journal* vom 23. September 1895:

Das Fahrrad-Gesicht

Ich hab ein Fahrrad-Gesicht, oh Schreck,
Das muss weg,
Von andrer Gestalt soll es sein.
Und wenn jemand kann
Und hülfe mir dann
Mit dem Austausch, ach, das wäre fein.

Gelesen ich hatte
Von der muntren Debatte,
Ob es stimmt, dass es so etwas gibt.
Ein Gesicht wie beschrieben
Ist mir selber geblieben,
Und ich denke, das löst den Konflikt.

Am Auge ein Veilchen,
Und seit einem Weilchen
Sind Wange und Stirn wie zerhauen.
Das Kinn ist gar schaurig,
Die Lippen so traurig,
Wann immer ich lächle, ein Grauen.

Meine Nase ist krumm,
Ein Zahn fehlt, zu dumm,
Die Braue verließ ihren Platz.
Und eins meiner Ohren,
Ich schwör's, ist verloren,
Und dafür brauch ich bald Ersatz.

Da sind überall Pflaster,
Nicht eins hat mehr Platz da,
Verbände versperrn mir die Sicht.
Da sind schwarz-blaue Flecken
An allen Enden und Ecken,
Einer Landkarte gleicht mein Gesicht.

Sie können aufhörn zu streiten,
Denn all die Grobheiten,
Die ändern die Wahrheit doch nicht.
Denn O je! und O wei!
Es bleibe dabei,
Ich habe ein Fahrrad-Gesicht.

Die Frauen, die bereit waren, ein Fahrrad-Gesicht zu riskieren, ihre »Organe der ehelichen Notwendigkeit« zu schädigen, auf einem Sattel zu kommen und sich anzuhören, sie würden sich nur »für eine schnelle Tour« davonstehlen, mussten noch ein weiteres ungehöriges Hindernis bewältigen: Sehr schnell wurde klar, dass sich die Garderobe von Frauen, die Fahrrad fahren wollten, ändern musste. Das viktorianische Korsett war mit dem Fahrradfahren nicht vereinbar. Es schnürte die Taille einer Frau auf einen »idealen« Umfang von etwa dreiundvierzig bis sechsundfünfzig Zentimetern zusammen, was an Aktivitäten alles ausschloss, was anstrengender war als Zierdeckchen zu sticken und in Ohnmacht zu fallen. In dem Versuch, Frauen davon abzuhalten, oben ohne zu radeln, entwickelten Korsettfirmen »Fahrrad-Korsetts«, die es der Trägerin erlauben sollten, »mit Anmut« zu fahren. Sie setzten sich nicht durch.

Und wo sie schon mal das Korsett weggeworfen hatten, fanden Frauen nun bald auch die ausladenden Reifröcke, Turnüren und Unterröcke, die sie täglich anlegen mussten, total für den gepolster-

»DIE PERFEKTE HALTUNG der Frau, die ein Ferris-Mieder trägt, ist leicht zu erkennen. Sie fährt mit lässiger Anmut, denn jede Bewegung, jeder Muskel ist vollkommen frei. Sie fährt, ohne müde zu werden, denn sie erfreut sich ihrer uneingeschränkten Atmung.«

ten Arsch. Um sicher Rad fahren zu können, griffen manche Frauen zu Kniebundhosen und lockerer Kleidung.

Die Kniebundhosen waren ein großer Schock für konservative Viktorianer, denn sie zwangen einen anzuerkennen, dass Frauen zwei Beine hatten, die sich auch noch öffnen ließen. Das Bild einer Frau, die rittlings auf ihrem Fahrrad sitzt, deren Knöchel sichtbar sind und deren Brüste nicht von einem Korsett in Schach gehalten werden, mit einem Sattel zwischen den Beinen – weckte unbestreitbar sexuelle Assoziationen. Und das stellte eine Herausforderung für Frauen dar, die bequem radeln und gleichzeitig den Vorwurf der Anstößigkeit vermeiden wollten.

Als Reaktion auf diese Entwicklungen wurde 1881 die Rational Dress Society in London gegründet; und der hinderlichen Kleidung von Frauen beim Radfahren entgegenzutreten, war eine ihrer Kernaufgaben. Ähnliche Gruppierungen formierten sich überall auf der Welt. Sie traten dafür ein, dass Fahrradoutfits nicht als unanständig angesehen, sondern als »vernünftig« akzeptiert wurden. Sie betonten die gesundheitlichen und sicherheitstechnischen Vorteile der Fahrradkleidung und wiesen auch auf die unmoralische und unpraktische Natur der populären Frauenkleidung hin.

Im späten 19. Jahrhundert entstand die feministische Figur der »neuen Frau«. Diese neue Frau war unabhängig, gebildet und resolut. Sie forderte die traditionelle Haltung zu Kleidung, Heirat,

Eine Fahrrad fahrende Dame wird von einem Mob angegriffen, weil sie Socken trägt. Aus *Illustrated Police News*, 9. Oktober 1897.

»Die ›neue Frau‹ und ihr Fahrrad. Es wird zahlreiche Varianten von ihr geben.«, 1895.

Geschlecht und Gleichberechtigung heraus, und sie fuhr natürlich Fahrrad. Die neue Frau positionierte sich gegen die viktorianische Engel-im-Haus-Version von Weiblichkeit, die im 19. Jahrhundert weitgehend als Ideal galt. Infolgedessen unterstellte man der neuen Frau regelmäßig, sie wolle ein Mann sein, und betitelte sie als »burschikos« oder als »Göre«.[18]

Das Fahrradfahren wurde beschuldigt, alle möglichen »männlichen« Verhaltensweisen bei Frauen hervorzukehren, zum Beispiel das Rauchen, Trinken, Fluchen und (natürlich) die sexuelle Freizügigkeit.[19] Die neue Frau verlangte auch Einlass in traditionell männliche Räume wie Universitäten. Als die Cambridge University 1897 vorschlug, Frauen den Zugang zur Universität zu gewähren, protestierten männliche Studenten, indem sie eine Frauenpuppe auf einem Fahrrad aus einem Fenster am Marktplatz baumeln ließen.

Eine viktorianische Dame hat Spaß mit ihrem Hochrad.

Im Zentrum der Feindseligkeit gegenüber Fahrrad fahrenden Frauen stand eine kaum verblümte Angst vor der Ablehnung traditioneller Geschlechterrollen. Als Frauen ihre züchtigen Kleider ablegten, über absurde medizinische Quacksalberei lachten und die Unabhängigkeit, die ihnen das Fahrrad bot, offen begrüßten, radelten sie buchstäblich aus der häuslichen Welt hinaus und hinein in die öffentliche. Was die Sorge anging, Fahrradfahren könnte zu »sexueller Aufregung« führen, so entkräfteten die Frauen diese allein durch Beharrlichkeit. Das Thema Masturbation war damals vollkommen schambehaftet, und keine durchschnittliche Frau von nebenan hätte sich dazu öffentlich geäußert. Aber es waren die Frauen selbst, die den Beweis lieferten, dass sie beim Strampeln nicht kamen. Je mehr Frauen Fahrrad fuhren, ohne einen Orgasmus zu kriegen, desto alberner wirkte die Panikmache der Ärzte. Es mag nur ein kleiner Sieg gewesen sein, aber es entriss den Ärzten die Kontrolle über das Narrativ rund um die weibliche Sexualität und erlaubte es den Frauen, es anzuzweifeln.

FAHRRÄDER FÜR FRAUEN

> Die Frau vervollständigt ihre Eroberung des Planeten. Sie rudert, sie raucht, sie schießt, sie spielt Billard, sie fährt Auto, und jetzt hat sie sich auch den eisernen Grashüpfer eingefangen, den bis dato lediglich Männer bestiegen hatten, denn ein Hersteller in St. Louis, Missouri, hat ein Fahrrad für Frauen auf den Markt gebracht. Es handelt sich hierbei um ein Sicherheitsrad, dessen Verbindungsstange zwischen den Rädern niedriger ist als gewöhnlich. Das Gefährt wird durch Pedale angetrieben, die sich am Hinterrad befinden, welches wiederum direkt hinter dem Vorderrad angebracht ist, genau wie beim gängigen Männerfahrrad. Der Hersteller sagt, er habe die Eingebung für diese Erfindung gehabt, weil es in seinen Augen keinen Sinn

> habe, dass Frauen Dreiräder führen, von denen das leichteste knapp 30 Kilo wiege, wenn sie eines fahren können, das nur 15 Kilo wiege und mit dem sie bei geringerem Kraftaufwand sehr viel schneller seien.

Aberdeen Press and Journal, 14. April 1888

Natürlich war die Angst, Radfahren könnte zu Promiskuität führen, nicht ganz unbegründet, denn es bescherte Männern wie Frauen ja tatsächlich eine viel größere Freiheit, sich davonzumachen, sich heimlich zu treffen und sich gegenseitig die Briefmarkensammlung zu zeigen, aber da kann ich nur sagen: Hurra!

Der Erste Weltkrieg war es dann, der eine tiefgreifende Veränderung in der Haltung zur Gleichstellung von Frauen erzwang (sexuell und auch sonst), aber die Radlerinnen hatten dieser Entwicklung in den vorangegangenen Jahren den Weg geebnet. Sie riskierten dafür Hohn und sogar Gewalt, aber das war es eindeutig wert. Wie die britische Schriftstellerin Louise Jeye (1895) schrieb:

> Es ist der Beginn eines neuen Zeitalters, des Zeitalters der Emanzipation, und es wird eingeläutet durch das Fahrrad. Mit der Freiheit, in dieses herrliche Land hinauszufahren und dort zu verweilen, ganz ohne Aufsicht […], kann das junge Mädchen heute ihre wahre Unabhängigkeit spüren, und während sie eine stärkere körperliche Verfassung entwickelt, entwickelt sie auch einen stärkeren Verstand.

Boy's Toys

Eine Geschichte der Sexpuppe

Wir Menschen sind schon verdammt clevere Geschöpfe, oder? Ich tippe dieses Kapitel in einen Laptop, der gleichzeitig einen Podcast streamt, mein Smartphone ist in Reichweite, und ich kann davon ausgehen, dass der Kaffee, den ich schlürfe, gänzlich frei von Cholera ist. Hätte ich das hier vor ein paar Hundert Jahren geschrieben, sähe die Szene völlig anders aus. Nicht nur wären da kein Computer, kein Kaffee und kein Smartphone, ich hätte wahrscheinlich auch Cholera, und wie zur Hölle käme ich überhaupt dazu, mir mit meinem Damenhirn Gedanken zu machen? Wir haben uns wahnsinnig weiterentwickelt, und im Zentrum dieser Weiterentwicklung stand immer die Technologie.

Es sind nicht nur die kreativen Ideen, die technischer Fortschritt hervorbringt, vor allem bietet er neue Möglichkeiten, grundlegende menschliche Bedürfnisse zu erfüllen. Nehmen wir zum Beispiel Sexroboter. Wir sind technisch endlich in der Lage, Sexroboter zu bauen. Sie besitzen zwar noch keine Künstliche Intelligenz, sehr wohl aber künstliche Titten und künstliche Vulven. Außerdem schallen die persönlichen Lieblingsplaylists bei Spotify aus ihren Körperöffnungen, während man es ihnen besorgt. Leider sind sie nicht billig. Ein durchschnittliches Modell kostet um die 15 000 Euro, und das schließt noch nicht die Kosten für all die Batterien und Feuchttücher ein, die man verbrauchen wird.

Die Aussicht auf Sexroboter hat natürlich hier und da für Ärger gesorgt. In einem Artikel von 2018 im *British Medical Journal of Sexual and Reproductive Health* wird ein recht düsteres Bild gezeichnet:

> Kritische Stimmen weisen die Hypothese zurück, sie würden Sexualverbrechen verhindern, und äußern vielmehr die Sorge, wie viel Schaden eine weitere Förderung der verbreiteten Vorstellung anrichten könnte, Frauen seien ebenfalls reine Sexobjekte, die immer zur Verfügung stehen sollten (»frauenfeindliche Objektifizierung«), und dass sich die bereits existierende körperliche und sexuelle Gewalt gegen Frauen und Kinder noch verstärken könnte.[1]

Im Frühjahr 2018 protestierten in Amsterdam zweihundert Sexarbeiter*innen gegen die Eröffnung weiterer Sexpuppenbordelle, nachvollziehbar angepisst von der Bedrohung, die ein solcher Selbstbedienungsladen für ihre Lebensgrundlage darstellte. In Paris demonstrierten feministische Gruppierungen gegen Sexroboter-Bordelle und setzten die Stadt mit der Begründung unter Druck, sie würde mit der Erlaubnis, Sexpuppen zu mieten, die Objektifizierung und Degradierung von Frauen fördern. Zugegeben, der Gebrauch von Sexrobotern führt in der Tat zu komplexen moralischen Fragen, die sind allerdings nicht neu.

Die Sexpuppe ist kein neues Phänomen. Genauso wenig ist es die Angst, »echte« Frauen könnten durch sie ersetzt werden, oder die Sorge, dass da etwas zutiefst Perverses und Frauenfeindliches im Busch ist. Und natürlich sind auch Dildos uralt. Bei einer Ausgrabung 2009 fanden Wissenschaftler*innen in Frankreich ein 36 000 Jahre altes Bisonhorn in Penisform, den »Phallus von Abri Blanchard«.[2] Und 2015 fanden Archäolog*innen einen 28 000 Jahre alten Steinphallus in Deutschland.[3] Sie sträuben sich, diese Objekte

Bild aus dem frühen 20. Jahrhundert: Ein Mann kopuliert mit der Nachbildung einer Frau und Penismodellen, die an einem Brett angebracht sind.

Sextoys zu nennen, denn, wer weiß, es könnte sich dabei ja auch um steinzeitliche Türklopfer handeln. Aber ignorieren lässt sich die Möglichkeit nicht.

Agalmatophilie ist die sexuelle Präferenz von Statuen oder verschiedener Arten von Puppen, Beispiele hierfür finden sich überall in der antiken Literatur. Schon in den frühesten Berichten über Agalmatophilie stecken die Ängste vor Objektifizierung und Frauenhass, die auch die heutige Diskussion begleiten. Der römische Dichter Ovid (43 v. Chr. bis 17 n. Chr.) erzählt zum Beispiel die Geschichte des Bildhauers Pygmalion, der »in Frauen Dirnen sieht und schwört, niemals zu heiraten«. Stattdessen steckt er all seine Energie in das Erschaffen einer perfekten Frau aus Elfenbein, in die er sich dann unsterblich verliebt.

> Sein Herz begehrte den Körper, den er geschaffen hatte.
> Mit vielen Berührungen versucht er zu ergründen – ist er Fleisch
> Oder Elfenbein? Kein Elfenbein mehr, da ist er sicher!
> Er schenkt Küsse und meint, sie würden erwidert;
> Er spricht mit ihm, streichelt ihn, spürt
> Das feste neue Fleisch unter seinen Fingern nachgeben [...][4]

Pygmalion nimmt seine Lady mit ins Bett, kauft ihr Geschenke, schmückt sie mit kostbaren Juwelen und fleht die Götter an, sie mögen sie lebendig machen. Am Ende hat Aphrodite Mitleid mit ihm und erfüllt ihm seinen Wunsch.

Die Aphrodite von Knidos wurde im 4. vorchristlichen Jahrhundert vom attischen Bildhauer Praxiteles geschaffen. Es heißt, sie sei der Hetäre Phryne nachempfunden, und sie ist eine der frühesten Darstellungen des nackten weiblichen Körpers in der griechischen Geschichte. Wie heute die Sexroboter, stellte die Statue die perfekte Frau dar. Plinius der Ältere schrieb: »Eine bestimmte Person, so sagt

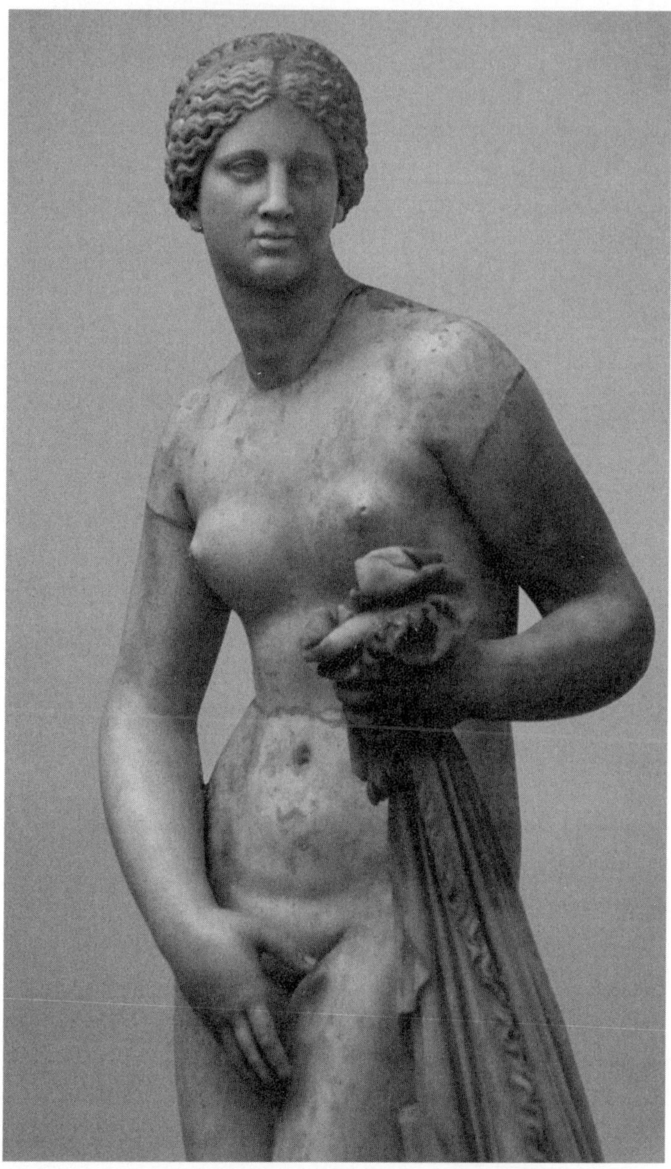

Die Aphrodite von Knidos. Römische Kopie nach dem griechischen Original aus der Mitte des 4. vorchristlichen Jahrhunderts.

man, verliebte sich in diese Statue, versteckte sich nachts im Tempel und befriedigte dann seine Lust, Spuren davon sind sichtbar in einem Fleck, der auf dem Marmor zurückblieb.«[5]

Die Geschichte von Pygmalion und dessen Versuch, die perfekte Frau zu erschaffen, inspirierte zahllose Filme: *My Fair Lady, Pretty Woman, The Stepford Wives (Die Frauen von Stepford), Mannequin, Weird Science (L.I.S.A. – Der helle Wahnsinn), Miss Congeniality (Miss Undercover)* etc. Aber eine der wichtigsten Pygmalion-Geschichten ist E. T. A. Hoffmanns *Der Sandmann* (1816), in der sich der Protagonist Nathanael in Olimpia verliebt, einen puppenähnlichen Automaten. Nicht nur steckt in dieser Erzählung eine der ersten Beschreibungen einer humanoiden Maschine (Roboter), sie erregte auch die Aufmerksamkeit mehrerer Psychiater, allen voran Sigmund Freud, der sich an den Versuch machte zu verstehen, warum Puppen so verdammt gruselig sind. Freud benutzte nicht den Begriff »gruselig«, er sagte, die Puppen seien »unheimlich«, und schrieb, »das Unheimliche sei jene Art des Schreckhaften, welche auf das Altbekannte, Längstvertraute zurückgeht«.[6]

Alles, was ein Gefühl von Unwohlsein oder Angst verursache, weil es etwas verzerrt, was einmal tröstlich oder alltäglich war, sei unheimlich: Monster-Mütter, Horror-Clowns, Kinder im Maisfeld und so weiter.

Vielleicht ist es dieses Gefühl von Unheimlichkeit, das Widerstand gegen Sexroboter auslöst. Der extrem übertriebene Frauenkörper, mit den Augen aus Glas und dem ewig geöffneten Mund, gefangen irgendwo zwischen lebendig und unlebendig, programmiert darauf, sich den sexuellen Launen des Meisters mit der Fernbedienung zu fügen, ist ein unbehagliches, ja ein unheimliches Bild. Aber die Dinge waren schon »unheimlich«, lange bevor sich jemand überlegt hat, einen USB-Anschluss in einem Gumminippel zu verstecken.

Der englische Sexualwissenschaftler Havelock Ellis (1859–1939) bezieht sich im vierten Band seiner *Studies in the Psychology of Sex* von 1905 ebenfalls auf Pygmalionismus:

> Pygmalionismus, oder das Verliebtsein in Statuen, ist eine seltene Form von Erotomanie, die auf dem visuellen Sinn beruht und eng verbunden ist mit der Verlockung durch Schönheit. (Ich benutze hier »Pygmalionismus« als allgemeinen Begriff für das sexuelle Verlangen nach Statuen; er wird manchmal auf Fälle begrenzt, in denen ein Mann von einer Prostituierten verlangt, sie solle die Rolle einer Statue einnehmen, die nach und nach lebendig wird, weil er allein bei diesem Spiel sexuelle Befriedigung findet.)[7]

Iwan Bloch (1872–1922), Pionier in Psychiatrie und Sexualforschung, untersuchte in seiner Arbeit *Das Sexualleben unserer Zeit in seinen Beziehungen zur modernen Kultur* von 1907 ebenfalls flüchtig die sexuelle Anziehung durch Puppen. Er schrieb, die Pygmalion-Fantasie, oder »Venus statuaria«, stehe in enger Verbindung mit Nekrophilie-Fantasien, und beschrieb, wie die »Pygmalionisten« in die Bordelle strömten, um dort vor jungen Frauen zu masturbieren, die als Statuen posierten, oder sogar gleich vor richtigen Statuen.[8] Tatsächlich beschrieb auch Louis Fiaux in seinem Enthüllungsbericht über Pariser Bordelle, *Les Maisons de Tolérance* (1892), wie ältere Männer jede Woche »zur Anbetung« ins Bordell gingen, »um für 100 Francs in Pygmalion-Kostümen vor Statuen griechischer Göttinnen zu masturbieren«.[9]

Genau wie von Gentlemen, die nach ein bisschen marmorner Abwechslung suchten, berichtete Bloch auch von »Unzuchtspuppen« aus Gummi und Plastik, die in verschiedenen Katalogen als »Pariser Gummi-Artikel« angeboten wurden. Obwohl keine von ihnen überlebt zu haben scheint, beschreibt sie Bloch als vollständig und mit extrem lebensecht wirkenden Genitalien: »Sogar das Sekret aus den Bartholinischen Drüsen wird durch einen mit Öl gefüllten pneumatischen Schlauch nachgeahmt.«[10] Um zu zeigen, wie weit verbreitet diese spezielle Vorliebe um die Jahrhundertwende war, verweist Bloch auf zwei erotische Romane: *La Femme Endormie* (1899) von Madame B und *Les Détraquées de Paris* (1904) von René Schwaeblé.[11] Beide Texte fetischisieren die passive Flexibilität einer Puppe im Vergleich zur Komplexität einer menschlichen Frau und stützen Blochs Nekrophilie-These.

Paul Molaus in *La Femme Endormie* ist ein Mann mittleren Alters, der der Liebe abgeschworen hat und dennoch Sex mit Frauen haben will. Paul überlegt, eine Puppe würde »immer gefügig und still sein, wie unzüchtig der Akt seiner Wahl auch sein möge«.[12] Die Story hat einen sehr cleveren Twist, denn auch als Paul seine Puppe (namens Mea) endlich bekommt, kann er seine Eifersucht und Wut angesichts der Tatsache, dass deren männlicher Erschaffer vor ihm da war, nicht kontrollieren. Paul fühlt sich von seinem eigenen Verlangen nach der Puppe erniedrigt und beschimpft sie wütend, nachdem er gekommen ist.

> »Schlampe«, schrie er, »du wolltest nicht, dass ich dich anschaue, deine Körperhaltung studiere, mich an deinen vielen Posen ergötze, mich an deiner Fotze weide, an deinem Arschloch, deinen Titten, deinen Waden; du wolltest nicht, dass ich dir meinen Schwanz zwischen deine Lippen stopfe, zwischen deine Brüste; du wolltest nicht, dass ich mich auf den Kurven deiner Pobacken ausstrecke oder meinen Kopf dorthin lege. Dreckige Hure, du hast dich wie eine Nutte aufgeführt, deinen Körper benutzt und mich dazu gebracht, dich geradewegs aufzuspießen, damit du mich schneller loswirst. Hier, du Flittchen, komm her. Ich versohle dir den Hintern, um dich für mein dummes Verhalten zu bestrafen.«[13]

Die Moral der Geschichte scheint zu sein, dass Pauls Misogynie nicht die Folge schlechter Behandlung durch echte Frauen ist, sondern das Ergebnis seiner eigenen Gefühle von Unzulänglichkeit.

René Schwaeblés Kurzgeschichte »Homunculus« in *Les Détraquées de Paris* ist weniger komplex, erotisiert aber ebenso die Leblosigkeit von Puppen. Es ist die Geschichte von Doktor P., der künstliche Frauen baut für »all diejenigen, die keine Frauen mögen«. Der gute Doktor erklärt: »Mit meinen Puppen gibt es keine Erpressungen oder Eifersucht, keinen Streit und keine Krankheit […] Sie sind immer bereit, immer gefügig, keine Erpressung, keine Eifersuchtsszenen, keine Streitereien, keine Beschwerden! Sie sind immer bereit, immer fügsam!«[14]

Obwohl Sexpuppen eine lange Geschichte haben, gibt es kaum irgendwelche wissenschaftlichen Studien über sie und ihre Besitzer*innen. Eine schnelle Suche in den führenden Datenbanken wissenschaftlicher Literatur mit den Schlagwörtern »sex/love doll« führt zu genau einem Aufsatz, und der beschäftigt sich damit, wie spärlich die wissenschaftliche Forschung zum Thema Sexpuppen ist.[15] Sexroboter bekommen ein klein wenig mehr Aufmerksamkeit, aber insgesamt ist es doch ein recht schlecht erforschter Bereich.[16] Die meisten Untersuchungen zu Sexpuppen und Sexrobotern stammen aus den Geisteswissenschaften und beschäftigen sich mit moralischen, rechtlichen und sozialen Fragen.[17] Es existieren so gut wie keine Daten aus der Grundlagenforschung, die helfen könnten, den Gebrauch von Sexpuppen zu verstehen.

Frühe Sexualforscher waren fest davon überzeugt, dass Sex mit Puppen eine Art der Nekrophilie darstellt, doch die begrenzten Informationen, die uns zur Verfügung stehen, lassen etwas anderes vermuten. Für ihre (noch) unveröffentlichte Masterarbeit interviewte Sarah Valverde einundsechzig Sexpuppenbesitzer, die sie zuvor über Online-Foren angefragt hatte.[18] Die Untersuchung deckte auf, dass die Mehrheit der Puppenbesitzer weiße, gebildete Männer mittleren Alters waren, die nicht unter Sexualstörungen beim Verkehr mit menschlichen Partner*innen litten. »Die Mehrheit der Puppenbesitzer gibt ein überdurchschnittliches bis hervorragendes Befriedigungsniveau an, was den Sex mit ihren Sexpuppen betrifft. Das deutet darauf hin, dass der Gebrauch von Sexpuppen ein angenehmes Erlebnis darstellt.«[19] Natürlich ist mehr Forschung nötig, aber es sieht so aus, als wäre der Gebrauch von Sexpuppen keine abnorme sexuelle Neigung, so wie es Nekrophilie ist, sondern hier könnte es einfach nur um ein bisschen Spaß gehen.* Apropos Nekrophilie: Es gibt ein paar beunruhigende Beispiele für Fälle, in denen Menschen echte Frauen nach deren Tod zu Puppen gemacht haben, was wirklich mal so richtig unheimlich ist.

Martin van Butchell (1735–1814) war ein englischer Zahnarzt, der fand, der beste Weg, den Tod seiner Frau im Jahr 1775 zu betrauern, sei der, diese einzubalsamieren und daraus eine Pay-per-View-Nummer zu machen. Dr. William Hunter und Dr. William Cruikshank injizierten ihr verschiedene Konservierungs- und Färbemittel, um ihren Wangen Frische zu verleihen. Ihre Augen wurden durch gläserne ersetzt, und man zog ihr ein sehr teures Kleid an. Dann wurde die arme Frau im Schaufenster von Butchells Zahnarztpraxis aufgebockt, wo das bezahlende Publikum sie begaffen konnte, so lange, bis Butchells zweite Ehefrau Einwände erhob.[20]

Eine der berühmtesten Kurtisanen des 19. Jahrhunderts war La

* Das Handbuch *Diagnostic and Statistical Manual of Mental Disorders V* schreibt fest, bei einer Paraphilie müsse die betroffene Person »persönliches Unbehagen ihrer Neigung gegenüber empfinden, nicht nur das Unbehagen, das die Ablehnung durch die Gesellschaft hervorruft, oder ein sexuelles Verlangen oder Verhalten zeigen, dass das psychologische Unbehagen, Verletzungen oder Tod einer anderen Person beinhaltet, oder das Verlangen nach einem sexuellen Verhalten, das unwillige Personen oder solche, die keine rechtskräftige Einwilligung geben können, beinhaltet«. *Diagnostic and Statistical Manual of Mental Disorders*, 5. Auflage (Washington: American Psychiatric Association, 2013).

Païva (1819–1884). Auf dem Höhepunkt ihrer Macht hatte sie Einfluss auf einige der wichtigsten Männer Europas. Ihr letzter und reichster Ehemann, Graf Henckel von Donnersmarck, war so verzweifelt über La Païvas Tod, dass er ihren Körper einbalsamieren ließ und ihn auf seinem Dachboden lagerte, sehr zur Überraschung seiner zweiten Frau, die keine Ahnung von dem kleinen Andenken hatte, das ihr Mann da oben bunkerte.[21] Das alles lässt Sex mit einer Gummipuppe doch eher harmlos aussehen.

Ungefähr zur Zeit von Freuds Essay über unheimliche Puppen, setzte der österreichische Künstler Oskar Kokoschka (1886–1980) die Theorie in Praxis um. Als Alma Mahler ihre Beziehung zu Kokoschka beendete, da tat dieser, was jeder stabile, ausgeglichene Erwachsene tun würde, und engagierte die Puppenmacherin Hermine Moos, um ihm eine lebensgroße Nachbildung seiner Ex-Liebhaberin zu bauen. Kokoschka gab Moos genaue Anweisungen:

> Liebes Fräulein Moos,
> ich sandte Ihnen gestern durch meinen Freund Dr. Pagel eine lebensgroße Darstellung meiner Geliebten, welche ich Sie bitte, recht getreu nachzuahmen und mit dem Aufgebot Ihrer ganzen Geduld und Sensualität in Realität umzuschaffen. Geben Sie recht acht auf die Dimensionen des Kopfes zu denen des Halses, des Brustkorbs, des Rumpfes und der Gliedmaßen. Und nehmen Sie sich die Kontur des Körpers recht zu Herzen. Z. B. die Linie des Halses zu dem Rücken, die Kurve des Bauches […] Bitte machen Sie dem Tastgefühl möglich, sich an den Stellen zu erfreuen, wo die Fett- und Muskelschichten plötzlich einer sehnigen Hautdecke weichen […] Als erste Lage nehmen Sie bitte das fein gekräuselte Rosshaar, Sie müssen dazu ein altes Sofa […] kaufen, das Rosshaar desinfizieren lassen. Darüber dann Säckchen mit Daunen gestopft, am Gesäß und der Brust Watte […] Es handelt sich mit um ein Erlebnis, das ich umarmen muss![22]

Oskar Kokoschkas Alma-Puppe, 1919.

Leider erfüllte sich Kokoschkas Pygmalion-Traum am Ende nicht, denn die fertige Puppe erinnerte mehr an den Grüffelo als an Alma Mahler. Moos wich vom Plan ab und bedeckte den Körper der Puppe mit Fell und Federn. Bestürzt machte Kokoschka ein paar Fotos, verewigte die Puppe in einem Bild und enthauptete sie dann in seinem Garten.

Ein Ammenmärchen, von dem ihr vielleicht gehört habt, ist das sogenannte Borghild-Projekt. Die Nazis sollen demnach Sexpuppen hergestellt haben, um der Syphilis Einhalt zu gebieten, die ihre Truppen dezimierte. So amüsant diese Geschichte auch sein mag, es gibt nur sehr wenige Hinweise, die diese These stützen könnten.

Tatsächlich besteht der einzige Beweis im enthusiastischen Bericht eines Journalisten, der sich Norbert Lenz nennt.[23] Leider kann keine seiner Behauptungen bestätigt werden, und niemand hat noch einmal von Norbert gehört, seit er ihn veröffentlicht hat. Die Nazi-Sexpuppe ist eine historische Ente. Aber die Deutschen schenkten uns ein anderes unsterbliches supersexualisiertes Püppchen: Barbie.

Ich weiß, Barbie ist keine richtige Sexpuppe. Aber ihre riesigen Brüste, ihr Knutschmund, die winzige Taille und die gebogenen Füße, allzeit bereit für ein Paar Stilettos, machen sie doch wenigstens zu einer sexuellen Puppe. Darüber hinaus basiert Barbie auf einer deutschen Cartoonfigur namens Lilli, die in den 1950er-Jahren von Reinhard Beuthien für die *BILD* kreiert wurde. Wenn man dazu neigt, sich die Dinge schönzureden, könnte man Lilli als Partylöwin bezeichnen, aber es ist eigentlich ziemlich offensichtlich, dass sie eine Edelprostituierte ist. Lilli ist abenteuerlustig und wild entschlossen, ihren nicht unbeträchtlichen Charme spielen zu lassen, um reiche Männer um einen Teil ihres Vermögens zu erleichtern. Lilli wurde so berühmt, dass man sie in einer neckischen Spielzeugpuppe verewigte. Barbie-Expertin Robin Gerber schrieb: »Männer bekamen Lilli-Puppen als Gag bei Junggesellenabschieden geschenkt, setzten sie auf ihr Armaturenbrett und hängten sie an ihren Rückspiegel, oder sie schenkten sie ihren Freundinnen als zweideutiges Andenken.«[24]

Obwohl die Zielgruppe zunächst Erwachsene waren, war Lilli auch bei Kindern sehr beliebt. Als Ruth Handler, eine Mitgründerin der Spielwarenfirma Mattel, 1956 in der Schweiz Urlaub machte, verliebte sich ihre fünfzehnjährige Tochter in die Lilli-Puppen und kaufte drei Stück. Drei Jahre später führte Handler »Barbie« auf der American International Toy Fair vor, einer Spielwarenmesse in New York. Seit diesem Debüt hatte Barbie mehr als hundertfünfzig Berufe, aber leider ist sie nie zu ihren Wurzeln zurückgekehrt und daher gibt es bisher noch keine »Sexarbeiterin-Barbie« zu kaufen.

Laut Anthony Ferguson gibt es derzeit drei Arten von Sexpuppen: aus Vinyl, Latex und Silikon.[25] Die ganz normale aufblasbare Vinylpuppe, beliebt bei Junggesellenabschieden überall auf der Welt, wurde in den 1960er Jahren erstmals massenproduziert und in amerikanischen Pornomagazinen beworben.[26] Bis 1987 war es illegal, anstößige Produkte nach Großbritannien einzuführen. Als Conegate Ltd 1984 versuchte, aufblasbare Puppen aus Deutschland zu importieren, war das der Beginn eines langwierigen Rechtsstreits, der am Ende sogar vor dem Europäischen Gerichtshof landete. Schlussendlich wurden die Römischen Verträge hervorgeholt, und die britischen Gerichte mussten einlenken und die Sexpuppe reinlassen.

Latexpuppen sind teurer als die aus aufblasbarem Vinyl, wenn auch nicht so leicht zu transportieren. Sie sind naturalistischer, haben Glasaugen, Perücken und ausgeformte Gesichter, Genitalien und Gliedmaßen. Solche Puppen kosten gerne ein paar Hundert Euro.

Die Spitzenklasse-Sexpuppe ist aus Silikon und rangiert irgendwo zwischen 2000 und 25 000 Euro, je nachdem, für welche Ausstattung man sich entscheidet. Sie haben bewegliche Gelenke, sehr detaillierte Gesichter, Brüste, Intimbehaarung und so weiter und außerdem abnehmbare Genitalien, was die Reinigung erleichtert. Viele von ihnen tragen im Innern ein Metallgerüst, damit sie so viel wiegen wie eine »echte Frau«.

Sexroboter mit Silikonhülle werden zurzeit von verschiedenen Firmen in den USA und Japan hergestellt, darunter Realbotix in Kalifornien, die mit Harmony 3.0 im Rennen ganz weit vorne liegen. Harmony steckt noch in der Entwicklung, aber zur Zeit der Entstehung dieses Buchs kann sie sprechen, sich bewegen und ein paar einfache Fragen beantworten. Sie kann noch nicht auf Berührungen reagieren, aber das ist das Langzeitziel von Harmony-Erfinder und Realbotix-Gründer Matt McMullen – das und eine sich selbst befeuchtende Vagina.[27]

Sexroboter wie Harmony haben die Fantasie der Menschen natürlich beflügelt und eine Unzahl an Diskussionen rund um Ethik,

Einfache aufblasbare Vinyl-Sexpuppe, beliebt bei Junggesellenabschieden.

Praktikabilität und Durchführbarkeit zum Thema Sex mit Robotern losgetreten. Aber all diese Diskussionen sind nicht neu. Menschen haben seit geraumer Zeit Sex mit Maschinen – mit dem einzigen Unterschied, dass Vibratoren nicht fragen, wie dein Tag war, und keinen eigenen Kleiderschrank brauchen. Sexroboter werden echte Menschen nicht ersetzen. Sie sind etwas Neues und ganz ohne Zweifel ein interessantes Experiment, aber Sexspielzeug ist so alt wie die Menschheit selbst und hat dennoch bisher menschliche Berührungen, Beziehungen und Intimität nicht verdrängt. Spielzeuge machen Spaß, ersetzen aber nicht die Originale – keine menschliche Frau musste zum Beispiel je während eines Blowjobs buffern.

SEX UND HYGIENE

Luft anhalten!

Sex und Gerüche im Mittelalter

Auch wenn Sehen unser Hauptsinn ist, geht es um Sex, dreht sich alles ums Riechen. Okay, das Aussehen ist wichtig, wenn wir jemanden für uns gewinnen wollen, aber selbst die Attraktivsten unter uns verlieren an Zustimmung, wenn sie nach altem Schweiß stinken, schlechten Atem oder Käsefüße haben. Wenn wir uns von der äußeren Erscheinung einer Person nicht angezogen fühlen, müssen wir nicht würgen wie beim sauren Geruch ungewaschener Genitalien. Wenn man aber gut riecht, erhöht das die Chancen, flachgelegt zu werden, ganz beträchtlich. Unser Geruchssinn lenkt unser Verhalten auf wirklich grundlegende Art und Weise. Wissenschaftler*innen haben das »behaviorale Immunsystem« der Menschen ausfindig gemacht, das bedeutet, es ist in unserer Hardware hinterlegt, dass wir alles, was Ekel in uns auslöst, erkennen und entschieden ablehnen. Schlechte Gerüche rufen eine Vermeidungsreaktion hervor, die als Abwehrmechanismus funktioniert und uns vor Gesundheitsrisiken schützen soll.[1] Das klingt erst einmal einleuchtend, aber das behaviorale oder Verhaltensimmunsystem ist unfassbar mächtig und kann andere Instinkte wie sexuelle Anziehung oder Hunger ganz einfach außer Kraft setzen. Untersuchungen, deren Ergebnisse 2017 in der *Neuroscience & Biobehavioral Reviews* veröffentlicht wurden, zeigen, dass körperliche Abneigung, allgemein hervorgerufen durch Geruch und Geschmack, und moralische Abneigung in unseren Gehirnen untrennbar miteinander verbunden sind. Das heißt, wenn eine Person schlecht riecht, dann sind wir auf gewisse Weise auch moralisch von ihr abgestoßen.[2] Diese Reaktion ist so stark, dass Wissenschaftler*innen sogar die Wahl Donald Trumps 2016 auf unsere *body odour disgust sensitivity* (BODS; »Körpergeruch-Ekel-Sensibilität«) zurückführen. Es klingt unglaublich, aber ein Paper, erschienen 2018 in *Royal Society Open Science*, legt nahe, dass Politiker*innen des rechten Flügels (in diesem Fall Donald Trump) dazu neigen, das Meiden ethnischer und sexueller Minderheiten zu befördern, indem sie diese primitive Ekelreaktion des Publikums ansprechen. Dieselbe primitive Reaktion wie auf faulige Gerüche wird durch rassistische Hasstiraden hervorgerufen, in denen verschiedene soziale Gruppen als Bedrohung des allgemeinen Wohlergehens dargestellt werden.

> Vorurteile können als soziales Diskriminierungsverhalten betrachtet werden, das zum Teil durch die Tatsache hervorgerufen wird, dass Krankheitserreger eine unsichtbare Gefahr darstellen und Individuen mit starkem Ekelempfinden möglicherweise eher dazu neigen, fremde Menschen zu meiden und eine Politik zu unterstützen, die zu geringerem Kontakt mit diesen Menschen führt, die als potenzielle Gefahr für die Verbreitung unbekannter Krankheitserreger und andersartiger Hygiene- oder Essgewohnheiten wahrgenommen werden.[3]

Wenn wir auf Tuchfühlung mit jemandem gehen, setzen wir ganz unbewusst unseren Geruchssinn ein, um die gesundheitliche Verfassung unseres Gegenübers einschätzen zu können. Michael N. Pham stellte 2013 die Theorie auf, Menschen würden einander oral befriedigen, um ihr Paarungsprivileg zu sichern und mögliche Untreue aufzudecken. Er sagte, wenn ein Mann es einer Frau mit dem Mund mache, dann nutze er seinen Geschmacks- und Geruchssinn, um Fremdsperma aufzuspüren.[4] Lecker.

Im Jahr 1989 formulierte David Strachan das, was daraufhin als »Hygiene-Hypothese« bekannt wurde.[5] Er behauptete, wir hätten in dem Versuch, alles plattzumachen, was Ekel in uns hervorruft, Ungeziefer abgetötet, das wir eigentlich bräuchten, um unsere Immunabwehr aufzubauen, und hätten auf diesem Weg unser Immunsystem kollektiv geschwächt. Strachans Arbeit legte nahe, dass wir ein bisschen Dreck brauchen, um wirklich gut zu funktionieren. Oder, wie es eine sehr kluge Frau einst ausgedrückt hat: *If you ain't dirty, you ain't here to party.* Die Hygiene-Hypothese wurde in den letzten Jahren angefochten, aber eine Sache stimmt: Entgegen Christina Aguileras Beteuerungen waren wir nie weniger dreckig und gleichzeitig stärker beschäftigt mit Sauberkeit, Hygiene und Bakterien, als wir es heute sind.*

Von Waschgels fürs Gesicht bis hin zu Seifen eigens für die »speziellen Orte«, fast jedes unserer Körperteile hat mittlerweile sein ganz eigenes Spezialreinigungsprodukt. Unser Zuhause ist gewienert, unsere Klamotten sind gewaschen, unsere Straßen sind gefegt, unsere Luft ist gereinigt, unsere Gerüche sind neutralisiert, und unsere Lebensmittel werden anhand von von der Regierung vorgegebenen Richtlinien hergestellt. Eine britische Studie, die 2014 von Forscher*innen der Universitäten von Manchester, Edinburgh,

* Es sollte an dieser Stelle darauf hingewiesen werden, dass Zugang zu sauberem Trinkwasser, Abwassersysteme und billige Reinigungsprodukte ein Privileg darstellen, zu denen Menschen in städtischen Slums überall auf der Welt keinen Zugang haben. Die unzureichende sanitäre Versorgung in Entwicklungsländern ist nach wie vor eine Hauptursache für Durchfallerkrankungen und hohe Sterblichkeit unter Kindern, besonders in den Slums der Großstädte. Alison M. Buttenheim: »The sanitation environment in urban slums: implications for child health«, *Population and Environment*, 30.1–2 (2008), S. 26–47. <https://link.springer.com/article/10.1007%2Fs11111-008-0074-9>.

Lancaster und Southampton durchgeführt wurde, ergab, dass drei Viertel der Befragten mindestens einmal am Tag duschten oder badeten.[6] Selbst wenn du das hier in den Klamotten liest, die du schon gestern und vorgestern anhattest, mit Cornflakes in den Haaren und Tomatensoße auf den Titten, sei versichert: Als Gesellschaft waren wir nie zuvor derart sauber.

Und deshalb wäre das Erste, was ihr wahrnehmen würdet, wenn ich euch jetzt ins mittelalterliche Europa zurückbeamen könnte, der Gestank. Das Mittelalter steht in dem Ruf, dreckig gewesen zu sein, und das kommt nicht von ungefähr. So gut wie jede europäische Stadt des 14. Jahrhunderts glich einem olfaktorischen Hindernisparcours, hervorgerufen durch Abwasser, Schlamm, tierische Abfälle, abgestandenes Wasser, verrottendes Essen, Unrat, ungewaschene Körper und sich ansammelnden Müll. König Edward III. schrieb 1332 einen Brief an den Bürgermeister von York, in dem er verlangte, dass die Stadt ordentlich gereinigt würde, bevor er mit seinem Parlament dort zusammenträfe.

> Der König hasst den abscheulichen Gestank besagter Stadt, der dort stärker ist als in jeder anderen Stadt des Reiches und von Dung und Mist und anderem Unrat und Dreck herrührt, der die Straßen und Wege verstellt und verstopft, und in dem Wunsch, die Gesundheit der Einwohner und all jener, die zum gegenwärtigen Parlament kommen, zu schützen, ordnet er an, es mögen alle Straßen und Wege der Stadt von solchem Unrat gereinigt werden.[7]

Es ist wahr, dass die mittelalterliche Welt weit weniger hygienisch war als unsere heutige, aber man registrierte schlechte Gerüche durchaus. Die Menschen waren natürlich an einen gewissen Mief gewöhnt, der uns heute die Füllungen aus den Zähnen hauen würde, aber wirklichen Gestank fürchteten sie. Die Medizin des Mittelalters lehrte, dass Krankheiten über übelriechende Lüfte übertragen wurden, das »Miasma«. Die Miasma-Theoretiker lagen richtig mit der Annahme, die Quellen übler Gerüche seien eine Bedrohung für die Gesundheit, aber sie glaubten auch, dass süße Gerüche Krankheiten heilen oder fernhalten könnten. Die Menschen des Mittelalters mögen einen vergleichsweise penetranten Duft gehabt haben, aber sie hatten genauso Sorge, sie könnten ernsthaft stinken, wie wir das heute haben.*

In seinen im 14. Jahrhundert verfassten *Canterbury Tales* zeichnet Chaucer tiefgründige Porträts seiner Figuren, und Geruch ist dabei einer der Hauptindikatoren für die moralische Verfassung seiner Pilger*innen. Wie viele andere Autoren des Mittelalters stellt Chaucer eine direkte Verbindung zwischen äußerlicher und geistiger Hässlichkeit her, und schlechter Geruch kennzeichnet bei ihm einen Tunichtgut. Der Atem des skrupellosen Kirchenbüttels riecht nach Zwiebeln, Knoblauch und Porree. Chaucers Koch, ein fauler, korrupter Dieb, wird als *stynkyng swyn* beschrieben, als stinkendes Schwein mit widerlichem Atem und Eiterbeulen.[8] Absolon, der glücklose Geck und Vorläufer des metrosexuellen Mannes, ist stark parfümiert und zimperlich, wenn es ums Furzen geht, für frischen Atem kaut er Kardamom und Süßholz.[9] Absolon badet im mittelalterlichen Äquivalent zu AXE Alaska, denn gut zu riechen galt als Hinweis auf einen höheren gesellschaftlichen Status. In Thomas Malorys *Le Morte d'Arthur* wird der arme Sir Gareth barsch zurechtgewiesen, er solle der Lady Lynette nicht im Wind stehen, denn er rieche nach Küche und »derben Kleidern«.[10] Sich im Klaren darüber zu sein, dass man wie der Abtritt auf einem Fischerboot riecht, ist etwas ganz anderes, als etwas dagegen unternehmen zu können. Um baden zu können, braucht es mindestens einen Fluss, eher aber noch

---

* Das beste Buch zur Geschichte des Waschens ist von Katherine Ashenburg: *An Unsanitised History of Washing* (London: Profile, 2009).

Ein Fresko mit erotischer Szene von Memmo di Filippuccio, um 1300.

Räumlichkeiten und Mittel, die es einem erlauben, sich selbst und seine Kleidung regelmäßig zu waschen.

Die Römer*innen waren berühmt fürs Baden. Sie bauten überall im Reich aufwendige Badehäuser mitsamt der notwendigen Infrastruktur.

Das öffentliche Baden blieb auch nach dem Untergang des Römischen Reichs (um 476 n. Chr.) in ganz Europa beliebt. Doch bald schon ließ die christliche Kirche der gemeinschaftlichen Planscherei das Wasser ab. Weil die Kirche sexuelle Freiheiten stark beschnitt, veränderte sich auch die Einstellung zum gemeinsamen Baden ganz erheblich. Nicht nur war das öffentliche Baden mit Nacktsein verbunden, man glaubte außerdem, die Hitze würde lüsterne Gefühle entfachen. Theologen wie der heilige Hieronymus (um 347–420) hatten eine Anti-Sex-Agenda, daneben sah selbst der Papst aus wie ein Mitglied von Guns N' Roses. Hieronymus trat für die Jungfräulichkeit als höchste moralische Tugend ein und drängte (besonders) Frauen, sie sollten durch »freiwillige Nachlässigkeit« ihre »natürliche Schönheit entstellen«.[11]

Viele Mönche, Eremiten und Heilige sahen im Waschen ein Zeichen von Eitelkeit und sexueller Verdorbenheit. Dreck hingegen stand für Frömmigkeit und Demut. Frühe militante Christen betonten die Wichtigkeit spiritueller Sauberkeit gegenüber körperlicher Sauberkeit, sie betrachteten die beiden sogar als umgekehrt proportional – man konnte sozusagen bis zum Himmel stinken. Der heilige Godric (um 1065–1170) zum Beispiel lief von England nach Jerusalem, ohne auch nur einmal seine Kleider zu wechseln oder zu waschen. Benediktinermönche durften nur dreimal pro Jahr baden, an Weihnachten, an Ostern und an Pfingsten. Lanfrank, der Erzbischof von Canterbury (um 1005–1089), legte ganz genaue Regeln für badende Mönche fest. Sie mussten sich im Kloster versammeln, und ein älterer Mönch führte sie dann, einen nach dem anderen, zum Badehaus. »Ist er ausreichend gewaschen, so soll er nicht um des Vergnügens willen verweilen, sondern sich erheben, sich anziehen und zum Kloster zurückkehren.«[12] Nur weil ein Haufen heiliger Hardcore-Seifenverächter Wasser mied, hieß das natürlich noch lange nicht, dass jeder Bürger und jede Bürgerin im Mittelalter das genauso empfand. Aber wie auch immer der frühmittelalterliche Waschplan ausgesehen haben mag, mit dem 9. Jahrhundert lag die römische Badelandschaft in der gesamten christlichen Welt in Trümmern.

Während die Christenheit damit beschäftigt war, einen Gestank zu entwickeln, den man als Waffe hätte verwenden können, praktizierten jüdische, muslimische und buddhistische Menschen rege Baderituale, denn sie glaubten, dass nur ein reiner Körper auch ein heiliger Körper war. Arabische Ärzte waren im Mittelalter viel weiter fortgeschritten als ihre westlichen Kollegen und verstanden, wie wichtig Sauberkeit und Hygiene waren. Die mittelalterlichen Städte Mekka, Marrakesch, Kairo und Istanbul und deren Badehäuser wurden alle mit Wasser versorgt, das aus gut gepflegten Aquädukten stammte. Das *Kitab al-Tasrif* (um 1000) von Abulcasis ist eine medizinische Enzyklopädie, die ganze Kapitel allein den Themen Körperpflege und Reinlichkeit widmet. Sie enthalten Rezepte für Seifen, Deodorants, Gesichtscremes und Haarfärbemittel.[13] In der muslimischen Welt war es wichtig, gut zu riechen, und man wusste, wie Parfums, Duftöle und Räucherwerk hergestellt wurden. Die erste Parfümeurin, von der wir wissen, war eine Frau namens Tapputi, die im 2. Jahrhundert v. Chr. in Mesopotamien lebte. Eine Keilschrifttafel belegt, dass Tapputi Duftöle aus Blumen, Kalmus und aromatischen Gewürzen herstellte.[14]

Im gesamten mittelalterlichen Indien wurde das Baderitual als Teil bestimmter Zeremonien gepflegt, besonders in heiligen Flüssen, deren Wasser man heilende Kräfte zuschrieb.

Abkühlbereich eines türkischen Badehauses. Holzstich aus *Constantinople and the Scenery of the Seven Churches of Asia Minor* von Thomas Allom, 1838.

Buddhistische Waschrituale breiteten sich bald bis nach Tibet, Turkestan, China und Japan aus. Der alte chinesische Text *Liji (Buch der Riten),* der Konfuzius zugeschrieben wird, enthält detaillierte Badeanweisungen:

1. Ein Sohn, der bei seinen Eltern lebt, wasche seine Hände und seinen Mund beim ersten Hahnenschrei.
2. Eine Frau, die bei der Familie ihres Ehemannes lebt, tut dies ebenfalls.
3. Söhne und Schwiegertöchter warten ihren Eltern jeden Morgen mit Utensilien zum Händewaschen auf.
4. Alle Kinder waschen ihre Hände und Münder bei Sonnenaufgang.
5. Bedienstete des Haushalts tun dies ebenfalls.
6. Kinder bereiten ihren Eltern an jedem fünften Tag ein heißes Bad, eine Haarwäsche an jedem dritten Tag.
7. Kinder erhitzen Wasser, um die Gesichter oder Füße ihrer Eltern zu waschen, wenn diese schmutzig geworden sind.[15]

Es waren die Kreuzfahrer, die die Gepflogenheiten des Badens im mittelalterlichen Europa wiederbelebten. Im Vergleich zu ihrer »spirituellen Reinheit« stanken die Kreuzfahrer ziemlich. Der Verfasser der arabischen Übersetzung von *Tausendundeine Nacht* (wohl ab dem späten 8. Jahrhundert) war einer unter vielen, die sich entsetzt zeigten von der christlichen Körperhygiene: »Sie waschen sich nie, denn bei ihrer Geburt gießen ihnen hässliche Männer in schwarzen Gewändern Wasser über die Köpfe, und diese Waschung, die von merkwürdigen Gesten begleitet wird, befreit sie für den Rest ihres Lebens von der Pflicht, sich zu waschen.«[16] Glücklicherweise, so scheint es, färbten die muslimischen Waschgewohnheiten auf die marodierenden Kreuzfahrer ab, und als Badehäuser im Europa des Mittelalters ihr Revival erlebten, wurde daraus bald ein ernsthaftes Geschäft.

Utagawa Yoshitora, *Japanische Männer und Frauen waschen sich in einem traditionellen Badehaus,* 1860.

Doch das gesellige Gesäubere war nicht alles, was die Kreuzfahrer aus dem Heiligen Land mit nach Hause brachten, sie hatten auch die Kunst des Parfümierens gelernt. Die Menschen im mittelalterlichen Europa hatten wohlriechende Pflanzen zwar immer zu schätzen gewusst, doch Öle, Seifen, Duftwasser und exotische Duftstoffe wie Zibet oder Moschus als Basis für Parfums waren ihnen völlig neu. Im Mittelalter war die Basis für Parfums nicht Alkohol, so wie heute, sie wurden aus Ölen hergestellt, die mit Zutaten wie Veilchen, Rosen, Lavendel, Rosmarin, Ambra, Harz oder Kampfer versetzt wurden.[17] Besonders Rosenwasser war das Chanel N°5 des Mittelalters. In der muslimischen Welt betrachtete man es als heiligen Duft: Es gibt Stimmen, die behaupten, dass beim Bau von Moscheen Rosenwasser in den Mörtel gemischt wurde.[18] In Europa reichten wohlhabende Gastgeber*innen ihrem Besuch vor dem Essen eine Schale mit Rosenwasser zum Händewaschen. Und von Philipp dem Guten, Herzog von Burgund, wird berichtet, er habe eine Statue in Form eines Kindes besessen, das Rosenwasser pinkelte.[19]

Noch im 13. Jahrhundert gab es zweiunddreißig Badehäuser in Paris und achtzehn in London, aber auch die kleineren Städte besaßen welche. »Medizinische« Bäder, so meinte man, seien sehr gut für die Gesundheit. John Russells *Boke of Nurture* aus dem 15. Jahrhundert empfiehlt, das Badewasser mit »Blumen und grünen Kräutern«, mit Bierwürze, Kamille, Malve, Fenchel und natürlich Rosen zu versetzen, um alle möglichen Leiden zu heilen.[20] Wenn man genug Geld hatte, konnte man Bedienstete damit beauftragen, Wasser zu erhitzen und einen hölzernen Bottich für sich ganz allein zu füllen, die meisten Menschen jedoch nutzten die öffentlichen Bäder.

Die Geschichte zeigt, dass überall dort, wo es öffentliches Baden gab, der Sex nicht lange auf sich warten ließ. Das ist noch heute so, und obwohl es in fast jeder Stadt eine Late-Night-Sauna gibt, sollte man trotzdem kurz die Location googeln, bevor man sich mit Seife und Luffa-Handschuh auf den Weg macht. Wie eng Sex und Baden miteinander verbunden sind, davon zeugen unzählige Sprüche und Slangausdrücke für Sex und Sexarbeit, die aus dieser Ecke stammen: *Lather* von *to lather up*, »einschäumen«, war im 16. Jahrhundert Umgangssprache für »Ejakulation«. Das Wort *bagnio*, also »Bordell«, kommt vom lateinischen *balneum*, was »Bad« bedeutet. Umgekehrt war eine mittelalterliche Bezeichnung für Bordell das Wort *stew* (»schmoren«, »Eintopf«), was ebenfalls aus den Badehäusern stammt, wo man wortwörtlich im heißen Eintopf hockte oder durchgeschmort wurde. Sexarbeit und Saunen wurden stark miteinander assoziiert, und so wurde *stew* zum Synonym für beides.

Im 15. Jahrhundert erkannte die Stadt London den Bezirk Southwark offiziell als Rotlichtviertel an. Es war kein Zufall, dass sich gerade in dieser Gegend die meisten Badehäuser befanden. Die Betreiber eines Badehauses im Avignon desselben Jahrhunderts waren so besorgt, ihr Haus könnte für ein Bordell gehalten werden, dass sie es für nötig erachteten, bei der Eröffnung klarzustellen, dass es sich hier um ein »ehrliches« Etablissement handelte:

> Es soll einem jeden, gleich welchen Ranges, bewusst sein, dass Genin de Geline oder de Helme, auch bekannt als de la Cerveleria, hinter seinem Haus in Helme ein tadelloses und ehrbares Bad für tadellose und ehrbare Frauen eröffnet hat und dass diese sich sehr unterscheiden von denjenigen in den Männerbädern von de la Cerveleria.[21]

Hans Sebald Beham, Ausschnitt aus *Der Jungbrunnen*, Holzschnitt um 1536.

Die Sanitärversorgung war durchwachsen, und bis zu Beyoncés Superduft Heat war es auch noch ein paar Jahrhunderte hin, aber die Menschen im Mittelalter wussten ziemlich genau, was ein sexy Geruch war. Im *Il Decamerone* (um 1350) zum Beispiel gehören für Giovanni Boccaccio Sex und Geruch ganz eindeutig zusammen.

> Die Herrin verbot es allen anderen, Hand an Salabaetto zu legen, und wusch ihn selbst überall mit Seife aus Moschus und Nelken. Dann ließ sie sich von den Sklavinnen ebenfalls waschen und abtrocknen. Als dies getan war, brachten die Sklavinnen zwei feine und sehr weiße Laken, die so sehr nach Rosen dufteten, dass sie selbst wie Rosen schienen. Die Sklavinnen wickelten Salabaetto in das eine, die Herrin in das andere Laken und trugen sie dann beide auf ihren Schultern zum Bett […] Nun entnahmen sie einem Korb silberne Gefäße großer Schönheit, von denen einige mit Rosenwasser gefüllt waren, andere mit Orangenwasser, mit Jasminwasser und mit Zitronenwasser, womit die Sklavinnen sie nun benetzten.[22]

Der Ratgeber *Le Ménagier de Paris* von 1393 ist voll von hilfreichen Tipps für einen angenehmen Körpergeruch: Salbeiwasser wird da empfohlen, genauso wie »Kamille, Majoran oder Rosmarin mit Orangenschale gekocht«.[23] William Langhams *Garden of Health* (1597) rät dazu, Badewasser mit Rosmarin zu versetzen: »Füge reichlich Rosmarin hinzu und bade darin, denn es macht rüstig, lebendig, heiter, anziehend und jung.«[24] In *Delights for Ladies* (1609) wiederum wird empfohlen, Nelken, Irispulver, Muskat und Zimt in destilliertes Wasser zu geben. Und was heute Cool Water ist, war damals der Geruch nach Zibetkatze, genauer, nach dem moschusartigen Sekret, das man aus deren Analdrüsen gewinnt. Genauso beliebt waren Castoreum, oder »Bibergeil«, aus den Analdrüsen von Bibern und Ambra (Wal-Kotze), aber all das war Luxus.

Verbotener mittelalterlicher Sex roch in Wirklichkeit nach … Lavendel.

Das Wort »Lavendel« kommt vom lateinischen *lavare*, was »sich waschen« bedeutet. Seit Tausenden von Jahren wird Lavendel wegen seines süßlichen Geruchs geerntet, und anders als exotischere und damit hochpreisige Parfums wächst Lavendel in vielen Gegenden Europas, ist also günstig und leicht verfügbar. Lange wurde die Pflanze bei der Kleidungsreinigung eingesetzt, Wäscherinnen wurden daher auch *lavenders* genannt. Das englische Wort *launder (»waschen«)* kommt tatsächlich von *lavender* (»Lavendel«). Die Historikerin Ruth Mazo Karras fand heraus, dass einer der Berufe, die besonders stark mit Sexarbeit assoziiert wurden, der der Wäscherin war.[25] Im Mittelalter waren sie sehr arm und standen in dem Ruf, ihren Lohn mit Sexarbeit aufzubessern. In *The Legend of Good Women* (um 1380) übersetzt Chaucer Dantes italienisches *meretrice* (»Dirne«) mit *lavender* und bedient sich dabei der möglichen Doppeldeutung als sauber und schmutzig zugleich.

Envye (I prey to god yeve hir mischaunce!)
Is lavender in the grete court alway.
For she ne parteth, neither night ne day.[26]

Missgunst (Ich bete zu Gott, möge Er sie mit Unglück strafen!)
Ist immer die Wäscherin am Hofe.
Denn sie verlässt ihn niemals, nicht am Tage, nicht in der Nacht.

Walter of Hemingburgh erzählt eine Geschichte von König Johann Ohneland, der dachte, er würde eine verheiratete Edeldame verführen, dabei war ihm »eine schreckliche Hure und Wäscherin [*laundress*]« geschickt worden.[27] Im Gedicht *Ship of Fools* aus dem 16. Jahrhundert stehen folgende Zeilen:

Thou shalt be my lavender Laundress
To wash and keep clean all my gear,
Our two beds together shall be set
Without any let.[28]

Du sollst meine Wäscherin sein
Und waschen und pflegen mein Gut,
Kein Hindernis soll sein
Zwischen unseren Betten, dein und mein.

In Anbetracht der Tatsache, dass Lavendel heute einen eher konservativen und ziemlich altmodischen Ruf hat, bereitet es mir großes Vergnügen zu wissen, dass ältere Damen und Aromatherapeut*innen auf der ganzen Welt nach mittelalterlichen Flittchen riechen.

Aber der Spaß war bald vorbei. Im 16. Jahrhundert ging es mit den europäischen Badehäusern steil bergab. Neueste medizinische Forschungen legten nahe, dass Baden den Körper schwäche und die Haut anfällig für Infektionen mache. Regelmäßige Pestausbrüche und die Ankunft der Syphilis im 15. Jahrhundert brachten die Seifenblase endgültig zum Platzen. Weil die Menschen zurückhaltender wurden, was das Baden anging, fingen sie an, statt ihrer Körper ihre Klamotten zu waschen. Besonders Leinen, so glaubte man, würde den Schweiß aus dem Körper herausziehen und ihn absorbieren. Also musste man nur sein Hemd wechseln, und schon war man sauber. Diese Methode wurde so beliebt, dass französische Anwesen gleich ganz ohne Badezimmer gebaut wurden. Erst im 18. Jahrhundert gewann das Baden mit dem Aufkommen der Heilbäder in Europa wieder an Boden.

In *Monty Python and the Holy Grail* (*Die Ritter der Kokosnuss*, 1975), der den Mittelalter-Vorurteilen ordentlich Vorschub leistete, erkennt der Totensammler König Artus als solchen, »weil er noch nicht völlig mit Scheiße überzogen ist«.[29] 2004 veröffentlichte der viel geliebte Python Terry Jones seine Dokumentarfilmreihe *Terry Jones' Medieval Lives (Terry Jones im Mittelalter),* wo er sich daranmacht, das Mittelalter von seinen ungerechten Zuschreibungen zu befreien, wie zum Beispiel, dass es damals überall nach Scheiße roch. Die Menschen im Mittelalter waren weit davon entfernt, in Straßengräben zu leben, Zweige zu essen und sich mit Jauche einzureiben, ganz im Gegenteil, sie rochen ziemlich gut; mit Sicherheit besser als die Menschen der Renaissance, die glaubten, Baden würde sie krank machen. Man schätzte saubere Körper, süßen Atem, regelmäßiges Abschrubben und eine Auswahl an Parfums. Die Menschen wussten auch um die aphrodisierende Wirkung einiger Düfte, Öle und Pflanzen. Sie erfreuten sich am gemischt-gemeinschaftlichen Bad und investierten in dessen Infrastruktur. Sex war ein wesentlicher Teil dieser öffentlichen Badekultur: Im schlechtesten Fall wurde er toleriert, im besten Fall mit offenen Armen begrüßt und ausgiebig genossen. Die Epoche des Mittelalters war definitiv schmutziger als unsere, aber man bemühte sich, so gut es ging, um Sauberkeit. Und die Dirnen dufteten nach Lavendel.

Kahle Adler, moosige Grotten

Eine Geschichte der Intimbehaarung

Eine der besten und unheimlichsten Eigenschaften von Twitter ist das sofortige Feedback. Ich habe schon alle möglichen historischen Schmankerl gepostet, und einige davon führten zu ziemlich hitzigen Debatten in der Twitterblase. Aber auf nichts reagieren die Menschen so stark wie auf Intimbehaarung. Wann immer ich ein Bild von einer Frau mit stattlichem *bush* (1600) poste, folgt darauf unweigerlich eine Diskussion. Interessanterweise hat in all der Zeit, die ich das schon tue, noch nie jemand die Intimfrisur von Männern

Die Twitter-Reaktionen auf ein Foto aus dem 19. Jahrhundert, das eine Frau mit Intimbehaarung zeigt.

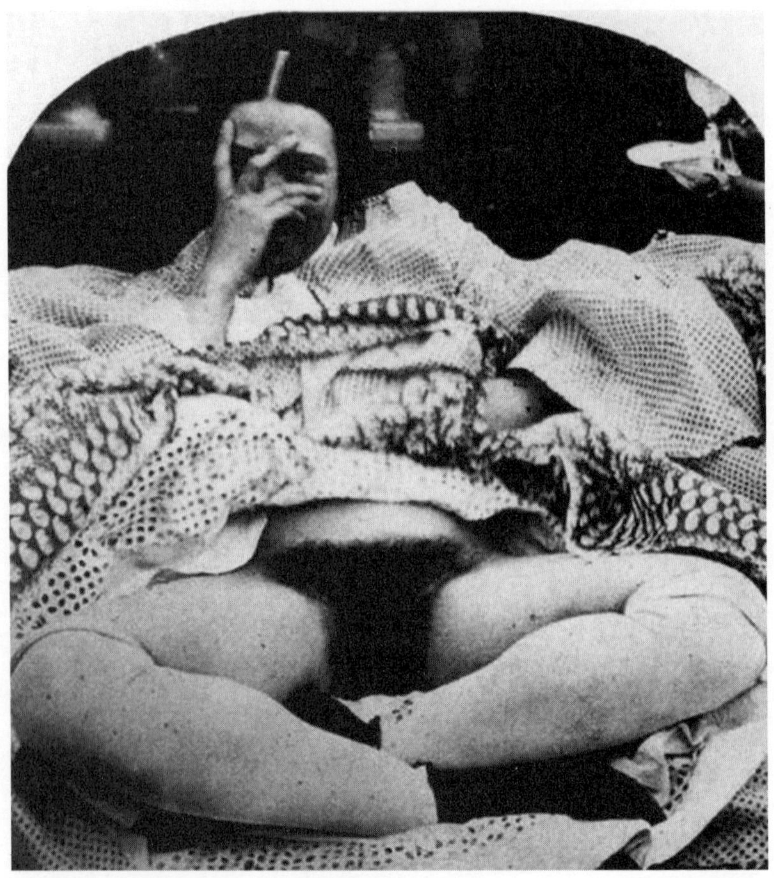

Eine viktorianische Lady mit prächtigem Pelz.

kommentiert, aber *knicker whiskers* (»Schlüpfer-Schnurrhaare«, 1942) regen immer irgendwen auf. Ein Thema, das immer und immer wieder auftaucht, ist Sauberkeit. Aus irgendeinem Grund wird viel Intimbehaarung mit schmutzig und unhygienisch sein assoziiert.

Lasst mich eine Sache klarstellen: In diesem Kapitel werde ich weder irgendwen dazu ermuntern, sich einen Busch stehenzulassen, noch, einem Aal nachzueifern und in Veet zu baden. Was auch immer ihr mit euren Körpern anstellt, das ist absolut euer Bier: Wachst euch das Zeug weg und dekoriert euren blanken Venushügel mit Makkaroni und Glitzer, oder macht Dreadlocks draus und lasst sie euch bis zu den Knien runterbaumeln. Es ist euer Haar, und was auch immer ihr damit macht, es soll mir recht sein. Aber ich bitte euch, über eine Sache nachzudenken: Wann haben wir uns derart von unserer eigenen Körperbehaarung entfremdet? Wie sind wir zu dem Schluss gekommen, dass Intimbehaarung »eklig« oder »unappetitlich« ist? Denn das ist immer der Ursprung aller Diskussionen: Jemand ist völlig entsetzt über den Anblick einer Frau mit einer Intimbehaarung, an der man sich die Schuhe abstreifen könnte, und äußert das online. Einen bestimmten Geschmack zu haben, ist das eine, aber diese Äußerungen gehen meistens deutlich darüber hinaus, eine persönliche Präferenz auszudrücken, sie zeigen eine unverhohlene Abscheu vor dem verwilderten *garden* (1966) einer Frau.

Wann ist das passiert? Wann hat unser Körperhaar, Haar, das wir alle haben, Haar, das genau dort sein soll, wo es ist, dasselbe Ekellevel erreicht wie der filzige Klumpen, der den Abfluss verstopft? Das Ganze wird noch merkwürdiger, wenn man bedenkt, dass keinen Meter nördlich von diesem fürchterlichen »stummen Bart« (1702; *silent beard*) ein weiteres Haarbüschel wächst, das wir uns alle für Millionen von Euro im Jahr stylen lassen. Ein kurzer Blick in egal welches Hairstyle-Magazin lässt einen über Adjektive wie »glamourös«, »sinnlich«, »fließend«, und »luxuriös« stolpern, alles Wörter, die gebraucht werden, um einen Haarwuschel zu beschreiben, während mit einem anderen kurzer Prozess gemacht wird, weil er erwachsene Leute entsetzt zusammenzucken lässt. Noch einmal, ich versuche hier nicht, euch davon zu überzeugen, euer Haar wild wuchern zu lassen, ich möchte lediglich einmal innehalten und die Frage stellen, warum wir da so anti sind. Denn das ist der momentane Stand der Dinge: Unser eigener Körper stößt uns ab, und wir zeigen mit dem Finger auf Menschen, die Haare haben, die wir auch haben.

Also, wo hat das alles angefangen?

Viele meinen, unsere Haarentfernungsbesessenheit sei von *Sex and the City* befeuert worden, und vielleicht ist das in Teilen tatsächlich wahr, aber Haarentfernung reicht viel weiter zurück als bis zu Carrie Bradshaw und ihren Mädels, die bei einem Cocktail über Waxing diskutieren. Die frühesten sicheren Belege für Haarentfernung stammen aus dem alten Ägypten und Mesopotamien. Ich sage sicher, weil darüber spekuliert wird, ob schon prähistorische Männer sich ihrer Bärte und Haare angenommen haben – aber bevor niemand einen steinzeitlichen Gillette Mach3 ausbuddelt, lässt sich dieser Verdacht nicht erhärten.

Die Entfernung der Intimbehaarung ist auch eine alte islamische Tradition, sie wird sowohl aus hygienischen als auch aus religiösen Gründen vorgenommen. Obwohl der Koran Körperbehaarung nicht erwähnt, sagte Abu Huraira (um 603–681), ein Zeitgenosse Mohammeds: »Fünf Dinge gehören zur *fitra*: Beschneidung, das Rasieren der Schamhaare, das Trimmen des Bartes, Nägel zu schneiden und Achselhaare zu entfernen.«[1] Das Archäologische Museum Niğde und das Museum für anatolische Zivilisationen in Ankara beherbergen beide Obsidian-Rasierklingen aus dem 7. vorchristlichen Jahrhundert, die die weltweit ältesten erhaltenen Belege für Haarentfernung darstellen.[2] Die Intimrasur ist im Islam noch immer eine weit verbreitete Praxis.

Laut der *Encyclopedia of Hair* wurden in ägyptischen und mesopotamischen Ruinen Rasiermesser aus Kupfer gefunden, die auf etwa 3000 v. Chr. datiert werden, in ägyptischen Gräbern fand man Pinzetten und Bimssteine.[3] Diese hatten einen ästhetischen und einen religiösen Zweck: Altägyptische Priester rasierten oder enthaarten sich täglich den ganzen Körper, um mit diesem »reinen« Körper vor ihren Göttern zu erscheinen.

Die Beweislage für Intimhaarentfernung wird im antiken Griechenland und Rom dünner. Der griechische Komödiendichter Aristophanes (um 446–386 v. Chr.) lässt seine Lysistrate sagen: »Wenn wir [...] in unseren durchsichtigen Hemdchen an ihnen vorbeiliefen, halb nackt und unten in Dreiecksform gezupft, die Männer dann einen Steifen hätten [...].«[4] Sehr wohlhabende Römerinnen konnten sich die Anstellung einer Picatrix leisten, einer jungen Sklavin, die für die Intimfrisur ihrer Herrin zuständig war.[5] Es gibt allerdings auch Beweise dafür, dass nicht alle in der antiken Welt unten ohne bevorzugten. An den Mauern der römischen Stadt Pompeji stehen die unsterblichen Zeilen: »Eine behaarte Fotze zu vögeln, ist viel besser als eine rasierte. Sie hält gleichermaßen die Wärme zurück und krault dabei den Schwanz.«[6] Was uns dieser charmante Zuruf aus dem Jahr 79 n. Chr. verrät, ist, dass manche Frauen unter ihrer Tunika glatt waren und manche behaart.

In Griechenland und Rom wurde natürlich öffentlich gebadet, die Intimfrisur hatte also eine gewisse Bedeutung, allerdings scheint die frisierte Fotze mit dem Mittelalter aus der Mode gekommen zu sein. Das Schönheitsideal zumindest europäischer Frauen waren eine blasse, glatte Haut und ein leicht rundliches, glänzendes Gesicht mit einer hohen Stirn; nirgends werden »einer Dame Schwanzfedern« (*a lady's tail feathers*; 1890) erwähnt.[7] Es ist frustrierend, aber Erwähnungen von Haarentfernungen, mit denen dieses Schönheitsideal erreicht werden sollte, sind in mittelalterlichen Texten sehr rar. Eine bemerkenswerte Ausnahme ist die Abhandlung *De Ornatu Mulierum* (»Von der Schönheitspflege der Frauen«) von der bereits erwähnten Trota von Salerno aus dem 11. Jahrhundert, die folgenden Eintrag enthält: »Wenn man Haar dauerhaft entfernen möchte: Man nehme Ameiseneier, rotes Auripigment und den Saft des Efeus, mische alles mit Essig und reibe es auf die Stelle.«[8] Mit dem veränderten Konzept sexueller Sünde änderte sich auch die Haltung zum intimen Hairstyling, und so betrachtete man die Haarentfernung bald als eitel und damit sündig. In der Schrift *Confessionale* von 1485 werden Kirchenmänner ermuntert, die Beichtenden zu fragen, ob sie »die Haare im Nacken, der Brauen oder ihres Bartes gezupft« hätten, »aus Lüsternheit oder um Männern zu gefallen«, denn dies sei »eine Todsünde, außer sie tut es, um eine ernsthafte Verunstaltung zu beheben oder damit ihr Ehemann sie nicht verachtet«.[9]

Eine der berühmtesten Erwähnungen von Intimbehaarung in mittelalterlicher Literatur stammt aus Chaucers *The Miller's Tale* von 1400 *(Die Erzählung des Müllers* aus *The Canterbury Tales).* Ein verliebter, aber einfältiger Küster, Absolon, hat sich in die junge Frau des Müllers, Alison, verguckt (die es wiederum mit ihrem Untermieter Nicolas treibt). Absolon steht spät am Abend singend vor ihrem Fenster und bettelt um einen Kuss. Hart genervt von seinem Werben, streckt Alison ihren nackten Hintern aus dem Fenster, woraufhin Absolon »ihr Loch« küsst, das er in der Dunkelheit für ihren Mund hält. Absolon fühlt »ein Ding, ganz rau und lang« und schreckt zurück. Angewidert ruft er »Frauen haben keine Bärte«, und Alison und Nicolas lachen sich halb krank: »Ein Bart! Ein Bart!« Denn wenn Alisons Brazilian Blowout als »rau und lang« wie ein »Bart« beschrieben wird, legt das die Vermutung nahe, dass dieses Betthäschen hier nichts mit Rasieren am Hut hat.[10]

Mit dem 16. Jahrhundert verbreiteten sich zunehmend Texte, die medizinische Verfahren mit Schönheitsbehandlungen kombinierten. Ein Beauty-Handbuch von 1532 enthält dieses Rezept für selbst gemachte Enthaarungscreme: »Kochen Sie eine Lösung aus einem Pint Arsen und einem Achtel Pint Branntkalk. Gehen Sie in ein Badezimmer oder einen aufgeheizten Raum und schmieren Sie sich die Medizin auf die Stellen, an denen Haare entfernt werden sollen. Wenn die Haut warm wird, rasch mit heißem Wasser abwaschen, damit die Haut nicht runterkommt.«[11] Es gibt keine Hinweise darauf, ob dieses Gebräu auch im Intimbereich angewendet wurde, aber wollen wir es mal nicht hoffen. Francisco Delicados *La Lozana Andaluza* von 1528 handelt von einer römischen Sexarbeiterin namens Lozana. Sie erzählt von Huren, »die ihre Augenbrauen zupfen« und von anderen, »die ihre Blöße rasieren«. Sie berichtet außerdem, wie sie einmal versehentlich »das ganze Haar der Blöße einer Dame aus Bologna« versengt und die Stelle dann mit Butter beruhigt habe.[12] Während manche Frauen offensichtlich bereit waren, ihre *trouser sprouts* (2000; »Hosensprösslinge«) in Säure zu baden, wurde Intimbehaarung von vielen anderen Menschen in Europa als sexuelles Must-have angesehen. Die umgangssprachlichen Ausdrücke für Intimbehaarung sind in der Renaissance überwiegend positiv, da ist die Rede von Feder, Vlies, Blüte, Moos, Plüsch und »begehrtem Domizil«.

Bei Shakespeare gibt es zahlreiche schmutzige Intimhaar-Zweideutigkeiten, die nahelegen, dass der *muff* (1655) ein absolutes Muss war. In *Venus and Adonis* schreibt Shakespeare von »süßem Gras im Tale«, das zwischen »rund sich erhebenden Hügeln« liegt,[13] in *Much ado about nothing (Viel Lärm um nichts)* wird Amor ironisch als *good hare finder** bezeichnet,[14] und viele haben zu bedenken gegeben, ob die »schwarzen Drähte«, die auf dem Kopf der Herrin des Ich-Erzählers im *Sonett 130* wachsen, nicht eigentlich deren Intimbehaarung meinen.[15] Wuchs die üppig, wurde das nicht einfach nur als normal empfunden, sondern als Zeichen guter Gesundheit, Jugend und sexueller Lebendigkeit. Der Held in Richard Heads *The English*

* »Guter Hasenfinder«. *Hare* bedeutet Hase, wird aber wie *hair* (Haare) ausgesprochen (Anm. d. Ü.).

Rogue (*Simplicianischer Jan. Perus*, 1665) beklagt sich darüber, dass eine ältere Frau, mit der er schläft, keine Intimbehaarung habe: »Meine Furcht wurde noch größer, als ich sah, dass dort kein Schilf wuchs, denn, so sagen es die Leute, nur der Sumpf, der von solchem bewachsen wird, kann als passierbar betrachtet werden.«[16] Während der Renaissance bevorzugte man eindeutig einen *Hairy* Potter. Spenser fragt sich in *Strange and True Conference* (1660), was es mit der »spanischen Mode, den Dirnen all das Haar von ihrer Ware zu rasieren«, auf sich habe.[17] Und der Earl of Rochester macht klar: »Nie mehr soll mein Schwanz in kahler Fotze Zuflucht suchen.«[18]

Thomas Rowlandson, *Haarige Aussichten, oder: Der Teufel hat Angst*, 1800.

Ein guter Anlass, sich zu rasieren, waren Läuse, die man nur auf diesem Wege loswurde, ein noch unangenehmerer Grund für Kahlschlag war die Syphilis. Deren erste Erwähnung stammt aus dem Jahr 1495 aus Neapel. Eines der vielen unschönen Symptome der Syphilis ist Haarverlust (Kopfhaar, Augenbrauen und Intimbehaarung). Auch wenn dieses Symptom selten ist, so war es spätestens die damals übliche Behandlung mit Quecksilber, die unabwendbar zu Haarausfall führte. Die Folge davon war, dass fehlendes Haar als Anzeichen von Krankheit gewertet wurde. Heute finden Leute einen Busch »eklig«, der durchschnittliche elisabethanische Liebhaber dagegen hätte das bei einem *bald eagle* (1987; »kahler Adler«) so empfunden. In Thomas Middletons *Trick to Catch the Old One* von 1605 wird eine Figur namens Audrey als »gerupfte, abgenutzte Hure, du Ausgeburt der Krätze« beschimpft.[19] In *Westminster Whore* (1610) wird eine »wollüstige Schlampe« verflucht, sie solle »eine Fotze ohne Haare und zehntausend Pocken« bekommen.[20] Und in *A Night's Search* von 1640 schreibt Humphrey Mill über Huren, die »abgelaufen, ramponiert, manche ohne Pelz, manche ohne Nase« daherkommen.[21] Ein liederliches Lied von 1650 erzählt von einem Mann, der sich weigert, mit einer haarlosen Frau Sex zu haben, denn sie »knirscht untenrum wie ein poliertes Lederwams«.[22]

Wenn eine Dame an den Punkt kam, wo kein Überkämmen mehr half, die Intimglatze zu kaschieren, konnte sie immer noch zum »Schamhaartoupet« greifen. Laut *Oxford Companion to the Body* taucht das Wort *malkin* – von dem das heutige Wort für Intimhaarperücken, *merkin*, herkommt – zum ersten Mal 1450 auf.[23] Rochester beschwert sich, die »Toupets fallen ab und verderben einem den Spaß«.[24] In zahlreichen Slangwörterbüchern vom 16. bis zum 19. Jahrhundert werden die Toupets erwähnt, und auch in Alexander Smiths *A Complete History of the Lives and Robberies of The Most Notorious*

Highwaymen von 1714 tauchen sie auf, und zwar in der bizarren Story über einen Straßenräuber, der dem Kardinal das Toupet einer Prostituierten verkauft und ihm erzählt, es sei der Bart von Petrus: »Da kam ihm ein merkwürdiger Einfall; er wollte sich das haarige Perücken-Dreieck einer Prostituierten besorgen [...] dies würde er gut trocknen und ausbürsten, dann dem Kardinal überbringen und ihm sagen, er brächte ihm des heiligen Petrus' Bart.«[25]

Auch wenn manche Frauen ihm hier und da zu Leibe rückten, während des 18. Jahrhunderts war ein üppiger Busch mit Sicherheit schwer angesagt. Und auch wenn Jean-Jacques Perret 1770 seinen Sicherheitsrasierer erfand, wurde Intimbehaarung nach wie vor mit unerschütterlicher Gesundheit assoziiert. *Harris's List of Covent Garden Ladies* (1757–1795), ein Almanach mit allen verfügbaren Sexarbeiterinnen Londons, ist sehr für »moosige Grotten«. Miss Devenport wird als »gut gedeckt« beschrieben, »dabei aber nicht buschig«; Miss Betsy hat »tiefschwarze Ringellocken, die ihre Grotte übermütig umranken«, und Madam D.s »untere Locken, die ihr alabasterner Venushügel zur Schau trägt, sind gemacht, um Vergnügen zu bereiten«.[26] Clelands Heldin Fanny Hill (1749) berichtet von den »moosigen Hügeln« ihres »zarten Liebes-Labors« und dem darüber wuchernden »lockigen Haar«.[27]

Fanny staunt über die Finger ihrer Kollegin Phoebe, wie sie »spielten und sich in die jungen Ranken dieses Mooses zu winden suchten, welches zu gleichen Teilen zum Nutzen und zur Zierde geschaffen wurde«.[28]

Die erotische Literatur der viktorianischen Epoche ist voll des Lobes für den *happy trail* (2003), der offen gesagt mancherorts beschrieben wird, als könnte man damit die Kochtöpfe scheuern. Charlie Roberts, der Held in *Romance of Lust* (1875), berichtet von zahlreichen pelzigen Liebhaberinnen, ihn turnt Körperbehaarung total an.

Zwei Mädels und ein Muff, 19. Jahrhundert.

> Ihre Stellung legte die ganze Schönheit der gewaltig wuchernden Masse an schwarzem lockigem Haar offen, das ihre prachtvolle Möse untenrum dicht überzog, dann hinunter über ihre Schenkel lief und zwischen ihre Hinterbacken wieder hinauf, bis es sich in zwei Büscheln auf dem Weg zum Rücken wiederfand, genau unter den beiden hübschen Grübchen, die so charmant unter ihrer Taille saßen. Da war so viel Haar, wie es den meisten Frauen auf ihren Venushügeln wächst. Auf ihrem ganzen Körper wuchs glattes, seidiges Haar, besonders dicht auf Schultern, Armen und Beinen, und darunter zeigte sich eine wunderschön cremefarbene Haut. Sie war die am stärksten behaarte Frau, die ich je gesehen hatte, und ganz ohne Zweifel war der Haarwuchs Folge oder auch Grund für ihr außerordentlich lüsternes und sinnenfreudiges Temperament. Der Anblick, den ich genoss, erweckte meinen Schwanz zum Leben; als wir uns erhoben, sah sie ihn unter meinem Hemd hervorragen.[29]

Francisco de Goyas *La maja desnuda* (*Die nackte Maja*, um 1797) soll das erste europäische Gemälde sein, das die Intimbehaarung ei-

Es heißt, Francisco de Goyas *La maja desnuda (Die nackte Maja)* von 1797 sei eines der ersten Objekte in der westlichen Kunst, das weibliche Intimbehaarung zeigt.

ner Frau zeigt, aber davon abgesehen wurden Frauen in der Hochkunst das ganze 19. Jahrhundert hindurch weiterhin mit merkmalslosen Genitalien dargestellt.

Einer der Gründe, so wird diskutiert, warum der berühmte Kunstkritiker John Ruskin unfähig gewesen sein soll, seine Ehe mit Euphemia Gray zu vollziehen, war der, dass er völlig schockiert davon war herauszufinden, dass echte Frauen (anders als in der Kunst) Intimbehaarung besitzen.

Die Ehe wurde nie vollzogen und letztendlich annulliert, und der einzige Hinweis auf den möglichen Grund findet man in einem Brief Euphemias aus dem Jahr 1848:

> In diesem Jahr nannte er mir endlich den wahren Grund (und der ist für mich genauso niederträchtig wie der ganze Rest), nämlich, dass er sich Frauen ganz anders vorgestellt habe und dass er mich nicht zu seiner Frau gemacht habe, weil er an jenem ersten Abend von meiner Person abgestoßen gewesen sei.[30]

Ungeachtet Ruskins Unbehagen entfernten sich manche Frauen damals tatsächlich die Haare, wie die nächsten zwei Seiten beweisen. Dort sehen wir sogar die ersten »Landebahnen«.

Die Abwesenheit des Schamhaartoupets lässt vermuten, dass ein gemähter Rasen wieder in Mode kam oder zumindest nicht mehr als Krankheitssymptom empfunden wurde. Es scheint wahrscheinlich, dass der Rückzug der Intimbehaarung in der westlichen Welt im Zusammenhang steht mit der Entwicklung von Fotografie und Pornografie. Mit Sicherheit aber damit, »gesehen« zu werden.

Römische und griechische Frauen zupften sich ihre Venushügel, weil Nacktheit alltäglich war, als Körper aber verhüllt und »sündig« genannt wurden, verlor die Pussy-Parade merklich an Teilnehmerinnen. Mit dem Aufkommen von Fotografie und Film wurden

Diese viktorianische Dame zeigt, dass Pornografie Spaß machen kann, und liefert gleichzeitig den Beweis dafür, dass es im 19. Jahrhundert Intimhaarentfernungen gab.

Genitalien wieder sichtbar. Man kann sich seine eigenen natürlich selbst anschauen, vielleicht sogar die von Freunden oder Freundinnen, aber nichts lässt einen die eigene sexuelle Wirkung so anzweifeln wie das sexualisierte Bild einer fremden Person. Mode hat dabei immer eine Rolle gespielt: Die Entfernung von Achselhaaren

Eine unbekannte viktorianische Dame präsentiert ihre Intimfrisur, während sie die neuesten Nachrichten studiert.

steht in direkter Verbindung zum Aufkommen ärmelloser Kleider in den Zwanzigern – und einer cleveren Werbekampagne, die Frauen erzählte, sie würden stinken. Beinrasuren nahmen zu, als Rocklängen abnahmen, und mit dem Schrumpfen der Unterwäsche auf Zahnseidenformat (huhu, G-String!) verschwand auch die Intimbehaarung.

So oft habe ich schon gehört, dass die Hochzeit des Busches in den Sechziger- und Siebzigerjahren war, aber das stimmt einfach nicht. Es war lediglich die Zeit, als Pornos langsam Mainstream wurden. Es war keineswegs so, dass der »Teppich« (1939; *rug*) wieder in Mode war – er war es nie wirklich gewesen –, wir kriegten einfach nur mehr davon zu Gesicht. Und ja, die Frauen waren prächtig ausgestattet, es hatte ihnen ja auch niemand etwas Gegenteiliges nahegelegt. Zum ersten Mal tauchte Intimbehaarung in einer *Penthouse*-Ausgabe von 1970 auf. 1974 zeigte *Hustler* die ersten »Pink Shots«, also Vulven im Detail, und auch Haare waren noch schwer angesagt. Mitte der Siebzigerjahre hatte der *Playboy* eine Auflage von über sieben Millionen Exemplaren. Dass der Pussypelz sich seit Jahren mehr und mehr auf dem Rückzug befindet, wird oft direkt auf die Mainstream-Pornografie bezogen, aber vielleicht sollten wir unsere Netze etwas weiter auswerfen. Ja, der Zugang zu Pornografie ist heute viel leichter, aber darüber hinaus leben wir in einer mit Bildern übersättigten Gesellschaft, die unablässig bekräftigt, was »normal« ist. Und es sind nicht nur Pornos, die Frauen zu Spielbällen machen: Spielzeug, Mode, Zeitschriften, Zeitungen, Filme, Fernsehen, Werbung, Musikvideos und so weiter – nirgends wird man hier auch nur ein einziges Schnurrhärchen zu sehen bekommen (außer es geht um künstlerisch-subversive Inhalte). Es ist, als würde man das Intimhaar im Heuhaufen suchen. Der Grund dafür, dass Menschen so stark auf Frauen mit Intimbehaarung reagieren, liegt darin, dass sie es nicht gewohnt sind, sie zu sehen. Das entspricht nicht dem, was sie unter normal verstehen. Je weniger wir etwas sehen, desto komischer kommt es uns vor, wenn wir es dann tun.

Eine wirklich beunruhigende Assoziation mit Intimhaarentfernung ist Hygiene. Ich höre das die ganze Zeit: Es wäre einfach »sauberer«. Untersuchungen, die an der University of California durchgeführt wurden, zeigten, dass mehr als die Hälfte von dreitausend befragten Frauen, die ihre Intimbehaarung pflegten, dies aus Gründen der Hygiene taten, auch wenn es Belege dafür gibt, dass Intimrasuren Vulva und Vagina anfälliger für Irritationen und Infektionen machen können.[31] Also, ich sage das jetzt nur dieses eine Mal: Wenn die Haare auf dem Kopf eure Kopfhaut nicht stinken lassen, dann machen eure Intimhaare auch eure Vulven nicht »dreckig«.

In den letzten Jahren hieß es immer wieder, der Busch würde zurückkommen. 2014 stellte American Apparel Schaufensterpuppen mit Schamhaartoupets ins Schaufenster des New Yorker Flagship-Stores. 2016 verkündete das Magazin *Tatler* »Der Busch ist wieder da«. Caitlin Moran erklärte, alle Frauen sollten einen »großen, haa-

Werbung für »Ashes Enthaarungscreme«, die 1922 in *Harper's Bazaar* abgedruckt wurde. Diese Anzeige macht sich zwei grundlegende Bedürfnisse zunutze – Peinlichkeiten vermeiden und gut aussehen.

rigen Muff« haben. Gwyneth Paltrow verriet, bei ihr herrschten untenrum »Seventies-Vibes«. Ich glaube, wenn mehr und mehr Promis den mächtigen Muff »normalisieren«, wird er auch wieder willkommener werden. Intimbehaarung steht immer wieder an vorderster Feminismus-Front: Wenn man sich ein neues ZZ-Top-Bandmitglied in seiner Unterhose wachsen lässt, wird das oft als felliges Fuck-you in Richtung Patriarchat gewertet, das einen wortwörtlich dazu bringt, sich die Haare zu raufen. Wie dem auch sei, ich hoffe, dieses Kapitel hat deutlich gemacht, dass die Sorge um Menge und Qualität der Intimbehaarung eine lange und verworrene Geschichte hat, genau wie die vielen schmerzhaften und gefährlichen Methoden, die wir ersonnen haben, um diese zu entfernen. Aber für die längste Zeit dieser Geschichte war Intimbehaarung nicht nur normal, sie wurde auch als sexy, gesund und sinnlich betrachtet. Was auch immer du also mit deiner anstellen möchtest, ich verspreche dir, das ist alles schon mal da gewesen.

»Förderlich für die Sauberkeit«

Eine Geschichte der Vaginalspülung

Habt ihr euch je gefragt, warum es für die Vulva spezielle Reinigungsprodukte gibt, während für den Penis ein Waschlappen reicht? In Wahrheit ist sie komplett selbstreinigend und kommt wunderbar ohne euch und eure Scheuerbürsten und Vaginaldeos aus. Vertraut mir, sie weiß, was sie tut. Aber offensichtlich glauben die meisten von uns nicht daran, dass »Mrs Laycock« (1756) ihren Laden sauber halten kann. Der menschliche Körper hat zahlreiche Spalten, die ab und an ein wenig zu müffeln anfangen können, aber das ist in der Regel nichts, dem man nicht mit regelmäßigem Waschen beikommen könnte. Während irgendwie alle auf der Suche nach bestimmten Körpergerüchen sind, scheinen Düfte, die von »südlich der Grenze« (1945; *south of the border*) kommen, für Vulvabesitzerinnen einen ganz besonderen Albtraum darzustellen. Wir hätten viel lieber, dass es da unten nach Gebirgswald riecht als nach normal und gesund.

Jeder Mensch, der mit einer Vulva aufwächst, hat schnell gelernt, dass es sich dabei um einen schmutzigen Ort handelt. Es ist nicht so, dass uns in der Schule jemand beiseitenimmt, um uns das zu erklären, aber die Botschaft kommt auch so laut und deutlich bei uns an, wenn wir uns zum ersten Mal durch die lexikalischen Felder voller

Fleisch und Meeresfrüchte und allgemeiner Fäulnis kämpfen, die umgangssprachliche Bezeichnungen für die Vulva charakterisieren. Wenn wir registrieren, dass Damenbinden und Tampons als »Hygieneprodukte für Frauen« verkauft werden, lernen wir, dass die Menstruation unhygienisch ist. Wir schnappen irgendwo einen Fischewitz auf, Stinke-Finger-Sticheleien, wir merken, wie sich die Leute winden, wenn sie das Wort »Periode« hören, und fangen an, wegen unseres eigenen Körpers durchzudrehen. Vaginaldeodorants, Artikel in Zeitschriften, die empfehlen, Ananas zu essen, damit man »besser schmeckt«, und Slipeinlagen, die uns helfen sollen, »frisch« zu bleiben – das alles untermauert stillschweigend die Botschaft, dass die »bärtige Auster« (1916; *bearded oyster*) irgendeine Art Sumpflandschaft ist, die sorgfältiger Pflege bedarf. Kein Wunder also, dass das Geschäft mit Vaginalpflegeprodukten boomt und laut vorherigen Prognosen zwischen 2018 und 2022 um fünf Prozent pro Jahr gewachsen sein dürfte.[1] Aber die Angst vor schlechtem Geruch hat Folgen, die weit schlimmer sind als der gelegentliche Gebrauch von speziellen Intimwaschlappen. Für eine Studie, die von Jo's Cervical Cancer Trust im Jahr 2018 in Auftrag gegeben wurde, befragte man mehr als zweitausend Frauen und fand dabei heraus, dass achtunddreißig Prozent von ihnen keinen Gebärmutterhalsabstrich vornehmen ließen, »aus Sorge, nicht ›normal‹ zu riechen«.[2] Die Scham darüber, keine nach Bonbons duftende Vulva zu haben, ist also mittlerweile so groß, dass Menschen deshalb sogar ihr Leben aufs Spiel setzen.

Es ist eine Schande, dass wir immer so verzweifelt versuchen, unsere Muschi nach Potpourri riechen zu lassen, denn alle Forschung deutet ganz klar darauf hin, dass der natürliche Geruch unseres »Ofenrohrs« (*flue*; 1620) in Wahrheit ziemlich wichtig ist. Studien, die schon in den Siebzigerjahren veröffentlicht wurden, zeigen, dass eine Vulva durchschnittlich 2100 Geruchsmoleküle ausströmt. Das

Fazit der Untersuchung: »Der olfaktorische Charakter eines Individuums ist komplex, höchst individuell und aus vielen ›Minigerüchen‹ zusammengesetzt.«[3] Mit anderen Worten hat jede Vulva ihren eigenen, völlig einzigartigen Signature-Duft. Andere Studien mit Menschenaffen, Ratten und Hamstern haben gezeigt, dass der Geruch des Vaginalsekrets den Testosteronspiegel eines sich in der Nähe befindenden Männchens ansteigen lässt, ein Vorgang, der eine wichtige Rolle für die sexuelle Erregung spielt.[4] Menschliche Vulven produzieren ein Sekret, in dem eine Mischung aus fünf Fettsäuren enthalten ist, die sogenannten Kopuline. Die Wissenschaft, die sich mit diesen Sexualduftstoffen beschäftigt, ist noch recht jung, aber Studien konnten bereits zeigen, dass Männer, die Kopulinen ausgesetzt wurden, mehr Testosteron produzierten und sich nach kurzer Zeit als sexuell anziehender empfanden, als das die Männer in der Placebogruppe taten. Außerdem bewerteten die Kopuline-Männer die Gesichter von Frauen als attraktiver als die Männer, die keine Kopuline schnüffelten.[5] Warum in drei Teufels Namen sollte sich irgendwer diese Verschmelzungssuperkraft wegwaschen wollen?

Eine Miniatur aus dem 15. Jahrhundert, die einen Einlauf mittels einer birnenförmigen Analdusche zeigt.

Tja, leider hat Muschi-Waterboarding mit dem Ziel, alles, was riechen könnte, zu eliminieren, eine wirklich lange Tradition.

Vaginaldeos, -seifen und –tücher schlossen sich recht spät der Paranoide-Pussys-Party an. Die älteste Methode, das Deck zu schrubben, sind Spülungen. Hierzu wird mit einem Klistier Wasser in die Vagina gespült – oder auch in den Anus, wenn man eine Analspülung bevorzugt. Ganz grundsätzlich kann auch der Duschkopf verwendet werden, aber ausgeklügeltere Vorrichtungen, die mit Natron oder Alaun geliefert werden, um damit das Wasser anzureichern, kann man bequem im Internet bestellen. Obwohl belegt ist, dass Vaginalduschen in Zusammenhang stehen mit Eierstock- und Gebärmutterhalskrebs, Unterleibsentzündungen, Eileiterschwangerschaften, bakterieller Vaginose, Unfruchtbarkeit und Pilzinfektionen, spült trotzdem eine von fünf Frauen regelmäßig ihre Vagina aus »hygienischen« Gründen.[6]

Die Anwendung von Vaginalduschen lässt sich bis in die Antike zurückverfolgen, aber so richtig Fahrt nahm das Ganze im 19. Jahrhundert auf, als Ärzte sie als verlässliche Mittel zur Schwangerschaftsverhütung proklamierten.*

Vaginalduschen stellten die erste Form von Empfängnisverhütung dar, die Ärzte allerorts empfahlen und die Frauen jeglichen ethnischen und sozioökonomischen Hintergrunds praktizierten; aber hierbei ging es nicht allein darum, nicht schwanger zu werden. Die Spülungen waren immer Teil des paranoiden Narrativs von der dreckigen *daisy* (1834).

Der englische Arzt Charles Knowlton veröffentlichte 1832 eine medizinische Abhandlung, in der er eine antiseptische Spülung

---

* Ärzte wie Soranos von Ephesos (etwa 98–138) und Oreibasios (etwa 320–400) empfahlen, zur Empfängnisverhütung die Vagina nach dem Sex zu spülen. Robert Jütte, *Lust ohne Last. Geschichte der Empfängnisverhütung* (München 2003).

nach dem Sex als »förderlich für die Sauberkeit« und zur Schwangerschaftsverhütung empfahl.[7] Das müssen willkommene Neuigkeiten gewesen sein, denn viktorianische Ärzte waren wild entschlossen, da unten endlich für Ordnung zu sorgen. Ein 1829 erschienener Artikel in *The Lancet* legte Frauen nahe, ihre Vaginen »sechs- oder achtmal am Tag« mit lauwarmem Wasser auszuwaschen, um alles in einem picobello Zustand zu belassen.[8] Diese Art Ratschläge überdauerten das ganze 19. Jahrhundert. 1880 zum Beispiel verkündete Dr. Wing, »eine Frau sollte eine saubere Vagina haben, genau wie saubere Hände und ein sauberes Gesicht«, und verordnete regelmäßige »vaginale Einspritzungen« mit heißem Wasser und Karbolsäure.[9] 1889 empfahl die Massachusetts Medical Society, Frauen bei Einsetzen der Geburt zu spülen, »auf dass die Frauen mit einer sauberen Vagina beginnen mögen, nicht allein zu ihrem Besten, auch zum Besten ihres Kindes«.[10] Und 1895 schlug *The International Encyclopedia of Surgery* vor, eine vaginale »Einspritzung, abends und morgens, mit einer Gallone heißen Wassers (dreiundvierzig Grad Celsius), gefolgt von zwei Vierteln einer Quecksilberchloridlösung«, vorzunehmen, um Geschlechtskrankheiten zu behandeln.[11]

Die Viktorianer*innen nahmen diese Spülungen sehr ernst, und im Jahr 1843 stellte der Pariser Arzt Maurice Eguisier (1813–1851) seinen »Irrigateur Eguisier« vor, eine zylindrische Druckluftpumpe mit Schlauch, aus Metall und Porzellan gefertigt. Das Gerät wurde in verschiedenen Größen und Designs verkauft, manche waren wunderschön mit feinen Naturszenen bemalt, was vielleicht beruhigend wirken sollte, wenn man im Begriff war, sich heißes Wasser und Karbolsäure in seine Körperöffnungen zu jagen.

Im Jahr 1866 zeigte die Obstetrical Society of London (Gesellschaft für Geburtshilfe) in einer Ausstellung historische gynäkologische Instrumente.

Vaginalduschen wie diese hier waren zu jener Zeit die am weitesten verbreitete, wenn auch unzuverlässige Methode zur Empfängnisverhütung. Der Metallzylinder hat einen Pumpmechanismus, der die Flüssigkeitszufuhr in den Schlauch kontrolliert. 1912.

Die Veranstaltung war ein voller Erfolg, und die Obstetrical Society veröffentlichte einen Katalog mit allen ausgestellten Objekten und Informationen über die neuesten Geräte, die damals in der Geburtshilfe Anwendung fanden – inklusive Vaginalduschen.[12] Betrachtet man die anderen zur Verfügung stehenden Geräte, wird einem klar, warum Maurice Eguisiers leichter und tragbarer Irrigateur Eguisier so beliebt war. Eine der sperrigsten Spülvorrichtungen im Katalog stammt von John Weiss und sieht aus wie ein Tisch, in dessen Platte ein riesiger mit Wasser gefüllter Ballon steckt. Die Benutzerin setzte sich auf den Ballon und ließ so das Wasser in den angeschlossenen Schlauch laufen. J. Lazarewitch aus Russland wiederum hatte eine klobige, zylindrische Metalldusche entworfen, deren eingearbeitetes Sieb dafür sorgte, dass nichts Unerwünschtes in die Vagina gelangte (abgesehen von der riesigen russischen Dusche in Form eines Feuerhydranten, meine ich).[13]

Vaginalduschen mit Wasser sind schädlich genug, um aber ungewollte Schwangerschaften zu verhindern, begannen die Ärzte, alle möglichen chemischen Substanzen ins Spülwasser zu geben, die den Spermien den Garaus machen sollten. Charles Knowlton empfahl da zum Beispiel das Spülen mit einer »Lösung aus Zinksulfat, Alaun, Pottasche oder irgendeinem Salz, das ätzend auf den Samen wirkt«.[14] 1898 listete die *Monthly Retrospect of Medicine & Pharmacy* folgende »Flüssigkeiten, die für Vaginalspülungen verwendet werden können« auf, die zur Empfängnisverhütung empfohlen wurden: Alaun, Bleiacetat, Chlorid, Borsäure, Karbolsäure, Jod, Quecksilber, Zink und Lysol-Desinfektionsmittel.[15]

Lysol-Desinfektionsmittel (der Vorläufer von Sagrotan, im englischsprachigen Raum noch immer als Lysol verkauft; A. d. Ü.) wurde 1889 entwickelt und kam zum ersten Mal großflächig während der schweren Cholera-Epidemie 1892 in Hamburg zum Einsatz.[16] Dessen antiseptische Fähigkeiten machte man sich jedoch bald auch andernorts zunutze, bis Lysol in den Zwanzigerjahren offensiv als Vaginalspülungsmittel vermarktet wurde. Schwangerschaftsverhütung war zu dieser Zeit ein sehr kontroverses Thema und mit Sicherheit nichts, für das eine Firma in aller Öffentlichkeit warb. Indem sich die Kampagne also auf den Aspekt »weibliche Hygiene in der Ehe« konzentrierte, konnten Sex und Intimität thematisiert werden, ohne jemals eines der Wörter wirklich benutzen zu müssen. Und so wurde ein Produkt, mit dem man gerade noch Mülleimer, Abflüsse und Toiletten gescheuert hatte, nun auch benutzt, um Vulven zu reinigen. Eine Anzeige im *Ladies' Home Journal* vom November 1920 empfiehlt, Lysol zur hygienischen Reinigung von »Toiletten, Schränken, Spucknäpfen, Mülltonnen und Orten mit vielen Fliegen« einzusetzen, und weist darauf hin, dass Frauen Lysol-Desinfektionsmittel als »ebenso unerlässlich für ihre Körperhygiene« betrachteten. Der Rat, man solle das »untere Auge« (1902; *nether eye*) mit einem

Reinigungsprodukt behandeln, das auch in verstopfte Abflüsse geschüttet wurde, ließ keine Zweifel offen: Vulven stinken.

Die Lysol-Spülung-Werbeanzeigen sind nicht gerade zurückhaltend mit ihren Hinweisen darauf, dass Vulven stinken, und zeigen für gewöhnlich eine junge Ehefrau, deren Mann drauf und dran ist, sie sitzenzulassen, weil sie ihre »weibliche Körperhygiene« vernachlässigt hat. Wir sehen eine verzweifelte und gedemütigte Frau, in Tränen aufgelöst, die verlassen wird, weil ihr Mann den Geruch nach »alter Dame« (1885; *old lady*) einfach nicht mehr aushält. Das häusliche Glück liegt in Scherben, Kinder bleiben vaterlos zurück, und die arme Frau muss nun einsam sterben, und das alles nur, weil sie sich untenrum nicht ordentlich desinfiziert hat. Eine wirklich grausame Werbekampagne.*

Weil Lysol nicht offen als Verhütungsmittel beworben werden konnte, musste ganz subtil auf dessen spermientötende Eigenschaften hingewiesen werden. Viele der Anzeigen erwähnen, wie effektiv Lysol »organisches Material« zerstöre, womit schlicht und ergreifend Sperma gemeint ist.

Aber Spülungen mit Toilettendesinfektionsmittel sind nicht nur keine verlässliche Verhütungsmethode, sie sind auch extrem gefährlich. In der ersten Hälfte des 20. Jahrhunderts war das Trinken von Lysol eine verbreitete Art, sich das Leben zu nehmen, die Zeitungen von damals sind voll von solch tragischen Fällen.

---

* Hier sollte man wohl darauf hinweisen, dass hinter diesen frühen Vaginalduschen-Werbeanzeigen für Lysol die Agentur Lehn & Fink stand. Heute gehört Lysol dem Unternehmen Reckitt Benckiser, das nichts mit alldem zu tun hat und dessen Kundendienst-Team einfach reizend zu Frauen ist, die ihnen aus dem Nichts E-Mails schreiben und wissen wollen, ob man sich Lysol in die *fanny* (1834) schmieren kann. Und damit das klar ist, auch wenn das Lysol-Produkt von vor neunzig Jahren nicht das Produkt ist, das heute bei uns in den Regalen steht, wurde ich gebeten, dafür zu sorgen, dass jede Person, die das hier liest, auch wirklich allumfassend verstanden hat: »Das heutige Lysol-Produkt darf nur nach Packungsanweisung verwendet werden. Jedwede andere Form der Verwendung sollte vermieden werden.«

Oben: Anzeige für »Lysol-Spülung«. »Noch immer das Mädchen, das er geheiratet hat«, weil sie ihre Genitalien mit Fußbodenreiniger schrubbt.

Rechts: Eine Werbeanzeige für »Zonite Spülflüssigkeit« in *McCall's Magazine* zeigt eine zerknirschte Frau, die bereut, ihre Vulva nicht früher desinfiziert zu haben.

Trotz wiederholter Behauptungen, Lysol sei mild und würde kein empfindliches Gewebe zerstören, verzeichneten Ärzte bis 1911 ganze 193 Todesfälle von Frauen, die sich mit Lysol-Spülungen vergiftet hatten, und fünf, bei denen eine »Gebärmutterspülung« die Todesursache war.[17] Obwohl Lysol eine Schuld hieran nie eingestanden hat, reduzierte die Firma im Jahr 1952 ihre Lysol-Formel auf rund ein Viertel der enthaltenen toxischen Substanzen.

Irgendwann wurden Vaginalduschen als Verhütungsmittel durch die Pille und Latexkondome ersetzt (beides Methoden, die tatsächlich funktionieren). Allerdings hatte das zur Folge, dass die Vermarktung nun noch stärker darauf abzielte, Frauen davon zu überzeugen, dass sie schlecht rochen und einzig und allein das beworbene Produkt hier Abhilfe schaffen konnte.

In den Siebzigerjahren waren ganzseitige Werbeanzeigen für aromatisierte Vaginalduschen an der Tagesordnung. Im *Essence Magazine* erschien 1971 ein Artikel mit der Überschrift »Schönheitswunder: Kein Geruch so lieblich«, der die Frage an Frauen richtete: »Wenn Sie in einer Menschenmenge mehr Aufmerksamkeit bekommen als gewöhnlich oder sich Ihr Mann sofort abwendet, wenn Sie in seine Nähe kommen, dann ist es Zeit, dass Sie sich

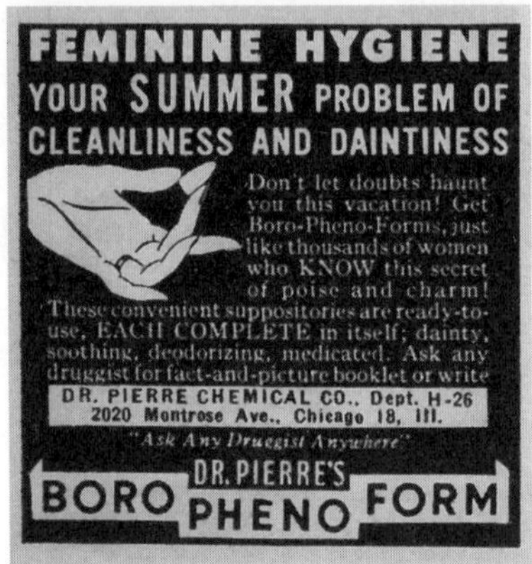

Werbeanzeige von 1950 für »Dr. Pierre's Boro-Pheno-Form-Hygiene-Artikel für die Frau«.

fragen, warum. Es könnte sein, dass Ihre Hygiene ein wenig zu wünschen übrig lässt … und das ist unverzeihlich, meine Liebe.«[18] Dann werden eine ganze Reihe Tücher, Seifen und Deos empfohlen, die sicherstellen sollen, dass eine Frau die Straße entlanggehen kann, ohne dass rechts und links die Leute scharenweise in Ohnmacht fallen.

Die schonungslose und beleidigende Art dieser alten Anzeigen mag schockieren, aber das Geschäft mit Vaginaldeos boomt noch heute. Die Marketingstrategie ist mittlerweile vielleicht ein wenig zurückhaltender und liegt nicht mehr darin, die jungen Frauen davor zu warnen, dass ihre Männer sie verlassen, wenn sie sich nicht untenrum wundgeschrubbt und einen Lufterfrischer installiert haben, aber mit diesen Produkten wird nach wie vor Geld verdient, indem man den Kundinnen einredet, ihre Vulven benötigten irgendeine Art Spezialreinigung, die nur dieses Produkt bereitstellen könnte – und das stinkt doch zum Himmel.

Ein Wort, das immer und immer wieder auftaucht in diesen Anzeigen, ist *dainty* (zierlich, verspielt, anmutig). Frauen brauchen Spülungen, um ihre »anmutige weibliche Anziehungskraft« zu behalten, »anmutig zu bleiben« und »Anmut zu bewahren«. Der Gedanke, dass eine Frau all ihren vaginalen Duft loswerden soll, um »weiblich« und »anmutig« zu sein, ist entlarvend. Nichts ist sexy an »anmutig«. Vulven sind nicht anmutig. Sie können einen ganzen Penis verschlucken und ein Baby ausspucken. Sie sind blutig, verschwitzt, klebrig, behaart, sie sind Sitz unglaublicher Freuden, und ihr natürlicher Geruch steht in direktem Zusammenhang mit Sex. Ich vermute mal, das ist es, was wir so lange schon wegzuwaschen versuchen. Eine »anmutige« Frau ist keine sexuelle Frau. Ihre Muschi wird nicht nach Sex riechen, sondern nach Möbelpolitur und Petits Fours. Der verzweifelte Wunsch nach keimfreien, geruchlosen Genitalien kommt von der Angst davor, ein sexuelles Wesen zu sein oder als solches wahrgenommen zu werden. Eine Vulva braucht keinen Abflussreiniger, um sauber zu sein. Sie muss auch nicht unter den Wasserwerfer, bevor man mit ihr sicher das Haus verlassen kann. Schließt Frieden mit euren Gerüchen, denn sie wissen, was sie tun.*

* Im Ernst, lernt euren Geruch kennen, denn eine plötzliche Geruchsveränderung kann auf eine vaginale Infektion wie bakterielle Vaginose hindeuten. Da braucht es dann keine Spülung, sondern vielleicht einen Termin bei Gynäkologe oder Gynäkologin.

SEX
UND
FORTPFLANZUNG

Französische Briefe, englische Regenmäntel und die Waren der Mrs Phillips

Eine Geschichte des Kondoms

Obwohl Kondome den wirkungsvollsten Schutz vor Schwangerschaften und sexuell übertragbaren Krankheiten (STI, *sexually transmitted infections*) darstellen, müssen sie sich viel Spott gefallen lassen. Selbst in Ländern, in denen man beliebig viele von ihnen bekommt, werden sie oft als notwendiges Übel angesehen oder gar nicht erst benutzt. 2017 ergab eine YouGov-Umfrage unter 2700 sechzehn- bis vierundzwanzigjährigen Brit*innen, dass fast die Hälfte (47 Prozent) der sexuell aktiven jungen Menschen beim ersten Mal mit neuem/r Partner*in kein Kondom verwendeten. Einer von zehn sexuell aktiven Menschen zwischen achtzehn und fünfundzwanzig gab sogar an, noch nie ein Kondom benutzt zu haben.[1] 2017 wurden 7137 Fälle von Syphilis in England verzeichnet, 20 Prozent mehr als 2016 und schockierende 148 Prozent mehr als 2008. Auch die Tripper- oder Gonorrhö-Zahlen steigen in Großbritannien; 2017 wurden 44 676 Fälle gemeldet, 22 Prozent mehr als 2016.[2]

Ja, ich weiß. Kondome sind Fummelkram, sie können die Empfindung beeinträchtigen und den Penis aussehen lassen wie Bratwurst in Frischhaltefolie. Aber ein ordentlicher Tripper oder eine ungewollte Schwangerschaft sind mit Sicherheit um einiges schlimmer, warum also sind so viele Menschen so widerwillig, wenn es ans Einpacken geht? Ich glaube, einer der Gründe sind Antibiotika und Virostatika, die uns glücklicherweise heute eine gewisse Sicherheit bieten. Unbehandelt können Tripper und Chlamydien natürlich weiterhin unfruchtbar machen, Herpes ist nicht heilbar, und HIV bedeutet nach wie vor einen Einschnitt ins Leben (wenn auch bei korrekter Medikation keinen lebensbedrohlichen mehr). Damit möchte ich die Gefahr von STI nicht kleinreden, nur darauf hinweisen, dass der Großteil der Infektionen bei rechtzeitiger Behandlung gut in den Griff zu kriegen ist und einem nichts weiter abverlangt als eine Antibiotikabehandlung und ein paar unangenehme Anrufe bei vergangenen Partner*innen. Diesen Luxus hatten unsere Ahnen nicht.

Allerdings könnte das bald nicht mehr der Fall sein. Die sogenannte »Super-Gonorrhö« ist auf dem Vormarsch, ein multiresistenter Erregerstamm der Krankheit, darüber hinaus wurden Antibiotikaresistenzen sowohl bei Chlamydien als auch bei Syphilis beobachtet.[3] Wenn die Entwicklung alternativer Behandlungsmethoden nicht gelingt, könnten wir uns bald in der präantibiotischen Welt der Geschlechtskrankheiten wiederfinden, und das ist kein schöner Ort.

Seit die Menschen Sex miteinander haben, hat es Methoden gegeben, Schwangerschaften und Krankheiten zu vermeiden, indem der Penis während des Geschlechtsverkehrs eingepackt wurde. Es gibt zahlreiche Hinweise, die diese Praxis für das Altertum belegen.*

* In einer Höhle in Frankreich, bekannt als Grotte des Combarelles, gibt es Malereien, die auf etwa 11.000 v. Chr. datiert werden und laut einiger Archäolog*innen die Verwendung von Kondomen darstellen, wenn diese Interpretation auch sehr unterschiedlich aufgenommen wird. Louis Capitan und Henri Breuil, »Figures Préhistoriques de La Grotte des Combarelles (Dordogne)«, *Comptes rendus des Séances de l'Année – Académie des Inscriptions et Belles-Lettres*, 46.1 (1902), S. 51–56, <https://doi.org/10.3406/crai.1902.17072>.

Die Legende um König Minos von Kreta zum Beispiel erzählt von Antoninus Liberalis irgendwann um das 2. nachchristliche Jahrhundert herum, berichtet von dessen Königin Pasiphae, die nicht empfing, weil der Samen des Königs voll von Skorpionen und Schlangen war. König Minos wurde geraten, Verkehr mit einer anderen Frau zu haben, davor aber die Blase einer Ziege in ihrer Vulva zu platzieren, die den vergifteten Samen auffangen sollte. Als der König erst einmal alles rausgelassen hatte (sozusagen), durfte er mit seiner Frau schlafen und ihr einen Haufen gesunder, skorpionfreier Babys machen.[4] Rein technisch gesehen ist das eher ein Hinweis auf das, was wir heute Femidom oder Frauenkondom nennen, aber die Geschichte zeigt vor allem, dass es das Wissen um den Einsatz tierischer Membranen zur Vermeidung des Austauschs von Körperflüssigkeiten gab.

Im Grab des Pharaos Tutanchamun, der Ägypten von etwa 1332 bis 1323 v. Chr. regierte, wurden Leinenhüllen von der Länge eines Fingers entdeckt, die Schnüre besaßen, mit denen man sie befestigen konnte.[5] Diese Hüllen werden heute im Ägyptischen Museum in Kairo als »Kondome« ausgestellt, was sie zu den ältesten bekannten Beispielen für Präservative auf der ganzen Welt machen würde.[6] Es ist jedoch ganz und gar nicht gesichert, dass es sich bei diesen Objekten um Kondome handelt, sie könnten auch Bestandteile irgendeines rituellen Gewandes sein. Es gibt auch sonst keine Beweise, die die These des Kondomgebrauchs im Alten Ägypten stützen könnten, obgleich es viele Hinweise darauf gibt, dass es Empfängnisverhütung gab. Die medizinischen Papyri aus Lahun (um 1825 v. Chr.) zum Beispiel erwähnen keine Kondome, es wird dort aber ein Verhütungspessar empfohlen, das aus Krokodilkot und Honig hergestellt und vor dem Sex in die Vulva eingeführt wurde.[7] Interessanterweise hat dieses Gebräu dank seines hohen Säuregehalts wohl tatsächlich zum Absterben der Spermien geführt, ich würde es aber dennoch nicht zur Nachahmung empfehlen.

Der früheste gesicherte Beweis für ein Verhütungsmittel, das einem Kondom ähnelt, liefert die Arbeit des italienischen Mediziners Gabriele Falloppio (1523–1562). Falloppio war einer der vielen Ärzte, die im 16. Jahrhundert verzweifelt versuchten, den Vormarsch der Syphilis in Europa zu stoppen.* Er hatte verstanden, dass die »französische Krankheit«, wie er sie nannte, durch Sex übertragen wurde, und entwickelte eine Stoffhülle, die über die Peniseichel gezogen wurde, um eine Übertragung zu verhindern. Falloppios Hülle musste mit einer Mischung aus Wein, Quecksilber, Asche, Salz und Holzspänen getränkt werden. Entscheidend ist, dass Falloppio diesen Wickel nach dem Sex angelegt wissen wollte, er rät nicht dazu, ihn während des Verkehrs zu benutzen. Die Idee war, dass diese Mischung den Penis reinigen und vor einer Infektion schützen würde. Falloppio behauptete kühn, er hätte über tausend Soldaten darin unterwiesen, wie man sein Kondom benutze, und keiner von ihnen hätte sich mit Syphilis angesteckt.[8] Da Falloppios Umschlag erst nach dem Sex zum Einsatz kam, war er natürlich nutzlos, trotzdem handelt es sich hier um einen der frühesten Berichte von der Praxis, den Penis einzupacken, um sich vor Infektionen zu schützen.

Andere »Behandlungsmethoden« bei Syphilis im 16. Jahrhundert bestanden in Bedampfung, Räucherung, Guajakholz (zermahlen und getrunken oder auf die Haut gerieben) und, natürlich, Queck-

* Über den Ursprung der Syphilis wird unter Historiker*innen intensiv diskutiert. Es geht darum, ob die Krankheit als Erstes 1493 durch Kolumbus' Flotte auf dem amerikanischen Kontinent aufgeschnappt wurde oder schon viel länger unterwegs gewesen war. Es wird vermutet, dass die Syphilis im 15. Jahrhundert zu der zerstörerischen, hochansteckenden Krankheit mutierte, die die Welt verwüstete. Fernando Lucas de Melo et al., »Syphilis at the Crossroad of Phylogenetics and Paleopathology«, *PLOS Neglected Tropical Diseases*, 4.1 (2010), e575, <https://doi.org/10.1371/journal.pntd.0000575>.

silber – eingenommen, gespritzt oder direkt auf die wunden Stellen aufgetragen.

Quecksilber wurde bei Hautkrankheiten eingesetzt, seit Guy de Chauliac dessen Verwendung im Jahr 1363 empfohlen hatte, um Krätze zu behandeln.[9] Vielleicht gab es eine gewisse Wirksamkeit beim Ausbrennen der syphilitischen Hautwunden, gleichzeitig war das aber eine hochgiftige Angelegenheit, die zu allen möglichen neurologischen Problemen, zu geschwollenem Zahnfleisch, vergammelten Zähnen und Haarverlust führte.

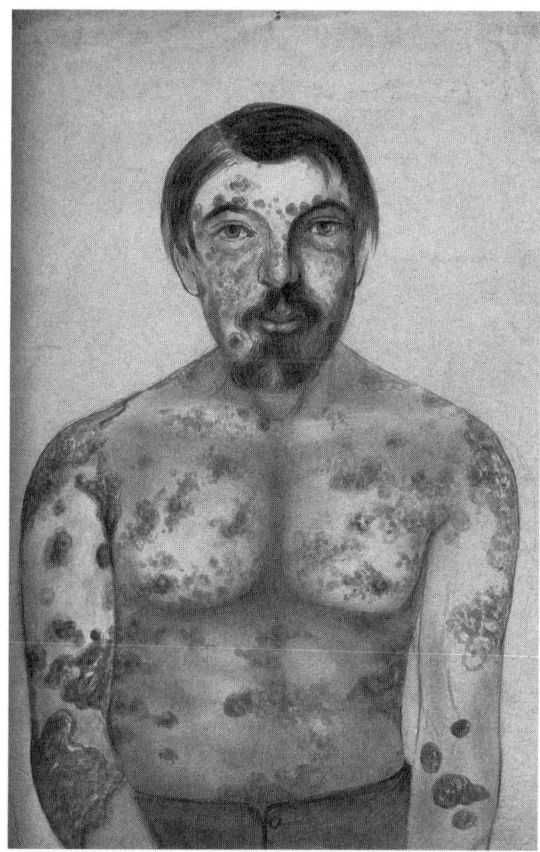

Dieses Aquarell von C. D'Alton aus dem Jahr 1866 zeigt einen Mann, der an Schuppenflechte und möglicherweise Syphilis leidet. Auf der Rückseite steht: »Verlauf [der primären Syphilis] eher undurchsichtig; Ausschlag an Armen und Schultern einfache Schuppenflechte – Gesicht und Brust ausgesprochen kupferfarben und syphilitisch.«

Warum sollte also jemand bereit sein, eine derart scheußliche Behandlung über sich ergehen zu lassen? Weil die Krankheit ganz einfach noch schlimmer war. Der italienische Chirurg Giovanni da Vigo (um 1450–1525) beschreibt den Verlauf von Syphilis in *De Morbo Gallicus* von 1514.

> Die Ansteckung, die sie verursacht, erfolgt besonders durch den Koitus: Das heißt, durch den geschlechtlichen Verkehr zwischen einem gesunden Mann und einer kranken Frau oder umgekehrt […] Die ersten Symptome dieser Krankheit erscheinen fast ausnahmslos auf den Geschlechtsorganen, also auf dem Penis oder der Vulva. Es sind kleine eitrige Pickel von vornehmlich bräunlicher oder bläulicher, manchmal schwarzer, manchmal leicht blässlicher Farbe. Diese Pickel sind umgrenzt von einer schwielenartigen Erhöhung […] Später erscheinen eine Reihe neuer Vereiterungen auf den Genitalien […] Dann wird die Haut langsam von schorfigen Pickeln überzogen oder aber mit erhabenen Knötchen, die an Warzen erinnern […] Etwa eineinhalb Monate nach Auftreten der ersten Symptome werden die Erkrankten von Schmerzen heimgesucht, die ihnen Schreie des Elends abringen […] Noch sehr viel später (ein Jahr oder sogar noch länger nach den oben beschriebenen Komplikationen) tauchen bestimmte szirrhöse Geschwüre auf, die schreckliches Leid verursachen.[10]

In den späteren Stadien greift die Syphilis Gehirn und Gesichtsgewebe an und führt zu Knochenveränderungen. Eine wirklich grausige Krankheit, und sie war zu Recht gefürchtet. So nutzlos Falloppios Kondome auch waren, bedenkt man die Alternative, wird deren Attraktivität nachvollziehbar.

Bald wurden Falloppios Leinenhüllen durch solche aus Tierdärmen ersetzt, die während des Geschlechtsverkehrs getragen

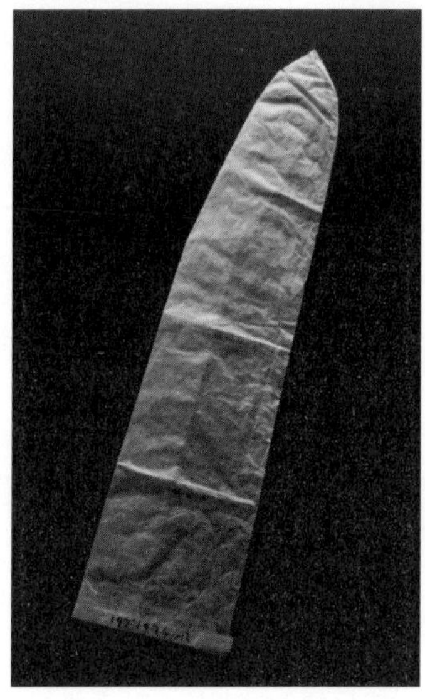

Dieses Kondom ist von ungefähr 1900 und besteht aus einem Tierdarm, genauer dem Blinddarm.

wurden.* Diese frühen Kondome wurden meistens aus Schafdärmen hergestellt, aber auch Hüllen aus Fischblasen kamen zum Einsatz. Der Darm wurde auf die richtige Größe zugeschnitten und getrocknet, um dann in Milch oder Wasser eingeweicht zu werden. Man befestigte ihn mit Schleifen oder Schnüren am Penis, wusch ihn nach dem Sex aus und verwendete ihn erneut – mehrfach.

Die Herstellung eines Kondoms aus Schafgedärm wird in Robley Dunglisons *New Dictionary of Medical Science and Literature* von 1833 beschrieben.

* Bei einer Ausgrabung am Dudley Castle in den Achtzigerjahren wurde ein Abort entdeckt, der während der Zerstörung der Verteidigungsanlagen der Burg im Jahr 1647 verschüttet worden war. Darin fand man die Überreste von zehn Tierdarmkondomen – der erste materielle Beweis für die Existenz dieser Kondome in Europa. Fahd Khan et al., »The Story of the Condom«, *Indian Journal of Urology*, 29.1 (2013), S. 12, <https://doi.org/10.4103/0970-1591.109976>.

> Der Blinddarm eines Schafes wird für einige Stunden in Wasser eingeweicht, dann von innen nach außen gestülpt, wieder eingeweicht in schwacher Alkalilauge, die alle zwölf Stunden ausgewechselt wird, dann vorsichtig abgekratzt, um die schleimige Membran abzutrennen und Peritonealhaut und Muskelschichten Schwefeldampf auszusetzen, danach mit Seife und Wasser gewaschen. Dann aufgeblasen, getrocknet, auf eine Länge von siebzehn bis zwanzig Zentimeter zugeschnitten und am offenen Ende mit einem Band versehen. Vor dem Koitus wird er über den Penis gezogen, um Geschlechtskrankheiten und Schwangerschaften zu verhindern.[11]

Solche Kondome waren es, über die unser Lieblingscasanova John Wilmot, Earl of Rochester, in seinem feierlichen Pamphlet *A Panegyric upon Cundum* 1667 schrieb. Als durch und durch verkommener Schwerenöter, der er war, frohlockte Rochester bei der Aussicht, so viel Sex mit so vielen »unanständigen Geschöpfen« haben zu können, wie er wollte, ohne dabei »quälende Geschwüre« oder »den dicken Bauch und das brüllende Balg« zu riskieren.

> Glücklich ist der Mann, der in seiner Tasche,
> Ob mit grünem oder scharlachrotem Band gebunden,
> Ein gut gearbeitet Kondom trägt – Er muss nicht fürchten
> Die Schrecken von Schanker oder Peniskrümmung oder grässlicher Leistenbeulen![12]

Rochester hätte ein »gut gearbeitet Kondom« bitter nötig gehabt, denn er starb 1680 mit Wunden und Geschwülsten übersät an Syphilis, mit gerade einmal dreiunddreißig Jahren.

Der schottische Biograf James Boswell (1740–1795) vertraute bei seinen beachtlich zahlreichen sexuellen Abenteuern ebenfalls auf das Schafdarm-Kondom. Er nennt Kondome in seinem Tagebuch »Maschinen«, »Hüllen« und seine »Rüstung«.*

> 17. Mai 1763
> Ich habe ein frisches, liebenswürdiges Mädchen namens Alice Gibbs aufgegabelt. Wir gingen einen Weg entlang zu einem gemütlichen Plätzchen, dort holte ich meine Rüstung hervor, aber sie bettelte, ich möge sie nicht anlegen, weil das Vergnügen ohne viel größer sei und von ihr keine Gefahr ausginge. Ich war leichtsinnig genug ihr zu vertrauen und hatte eine sehr angenehme Begegnung.[13]

Einer der vielen Nachteile des Schafdarm-Kondoms bestand darin, dass es bei Nichtbenutzung austrocknete und eingeweicht werden musste, damit es geschmeidig genug war, um es über den Penis ziehen zu können. In einem Tagebucheintrag vom 4. Juni 1763 beschreibt Boswell, wie er sein Kondom hektisch in den Kanal tauchen musste, bevor er Sex mit einem »gewöhnlichen Schmetterling« haben konnte, den er im Park aufgerissen hatte. Trotz des Vorfalls stellt Boswell klar, seine Performance sei »höchst mannhaft« gewesen.[14] Mannhaft war Boswell vielleicht, aber nicht gerade ein Glückspilz. Trotz Rüstung holte er sich mindestens neunzehnmal einen Tripper.[15] In seinem Tagebuch nennt er die wiederholt auftretende Infektion »Signor Gonorrhö«.[16] Es ist gut möglich, dass diese beliebten frühen Kondome die Verbreitung von STI befördert haben, weil sich deren Träger in Sicherheit wiegten und keine weiteren Vorsichtsmaßnahmen ergriffen.

Im 18. Jahrhundert waren Kondome als Verhütungsmittel und als

---

* Es wird oft behauptet, es wäre nach einem »Dr. Condom« oder »Colonel Condom« benannt worden, dafür gibt es aber keinerlei Beweise. Oxford English Dictionary, oed.com, 2018, <www.oed.com/view/Entry/38587?redirectedFrom=condom#eid> [Aufgerufen am 15. August 2018].

Schutz vor Krankheiten ein Riesengeschäft. Wer damals in London Kondome brauchte, ging wahrscheinlich zum Green Canister in die Half Moon Street und fragte entweder Mrs Phillips oder deren Nachfolgerin Mrs Perkins nach einem ihrer »feinen Apparate«.[17]

Die Briten exportierten ihre Kondome in die ganze Welt, und obwohl sie sie selbst »französische Briefe« nannten, waren sie andernorts als »englische Regenmäntel« bekannt.[18] Casanova nannte Kondome *redingote anglaise* (»englischer Gehrock«) oder *vêtement anglais qui met l'âme en repos* (»englisches Kleidungsstück, das der Seele Frieden bringt«).[19] Obwohl Casanova Kondome nicht mochte, erkannte er deren Wert und weigerte sich, »Ware« von geringerer Qualität zu benutzen: »Ich habe das, welches sie mir anbot, nicht akzeptiert, denn es schien mir ein minderwertiges Fabrikat zu sein.«[20] Leider bewahrte ihn das nicht davor, sich viermal mit Gonorrhö, fünfmal mit weichem Schanker und außerdem mit Syphilis und Herpes anzustecken.[21]

Richard Carlile (1790–1843), ein früher Kämpfer im Einsatz für allgemeines Wahlrecht, schrieb 1826 in *Every Woman's Book; or, What is Love?* über die allgemeinen Methoden zur Empfängnisverhütung. Carlile berichtet, viele Frauen »führen in ihre Vagina ein Stück Schwamm ein, so groß, dass es noch leicht aufgenommen werden kann, an das sie vorher eine Spule oder etwas schmales Band befestigt haben, um es wieder herausziehen zu können; in den meisten Fällen stellt sich dies als empfängnisverhütend heraus […]«.

NUMBER XVI.

MARY PERKINS, ſucceſſor to Mrs. Philips, at the Green Caniſter in Half-moon-ſtreet, oppoſite the New Exchange in the Strand, London, makes and ſells all ſorts of fine machines, otherwiſe called C———MS.

Dulcis odor lucri ex re quâlibet.
De quel coté le gain vient.
L'odeur en eſt toujours bonne.

Alſo perfumes, waſh-balls, ſoaps, waters, powders, oils, eſſences, ſnuffs, pomatums, cold cream, lip-ſalves, ſealing-wax.—N. B. Ladies' black ſticking-plaiſter.

Ein Aushang für Mary Perkins' Londoner Kondomgeschäft. Aus Francis Grose' *Leitfaden für Gesundheit, Schönheit, Reichtum und Ehre,* 1785.

Er beschreibt außerdem die Verwendung von Kondomen als weitere mögliche Verhütungsmethode:

> Eine davon ist es, die Haut zu tragen, oder was man in Frankreich *baudruche* und in England gemeinhin *den Handschuh* nennt.
> Sie werden in Bordellen in London verkauft, von der Bedienung im Wirtshaus und von manchen Frauen und Mädchen in der Umgebung öffentlicher Plätze wie Westminster Hall etc.[22]

Tierdarmkondome waren teuer, nicht leicht zu handeln und oft funktionierten sie nicht – als Charles Goodyear (1800–1860) im Jahr 1839 also vulkanisiertes Gummi erfand, revolutionierte das die Kondomindustrie und führte 1855 zur Produktion der ersten Gummikondome. Sie waren wiederverwendbar und mussten angepasst werden, aber sie schützten erfolgreich vor Schwangerschaft und sexuell übertragbaren Krankheiten – genau wie vor jeglicher Empfindung.

In den USA wurde der Vertrieb von Kondomen stark durch den Erlass der Comstock-Gesetze im Jahr 1873 behindert. Diese verboten »jedwede Medikamente oder sonstige Artikel, etwa zur Schwangerschaftsverhütung« mit der Post zu befördern. 1876 wurden die Comstock-Gesetze inhaltlich angepasst:

> Jedes obszöne, anstößige oder lüsterne Buch, Pamphlet, Bild, jeder Artikel, jede Schrift, jeder Druck oder jede Veröffentlichung unanständiger Natur und jeder Artikel oder Gegenstand, der zur Empfängnisverhütung oder Abtreibung hergestellt wurde, und jeder Artikel oder Gegenstand für jedweden unanständigen oder unmoralischen Gebrauch und jede geschriebene oder gedruckte Karte, jede Wurfsendung, jedes Buch, Pamphlet, Werbeschreiben, jede Anzeige egal welcher Art, die direkt oder indirekt Informationen

> darüber enthält, wo oder wie oder von wem oder mit welchen Mitteln irgendwelche der hier erwähnten Angelegenheiten, Artikel oder Gegenstände erhalten oder hergestellt werden können, und jeder Brief und jede Karte mit einem Umschlag mit unanständigen, anstößigen, obszönen oder lüsternen Skizzen, Namen, Bezeichnungen oder Sprache, ob geschrieben oder gedruckt, werden hiermit zu nicht postversandfähigen Gegenständen erklärt und dürfen weder per Post verschickt noch von irgendeinem Postamt oder irgendeinem Briefträger zugestellt werden.[23]

Die Verordnung trägt den Namen ihres bekanntesten Verfechters, Anthony Comstock (1844–1915), ein strenggläubiger Christ, der schockiert war über die Verbreitung von Sexarbeit und Verhütungsmitteln in New York. Die Comstock-Gesetze hielten die Menschen nicht davon ab, Sex zu haben, sie machten es nur schwieriger, sicheren Sex zu haben. Aber die USA waren nicht das einzige Land, das einen Kondom-Bann verhängte. In Irland verbot es der Indecent Advertisements Act ab 1889, Kondome zu bewerben, und blieb bis 1980 in Kraft. Belgien erlaubte bis 1973 ebenfalls keine Werbung für Kondome.[24] Und Boots, die größte Apothekenkette Großbritanniens, unterband 1920 den Verkauf von Kondomen mit der Begründung, man wolle nicht, dass die Mitarbeitenden »Unannehmlichkeiten« hätten. Das blieb noch bis 1960 so.[25]

In den Zwanzigerjahren dann wurden Latexkondome entwickelt. Sie wurden massenproduziert, waren erschwinglich und glücklicherweise für den einmaligen Gebrauch vorgesehen. Nach den STI-Ausbrüchen innerhalb der Alliiertentruppen im Ersten Weltkrieg gehörten Latexkondome im Zweiten Weltkrieg zur Standardausstattung aller Rekruten.

Das US-Militär startete eine offensive Kampagne zur »sexuellen Hygiene« in dem Versuch, seine Truppen STI-frei zu halten. Die

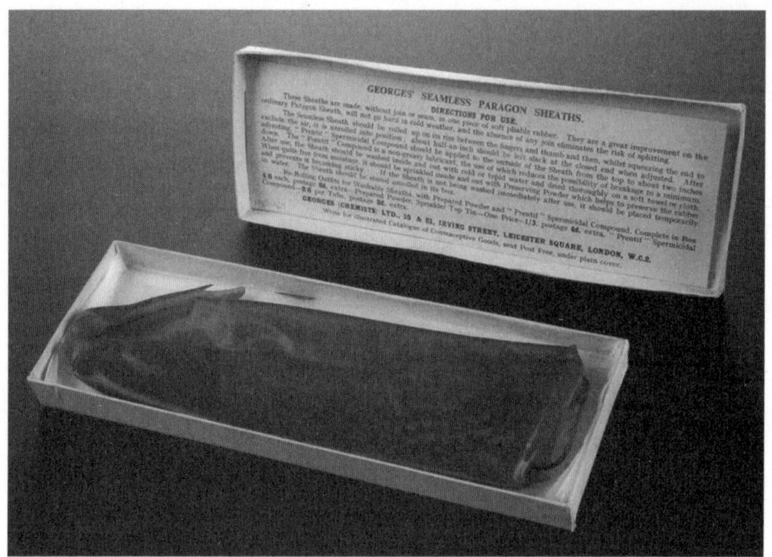

Wiederverwendbares »Paragon«-Gummikondom, London, um 1950. Diese Kondome wurden ausgewaschen und wiederverwendet.

Entwicklung des Penicillins in den Vierzigerjahren machte es zum ersten Mal möglich, Infektionen wie Syphilis, Gonorrhö und Chlamydien zu heilen. Dennoch blieb die STI-Rate während des Zweiten Weltkriegs extrem hoch, was vermuten lässt, dass es die Truppen nicht ganz so genau mit dem Einpacken nahmen. Doch das Kondom selbst und die es begleitenden Botschaften wurden langsam zum Allgemeingut.

Mit der Erfindung der Antibabypille 1960 und mithilfe von Antibiotika, die die meisten Geschlechtskrankheiten zu heilen vermochten, ging der Kondomgebrauch zurück.[26] Erst mit der Entdeckung von AIDS in den Achtzigerjahren rückte es wieder in den öffentlichen Fokus. Trotz des Widerwillens von Regierungen, über Safer Sex oder schwulen Sex zu reden, wurden sie von der Gesundheitskrise dazu gezwungen, darum stand der Gebrauch von Kondomen

Dieses Plakat ermahnte die Soldaten im Zweiten Weltkrieg, dass selbst dem perfekten Mädchen von nebenan nicht zu trauen ist.

bald im Zentrum jeder Safer-Sex-Kampagne, und so ist es auch heute noch.[27]

Kondome waren nie billiger, angenehmer zu tragen, weniger stigmatisiert oder effektiver als heute. Falls irgendwer euch gegenüber jemals Einwände gegen sie erheben sollte, erinnert an James Boswell, wie er sich mit einem Schafdarm über seinem tropfenden Penis über halb London hermachte, oder an Kondome aus Leinen und Bändern oder an die ersten vulkanisierten (wiederverwendbaren) Kautschukkondome, die so dick wie Gummistiefel waren. Und wenn das immer noch nicht hilft, erinnert sie an die wirklich fürchterlichen, entstellenden Krankheiten, die zu vermeiden unsere Vorfahren alles Erdenkliche taten (außer auf Sex zu verzichten, offensichtlich). Dankt euren Schutzengeln, und bitte, um es mit dem Komiker Spike Milligan zu sagen, tragt Kondome, wann immer es nötig ist.*

* Der Originalausspruch lautet: »Contraceptives should be used on every conceivable situation« (Anm. d. Ü.).

Quengler zum Schweigen bringen

Abtreibungen im England des 18. Jahrhunderts

Die alte Amme aber rief sie zu sich in den Raum,
hatte Raute gesammelt und Blüten gepflückt vom Sadebaum
und vom Kampfer, von Bergminze und Dill.
Edmund Spenser, *The Faerie Queene*[1]

William Buchans *Domestic Medicine* von 1769 war ein medizinischer Superhit. Das Buch verkaufte sich über achtzigtausendmal, wurde in mehrere europäische Sprachen übersetzt und für das empfängliche Publikum bis weit ins 19. Jahrhundert hinein wieder aufgelegt. Buchan schrieb, er habe sein Werk mit dem aufrichtigen Wunsch verfasst, die wohlmeinenden Bemühungen zu unterstützen […] Not zu lindern; um gefährliche und schädliche Vorurteile zu beseitigen; um die Unwissenden und Leichtgläubigen vor den Betrügereien und Täuschungen durch Quacksalber und Blender zu schützen«.[2] *Domestic Medicine* behandelt jedes erdenkliche Thema, von Nasenbluten und Geschwüren bis hin zu Krupphusten und Wasserkopf. Im Kapitel über Schwangerschaft stellt Buchan die Ursachen und Gefahren von Fehlgeburten dar und verurteilt Frauen, die ihre Schwangerschaft absichtlich beenden:

> Jede Mutter, die sich für eine Abtreibung entscheidet, setzt damit ihr Leben aufs Spiel; und trotzdem gehen nicht eben wenige dieses Risiko ein, nur um die Mühen der Geburt und des Großziehens von Kindern abzuwenden. Es ist ganz gewiss ein unnatürliches Verbrechen, das selbst bei den ärgsten Fällen Schrecken hervorruft. Bei einer ehrbaren Dame jedoch ist es umso unverzeihlicher. Die Halunken, die Tag für Tag Frauen in dieser Angelegenheit ihre Hilfe anbieten, verdienen in meinen Augen die schlimmste aller für Menschen möglichen Bestrafungen.[3]

In Großbritannien waren Abtreibungen ab 1803 illegal, als die Verabschiedung des Lord-Ellenborough-Gesetzes Schwangerschaftsabbrüche nach *the quickening* (erste Bewegung des Fötus) mit Tod oder Deportation bestrafte.[4] Ein Abbruch vor der ersten Bewegung wurde nicht als Straftat gewertet, denn Theologen und Ärzte waren sich einig, dass erst mit ihr die Beseelung des Kindes erfolgte. Bis zu diesem Zeitpunkt war die Frau quasi nicht schwanger. Eine Abtreibung danach wurde jedoch als zutiefst unmoralisch empfunden. Dr. Jean Astruc bezeichnete die »elendigen Frauen«, die eine Abtreibung anstrebten, als »wahrhaftige Schande für die menschliche Natur und Religion«. Der Anwalt Martin Madan nannte Frauen, die bei verpfuschten Abtreibungen starben, »doppelt schuldig an Selbstmord und Kindesmord«, und wenn Ehefrauen sich Tabletten beschafft hatten, um einen Schwangerschaftsabbruch herbeizuführen, wurde das in einer ganzen Reihe von Scheidungsverfahren im 18. Jahrhundert als gültiger Scheidungsgrund angeführt.[5]

Wie das vorangegangene Kapitel gezeigt hat, waren im 18. Jahrhundert einfache Verhütungsmittel erhältlich, von volkstümlichen Kurpfuschereien bis hin zu Methoden, die zumindest einen eingeschränkten Schutz boten. Die Rauszieh-Methode ist so ein althergebrachtes, wenn auch vollkommen unzuverlässiges Mittel. Tierdarmkondome, die ausgespült und wiederverwendet wurden, standen seit dem 16. Jahrhundert zur Verfügung. Casanova schreibt in seinen Memoiren, er benutze ein Leinenkondom und eine ausgepresste Zitronenhälfte als eine Art Diaphragma.[6] Seit Urzeiten wurden nach dem Sex Vaginalspülungen vorgenommen, die das Sperma wegwaschen und damit Schwangerschaften verhindern sollten.[7]

Ein Ukiyo-e-Holzschnitt aus Japan mit einer Warnung vor Abtreibung. Spätes 19. Jahrhundert.

Krankheiten, Mangelernährung und eine allgemein schlechte Gesundheitslage ließen die Geburtenrate sinken, aber ungewollte Schwangerschaften gab es dennoch ausreichend. Wurde eine Frau schwanger, konnten Scham, Umstände, Armut und eine Million andere Gründe dazu führen, dass sie diese Schwangerschaft beenden wollte.

Im Großbritannien des 18. Jahrhunderts mag Abtreibung (nach der ersten Bewegung) zwar noch nicht illegal gewesen sein, wurde aber mit Sicherheit als zutiefst schändliche Tat angesehen, deren Praxis weitgehend im Dunkeln liegt. Der Mangel an Nachweisen macht die Untersuchung der Abtreibungsgeschichte sehr schwierig. Gerichtsakten erzählen die Geschichten von Frauen, die bei ver-

FRENCH PERIODICAL PILLS.

Warranted to have the desired effect in all cases.

THESE Pills contain a portion of the only article in the whole meteria medica, which can regulate the system and produce the monthly turns of females that can be taken, without hazarding life, and this article is not to be found in any of the pills or nostrums which are pictured forth so largely in the papers of the day. It has frequently occurred that the unhappy patient has by the use of these pills and nostrums given nature such a shock that they have never since enjoyed health, and they never can. It seems that they are got up and advertised merely for the object of making money, regardless of the consequences, and the venders are usually considered beneath responsibility, by all who know them.

The French Periodical Pills are the result of thn combined knowledge and experience of some of the oldest and most distinguished physicians of Europe, and have been used by females embracing the gentility and most of the nobility of France, for the last twenty-three years. To eulogize their virtues would not add to their merits. We will only say TRY THEM, and if they do not prove to be what they are here represented to be, your money shall be refunded.

They contain no medicine detrimental to the constitution, but restore all debilitated constitutions to their wonted energy and healthfulness by removing from the system every impurity.

The only precaution necessary to be observed is ladies married should not take them if they have reason to believe they are enciente, as they are sure to produce a miscarriage, almost without the knowledge of the patient, so gentle yet active are they,

All letters to be directed to DR. L. MONROE, U. S, Agent and Importer. No 58 Union street, Boston.

N. B. The above Pills can only be obtained at 58 Union street, all sold elsewhere in Boston, are counterfeit, and only calculated to deceive.

N. B Full directions accompanying the Pills.

Anzeige von Dr. L. Monroe in der *Boston Daily Times* für die »Französischen periodische Pillen« zur Regulierung der Menstruation von Frauen im Jahr 1845. Die Anzeige rät dass »verheiratete Damen sie nicht nehmen sollten, wenn sie Grund zur Annahmen haben, sie seien schwanger, da sie sicher eine Fehlgeburt erleiden würden.«

pfuschten Abtreibungen starben, und von denjenigen, die wegen des Versuchs vor Gericht landeten. Ärzte und Hebammen wollten nicht ihren Hals riskieren, indem sie Anleitungen für eine Abtreibung zu Papier brachten oder die Informationen dazu lieferten, welche Kräuter und Elixiere einen Abbruch einleiteten. Man bemühte sich in diesen Texten vielmehr einer verschleiernden Sprache und wies die Lesenden lediglich auf die abtreibenden Eigenschaften einer Pflanze hin.

So eine Schrift listete zum Beispiel Pflanzen auf, die eine Fehlgeburt auslösen konnten, und versah sie mit der Warnung: »Nicht einzunehmen bei Schwangerschaft«, genauso verfuhr man mit »legalen Rauschmitteln«, die als »Forschungschemikalien« und mit »nicht zum Verzehr geeignet« ausgezeichnet wurden, um dem Gesetz ein Schnippchen zu schlagen. Werbeanzeigen für »monatliche Frauentabletten« und »Heilmittel« bei »menstrualer Verstopfung« können als Werbung für Verhütungs- und Abtreibungsmittel gelesen werden. In *English Sexualities* (1990) behauptet Tim Hitchcock:

> Während der Frühen Neuzeit waren Rezepte für Medizin, die die Menstruation wieder einsetzen ließ oder sie regulierte, ganz gewöhnlicher Bestandteil jedes Kräuter- oder Kochbuchs, und sie konnten ganz gewiss in jeder örtlichen Apotheke erstanden werden.[8]

Frauen, die sich um eine Abtreibung bemühten, fingen natürlich bei der risikoärmsten Methode an und steigerten sich dann bis zur gefährlichsten. Bestimmte Kräuter wurden eingenommen, die bekanntesten darunter Sadebaum, Poleiminze, Raute und Mutterkorn. Sadebaum, eine Wacholderart, mit der Gin gewürzt wird (auch *mother's ruin* genannt), taucht in zahlreichen Gerichtsakten zu Abtreibungen seit deren Verbot 1803 auf. Martha Barrett wurde bei-

Zeichnung vom Sadebaum, 1790.

spielsweise 1829 angeklagt, eine »Menge Sadebaum zum Zwecke der Abtreibung« eingenommen zu haben.

1834 wurde William Childs wegen illegaler Abtreibung unter Anklage gestellt, weil er Mary Jane Woolf »eine große Menge eines bestimmten Medikaments, genannt Sadebaum [...] mit dem Ziel, einen Abort herbeizuführen«, gegeben hatte. 1855 wurde William Longman angeklagt, er habe »Elizabeth Eldred Astins verbrecherisch zehn Körnchen eines giftigen Dings namens Sadebaum beschafft, in der Absicht, einen Abort herbeizuführen«.[9] So geht es endlos weiter. Abtreibungsmittel wie Sadebaum und Poleiminze sind tatsächlich giftig und können, in ausreichend großer Dosis eingenommen, eine Fehlgeburt einleiten – bei zu hoher Dosis können sie aber ebenfalls die Mutter töten, und auch dies kam vor.

Wenn sich diese Methode als wirkungslos erwies (was für gewöhnlich der Fall war), blieben der Mutter nur noch zunehmend verzweifelte und gefährliche Methoden zur Abtreibung. Brühend heiße Bäder nehmen, riesige Mengen Gin trinken, Treppen runterfallen oder sich kräftig in den Bauch schlagen lassen – alles belegte Versuche, Schwangerschaften abzubrechen. Wenn auch diese nicht den gewünschten Erfolg brachten, konnte man sich chirurgische Hilfe holen.[10] Berichte von operativen Abtreibungen sind für das 18. Jahrhundert ausgesprochen selten. Einer der wenigen ist die Gerichtsakte der Eleanor Beare aus Derby von 1732. Eleanor wurde in drei Punkten angeklagt: einmal, weil sie einen Mann ermuntert habe, seine Frau zu töten, und zweifach für »die Vernichtung des Fötus im Bauch« durch das Einführen »eines eisernen Instruments« in einen Körper. Eine der beiden Frauen, die Beare behandelt hatte, war »den Geschworenen unbekannt«, die andere hieß Grace Belfort.[11] Grace Belfort hatte kurze Zeit für Eleanor gearbeitet, während dieser wurde sie von einem Gast des Hauses vergewaltigt. Grace beichtete Eleanor ihre Befürchtung, schwanger zu sein, und für dreißig Shilling (bezahlt vom Vergewaltiger), sagte Eleanor, könne sie sie von dem Kind »befreien«. Der Bericht davon, was dann passierte, ist so besonders, dass er hier in Gänze wiedergegeben werden soll.

> Zeugin: Einige Gäste gaben mir Cider und Brandy, meine Herrin und ich waren beide betrunken, und als die Gäste gegangen waren, kamen wir kaum die Treppe hoch, schafften es dann aber doch. Dann legte ich mich aufs Bett, und meine Herrin holte eine Art Instrument, das für mich aussah wie ein eiserner Spieß, und sie schob ihn mir weit in meinen Körper hinein, und es tat weh.
> Gericht: Was passierte dann?
> Zeugin: Ich blutete etwas.
> Gericht: Hatten Sie daraufhin eine Fehlgeburt?
> Zeugin: Am nächsten Tag […] hatte ich eine Fehlgeburt.
> Gericht: Was hat die Gefangene dann getan?
> Zeugin: Sie sagte mir, es sei alles erledigt.[12]

Eleanor wurde für schuldig erklärt und zu drei Jahren Haft verurteilt, außerdem musste sie für zwei Markttage am Pranger stehen. Der Mob war so aufgebracht über Eleanors Tat, dass sie den Pranger nur knapp überlebte. Berichten zufolge warfen ihr die Menschen Eier, Rüben und Steine an den Kopf, so lange, bis sie blutete und kaum noch bei Bewusstsein war. Nachdem sie versucht hatte, sich zu befreien, wurde sie zurück ins Gefängnis gebracht, nur um das Ganze am nächsten Tag zu wiederholen.[13]

Der Dichter Thomas Brown schrieb 1760 *Satire Upon a Quack*, worin er einen Abtreibungsarzt anklagt, er habe das Kind eines Freundes getötet. Das Gedicht ist ein verbitterter und ausdauernder Angriff auf den »Friedhofszuhälter«, der »ungeborne Kinder mordete im Bauche«.

NATIONAL POLICE GAZETTE.

NEW-YORK, SATURDAY, MARCH 13, 1847.

THE FEMALE ABORTIONIST.

Darstellung von Ann Lohman (alias Madame Restell), der »Abtreiberin«, in der *National Police Gazette*, 1847.

Brown verflucht den Arzt, er möge »die Schreie der Kinder« und ihrer sterbenden Mütter bis in alle Ewigkeit vernehmen, der »Narr aller Hebammen« und »nasenlosen Dirnen« sein und von den »tiefsten aller nächtlichen Schrecken« heimgesucht werden.[14] Brown bezieht sich im Gedicht auch auf die Instrumente der abtreibenden Person. Er erwähnt keinen »eisernen Spieß«, spricht aber von »unheilvollen Tränken«, »stechenden Versen«, »gespitzten Pfeilen« und einer »mordenden Feder«.[15] Jedes schmale, spitz zulaufende Werkzeug, sogar die Spitze eines Federkiels konnte als Instrument dienen, mit dem in die Fruchtblase gestochen wurde, um die »Frucht abgehen zu lassen«. Das konnten die Frauen entweder selbst tun oder sich aber von wohlmeinenden Freund*innen oder Familienmitgliedern helfen lassen. Wie viele Frauen irreparable Schäden, Verstümmelungen und Infektionen dabei davontrugen, wie viele nach diesem Vorgang starben, wissen wir nicht, aber viele waren bereit, diese Risiken einzugehen.

Wenn auch dieser Eingriff fehlschlug oder die Betroffene sich schlichtweg die Gebühr für die Abtreibung nicht leisten konnte, blieben ihr noch drei Möglichkeiten: das Kind zu behalten oder großzuziehen, das Kind auszusetzen oder das Kind nach der Geburt zu töten und den Leichnam zu verstecken.

In Francis Groses *Lexicon Balatronicum: A Dictionary of Buckish Slang, University Wit, and Pickpocket Eloquence* (1785) gibt es einen wirklich verstörenden Eintrag: »Den Quengler zum Schweigen bringen: einen Bastard töten oder ihn ins Plumpsklo schmeißen«.[16] *To stifle a squeaker*, dieser Ausdruck taucht schon ein Jahrhundert früher in *A New Dictionary of the Terms Ancient and Modern of the Canting Crew* (1698) und in verschiedenen Slangsammlungen aus dem 19. Jahrhundert auf. Dass es für Kindstötung einen eigenen Slangausdruck gab, lässt vermuten, dass diese erschreckend weit verbreitet war. Eine gewisse Christian (sic!) Russel aus der Pfarrgemeinde von St. Paul's in Covent Garden wurde 1702 für schuldig befunden, ihr uneheliches Kind getötet zu haben, indem sie es in einen Abort warf. 1703 wurde Mary Tudor angeklagt, ihren »weiblichen Bastard am letzten 18. Januar« ermordet zu haben, und zwar, indem sie »denselbigen in einen Abort warf, wo er erstickte«. 1708 wurde Ann Gardner für schuldig erklärt, ihren ebenfalls »weiblichen Bastard« getötet zu haben, indem sie ihn in einem Abort entsorgte, »wo dieser am Unrat erstickte«. Anne Wheeler wurde 1711 beschuldigt, ihren »männlichen Bastard« an einem »Ort der Erleichterung« erstickt zu haben. Elizabeth Arthur »ertränkte« ihren »männlichen Bastard« 1717 in einer Latrine, und Elizabeth Harrard wurde für schuldig befunden, ihren »männlichen Bastard« 1739 »ertränkt« zu haben – sie war eine von vier Frauen, die in jenem Jahr für den Mord an ihren unehelichen Kindern gehängt wurden.[17] So geht es weiter und weiter. Allein die Gerichtsakten von Old Bailey belegen nicht weniger als hundertvierunddreißig Verfahren wegen Kindstötung zwischen 1700 und 1800, davon deutlich überwiegend an unehelichen Kindern. Wir müssen uns klarmachen, dass das nur ein Gericht in einem Bezirk war und dass dies lediglich die Fälle derjenigen Frauen sind, die erwischt wurden. Die tatsächlichen Zahlen von Kindstötungen dahinter werden uns für immer verborgen bleiben, aber die meisten der angeklagten Frauen waren arm, unverheiratet, ohne Unterstützung und vollkommen auf sich gestellt – sie waren verzweifelt.

Eine Frau, die unverheiratet Sex hatte oder schwanger wurde, galt als »ruiniert« oder »gefallen«, was einem eine Vorstellung der Konsequenzen von Sex vor der Ehe vermittelt. War eine Frau wohlhabend genug, konnte sie einen Skandal vermeiden, indem sie sich für die Dauer der Schwangerschaft zurückzog und das Kind dann in die Obhut von Verwandten oder irgendeiner anderen Person gab, die dafür bezahlt wurde. Doch für diejenigen, die sich so etwas nicht leisten konnten, waren die Aussichten in der Tat düster. Das soziale Stigma war derart groß, dass eine werdende Mutter aus ihrem Zuhause verbannt werden oder ihre Anstellung verlieren konnte, woraufhin sie sich dann alleine in einer sehr feindseligen Welt durchschlagen musste. Schmutzige Literatur aus dem 18. Jahrhundert, wie *Fanny Hill*, liebt die Geschichte der Jungfrau, die »zur Unmoral verführt« und verlassen wird und sich schließlich verkaufen muss, um zu überleben. Die traurige Wahrheit ist, dass ein einmal »ruiniertes« oder »gefallenes« und damit nicht mehr gesellschaftsfähiges Mädchen herzlich wenig andere Möglichkeiten hatte. Sexarbeiterinnen waren zwar vertraut mit Verhütungsmethoden und Abtreibung, aber »Bordell-Babys« waren unvermeidbar. 1993 wurde im New Yorker Armenviertel Five Points ein Mietshaus aus dem 19. Jahrhundert ausgehoben. In einer der unteren Erdschichten des Abtritts fand man die reifen Skelette zweier Säuglinge, höchstwahrscheinlich Zwillinge.

Einiges deutet darauf hin, dass sich hier, in der Orange Street Nummer 12, einmal ein Bordell befunden hat. Obwohl auch andernorts die Überreste von Föten und Säuglingen in Aborten entdeckt wurden, ist der New Yorker Fall doch bemerkenswert, weil er als einziger in deutlicher Verbindung zu Prostitution steht.*

Wollte sie dem Galgen entkommen, hing das Leben einer Mutter davon ab, ob sie beweisen konnte, dass sie ihr Kind totgeboren hatte. Das Parlament hatte 1624 ein Gesetz verabschiedet, das es unverheirateten Müttern bei Todesstrafe verbot, den Tod eines unehelichen Kindes geheim zu halten, denn wenn ein Baby starb, so die Logik,

* 1973 wurden die Überreste eines Neugeborenen in einem Plumpsklo aus dem 18. Jahrhundert in Philadelphia gefunden. Fötus-Überreste wurden auch auf einem Grundstück in Minneapolis gefunden, auf dem um 1870 einmal ein Restaurant gestanden hatte. Thomas A. Crist, »Babies in the Privy: Prostitution, Infanticide, and Abortion in New York City's Five Points District«, *Historical Archaeology*, 39.1 (2005), S. 19–46.

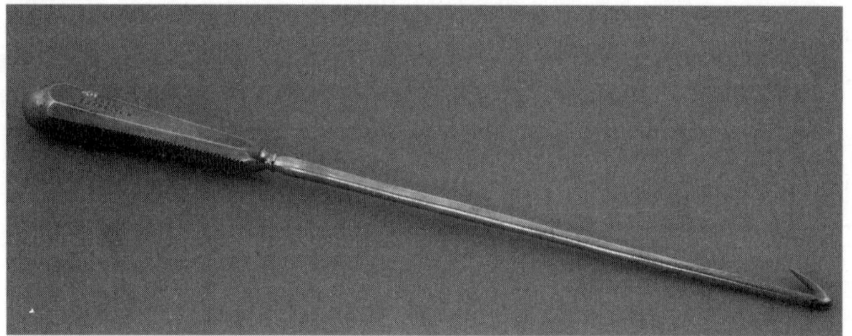

Ein hakenförmiges Instrument, mit dem der abgetriebene Fötus entfernt wurde.

musste es die Mutter getötet haben. Um zu beweisen, dass die Geburt nicht verheimlicht wurde, musste die Mutter mindestens eine Zeugenaussage vorlegen, die belegte, dass das Baby totgeboren worden war. Die Anklage musste beweisen, dass Schwangerschaft und Geburt bewusst verschleiert worden waren. Der oben erwähnten Ann Gardner wurde nachgewiesen, dass sie ihr Baby getötet hatte, weil sie keinerlei Vorkehrungen für das Kind getroffen und niemandem von ihrer Schwangerschaft erzählt hatte.

> Die Gefangene konnte nur wenig zu ihrer Verteidigung hervorbringen, es schien nicht so, als habe sie irgendwelche Vorkehrungen für die Geburt des Kindes getroffen, auch wurden keine Schreie von ihr vernommen, sie bemühte sich auch nicht, den Vorfall zu melden, so wie es das Gesetz King James' I. [das Gesetz von 1624] für diese Fälle vorsieht. Aufgrund dieser eindeutigen Beweislage befanden sie die Geschworenen einvernehmlich für schuldig im Sinne der Anklage.[18]

Das reichte, um Ann zum Tode zu verurteilen; am 15. Januar 1708 wurde sie hingerichtet.

Der Philanthrop Thomas Coram eröffnete 1739 das Londoner Foundling Hospital (Findlingsanstalt). Sein oberstes Ziel war es, den Kindern des »unglücklichen weiblichen Geschlechts, das zum Opfer der Verführungen und falschen Versprechen eines hinterhältigen Mannes« geworden und in »unheilbarer Schande« zurückgelassen worden war, einen Zufluchtsort zu bieten.[19] Man rechnete bei der Eröffnung mit zwanzig Kindern, wurde aber bald mit Anfragen überschüttet. Schlussendlich musste das Hospital die Aufnahme auf Babys unter zwei Monaten beschränken, und diese erfolgte durch ein Losverfahren. Damit Frauen ihre Kinder zu einem späteren Zeitpunkt zurückholen konnten, wurden sie am Anfang dazu ermutigt, ihr Baby mit einer Marke auszustatten, die es ihnen erlauben würde, sie dann wiederzuerkennen. Tausende von Bändern, Fingerhüten, zerbrochenen Münzen, Medaillons, Stücken von Knöpfen, Papierschnipseln und Schalen, die den Babys mitgegeben wurden, befinden sich noch heute im Foundling Hospital Museum. Von den 16 282 Babys, die zwischen 1741 und 1760 dort untergebracht waren, wurden nur 152 zurückgeholt.[20]

Als im Jahr 1967 das Abtreibungsgesetz in Großbritannien verabschiedet wurde, bat man die Hebamme Jennifer Worth um eine Einschätzung der moralischen Frage in Bezug auf Abtreibungen. Nach vierzehn Jahren, die Worth nun Zeugin der Realität von illegalen Abtreibungen gewesen war, antwortete sie, sie betrachte das Ganze »nicht als moralische Frage, sondern als medizinische Frage. Eine Minderheit an Frauen wird sich immer für eine Abtreibung entscheiden. Und darum muss es anständig gemacht werden«.[21] Heute sind die meisten unter uns so privilegiert, davon ausgehen zu können, dass sie sich niemals in einer Situation wiederfinden werden, wie es Frauen wie Ann Gardner vor über dreihundert Jahren taten: mittellos, krank, allein, stigmatisiert und schwanger, ohne Mutterschaftsrechte, medizinische Versorgung, Sicherheit und finanzielle Mittel, ein Kind großzuziehen.

Doch das Recht auf eine sichere Abtreibung ist ernsthaft in Ge-

Eine Auswahl an Marken, die Mütter bei ihren Säuglingen im London Foundling Hospital zurückließen. Die Marken sollten den Müttern dabei helfen, ihre Kinder zu identifizieren, sollte es ihnen möglich sein, sie irgendwann zurückzuholen. Die Unmengen von ihnen, die sich noch heute dort befinden, bezeugen, dass die meisten von ihnen nie zurückkamen.

Eine Metallmarke aus dem 18. Jahrhundert, die ein von seiner Mutter im London Foundling Hospital abgegebener Säugling bei sich hatte.

fahr. Während ich das hier schreibe, verabschieden die Staaten Alabama und Georgia zwei der schärfsten Antiabtreibungsgesetze in der jüngeren Geschichte der USA. Die Gesetze verbieten eine Abtreibung nach dem Einsetzen des fetalen Herzschlags. Und bis 2019 hatte Nordirland einige der strengsten Abtreibungsgesetze der Welt, mit langen Gefängnisstrafen für Frauen, die sich darüber hinwegsetzten. Während wir im Hinblick auf soziale Sicherheit, medizinische Versorgung und generell auf unsere Einstellungen zu Sex viel erreicht haben, wurzelt die Diskussion um Abtreibung noch immer tief in religiösen Moralvorstellungen, die sowohl die abtreibenden Frauen dämonisieren und bestrafen als auch die Ärzt*innen, die Abtreibungen durchführen. Aber wie die Geschichte der Verhütung zeigt, werden Schwangerschaftsabbrüche immer nachgefragt werden, die damit verbundenen Risiken werden immer eingegangen werden, und keine Kriminalisierung der Welt, nicht einmal die Todesstrafe, wird daran etwas ändern.

Das Drama mit den Tagen

Eine Geschichte der Menstruation

Kontakt mit [Menstruationsblut] lässt Wein sauer werden, Ernte, die damit in Berührung kommt, verdorrt, Setzlinge sterben, Saatgut in Gärten trocknet aus, die Früchte fallen von den Bäumen, die Schärfe des Stahls und der Schimmer des Elfenbeins werden getrübt, Bienenstöcke sterben, sogar Bronze und Eisen werden plötzlich von Rost überzogen, und ein fürchterlicher Gestank erfüllt die Luft; von seinem Geschmack werden Hunde verrückt, in ihrem Biss steckt dann ein Gift, von dem man nicht geheilt werden kann […] Sogar diese winzig kleine Kreatur, die Ameise, soll empfindlich darauf reagieren und Getreidekörnchen, die danach schmecken, wegwerfen und nie wieder anrühren.

Plinius der Ältere[1]

Nur wenige andere Körperfunktionen rufen eine derart starke und universelle Reaktion hervor wie die Menstruation. Auch wenn Plinius seine Ansichten zu den offenbar apokalyptischen Eigenschaften von Menstruationsblut vor knapp zweitausend Jahren äußerte, zeigt bereits ein kurzer Blick in die ungelenk mit »Hygieneprodukte für die Frau« überschriebene Abteilung im Supermarkt, dass wir uns als Gesellschaft trotz aller Fortschritte mit diesem Thema noch heute nicht so richtig wohlfühlen.

Aber ein verschämt beschriftetes Hinweisschild ist unser kleinstes

Problem. Erst im Jahr 2005 verbot die nepalesische Regierung die alte Hindutradition Chhaupadi, die menstruierende Frauen und Mädchen zwingt, ihre Familien für die Dauer ihrer Periode zu verlassen und in sogenannten Menstruationshütten zu schlafen.[2] Die Praxis rührt von der Überzeugung her, Menstruationsblut – und im erweiterten Sinn die menstruierende Frau – sei unrein. Chhaupadi bedeutet so viel wie »unberührbare Person«. Um andere vor Beschmutzung zu schützen, darf die Menstruierende kein Essen berühren und nicht frei mit anderen interagieren. Leider konnte das

»Farrs patentierter Damen-Menstruations-Auffangbehälter«, Anzeige im *American Druggist*, Januar 1884.

PLATE 185.—**Páez houses and bridge.** *Top (left):* Family dwelling with menstrual hut at left. San Andrés. *Bottom (right):* *Páez* Indians and house, Calderas, Tierradentro. *Top (right):* Large communal fiesta house, Calderas, Tierradentro. *Bottom (left):* Suspension bridge, Tierradentro. (Courtesy Gregorio Hernández de Alba.)

Fotografien von 1945, oben links eine Menstruationshütte.

Verbot von 2005 diesem Ritual kein Ende bereiten. Als 2018 mehrere Frauen erfroren oder infolge des Versuchs, ihre Hütte mit einem Feuer zu erwärmen, an Rauchvergiftung starben, sprach die Regierung Nepals eine Strafe für das Durchführen der Chhaupadi-Praxis aus – drei Monate Gefängnis oder ein Bußgeld in Höhe von dreitausend Rupien.[3] Menstruierende Mädchen und Frauen werden nicht nur in Nepal quarantänisiert, und auch wenn die Tradition langsam auf dem Rückzug scheint, findet sie noch immer in weiten Teilen der Welt statt. In Äthiopien zum Beispiel ziehen sich noch heute menstruierende jüdische Frauen in eine Hütte im Dorf zurück, die Margam Gojo genannt wird, »Fluch-Hütte«.

Die American Anthropological Association untersuchte 1974 die Menstruationstabus von vierundvierzig Gesellschaften weltweit, und das hier sind, in absteigender Reihenfolge, die häufigsten:

1. Die pauschale Überzeugung, die Menstruationsflüssigkeit sei widerwärtig, unrein oder gefährlich.
2. Menstruierende sollten keinen Geschlechtsverkehr haben.
3. Den Menstruierenden werden persönliche Einschränkungen auferlegt, etwa bei Essen, Bewegung, Sprechen etc.
4. Menstruierende dürfen mit bestimmten Dingen des männlichen Alltags nicht in Berührung kommen, etwa mit persönlichen Gegenständen, Waffen, Gerätschaften, die in Landwirtschaft und Fischfang eingesetzt werden, mit Werkzeugen, »Männer-Feldfrüchten« und religiösen Symbolen und Schreinen, deren Hüter Männer sind.
5. Menstruierende dürfen nicht für Männer kochen.
6. Menstruierende werden für die Dauer ihrer Periode in Menstruationshütten verbannt.[4]

Im Laufe der Geschichte wurden Menstruationshütten von den Tohono O'Odham (amerikanische Ureinwohner*innen), den Cheyenne (ebenso), den Bewohner*innen der Ifalik-Inseln, den Dahomey (auch Fon) im heutigen Benin, den Tiv in Westafrika, den Madia Gonds in Chandrapur, Indien, den Southern Paiute (amerikanische Ureinwohner*innen) und den Aschanti in Westafrika genutzt.[5] Nuaulu-Frauen von der indonesischen Insel Seram wurden noch bis in die Achtzigerjahre hinein in Hütten verbannt, außerdem war es ihnen während der Menstruation verboten, bestimmte Fleischsorten zu essen.[6]

Die Studie von 1974 geht auch den verschiedenen Ursprungsmythen zur Menstruation innerhalb dieser Kulturen auf den Grund. Demnach wird in vielen von ihnen angenommen, die Menstruation sei vom Mond verursacht, ausgenommen die Madia Gond, die glauben, dass die Vulva einst Zähne besaß, die ihr gezogen wurden, wodurch eine Wunde entstanden war, die nie geheilt ist, und die Arunta in Australien, die »den Fluss mit Dämonen erklären, die mit ihren Fingernägeln an den Wänden der Vagina kratzen und sie so zum Bluten bringen«.[7]

Die mit Abstand am stärksten verbreitete Überzeugung war, dass Menstruationsblut unschön oder gefährlich sei, dies konnte für dreißig der vierundvierzig untersuchten Kulturen verzeichnet werden. Und obwohl die Studie nun schon über vierzig Jahre alt ist und die Menstruationshütte glücklicherweise seltener wird, betrachten noch heute viele Menschen die Menstruation als etwas Unschönes. Ich selbst habe sie oft als unangenehme Erfahrung empfunden. Es gibt diejenigen, die vom »Besuch von Tante Flo« (ausgesprochen wie *flow*, »Fluss«, »fließen«; 1954) nicht viel mehr mitkriegen als ein Zwicken im Unterleib. Und dann gibt es solche wie mich, die fest davon überzeugt sind, dass ihr Uterus während der Periode die Schlacht an der Somme nachzuspielen versucht.

Für diejenigen unter euch, die noch nie starkes PMS oder Menstruationsschmerzen erlebt haben, möchte ich das hier mal nachzeichnen. Es ist verdammt scheiße. Du bist aufgebläht, deine Titten tun weh, und du kriegst unkontrollierte Schweißausbrüche. Deine Vulva fühlt sich an wie eine Sumpflandschaft, und in deinem Kopf hämmert es unaufhörlich. Du fühlst dich, als hättest du eine Erkältung – Zittern, Schmerzen, Übelkeit –, und deine Zündschnur ist so kurz, als hättest du drei Tage nicht geschlafen. Aber das ist noch nicht alles. Die heftigen Krämpfe in deinem Unterleib sind schlimmer als jeder Durchfall – und tatsächlich kriegst du auch Durchfall, zusätzlich zu deinen Heulattacken. Während sich deine inneren Organe zusammenziehen und sich gefühlt zerreißen, damit du ein Ei legen kannst, wirst du von Wellen des Schmerzes überrollt. Der ist manchmal so schlimm, dass du dich zusammenkrümmst und kaum atmen kannst, bis er abebbt und wieder dem dumpfen, anhaltenden Schmerz Platz macht. Nichts kann das Fressmonster befriedigen, das in deinem Bauch losgelassen wurde. Es brüllt nach Zucker und Kohlenhydraten wie ein fettes Yak. Von manchen Nahrungsmitteln wird dir schlecht. Bei manchen Gerüchen dreht sich dir der Magen um, und du musst würgen. Du weißt nicht, was du essen willst, aber du willst viel davon essen. Du blutest so stark, dass alle »Hygieneprodukte für die Frau« versagen – als würde man versuchen, einen Lavastrom mit einem Topflappen zu stoppen. Du machst dir Sorgen, die Leute könnten deine Periode riechen. Du hast eine Woche lang Angst, dich irgendwo draufzusetzen oder aufzustehen, weil ja was durchgeblutet haben könnte. Und während du da so sitzt, ein einziges heulendes, schwitzendes, zittriges, pickliges, stinkendes Wrack, fragt dich irgendein Penner: »Ist es wieder so weit, Schatz?« Und da musst du ihm leider den Kopf abreißen.

Nicht sehr witzig, das räume ich ein, aber das erklärt doch nicht diesen abgrundtiefen Ekel, den allein das Wort PERIODE in manchen Menschen hervorruft. Das rechtfertigt doch nicht, dass man in einem Schuppen schlafen muss.

Der Ekel vor der Menstruation mag ein weit verbreitetes Phänomen sein, aber er existiert nicht überall. Die Vaishnava Bauls aus Bengalen glauben, dass Menstruationsblut eine sehr machtvolle Flüssigkeit ist. Die erste Periode eines Mädchens wird von der Gemeinschaft gefeiert, ihr Blut wird mit Kuhmilch, Kampfer, Kokosmilch und Zucker vermischt und dann von Familie und Freund*innen getrunken. Tara, eine Baul-Frau, die 2002 interviewt wurde, erinnerte sich an die Wirkung, die das Trinken ihres Menstruationsblutes auf die an der Zeremonie Teilnehmenden hatte: »Ihre Erinnerungs- und Konzentrationskraft wurden stärker, ihre Haut bekam einen prächtigen Schimmer, ihre Stimmen klangen wundervoll, und ihr gesamtes Wesen wurde von Glück, Heiterkeit und Liebe durchdrungen.«[8] Vielleicht möchtest du deinen Tampon nicht als Teebeutel benutzen, aber für den Glauben daran, dass Menstruationsblut heilende Eigenschaften besitzt, gibt es in der Geschichte noch andere Beispiele.

Der *Papyrus Ebers* (etwa 1550 v. Chr.) enthält eine Reihe von Heilmitteln, die helfen sollen, das Hängen der Brüste zu verhindern. Eines davon ist das Menstruationsblut eines Mädchens, das gerade erst zu menstruieren angefangen hat, welches man sich auf Brüste und Bauch schmieren soll.[9] Die Benediktinerin Hildegard von Bingen (gestorben 1179) behauptete, Menstruationsblut könne Lepra heilen: »Wenn eine Person wegen Lüsternheit oder Zügellosigkeit an Lepra erkrankt […] soll sie sich ein Bad bereiten […] und so viel Menstruationsblut darein mischen, wie sie kriegen kann, und in das Bad steigen.«[10] Jiajing (1507–1567) war der elfte Kaiser der chinesischen Ming-Dynastie. Er soll jeden Tag ein Gebräu namens »rotes Blei« getrunken haben, das aus dem Menstruationsblut von Jungfrauen hergestellt wurde, weil er glaubte, dieses würde sein Leben verlängern. Die Mädchen waren zwischen elf und vierzehn Jahre alt und wurden so grausam behandelt, dass dies 1542 zu einer Verschwörung der kaiserlichen Konkubinen geführt haben soll, die versuchten, den Kaiser zu ermorden. Er überlebte schwer verletzt und verurteilte die Attentäterinnen mitsamt ihren Familien zum Tod durch Lingchi, dem langsamen Abschneiden der Körperteile. Der Kaiser trank weiterhin und bis ans Ende seiner Tage rotes Blei.[11] Blödmann.

Die meisten Kulturen und Religionen jedoch stigmatisieren die Menstruation als etwas Unreines. Judentum, Christentum, Islam, Hinduismus und Buddhismus – sie alle verhängen Maßnahmen gegen menstruierende Frauen und betrachten deren Blut als unsauber.[12] Bei Levitikus 20, 18 heißt es: »Wenn ein Mann während ihrer monatlichen Periode sexuelle Handlungen mit einer Frau vollzieht, dann hat er die Quelle ihres Flusses freigelegt, und sie hat sie ebenso unbedeckt gelassen. Beide sollen von den Ihren verstoßen werden.«[13] Im Koran, Sure 2, 222 steht: »Sie fragen euch nach der

Menstruation. Sagt: ›Es ist eine Unreinheit, also haltet euch währenddessen von den Frauen fern und nähert euch ihnen nicht, bis sie wieder rein sind.‹«[14]

Galens Weiterentwicklung der Viersäftelehre – Blut, schwarze Galle, gelbe Galle und Schleim – dominierte das medizinische Verständnis der Menstruation im Westen bis ins 18. Jahrhundert hinein. Die »Überschuss-Theorie« lehrte, dass die Menstruation durch einen Überschuss an Blut im Körper ausgelöst werde.[15]

Daraus konnte logischerweise geschlossen werden, dass die Menstruation der Weg des Körpers war, mit diesem Ungleichgewicht umzugehen, Frauen waren also natürlicherweise schwächer als Männer und mussten regelmäßig bluten. Galen lehrte außerdem, dass die Menstruation eine Rolle bei der Empfängnis spiele und den Fötus ernähre.[16]

Frau mit anatomischer Unterleibsdarstellung, aus Jacopo Berengario da Carpis *Isagoge Breves Prelucide Ac Uberime In Anatomiam Humani Corporis*, 1522.

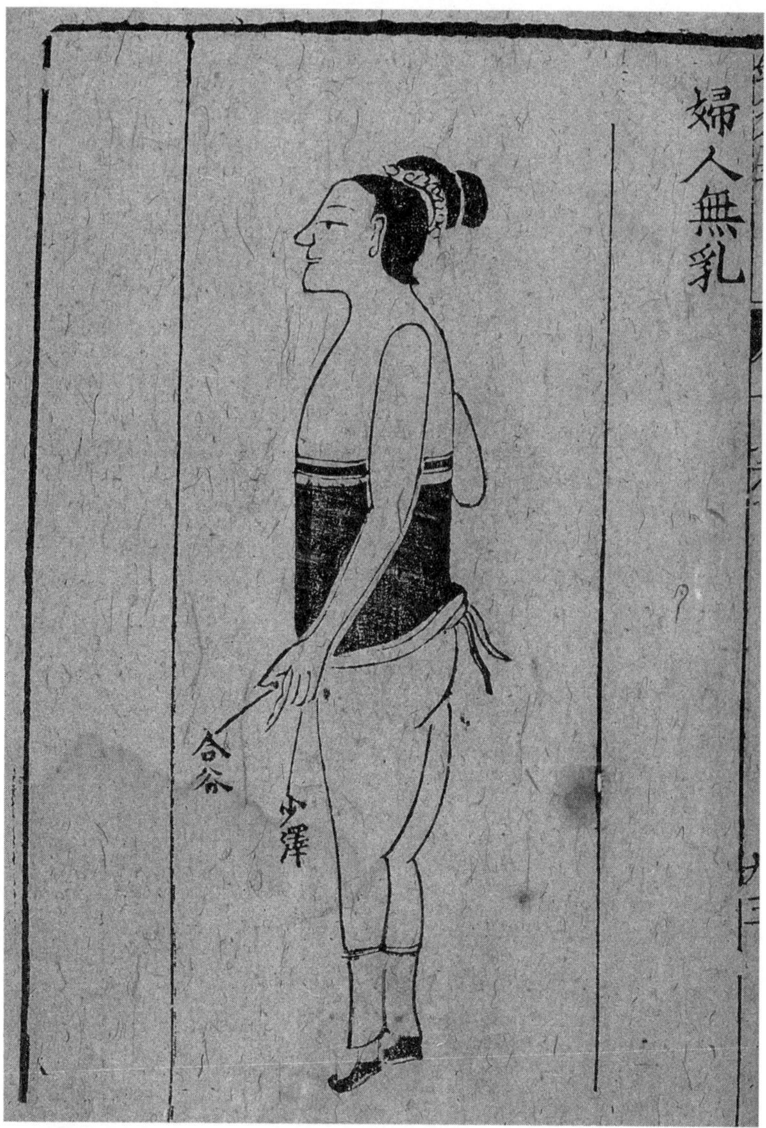

Holzschnitt von 1591 (19. Jahr der Wanli-Regentschaft in der Ming-Dynastie), der die Aku-/Moxapunkte zeigt, mit denen häufig ein unregelmäßiger Zyklus *(yuejing bu tiao)* behandelt wurde.

Auch die frühe chinesische Medizin begriff die Menstruation als Folge eines körperlichen Ungleichgewichts. Blut und Yin-Energie, so meinte man hier, waren die herrschenden Elemente in einer Frau, und das monatliche Bluten bedrohte dieses Zusammenspiel. Schon 651 n. Chr. brachten Ärzte wie Sun Simiao die Menstruation mit schwacher körperlicher und geistiger Gesundheit in Verbindung.[17] Chinesische Mediziner betrachteten einen gesunden Zyklus daher als Schlüssel zur weiblichen Gesundheit insgesamt. In seiner Abhandlung *Comprehensive Good Formulas for Women* (1237) schrieb Chen Ziming, »bei der medizinischen Behandlung von Frauen muss als Erstes einmal die Menstruation reguliert werden, darum fangen wir damit an«.[18]

Grundtexte zu indisch-ayurvedischer Medizin wie die *Sushruta Samhita,* entstanden irgendwann zwischen 600 v. Chr. und dem 1. nachchristlichen Jahrhundert, lehrten, dass die Menstruation eine Art der körperlichen Reinigung sei. Ein Ungleichgewicht zwischen den drei Dosha-Kräften Vata, Pitta und Kapha könne demnach zu einer »schlechten« Menstruation führen und Frauen wirklich sehr krank machen. Ein solches Ungleichgewicht zeige sich am Blut, das nach »faulendem Kadaver oder stinkendem Eiter« rieche oder das »verklumpt oder dünn ist oder den Gestank von Urin und Fäkalien ausströmt«.[19] Um die Reinigung zu unterstützen, empfiehlt die *Sushruta Samhita* Folgendes:

> Eine menstruierende Frau sollte sich (während der ersten drei Tage) auf eine Matte aus Kusha-Gras legen, sie sollte ihr Essen aus ihren Händen, aus irdenen Schalen oder von aus Blättern geflochtenen Tabletts zu sich nehmen. Sie sollte sich an die Habishya-Ernährung halten und in dieser Zeit selbst dem Anblick ihres Mannes abschwören. Nach dieser Zeit, am vierten Tag, sollte sie eine feierliche Waschung vornehmen, ein neues (nicht gerissenes) Gewand und Schmuck

anlegen und dann zu ihrem Mann gehen, nachdem sie die Worte der erforderlichen Segnung gesprochen hat.[20]

In der westlichen Welt diskutierten Ärzte noch 1878 darüber, ob eine menstruierende Frau möglicherweise Essen verunreinigen könnte: *The British Medical Journal* druckte eine Reihe von Briefen ab, deren Inhalt sich damit beschäftigte, ob eine Frau den Schinken ruiniere, wenn »die Maler da seien« (1946; *when the painters were in*).[21] Im 19. Jahrhundert bildeten sich die Ärzte ein, sie wären rationale Männer der Wissenschaft, dabei war ihr Verständnis von Menstruation noch immer geprägt von Begriffen wie Befleckung und Wahnsinn.

Dr. William Rowley, Professor für Medizin an der Oxford University und Mitglied des Royal College of Physicians, zeigte sich besorgt um die Hysterie, die ein Ausbleiben der Regelblutung bei Frauen verursachen könne: »Die Zunge stockt, zittert, und unzusammenhängendes Zeug wird gesprochen; die Stimme verändert sich; manche brüllen, schreien oder kreischen übermäßig, andere seufzen tief, weinen oder jammern traurig«.[22]

Aber auch eine sehr starke Blutung wurde als gefährlich angesehen und bedurfte daher Behandlungen durch Spülungen, Opiate und körperliche Einschränkungen. Dr. Charles Manfield war außerdem davon überzeugt, dass Menstruation und Wahnsinn untrennbar miteinander verbunden waren. »Diese besonderen Zustände der Gebärmutter tragen oft zur Entstehung von Wahnsinn bei, so scheint es die Tatsache nahezulegen, dass zwischen 1784 und 1794 achtzig Patientinnen ins Bethlem Hospital eingeliefert wurden, deren Störungen kurz nach der Menstruation aufgetreten waren.«[23]

Dem stimmte Dr. Julius Althaus 1866 zu und schrieb, »hysterische Anfälle treten fast immer nach einem plötzlichen Ende des Menstruationsflusses auf«.[24]

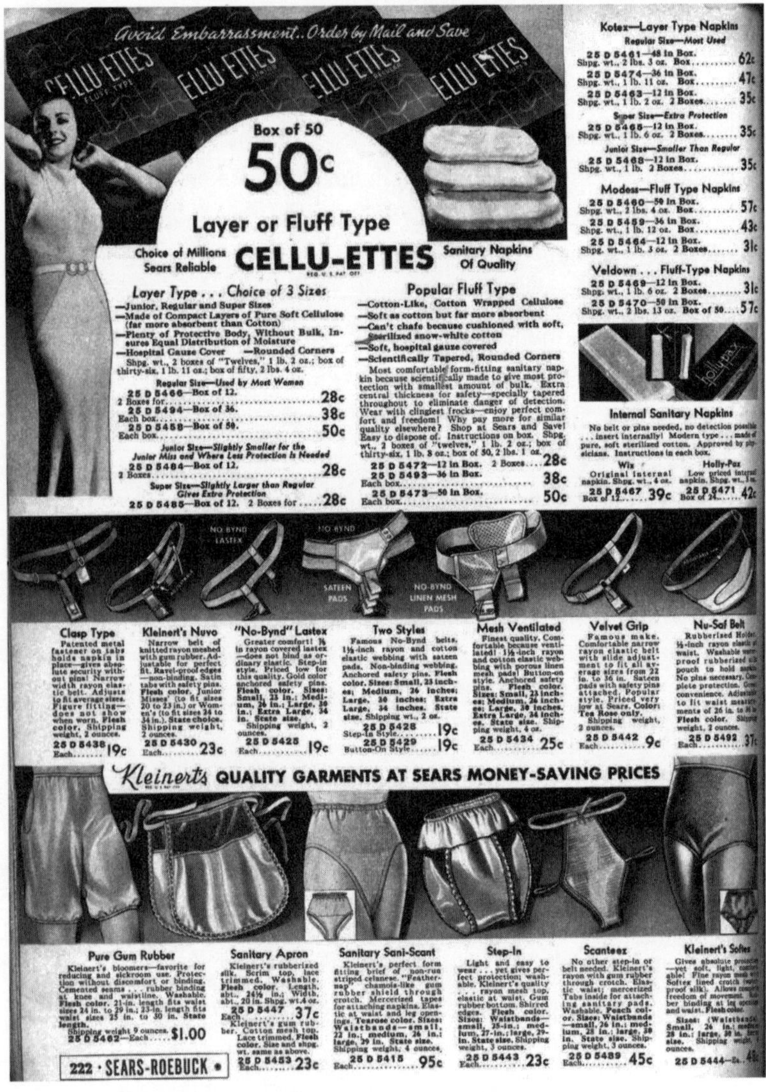

Anzeige im Sears-Katalog von 1936.

Vaginaluntersuchung in aufrechter Position. Aus J. P. Maygriers *Nouvelles Démonstrations D'accouchemens: Avec des Planches en taille-douce, accompagnées d'un Texte raisonné, propre à en faciliter L'explication*, 1822.

Diese Argumente führten zu extremen Schlussfolgerungen und spielten aggressiven Antifeministen wie James McGrigor Allan in die Hände, der sich 1869 an die Anthropological Society of London wandte, um zu erklären, warum Frauen kein Wahlrecht bekommen sollten:

> Wenn die Dauer der menstruellen Periode auch je nach Rasse, Temperament und Gesundheit stark variiert, so darf doch behauptet werden, dass Frauen ihretwegen unwohl sind und das für durchschnittlich zwei Tage im Monat, oder auch einen Monat im Jahr. In dieser Zeit können Frauen keine größere mentale oder körperliche Arbeit leisten. Sie leiden dann unter einer Trägheit und unter Depressionen, die sie zu jeglichen Gedanken oder Unternehmungen unfähig machen, womit extrem zweifelhaft wird, inwiefern sie überhaupt als verantwortungsbewusste Wesen wahrgenommen werden können, solange diese Krise währt. Ein guter Teil des unlogischen Verhaltens von Frauen, ihre Gereiztheit, ihre Launen und ihre Erregbarkeit, könnte direkt auf dies als Ursache zurückzuführen sein […] Was intellektuelle Arbeit angeht, so hat der Mann die Frau stets übertroffen, das tut er jetzt, und das wird er immer tun, einfach aus dem offensichtlichen Grund, dass die Natur seine Gedanken und sein Wirken nicht in regelmäßigen Abständen unterbricht.[25]

Erst mit dem 20. Jahrhundert begann die Wissenschaft langsam, die Menstruation wirklich zu verstehen. Es ist bestimmt kein Zufall, dass die Tabus rund um das Thema nach und nach verschwanden, während gleichzeitig immer mehr Frauen die medizinische Bühne betraten. Die Pionierarbeit von Dr. Mary Putnam Jacobi (deren Essay »The Question of Rest for Women during Menstruation« 1876 den Boylston-Preis der Harvard University gewann) und ihrer geistigen Erbinnen Clelia Duel Mosher und Leta Stetter Hollingworth bewies schlussendlich, dass die Idee des »menstruellen Unvermögens« falsch war.[26]

Das späte 19. Jahrhundert brachte die ersten Einweg-Damenbinden, die ersten Tampons wurden 1929 von Dr. Earle Haas erfunden. Bis dahin hatten Frauen jede Menge Stoff verwendet oder einfach in ihre Kleidung geblutet.[27] Die praktischen Umstände, mit denen der

Periode nun begegnet werden konnte, verbesserten sich drastisch, aber die althergebrachten Ansichten, nach denen die Menstruation etwas Schwächendes und Schmutziges war, erwiesen sich als äußerst hartnäckig.

Walt Disney veröffentlichte 1946 den Lehrfilm *The Story of Menstruation,* der Highschoolschüler*innen überall in den Vereinigten Staaten gezeigt wurde. Der Film enthält den ersten dokumentierten Gebrauch des Wortes Vagina auf der Leinwand und sollte jungen Frauen etwas über ihren Körper beibringen. Die Erzählerin Gloria Blondell versucht, eine ganze Reihe menstrueller Mythen zu entlarven, wie etwa den Rat, während der Periode nicht zu baden oder keinen Sport zu treiben, und erklärt, welche Rolle Neurobiologie, Hormone und Fortpflanzungsorgane bei der Menstruation spielen. Der Film rät Frauen außerdem, endlich damit aufzuhören, sich selbst zu bemitleiden, und stattdessen weiterzulächeln und sich schick zu machen.[28]

Unglücklicherweise leiden Monat für Monat jedoch Millionen von Frauen und Mädchen weltweit unter mehr als nur Krämpfen. »Periodenarmut« heißt das Phänomen, wenn sich Frauen keine Tampons oder Binden leisten können und noch immer gezwungen sind, Stoffbündel zu verwenden. Untersuchungen zeigen, dass Frauen, die in Slums, Geflüchtetenlagern und ländlichen Gemeinden leben, besonders häufig keinen Zugang zu elementaren Menstruationshygieneartikeln haben.[29] Jeden Monat verpassen Millionen von Mädchen die Schule, weil sie ihre Periode haben. Fünfundneunzig Prozent der Schulmädchen in Malawi haben kein Geld für Binden und Tampons und benutzen Lumpen und Schnüre, um ihre Regelblutung aufzufangen. Weil diese aber oft verrutschen, bleibt mehr als die Hälfte der Mädchen während ihrer Regel zu Hause.[30] Und Studien, die Plan International UK 2017 durchgeführt hat, zeigen, dass eine von zehn Britinnen zwischen vierzehn und einund-

Kotex-Werbung von 1920.

zwanzig Probleme hat, das Geld für Hygieneartikel aufzubringen, was dazu führt, dass Tausende von Mädchen jeden Monat die Schule verpassen.[31]

Die historischen Narrative rund um die Menstruation sind selten neutral gewesen.

Dem Menstruationsblut wurde sowohl unterstellt, magische als auch zerstörerische Eigenschaften zu besitzen. Es wurde als abstoßend, als reinigend und als heilig angesehen. Menstruation wurde über Tausende von Jahren und über Tausende Kulturen hinweg mit Wahnsinn in Verbindung gebracht, mit Irrationalität und schlechter Gesundheit. Während medizinische Schriften häufig argumentierten, dass die Menstruation den Körper schwäche, deuten Bezüge zu Wahn, Gewalt, Irrationalität und abergläubische Assoziationen mit dem Mond eher auf eine menstruelle Macht hin. In patriarchalen Gesellschaften war die Menstruation der Beweis, dass Frauen Männern nicht ebenbürtig waren, dass die Biologie ihnen eine andere Rolle zugedacht hatte. Und darüber hinaus wurde die Periode benutzt, um die Vorurteile zu bekräftigen, Frauen seien keine rationalen Wesen und bedurften daher konstanter Überwachung. Wir mögen glauben, wir hätten das alles mittlerweile hinter uns gelassen, wir hätten einen rein wissenschaftlichen Blick auf die Menstruation und mit allem Hokuspokus aufgeräumt. Aber solange wir nicht offen und ohne Scham oder Unbehagen über Tante Rosa sprechen können, können wir auch nicht behaupten, am Ziel angekommen zu sein. Und das ist die blutige Wahrheit.

SEX UND GELD

Das älteste Gewerbe

Sexarbeit in der Antike

Auch wenn das Sprichwort anderes behauptet, Sexarbeit ist nicht das älteste Gewerbe der Welt: Das ist die Medizin. Der Anthropologe George Peter Murdock von der Yale University veröffentlichte 1952 seine Studie zu den gesellschaftlichen Bräuchen Hunderter indigener Menschen überall auf der Welt, und während er keinerlei Hinweise auf Prostitution fand, war die Figur des Medizinmanns allgegenwärtig.

> Ich selbst habe die Beschreibungen Hunderter von primitiven Gesellschaften gelesen, und in keiner einzigen von ihnen wird tatsächliche Prostitution erwähnt. Viele von ihnen weisen sexuelle Verhaltensweisen nach, die wir als außerordentlich locker bezeichnen würden, aber diese Lockerheit nimmt nicht die Formen von Prostitution an, das tut sie nur in den sogenannten »höheren« Zivilisationen. Das älteste Gewerbe ist vielmehr dasjenige, zu dem Sie selbst sich zählen.[1]

Andere Wissenschaftler*innen wie Mary Breckinridge vermuteten, dass der Beruf der Hebamme der älteste sei: »Der Beruf der Hebamme ist so uralt, dass die medizinischen und pflegerischen Berufe, und sei es in ihren frühesten Erscheinungsformen, daneben wie Emporkömmlinge aussehen.«[2] Der Versuch herauszufinden, was denn nun der »älteste« Beruf ist, stellt im Grunde ein sinnloses Unterfangen dar, denn Berufe, und tatsächlich auch Geld, sind eine recht neue Erfindung. Der Homo sapiens läuft jetzt seit etwa 200 000 Jahren auf dem Planeten rum, das erste Münzgeld aber wird erst auf etwa 640 v. Chr. datiert, es stammt aus Lydien in Kleinasien. Auch Systeme, in denen Güter statt Geld getauscht wurden, hingen weitgehend von der Domestizierung von Nutzvieh und der Kultivierung von Nutzpflanzen ab, was auf etwa 9000 v. Chr. datiert wird.[3] Das bedeutet also, dass wir den größten Teil der bisherigen Menschheitsgeschichte ohne Geld ausgekommen sind. Wenn man bedenkt, dass Geld den unbestreitbar stärksten Einfluss auf unseren heutigen Lebensstil hat, ist es ernüchternd, sich in Erinnerung zu rufen, dass Geld nur den Wert hat, den wir alle ihm kol-

Foto einer großen indigenen Missionarsfamilie, aufgenommen von A. A. Montano für dessen New Photographic Gallery in Honolulu, ca. 1878.

lektiv beimessen. Letztendlich sind das nur Papierfetzen und Metallstücke, und irgendwann haben wir uns alle irgendwie darauf geeinigt, dass sie etwas Besonderes sind. Wir sind wunderbar ohne klargekommen, bis unsere Ahnen sich gedacht haben, dass diese Goldsteine irgendwie hübscher anzusehen sind als die anderen Steine.

Ohne Geld und ohne Handel gibt es keine Berufe. Es existiert kein Nachweis dafür, dass die Maori sich untereinander Sex verkauft hätten, bis die Europäer*innen mit Syphilis und Flaggen im Gepäck zu ihnen nach Neuseeland kamen. Viktorianische Entdecker waren überrascht, dass die Dayak auf Borneo »kein Wort, um dieses Laster auszudrücken« hatten.[4]

Als der christliche Missionar Lorrin Andrews zusammen mit anderen Missionaren ab 1832 Teile der Bibel ins Hawaiianische übersetzte, musste er sich neue Wörter ausdenken, um den Inselbewohner*innen etwas über das Konzept von sexueller Scham und Untreue beizubringen.[5]

Es gibt nur sehr wenige Hinweise auf einen Sexhandel unter amerikanischen Ureinwohner*innen, bevor die Europäer*innen auftauchten, um alle zu »zivilisieren«. Und auch für diese Zeit existieren lediglich Beweise dafür, dass die Eindringlinge glaubten, alle indigenen Frauen wären promiskuitiv.[6] Die Kommerzialisierung von Sex, das erwerbsmäßige Verkaufen sexueller Gefälligkeiten stehen in engem Zusammenhang mit der Etablierung von Geld und Wirtschaftsmärkten.

Der kausale Zusammenhang zwischen einem etablierten Handelssystem und dem Verkauf von Sex konnte in dem wegweisenden Experiment des Ökonomen Keith Chen beobachtet werden. Im Jahr 2006 machte Chen eine Gruppe Kapuzineräffchen mit dem Gebrauch von Währung bekannt und brachte ihnen bei, Trauben, Gelee und Äpfel mit Münzen zu kaufen. Die weiblichen Affen fingen beinahe sofort an, Sex im Tausch für Münzen anzubieten.*

Es war Rudyard Kipling, der 1898 den Ausdruck *the world's oldest profession* in seiner Kurzgeschichte »On the City Wall« prägte. Die Erzählung beginnt mit dem unsterblichen Satz: »Lalun ist Angehörige des ältesten Gewerbes der Welt.«[7] Diese Phrase ist mittlerweile als historische Wahrheit in den allgemeinen Sprachgebrauch eingegangen. Was Kipling aber im Anschluss an diesen Satz schreibt, bietet wohl mehr Einblick in das, was dieses – zumindest sehr alte – Gewerbe tatsächlich ist: »Im Westen erzählen die Menschen gemeine Dinge über Laluns Gewerbe und schreiben Vorträge darüber, und sie verteilen diese Vorträge unter jungen Menschen, damit die Moral gewahrt bleiben möge.«[8] Wie schon Kipling beobachtete, sind die Ansichten zu käuflichem Sex nicht fix, sondern kulturell bestimmt. Die Sexualität vergangener Zeiten zu untersuchen, ist aus vielen Gründen schwierig, aber ganz besonders darum, weil die historischen Berichte immer durch den Blick auf die Welt der oder des Schreibenden gefiltert werden. Was in vielen historischen Texten

* Keith Chen, Venkat Lakshminarayanan und Laurie R. Santos, »How Basic are Behavioral Biases? Evidence from Capuchin Monkey Trading Behavior«, *Journal of Political Economy*, 114.3 (2006), S. 517–537, <https://doi.org/10.1086/503550>. Der Tausch von Sex gegen Geld wurde auch bei männlichen Langschwanzmakaken beobachtet. Die Währung, in der die Männchen zahlten, war die Länge der Lause-Zeit vor dem Sex mit dem Weibchen, und der Preis stieg und fiel je nach Verfügbarkeit an Weibchen. Je mehr Weibchen zur Verfügung standen, desto weniger bezahlten die Männchen für Sex und umgekehrt. Michael D. Gumert, »Payment for Sex in a Macaque Mating Market«, *Animal Behaviour*, 74.6 (2007), S. 1655–1667, <https://doi.org/10.1016/j.anbehav.2007.03.009>. Dr. Fiona Hunter, eine Zoologin an der Cambridge University, beobachtete, dass weibliche Adeliepinguine auf Ross Island in der Antarktis Sex gegen Steine tauschten. Die Pinguine benutzen Steine, um damit Plattformen für ihre Nester zu bauen, die sie vom Eis fernhalten sollen. Die Steine sind so wertvoll, dass das Weibchen für die Steine des männlichen Gegenübers Sex anbietet. Das Weibchen nähert sich dem Männchen, dessen Steine sie will, und verwickelt ihn in einen Paarungstanz. Wenn der Sex vorbei ist, nimmt sie die Steine und kehrt zurück zu ihrem Partner, der nichts mitbekommen hat. »Pick up a Penguin«, *BBC News*, 1998, <http://news.bbc.co.uk/1/hi/world/asia-pacific/60302.stm>.

unter Prostitution verstanden wird, sagt oft mehr über die eigenen kulturellen Vorurteile des Autors oder der Autorin aus als über die Vorgänge, die dort beschrieben werden.

Als die spanischen Konquistadoren beispielsweise im Jahr 1521 die Azteken unterwarfen, übersetzten sie das Nahuatl-Wort *ahuienime* mit »Prostituierte« oder »Hure«. Aber diese Übersetzung wurde von spanischen Katholiken vorgenommen, und was die als »Prostitution« betrachteten, war ganz und gar nicht das, was die Azteken gemeint hatten. Das Wort *ahuienime* ist treffender mit »Überbringerin der Freude« zu übersetzen und hat eine religiöse, eine spirituelle Konnotation. Unfähig, über den Tellerrand ihrer eigenen kulturellen Ansichten zu schauen, beschreiben spanische Autoren die *ahuienimeltin* in ihren Texten als Huren. Wie es Ulises Chavez Jimenez darlegte: »Die Spanier verstanden die Rolle der *ahuienimeltin* in der aztekischen Religion nicht, wo sie die Rollen kosmischer Vorbilder annahmen, was eine innige Gemeinschaft mit den Göttern ermöglichte.«[9]

Einige der frühesten Belege für Sexarbeit stammen aus dem antiken Mesopotamien. Verse, die über die babylonische Göttin Inanna (auch bekannt als Ištar) zwischen 2000 und 1000 v. Chr. verfasst wurden, enthalten diese Zeilen:

> Wenn du an der Wand stehst, ist deine Nacktheit süß,
> Wenn du dich bückst, sind deine Hüften süß […]
> Wenn ich an der Wand stehe, macht das einen Schekel,
> Wenn ich mich bücke, macht das eineinhalb Schekel.[10]

Man muss sich klarmachen, dass es die Göttin Inanna selbst ist, die hier anbietet, sich für eineinhalb Schekel zu bücken, was doch zeigt, dass die Heiligen in der antiken Welt sowohl sexy als auch witzig sein konnten.

Der Codex Hammurabi (auch Hammurapi), datiert auf das 18. vorchristliche Jahrhundert, schreibt das babylonische Gesetz nieder und enthält eine Reihe von Bestimmungen, die den Schutz der *ladies in town* (1680) betreffen:

> Wenn eine Frau ihrem Mann kein Kind gebärt, aber eine Prostituierte [sumerisch *kar.kid*] von der Straße dies tut, so soll er ihr Korn, Öl und Kleidung bereitstellen, und das Kind, welches die Prostituierte ihm geboren hat, soll sein Erbe sein; solange seine Frau am Leben ist, wird die Prostituierte nicht zusammen mit der ersten Frau im Haus wohnen.[11]

Rechtsschutz und staatliche Regulierung in Bezug auf Sexarbeit lassen sich für das gesamte Altertum nachweisen. Das *Arthashastra* von Kautilya (auch unter Chanakya bekannt) ist ein indischer Politiktext, der zwischen dem 2. und 3. Jahrhundert v. Chr. verfasst wurde.

Das *Arthashastra* widmet ein ganzes Kapitel den Pflichten einer *ganikadhyaksha*, der »Vorsteherin aller Kurtisanen«, und den Regeln für Frauen dieses Berufsstands. Sexarbeit wurde staatlich reguliert, und Sexarbeiterinnen zahlten jeden Monat Steuern. Wie das der Fall bei den meisten Berufen ist, war auch die Sexarbeit vielschichtig.

Die *ganika* zum Beispiel war beim Staat angestellt und für den König zuständig, sie erhielt ein Gehalt von tausend Panas im Jahr. Die *bandhaki* hingegen arbeitete in Bordellen und die *pumscali* auf der Straße. Das *Arthashastra* verwendet das Wort *rupjiva*, um eine Frau zu beschreiben, die Sex verkauft, was so viel bedeutet wie »eine, die von ihrer Schönheit lebt«.[12]

Einer der am stärksten umstrittenen Bereiche innerhalb der Forschung zur Sexarbeit ist die Praxis der sogenannten »heiligen Prostitution« im Altertum, auch Tempel- oder Kultprostitution genannt.* Dieser Bereich ist auch deshalb wichtig für die Forschung, weil der Gedanke, dass der Verkauf von Sex einmal etwas Heiliges war, viele unserer heutigen Sichtweisen auf sexuelle Dienstleistungen herausfordert. Wie Mary Beard es ausdrückt, biete der Mythos der Tempelprostitution ein »Modell für alternative Geisteswissenschaften, das von unseren Archiven vorgeführt wird und für neue, unterschiedliche Lebensweisen zur Verfügung steht«.[13] Die Figur der »heiligen Hure« oder der »Sexpriesterin« spielt eine prominente Rolle in vielen spirituellen Gruppierungen, die Sex als heilendes Ritual praktizieren. Tempelprostitution ist wirklich schwer zu erforschen, geschweige denn zu verifizieren, und Historiker*innen hören nicht auf, sich darüber zu streiten, ob sie überhaupt jemals existiert hat. Alles, was uns bleibt, ist eine Handvoll antiker Quellen, von denen wir nicht einmal wissen, ob sie Fakt oder Fiktion sind.

Das altbabylonische *Gilgamesch-Epos* (um 1800 v. Chr.) schildert die Geschichte einer Prostituierten namens Samhat, die Inanna dient und den wilden Enkidu mit ihren sexuellen Künsten zähmt.[14] Dies ist einer der ältesten schriftlichen Hinweise auf Sexarbeit, den wir kennen, aber die Geschichte beansprucht für sich nicht, der Realität zu entsprechen. Der früheste nichtfiktionale Bericht über Tempelprostitution stammt aus der Feder des griechischen Historikers Herodot (ca. 484–425 v. Chr.), der über das Neubabylonische Reich des 6. Jahrhunderts schreibt:

* Die Historikerin, die die Anklage gegen die Existenz von heiliger Sexarbeit führt, ist Stephanie Lynn Budin mit *The Myth of Sacred Prostitution in Antiquity* (New York; Cambridge University Press, 2008). Budin zieht zahlreiche Übersetzungen von Herodot heran, um zu beweisen, dass der Sexhandel in der Antike zwar florierte, aber keineswegs als heilig betrachtet wurde.

> Der schändlichste babylonische Brauch ist der, jede Frau im Land dazu zu zwingen, wenigstens einmal in ihrem Leben in den Tempel der Aphrodite zu gehen und mit irgendeinem Fremden Verkehr zu haben. Viele Frauen, die reich sind und stolz und nicht gewillt, sich mit den anderen zu umgeben, fahren in verdeckten Gespannen zum Tempel und stehen dort mit einer riesigen Gefolgschaft an Dienern. Doch die meisten setzen sich im heiligen Tempel der Aphrodite hin, mit Kronen aus Bändern auf ihren Köpfen. Frauen kommen und gehen in großer Zahl. Entlang markierter Wege, die überall durch die Menge führen, bewegen sich die Männer fort und treffen ihre Wahl. Hat eine Frau erst einmal ihren Platz eingenommen, geht sie nicht wieder nach Hause, ehe ein Mann ihr Geld in den Schoß geworfen und mit ihr Verkehr außerhalb des Tempels gehabt hat; aber während er ihr das Geld zuwirft, muss er sagen: »Ich lade dich ein im Namen der Mylitta.« Es ist nicht wichtig, wie viel Geld es ist, die Frau wird sich nicht weigern, denn das wäre Sünde, und das Geld wird durch den Akt geheiligt. Sie folgt also dem ersten Mann, der es wirft, und weist niemanden ab. Nach dem Verkehr, mit dem sie ihre heilige Pflicht an der Göttin erfüllt hat, geht sie wieder nach Hause, und sie wird von nun an durch nichts bestochen werden können. Die schönen großen Frauen können also schnell wieder gehen, aber die reizlosen müssen lange warten, bis sie dem Gesetz nachkommen können. Einige unter ihnen bleiben für drei oder vier Jahre dort. Ähnliche Bräuche gibt es in manchen Gegenden von Zypern.[15]

Herodot war zwar Geschichtsschreiber, aber ein unzuverlässiger, um es einmal höflich auszudrücken. Er war Historiker, aber auf die Art und Weise, wie es auch Walt Disney war. Außerdem war er ganz klar darauf aus, den Ruf der Babylonier*innen zu schädigen und seine eigenen negativen Sichtweisen auf Sex auf sie zu projizieren – stimmt also überhaupt irgendwas von alldem? Möglicherweise. Es

Edwin Long, *The Babylonian Marriage Market*, 1875.

gibt noch andere Berichte von ähnlichen Riten, die könnten allerdings auch lediglich Wiederaufbereitungen von Herodot sein. Vierhundert Jahre nach Herodot beschreibt der Historiker Strabon (ca. 64 v. Chr.-21 n. Chr.) rituelle Sexpraktiken in Acilisene, Armenien. Hier huldigten die Menschen der persischen Göttin Anahit, indem sie ihr ihre Töchter für den Dienst im Tempel überließen, bevor sie verheiratet wurden.[16]

In *De Dea Syria* berichtet der griechische Autor Lukian von Samosata (ca. 120–180) von einem Ritual aus Syrien, bei dem Frauen an einem öffentlichen Ort mit einem Fremden schlafen mussten, um so der Göttin Aphrodite zu dienen.[17]

Der augusteische Geschichtsschreiber Pompeius Trogus notierte: »Es gab den Brauch auf Zypern, die Jungfrauen vor der Hochzeit an festgelegten Tagen an die Küste zu schicken, wo sie Geld für ihre Mitgift verdienen und Aphrodite ein Erstlingsopfer darbringen sollten, damit diese ihre Tugend für die Zukunft bewahren möge.«[18] Der griechische Dichter Pindar (ca. 518–438 v. Chr.) schreibt ebenfalls über Sexarbeiterinnen, die nach den Olympischen Spielen dem Tempel der Aphrodite in Korinth geweiht wurden: »O Meisterin von Zypern, hier in deinen Hain hat Xenophon die hundertgliedrige Herde weidender Frauen geführt.«[19] Aber da Pindar selbst dieses Werk als *skolion*, als Trinklied, bezeichnet, darf man bezweifeln, dass diese Anekdote wirklich mehr ist als Seemannsgarn.[20]

Im Alten Testament gibt es außerdem mehrere Hinweise auf *qadeshes*, ein Wort, dass vielfach mit »männliche und weibliche Tempelprostituierte« übersetzt wurde. Im 2. Buch der Könige 23:7 heißt es: »Und er brach ab die Häuser der Tempelhurer, die an dem Hause des HERRN waren, in denen die Frauen Gewänder für die Aschera wirkten.«[21] Aber der Teufel steckt im Detail, und viele Historiker*innen stellen die Übersetzung infrage.

Der am stärksten belastbare Beweis für die Existenz von Tempelprostitution liegt in der achthundert Jahre alten Hindutradition der Devadasi in Indien. Devadasi bedeutet »Dienerin Gottes« und bezeichnet eine Frau, die der Göttin Yellamma geweiht ist. Die ältesten schriftlichen Spuren von tanzenden Tempelmädchen namens Devadasis stammen aus einer Zeit um 1230 bis 1240 n. Chr., der Zeit Rajarajas III. in Maharashtra.[22] Eine eintausend Jahre alte Inschrift im Brihadishvara-Tempel in Thanjavur, Indien, listet vierhundert Devadasis auf, fünfhundert sollen es im Somnath-Tempel gewesen sein.[23] Die Devadasis kümmerten sich um die Tempel und sangen und tanzten zu Ehren der Gottheiten. Sie waren außerdem die Kurtisanen wohlhabender Männer, die sich eine Devadasi suchten, weil sie als heilige Frau galt. Sie verführten mit Dichtkunst, Musik und ihrer Hingabe an die Göttin. Klassische indische Tänze wie Bharatnatyam, Odissi und Kathak sind allesamt Hinterlassenschaften der Devadasis. Sex war ein Teil ihrer Welt, aber ein nebensächlicher: Sie feierten Kunst, Schönheit, Liebe und das Göttliche. Als die Briten Indien besetzten, hielt auch deren starre Weltsicht Einzug, die es

James Tissot, *The Harlot of Jericho and the Two Spies*, 1896.

ihnen unmöglich machte, in den Devadasis etwas anderes zu erkennen als Prostituierte.

Sie waren derart abgestoßen von dem, was sie da sahen, dass sie systematisch anfingen, die Devadasi-Tradition als etwas Beschämendes zu demontieren.

Im Jahr 1892 ersuchte die Hindu Social Reform Association den Generalgouverneur von Indien und den Gouverneur von Madras, die Devadasi-Tradition auszuradieren: »In der indischen Gemeinschaft gibt es eine Klasse von Frauen, die gemeinhin als Nautch-Mädchen bekannt sind. Und diese Frauen sind ausnahmslos Prostituierte.«[24] Die britischen Missionare lehrten Indien, was eine »Prostituierte« tat und was daran so schändlich war. Der Rückhalt der Devadasis schwand, sie wurden stigmatisiert und zu sozial Geächteten. Von ihren Unterstützern und ihren Tempeln getrennt, versuchten sie Geld zu verdienen, indem sie bei privaten Feiern tanzten und ihre sexuellen Dienste anboten. 1988 schließlich wurde das Devadasi-System in ganz Indien verboten. Zwar lebt die Tradition im Süden Indiens fort, aber die Devadasis werden nicht länger res-

Eine Fotografie von K. L. Brajbasi & Co., die zwei Tänzerinnen zeigt. Patna, um 1910.

pektiert. Stigmatisiert und ohne Schutz sind sie häufig Übergriffen ausgesetzt, aber trotzdem stellen verarmte Eltern ihre minderjährigen Töchter noch immer in den Dienst der Göttin, wo sie dann als Kinderprostituierte Geld verdienen müssen.

Sexarbeit ist nicht das älteste Gewerbe der Welt, aber Sex könnte die älteste Währung sein. Wir haben immer schon Sex gehabt, immer schon Sex genossen und darum auch immer schon mit Sex gehandelt. Die Haltungen dazu sind nicht starr, sie verändern sich stetig. Sexarbeiter*innen waren im Altertum oft staatlich sanktioniert, geschützt durch das Gesetz und, wenn auch nicht respektiert, so doch zumindest als Teil des alltäglichen Lebens akzeptiert. Es gibt außerdem Hinweise darauf, dass einige von denen, die Sex verkauften, einmal als vornehm und heilig angesehen wurden. Heute ist der Verkauf von Sex überall auf der Welt stark kriminalisiert und meilenweit davon entfernt, gesellschaftlich akzeptiert oder gar heilig zu sein. Diese Schicksalswende deutet auf drastische Veränderungen in der kulturellen Haltung gegenüber Sex hin. In Kulturen, die Sex nicht als etwas grundsätzlich Sündhaftes betrachteten, war die Einstellung Sexarbeit gegenüber deutlich anders als dort, wo Sexualität unterdrückt wurde. Mit der Entwicklung einer patriarchalen und puritanischen Geisteshaltung zu Sex in der westlichen Welt wurde die Sexualität besonders von Frauen zusehends zensiert, und diejenigen unter ihnen, die Sex verkauften, traf die Verdammung am härtesten. Aber bevor wir den gesamten Sexhandel als unmoralisch und gefährlich verurteilen, könnten wir uns vielleicht fragen, in was für einer Welt wir leben würden, wenn diejenigen, die Sex verkaufen, wieder respektiert und nicht marginalisiert würden. Wenn sie Rechte bekämen statt Rettung. Ich bezweifle, dass Sexarbeiterinnen jemals wieder als Priesterinnen angesehen werden, aber zumindest als Berufstätige sollten sie respektiert werden – in einem der ältesten Gewerbe der Welt.

Public Relations

Eine Geschichte der britischen Sexanzeige

Das Handeln mit Sex ist so alt wie die Menschheit selbst, und seit Menschen sexuelle Gefälligkeiten kaufen und verkaufen, seitdem versuchen Obrigkeiten, dies zu reglementieren – üblicherweise durch Kriminalisierung und Bestrafung. Über Jahrhunderte hinweg wurden Sexarbeiterinnen mit Geldbußen belegt, ins Gefängnis gesteckt, exkommuniziert, verbannt, verstümmelt und sogar zum Tode verurteilt. Meistens beinhaltete diese Bestrafung öffentliche Demütigungen, sie sollten die Menschen beschämen und sie so zu einem sittlicheren Verhalten bekehren. Im Augsburg des 14. Jahrhunderts beispielsweise schnitt man Prostituierten die Nase ab, wenn man sie an Feiertagen dabei erwischte, sich anzubieten.[1] Und 1713 wurde Kath Kinred, »eine bekannte Dirne«, die »drei uneheliche Kinder zur Welt« gebracht hatte, auf der Isle of Man verurteilt, »hinter einem Boot vor der Stadt Peele […] auf Höhe des Marktes« hergezogen zu werden als ein »Beispiel für andere«.[2] Trotz solcher Bestrafungen konnte noch nichts die Sexarbeit aus der Welt schaffen. Die Kriminalisierung hat den Handel lediglich erfolgreich in den Untergrund verlagert und zu gefährlichen Arbeitsbedingungen geführt. Das Dilemma für unter solchen Umständen Arbeitende lautete die gesamte Geschichte hindurch: Wie sich selber schützen und gleichzeitig Kunden gewinnen, ohne das Auge des Gesetzes auf

Londoner *tart cards*, um 1995.

sich zu lenken? Einer der wirksamsten Wege, dies zu tun, ist Werbung, und eine der ikonischsten und am besten zu erkennenden Formen der Sexanzeige sind die bescheidenen *tart cards* – leuchtend bunte Karten mit Telefonnummern, die einmal die Telefonzellen ganz Englands schmückten.

Der Post Office Act von 1953 verbot auf »irgendeine Art verunstaltende Werbung« in oder an Telefonzellen in Großbritannien.[3]

Als dieses Gesetz 1984 aufgehoben wurde, sahen geschäftstüchtige Damen ihre Chance gekommen. Obwohl Sexanzeigen noch heute in Telefonzellen überall auf der Welt gefunden werden können, haben sie besonders in Großbritannien eine Art Kultstatus erlangt und werden eigentlich immer sofort mit London assoziiert (im Norden sind die *tart cards* auch unter *slag tags* bekannt).[4] Die Neunzigerjahre waren die Blütezeit der Sexanzeigen, und alle Telefonzellen von Soho bis King's Cross waren gepflastert mit Porno-Patchwork. Die Notwendigkeit, anfallende Produktionskosten für Text und Material gering zu halten und dennoch herauszustechen, führte zu einer wirklich einzigartigen Kunstform.

Tart cards in einer englischen Telefonzelle, 2004. Da war es bereits illegal, hier zu werben, aber die Anzeigen waren trotzdem noch sehr weit verbreitet.

Die ersten Karten wurden auf billigem Papier gedruckt und waren in einem schlichten Design gehalten, schwarze Druckfarbe auf grellbuntem (oft neonfarbigem) Grund. Kitschige Silhouetten nackter Frauen, Stilettos, Strapse oder Sexspielzeug verrieten ganz konkret die Art Service, die hier zu erwarten war. Der technische Fortschritt beeinflusste das Design der späteren Karten, die nun schicke Schriften und Hochglanzfotos erotischer Fantasiegestalten trugen, die die Lippen schürzten, sich vornüberbeugten oder verführerisch in die Kamera blickten. Sehr zur Enttäuschung der vielen Kunden, waren das selten Fotos der wirklichen Anbieterinnen, die natürlich viel zu schlau waren, als dass sie sich den Behörden in einer Telefonzelle verraten hätten.

Von der »strengen Herrin auf der Suche nach einer menschlichen Toilette« über »ungezogene Nannys«, die »besser rubbeln«, bis hin zu »Schulmädchen«, die »ein bisschen Haue« nötig hatten, war für jeden was dabei. Obwohl auch Männer mit Sicherheit Sex verkauft haben, stammten die meisten Anzeigen doch von Anbieterinnen (cis und transgender), die sich damit an Männer richteten. Die Anzeigen boten den Sexarbeiterinnen die Möglichkeit einer ersten Vorauswahl. Die einzige Kontaktinformation war eine Telefonnummer, die der Kunde anrufen konnte, um seine Wünsche zu besprechen und Zeit und Ort eines Treffens zu verabreden. Die Adresse wurde erst herausgegeben, wenn die Anbieterin entschieden hatte, dass sie den Kunden treffen wollte.

Bis 2001 waren die *tart cards* zu solch einer Plage in England geworden, dass der Criminal Justice and Police Act das Anbringen der Anzeigen in Telefonzellen mit einem halben Jahr Gefängnis oder einem Bußgeld von bis zu fünftausend Pfund bestrafte.[5] Hier und da findet man heute noch eine einsame Anzeige, aber seit das Handy die Telefonzelle überflüssig gemacht hat und das Internet Sexarbeiterinnen einen weitaus sichereren Raum bietet, ihre Dienste anzupreisen, sind ihre Tage gezählt.

Wir mögen glauben, dass Werbung ein sehr modernes Phänomen ist, aber Sexarbeiterinnen haben ihren Wert immer erkannt. Der literarische Blockbuster *Harris's List* (1757–1795), der jährlich erscheinende Almanach aller Londoner Sexarbeiterinnen, war ein Meisterwerk der Selbstvermarktung. Als Vorläufer von *tart card* und TripAdvisor enthielt er Informationen zu Erscheinungsbild, Fähigkeiten und Preisen von bis zu zweihundert Frauen, die in der Hauptstadt Sex verkauften.

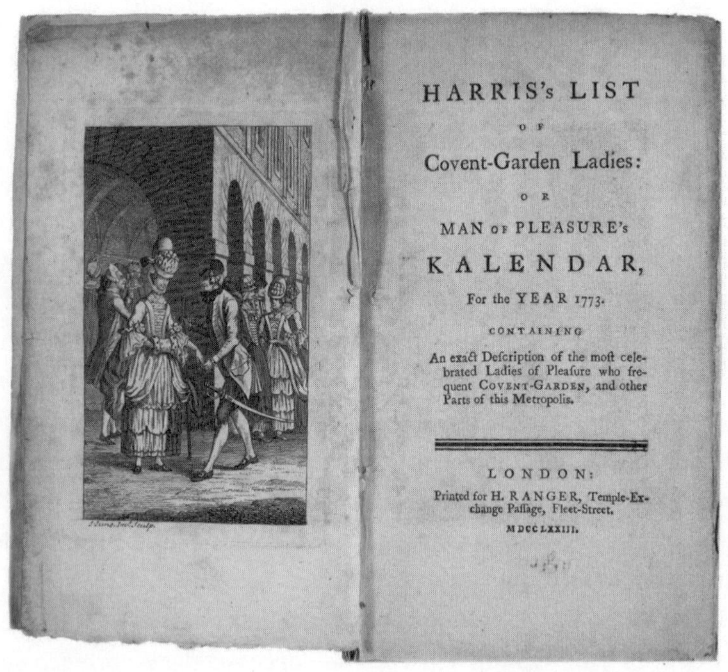

HARRIS's LIST
OF
Covent-Garden Ladies:
OR
MAN OF PLEASURE's
KALENDAR,
For the YEAR 1773.
CONTAINING
An exact Deſcription of the moſt celebrated Ladies of Pleaſure who frequent COVENT-GARDEN, and other Parts of this Metropolis.

LONDON:
Printed for H. RANGER, Temple-Exchange Paſſage, Fleet-Street.
MDCCLXXIII.

Harris's List of Covent-Garden Ladies: Man of pleasure's Kalendar, 1773.

Die *List* war eine Zusammenarbeit zwischen Sam Derrick, einem mittelmäßigen irischen Schreiberling und Dichter, und dem Londoner Zuhälter Jack Harris. Nur neun Ausgaben der *List* sind erhalten (1761, 1764, 1773, 1774, 1779, 1788, 1789, 1790 und 1793), sie sind in verschiedenen Archiven auf der ganzen Welt verstreut. Es gibt eine Handvoll Nachdrucke, aber bis 2005 brauchte man schon einen Termin im Archiv und ein paar weiße Handschuhe, wenn man die *List* einsehen wollte. Erst als die Historikerin Hallie Rubenhold die Herkulesaufgabe vollbrachte, die *List* zu erforschen und sie in *The Covent Garden Ladies: Pimp General Jack and the Extraordinary Story of Harris's List* (2005) zu verarbeiten, wurde sie, frisch entstaubt, wieder einem breiten Publikum zugänglich gemacht.

Wie man sich sicher vorstellen kann, war *Harris's List* extrem erfolgreich, denn sie war beides zugleich, ein praktischer Sexreiseführer und Softcoreporno für diejenigen, die nicht mutig genug waren, ein tatsächliches Treffen zu arrangieren. Die Liste selber ließ die Grenze zwischen Dichtung und Wahrheit verschwimmen, und wir werden ihre Richtigkeit nie überprüfen können. War Mrs Howards »Hain« wirklich »weitläufig genug, um jeden Gast darin aufzunehmen«? Trank Emma in Mother Grey's wirklich Whiskey zum Frühstück, und besaß sie wirklich einen »magischen Ring […], so begehrt wie der Stein der Weisen«? Saßen Miss Simms' »tiefe Täler« wirklich wie »maßgefertigte Stiefel«?[6] Wir werden es nie erfahren.

Harris's List entschied über den Erfolg der Londoner *horizontal workers* (1870). Wie jeder andere Beruf auch war (und ist) Sexarbeit sehr vielschichtig, und eine positive Erwähnung erlaubte es einer Frau, mehr Geld zu verlangen, sie gewann reichere Kunden für sich und konnte aufsteigen. Eine schlechte Kritik oder gar die Anschuldigung, die Pocken zu haben (wie Miss Young am Cumberland Court, die, so heißt es, »ihren verseuchten Kadaver durch die ganze Stadt« trug), konnte das Geschäft von heute auf morgen zum Erliegen bringen.[7]

Auch wenn Jack Harris' Erzählstil nach lässigem Schlawiner klingt, der aufs Geratewohl die Freuden der Stadt erkundet, war der Auswahlprozess doch ein harter Wettbewerb, und Harris war sich des Wertes seiner *List* für den Markt sehr bewusst.

Die Memoiren der Fanny Murray, eine der berühmtesten Kurtisanen des 18. Jahrhunderts, geben wertvolle Einblicke in den Prozess. Harris beschrieb Murray als »ein hübsches brünettes Mädchen, das nächste Saison neunzehn Jahre alt wird […] Bereit, einen jüdischen Kaufmann aufs Beste zu versorgen«.[8] Der wohlwollende Bericht ermöglichte es Fanny, höhere Preise zu verlangen und eine bessergestellte Klientel zu bedienen. Aber sie hatte sich bei Harris

A Harlot's Progress ist eine Serie von sechs Stichen des englischen Künstlers William Hogarth. Die Serie zeigt die Geschichte der Moll Hackabout, die vom Land kommt und in London zur Sexarbeiterin wird. Obwohl Moll ihre Karriere als äußerst erfolgreiche Kurtisane beginnt, stirbt sie am Ende der Reihe verarmt an der Syphilis. Dieses Bild zeigt Moll, wie sie von der berüchtigten Puffmutter Mother Needham ins Rotlichtmilieu gelockt wird. 1732.

bewerben müssen, um auf dessen Liste zu erscheinen. Dann wurde sie befragt und einer medizinischen Untersuchung unterzogen, außerdem musste sie zustimmen, Harris ein Fünftel des verdienten Geldes abzutreten und einen Vertrag zu unterschreiben, der festhielt, dass sie Harris zwanzig Pfund zahlen musste, falls herauskommen sollte, dass sie falsche Angaben zu ihrer Gesundheit gemacht hatte.[9]

Das Ganze war also eine teure, aber mitunter lohnenswerte Investition. *Harris's List* brachte die Karrieren einiger Topkurtisanen Londons in Schwung, wie die von Lucy Cooper und Charlotte Hayes. Hayes wird in der Ausgabe von 1761 sehr positiv beschrieben:

> Müssten wir eine genaue Beschreibung dieser gefeierten Thais vornehmen, das heißt, würden wir auch jedes ihrer Glieder und jeden ihrer Züge als einziges Fest beschreiben, so würden diese doch einzeln nicht so wunderbar erscheinen wie alle zusammen, denn da müssen wir sie als äußerst ansprechend würdigen. In unseren Augen (nichts erkennt die Dinge besser) ist sie so begehrenswert wie eh und je.[10]

Charlotte kämpfte sich aus verzweifelter Armut bis zur erfolgreichsten Bordellwirtin Londons hoch, der des King's Place Bordells. Als sie 1813 starb, hatte sie ein Vermögen von zwanzigtausend Pfund erwirtschaftet und war ein gefeierter Star, der sich in royalen Kreisen bewegte – nicht schlecht für ein Mädchen aus der Gosse.

Neben Charlottes Leben findet auch das von Lucy Cooper in *Nocturnal Revels* (1779) Erwähnung, und auch von ihr gibt es in der *Harris's List*-Ausgabe von 1761 eine Beschreibung.[11] Beide Frauen brachten es zu Berühmtheit und Geld, aber Lucy hatte nicht den Geschäftssinn, den Charlotte besaß, und legte nichts für schlechtere Zeiten zurück. Lucy lebte ein Leben im Exzess und sah einen ihrer wohlhabenden älteren Unterstützer nach dem anderen sterben. Von zu viel Alkohol und zu viel Party gezeichnet, gelang es Lucy jenseits der fünfunddreißig nicht mehr, diese zu ersetzen. Weil sie in ihrer Blütezeit nichts gespart hatte, konnte sie ihre Rechnungen nicht mehr bezahlen und fand sich bald bettelarm im Schuldnergefängnis wieder. Arm und verwahrlost starb sie schließlich 1772, nur vier Jahre nachdem sie in einem Lied als die Frau verewigt worden war, mit der »alle Menschheit« schlafen wolle.

Muss Lucy Cooper sein jedermanns Stern
Stolz leuchten durch die Flure?
Muss vom Ritter bis zum Herrn
Sie haben, Höllenhure?
Ist ihre Fotze besser denn,
Dichter gelockt ihr Haar?
Dass alle Menschheit sie begehrt
Und ich sitz ohne da?[12]

Etwas mehr als hundert Jahre nachdem die letzte Ausgabe von *Harris's List* erschienen war, begann New Orleans damit, die Dienste seiner Sexarbeiterinnen zu bewerben. Aus der Anordnung, alle *working girls* (1928) der Stadt auf eine ausgewiesene Gegend zu beschränken, wurde am 29. Januar 1897 ein Gesetz. Weil die Anordnung von Stadtrat Sidney Story vorbereitet und gefördert worden war, wurde diese Gegend bald als »Storyville« bekannt. Sie war das erste legale Rotlichtmilieu der USA und wurde bis 1917 frequentiert, dann traten die USA in den Ersten Weltkrieg ein, und die Regierung verbot den Verkauf von Sex im Umkreis von fünf Meilen rund um jede Militärbasis.[13] Storyville hatte eine eigene Presse, hier wurden Reiseführer für die Gegend produziert, die *Blue Books*. Das älteste erhaltene Exemplar stammt aus dem Jahr 1900. *Blue* bezog sich dabei auf den Inhalt, nicht auf die Farbe des Buches.* Wie *Harris's List* wurden auch die *Blue Books* in der ganzen Stadt verkauft, man bekam sie am Bahnhof, in Bars, Hotels und beim Barbier. Im Vorwort jeder Ausgabe wird dem Leser die Gegend vorgestellt und erklärt, warum die *Blue Books* unerlässlich sind:

* *Blue* bedeutet unter anderem »schlüpfrig«, »pornografisch«.

> Weil es der einzige Bezirk dieser Art in den gesamten Staaten ist, der gesetzlich für die leichten Mädchen reserviert ist.
> Weil es den Fremden auf einen anständigen und sicheren Weg schickt, wo er keine »Überfälle« und andere Spielchen, die oft mit Fremden gespielt werden, befürchten muss.
> Es reglementiert die Frauen, sodass sie in einem Bezirk unter sich leben können und nicht über die Stadt verstreut werden, wo sich die Straßen bald mit Straßendirnen füllen würden.
> Es enthält außerdem die Namen der Unterhalterinnen, die in den Tanzhallen und Varietés des Bezirks arbeiten.[14]

Die *Blue Books* enthielten Informationen zu den bekanntesten *working girls* der Stadt, nannten aber namentlich für gewöhnlich die Damen, in dessen Etablissements diese arbeiteten, so wie Miss Bertha Golden aus der Iberville Street:

> Bertha stand schon immer in erster Reihe noch vor all denjenigen, die erstklassige Oktoronen anbieten. Sie genießt außerdem den Ruf, die einzige klassische Sängerin und Salome-Tänzerin der Südstaaten zu sein. Angebote über Angebote bekam sie, ihre derzeitige Vokation zu verlassen und die Bühne zu erobern, doch ihr erfolgreiches Geschäft hielt sie bei ihren Freunden. Alle, die ein bisschen Spaß unter vielen hübschen Oktoron-Damen suchen: Hier seid ihr richtig. Wenn es um Ragtime-Gesang, kesses Tanzen und überhaupt um Spaß geht, dann ist Bertha eine Klasse für sich.[15]

»Oktoron« bedeutet zu einem Achtel Schwarz. Einer der berühmtesten »Oktoron-Salons« von Storyville war die Mahogany Hall von Lulu White (um 1868–1931). Lulu machte einen Haufen Geld und war bekannt dafür, an jedem Finger Diamanten zu tragen. Mahogany Hall beheimatete bis zu vierzig *call girls* (1913) und fünf Salons,

Blue Book, Tenderloin 400, 1901.

und jeder Raum hatte ein eigenes Badezimmer. Es gab verspiegelte Zimmer, kostbare Kunstwerke und eine auch sonst exklusive Innenausstattung.[16] E. J. Bellocq (1873–1949) fotografierte viele der *wet hens* (1886; »nasse Hennen«, »fuchsteufelswild«) von New Orleans, und man nimmt an, dass so manches Bild in Mahogany Hall aufgenommen wurde.[17]

Als Storyville 1917 dichtgemacht wurde, war das auch das Ende der *Blue Books*, und viele Sexarbeiterinnen zogen ins French Quarter, wo sie von nun an illegal arbeiten mussten.

Ungefähr zu der Zeit, als Bellocq die Frauen von Storyville verewigte, machte sich der französische Fotograf Jean Agélou (1878–1921) mit seinen erotischen Nacktaufnahmen einen Namen. Eines von Agélous Lieblingsmodellen war eine Sexarbeiterin, die nur unter dem Namen Miss Fernande bekannt war und zum ersten Pin-up-Girl der Welt wurde.

Es ist nicht viel über sie bekannt, nicht einmal ihr echter Name.* In einer Ausgabe der Zeitschrift *L'Étude Académique* von 1911 zeigte Agélou vier Bilder von Miss Fernande und gab ihr Alter mit neunzehn Jahren an, was bedeutet, dass sie 1893 geboren sein muss.[18] Wir kennen ihren Namen, weil sie ihre Postkarten mit »Miss Fernande« unterschrieb und eine Adresse angab, unter der Kunden sie erreichen konnten.[19] Sie vermarktete sich mit ihren Postkarten sehr geschickt und wurde schnell als First Lady der französischen Erotikkunst bekannt. Originalpostkarten mit Miss Fernandes Bild haben heute einen großen Sammelwert und wechseln für Hunderte, wenn nicht Tausende von Pfund ihre Besitzer*innen.

Auch Originalausgaben von *Harris's List* und der *Blue Books* sind heute sehr viel Geld wert. Und die *tart card* hat als Form der »zufälligen« Kunst heute ebenfalls einen gewissen Stellenwert erlangt, in den letzten Jahren hat es sogar einige Ausstellungen dazu gege-

* Manche Online-Quellen identifizieren Miss Fernande als Fernande Berry (1893–1960), aber außer dem passenden Alter gibt es keine Beweise, die diese These stützen würden. Christian Bourdon, *Jean Agélou: De L'Académisme à la Photographie de Charme* (Paris: Marval, 2006).

Eine Frau in gestreiften Strümpfen im Rotlichtviertel Storyville, New Orleans, 1912.

ben.[20] Obwohl es sich hierbei um wunderschöne und historische Artefakte handelt, ist es auch wichtig, an die Sexarbeiterinnen zu denken, die bei der Bewerbung ihrer Dienstleistungen auf sie angewiesen waren.

Miss Fernande, fotografiert von Jean Agélou um 1910.

Wie viele Branchen, wurde auch die Sexarbeit durch das Internet revolutioniert, und der Online-Sektor ist mittlerweile der größte in der britischen Sexindustrie. Aber das ist nichts Schlechtes. Das drei Jahre umfassende Forschungsprojekt »Beyond the Gaze« (2015–2018) untersuchte den Einfluss des Internets auf die Sexbranche in Großbritannien. Dabei fand man heraus, dass neunundachtzig Prozent der Sexarbeiter*innen dort das Gefühl hatten, das Internet habe es ihnen ermöglicht, unabhängiger zu arbeiten. Fünfundachtzig Prozent berichteten, sie würden das Internet nutzen, um eine Vorauswahl unter ihren Kund*innen zu treffen, und achtundsiebzig Prozent sagten, Online-Anzeigen hätten ihre Lebensqualität verbessert.[21] Wenn Sexarbeiter*innen die Möglichkeit haben, online zu werben, erhöht das also deren Sicherheit und verbessert deren Arbeitsbedingungen.

Das Internet hat einen Teil der Sexarbeit von der Straße geholt, und natürlich aus der Telefonzelle. Es hat die Sexarbeit sicherer für diejenigen gemacht, die sich dazu entschieden haben, ihr nachzugehen, und es hat die Notwendigkeit von Sexanzeigen drastisch reduziert. Aber das Ganze droht zu kippen. 2018 hat der US-Senat den Stop Enabling Sex Traffickers Act (SESTA) und den Fight Online Sex Trafficking Act (FOSTA) verabschiedet. FOSTA macht das Posten oder Hosten von Online-Prostitution strafbar, und SESTA macht Websites direkt verantwortlich für den Inhalt Dritter. Die Idee dahinter ist, dass Opfer von sexueller Ausbeutung Websites verklagen können, wenn die eine wie auch immer geartete Rolle im Missbrauchsgeschehen gespielt haben. Das Ergebnis davon ist, dass eine Vielzahl von Internetplattformen und Website-Providern es Sexarbeiter*innen nun verboten hat, dort für sich zu werben. Ohne Möglichkeit, Online-Werbung zu nutzen, müssen Sexarbeiter*innen zurück auf die Straße und mit billigen Karten werben.[22] Sie haben das Recht auf sichere Arbeit und auf Respekt. Die *tart card* und Sexarbeiterinnen-Almanache sind Relikte der Vergangenheit, und dort gehören sie hin. So schön sie auch sind, am besten sind sie im Museum aufgehoben.

Schlemmen mit Panthern

Eine Geschichte der Männer-Sexarbeit

In einem Brief an seinen Liebhaber Lord Alfred Douglas, geschrieben aus einer Gefängniszelle im Jahr 1897, sinnierte Oscar Wilde über das Verbrechen des »unsittlichen Verhaltens«, das ihm zwei Jahre Zwangsarbeit im Zuchthaus von Reading eingebrockt hatte. Wilde beschrieb die Sexarbeiter, die er zur abendlichen Unterhaltung einzuladen pflegte, als »die strahlendsten vergoldeten Schlan-

Oscar Wilde, hier auf einer Aufnahme mit seinem Liebhaber Lord Alfred Douglas. Wilde verlor einen Verleumdungs-Rechtsstreit, bei dem es um seine Beziehung mit Douglas ging, und wurde als Homosexueller eingesperrt. Er starb kurz nach seiner Haftentlassung. Fotografie von Gillman & Co. (zwischen 1882 und 1910).

gen«. Er erinnerte sich, in höchstem Maße erregt gewesen zu sein von der Gefahr, mit diesen »wunderbar anzüglichen und anregenden« Kreaturen zu schlafen, und bezeichnete seine Zeit in deren Gesellschaft als »Schlemmen mit Panthern«.[1]

Die Vorstellungen von Sexarbeit sind erstaunlich heteronormativ: Frauen verkaufen Sex, Männer kaufen Sex, und fertig. Aber halt, gar nicht fertig, nicht einmal ansatzweise. Sexarbeit beinhaltet ein breites Spektrum an Geschlechtern, Sexualitäten, Angeboten, Anbieter*innen und Kund*innen.

Doch sie ist extrem schwer zu erforschen. Kriminalisierung und Stigmatisierung führen dazu, dass viele Sexarbeiter*innen nicht mit Wissenschaftler*innen sprechen wollen. Verlässliche demografische Daten zu Sexarbeit zu bekommen, ist also schwierig, und die Schätzungen weichen teilweise stark voneinander ab. Zum Beispiel sind laut Bericht des britischen Innenministeriums von 2016 etwa zwanzig Prozent der britischen Sexarbeiter*innen männlich.[2] Statistiken, die die Plattform zur Datenintegration Import.io 2014 veröffentlichte, deuten allerdings darauf hin, dass es bis zu zweiundvierzig Prozent sind.[3] Eine genaue Zahl werden wir nie haben, aber was wir mit Sicherheit sagen können, ist, dass Männer hier durchaus mitmischen. Und das ist schon immer so gewesen.[4]

Zwar gibt es umfangreiche Belege dafür, dass Männer Sex an andere Männer verkaufen, aber die Geschichte von Frauen, die Sex von Männern kaufen, ist da schon deutlich undurchsichtiger. Da ist der römische Dichter Martial, der sich über eine »hässliche und alte Frau« lustig macht, die meint, »Gefälligkeiten ohne Bezahlung« bekommen zu können. An anderer Stelle scherzt er: »Lesbia schwört, sie ist noch nie umsonst gefickt worden. Das stimmt. Wenn sie gefickt werden möchte, bezahlt sie in der Regel dafür.« Hier könnte es sich allerdings auch um abfällige Bemerkungen über ältere Frauen handeln und nicht um Beweise dafür, dass Frauen für Sex bezahlt haben.

Hinzu kommt die Tatsache, dass viele mächtige weibliche Persönlichkeiten von ihren Feind*innen als unersättliche Nymphomaninnen hingestellt wurden, was das Herauslesen der Fakten besonders erschwert. Königin Ana Nzinga (1583–1663) beispielsweise, die über die Königreiche Ndanga und Matamba im heutigen Angola herrschte, soll angeblich einen Harem mit fünfzig Männern gehabt haben, die ihr auf Befehl zu Diensten sein mussten. »Sie hält sich auch fünfzig bis sechzig Konkubinen, die sie wie Frauen anzieht, obwohl sie junge Männer sind.«[5] Das Problematische an diesem Bericht ist, dass er aus der Feder des niederländischen Geografen Olfert Dapper stammt, der selbst nie in Afrika gewesen war. In Anbetracht der Tatsache, dass Königin Nzinga den Portugiesen einen kräftigen Arschtritt verpasst hatte, könnten auch dies nur Verleumdungen sein.

Einer der wenigen historischen Berichte über ein reines Männerbordell, das eine weibliche Klientel versorgte, stammt von Mary Wilson, einer Londoner Bordellwirtin, die im frühen 19. Jahrhundert einige Bordelle besaß. 1824 veröffentlichte Mary *The Voluptarian Cabinet*, wo sie ihre »Eleusinische Institution« beschreibt. Dort konnte eine Frau, wenn das Geld stimmte, von einem Mann ihrer Wahl verwöhnt werden.

> Ich habe sehr weitläufige Räumlichkeiten erworben, die zwischen zwei großen Verkehrsstraßen liegen, von denen aus sie über Ladengeschäfte betreten werden können. Sie sind ganz dem Gewerbe gewidmet, das nur Frauen in Anspruch nehmen […] In diesen Salons sind, ihrer Klasse entsprechend, nur die besten Männer ihrer Art zu finden, derer ich habhaft werden konnte, beschäftigt mit was auch immer den Frauen gefällt, und immer in hohem Maße begeistert, begünstigt durch ein gutes Leben und viel Müßiggang […][6]

Hier wiederum ist das Problem, dass es der Sexualforscher Iwan Bloch ist, der in seinem Buch *Das Geschlechtsleben in England* (1912; übersetzt ins Englische 1936) über Mary Wilsons Bordell schreibt. Ich möchte nicht behaupten, dass Bloch lügt, aber Beweise, die die Existenz von Miss Wilsons »Räumlichkeiten« bestätigen könnten, oder gar ihre Schriften, sind schwer zu finden.

Aber die Abwesenheit von Beweisen ist nicht der Beweis für Abwesenheit, und ganz bestimmt haben Frauen im Laufe der Geschichte für Sex bezahlt. Sogar heute noch sind Frauen, die das tun, ein kaum untersuchtes Tabuthema. Aber das verändert sich. Die Kriminologinnen Dr. Natalie Hammond und Dr. Sarah Kingston vollendeten 2016 eines der ersten wissenschaftlichen Projekte, das sich mit Frauen in Großbritannien beschäftigt, die für Sex zahlen.[7] Dr. Kingston erkannte, dass ihre Vorurteile von der Tatsache herausgefordert wurden, »wie ähnlich die Motive von Frauen, Sex zu kaufen, denen von Männern sind«. Dr. Hammond fand heraus, dass die Gründe, warum Frauen für Sex bezahlen, zahlreich sind, »zum Beispiel, weil sie etwas ausprobieren wollen oder weil sie, was ihren Sextrieb angeht, nicht mit ihren Partner*innen zusammenpassen, also Sex wollen, aber keine Affäre. Das stimmt mit dem überein, was wir über männliche Kunden wissen – sie kommen aus allen Gesellschaftsschichten und bezahlen aus vielerlei Gründen für Sex«.[8]

Glücklicherweise widmet die Wissenschaft Frauen, die für Sex bezahlen, inzwischen mehr Aufmerksamkeit, aber insgesamt tappen wir hier noch immer weitgehend im Dunkeln.

Beziehungen zwischen Männern wurden in der Antike in weiten Teilen akzeptiert, aber sie waren dennoch strengen soziosexuellen »Regeln« unterworfen, die diktierten, was anständig war und was nicht. In Griechenland zum Beispiel konnte sich ein älterer Mann *(erastes)* einen Jungen im Teenageralter *(pais)* als Liebhaber nehmen, wurde aber damit gleichzeitig zu dessen Mentor und lehrte ihn

Ann Zingha, Queen of Matamba, von François Villain, 1800.

die Dinge des Lebens. Heute würden wir das als Kindesmissbrauch und institutionalisierte Pädophilie bezeichnen, aber die antiken Griech*innen akzeptierten dies nicht nur, Eltern boten ihre Söhne sogar mit Freuden alten reichen Männern an, in der Hoffnung, diese würden dadurch sozial aufsteigen. Der ältere Mann wurde als der aktive, maskulinere Part wahrgenommen, von dem jüngeren wurde erwartet, dass er die passive Rolle übernimmt – das galt auch für den Sex, während dem der *pais* penetriert wurde (Bottom-Rolle), und der *erastes* penetrierte (Top-Rolle). Es wurde als ziemlich ungehörig empfunden, wenn ein erwachsener Mann der Bottom war. Auch unter den japanischen Samurai wurden solche päderastischen Arrangements als völlig normal angesehen, hier nahm sich ein älterer Krieger *(nenja)* einen heranwachsenden Jungen *(chigo)* zum Sexpartner und lehrte ihn im Gegenzug Martial Arts und Etikette.[9]

Während seines Gerichtsverfahrens wegen unsittlichen Verhaltens 1895 beschrieb Oscar Wilde seine Gefühle für Lord Douglas als »die Liebe, die ihren Namen nicht zu nennen wagt«. Auf Drängen Sir Edward Clarks hin, doch zu erklären, was er damit meine, bezog sich Wilde auf die *Erastes-pais*-Beziehungen im antiken Griechenland:

> Die Liebe, die ihren Namen nicht zu nennen wagt, ist in diesem Jahrhundert die Zuneigung eines älteren zu einem jüngeren Mann, so wie es sie zwischen David und Jonathan gab, so wie Platon sie zur Basis seiner Philosophie machte und so wie man sie in den Sonetten von Michelangelo und Shakespeare findet […] In diesem Jahrhundert wird sie so missverstanden, so gründlich missverstanden, dass sie als »Liebe, die ihren Namen nicht zu nennen wagt« beschrieben werden kann, und um ihretwillen bin ich dort, wo ich gerade bin.
> Sie ist wunderschön, sie ist gut, sie ist die edelste Art der Zuneigung. Nichts an ihr ist unnatürlich. Sie ist intellektuell, und sie existiert fortwährend zwischen einem älteren und einem jüngeren Mann, wenn der ältere den Verstand besitzt und der jüngere all die Freude, die Hoffnung und den Glanz des Lebens noch vor sich hat.
> Dass es so sein muss, versteht die Welt nicht. Die Welt macht sich darüber lustig, und manchmal stellt sie jemanden dafür an den Pranger.[10]

Das mag ja alles überaus edel gewesen sein, aber Sex einfach nur zu verkaufen, anstatt ihn gegen das Wissen eines Mentors einzutauschen, dem haftete doch etwas Ungehöriges an.

Griechische Keramik, datiert auf etwa 480 v. Chr. Ein *erastes* (Liebender) und sein *eromenos* (Geliebter) küssen sich.

So war es griechischen Männern, die Sex verkauften, verboten, Tempel zu betreten, öffentlich zu sprechen oder an öffentlichen Verfahren teilzunehmen. Im Jahr 346 v. Chr. klagte der Athener Politiker Aischines seinen Kollegen Timarchos an, weil dieser in der Volksversammlung gesprochen hatte, obwohl er in seiner Jugend Sex verkauft habe: »Ein Mann, der das Recht auf seinen eigenen Körper verkauft hat, wäre auch bereit, den Staat zu verkaufen.«[11] Ähnliche Gesetze gab es auch außerhalb Athens. In der makedonischen Stadt Beroia, heute Veria, belegt eine Inschrift aus dem 2. vorchristlichen

Jahrhundert, dass »Sklaven, Betrunkene, Verrückte und die, die sich prostituiert haben *(hetaireukôtes)*«, das Gymnasion nicht betreten durften.[12]

Als derart schandhaft wurde das Thema aber nicht überall empfunden. Das *Kamasutra* beschreibt, wie gut es männliche Sexarbeiter »in Frauenkleidung« ihren männlichen Kunden mit dem Mund machen, ohne jede Spur der Scham. »Wenn er sich in genau diesem Zustand befindet, durch die Kraft der Leidenschaft bis zur Hälfte im Mund verschwunden, dann presst er ihn gnadenlos hinunter und weiter hinunter und lässt dann los. Das wird ›die Mango lutschen‹ genannt.«[13]

Die Einstellungen zum Mangolutschen waren im christlichen Europa des Mittelalters nicht ganz so locker, aber wir wissen, dass die Lutscherei trotzdem weiterging. Am Abend des 11. Dezember 1394 wurde John Rykener verhaftet, weil er John Britby aus Yorkshire in der Cheapside in London Sex verkauft hatte. Die Befragung Rykeners und dessen Aussage vor dem Stadtgericht sind in allen schmutzigen Einzelheiten in den Londoner Plea and Memoranda Rolls (Gerichtsakten in den Londoner Stadtarchiven) festgehalten. Was diesen Fall so interessant macht, ist die Beichte Rykeners, sich als Frau verkleidet und den Namen Eleanor verwendet zu haben, um sowohl Britby als auch Mönchen und anderen Geistlichen Sex zu verkaufen. Er gab aber auch zu, als Mann Kirchenlaiinnen und Nonnen verführt zu haben.

> John Rykener gestand weiterhin, dass er am Freitag vor Michaelis nach Burford in Oxfordshire kam und dort im Swan in der Eigenschaft als Schankkellner sechs Wochen lang mit einem gewissen John Clerk verweilte, während jener Zeit zwei Franziskaner, einer mit Namen Bruder Michael und einer mit Namen Bruder John, der ihm einen Goldring schenkte, und ein Karmeliter und sechs ausländische Männer

> die oben erwähnten Taten mit ihm begingen [...] Rykener gestand weiterhin, dass er sich nach Beaconsfield begeben und dort als Mann mit einer gewissen Joan, Tochter von John Matthew, Sex hatte und dass dort außerdem zwei Franziskaner mit ihm als Frau Sex hatten. John Rykener gestand auch, dass nach seiner letzten Rückkehr nach London ein gewisser Sir John, einst Kaplan der Kirche St. Margaret Pattens, und zwei weitere Kaplane mit ihm die erwähnten Taten in den Gassen hinter St. Katherine's by the Tower begangen hätten. Rykener sagte weiter, er hatte als Mann des Öfteren Sex mit vielen Nonnen und auch mit vielen anderen Frauen, verheiratet oder nicht, mit wie vielen, das wusste er nicht. Rykener gestand weiter, dass viele Priester diese Tat mit ihm begangen hätten, als wäre er eine Frau, wie viele, das wusste er nicht, und er sagte, er sei Priestern bereitwilliger gefällig als anderen Personen, denn diese wünschten ihm mehr zu geben als andere.[14]

Auf den ersten Blick scheint es sich bei diesem Dokument um den raren Bericht einer Transgenderfrau aus dem Mittelalter zu handeln. Warum also habe ich es in das Kapitel über Männer und Sexarbeit aufgenommen? Weil das Ganze sehr wahrscheinlich eine satirische Spottgeschichte ist, die die Kirche auf die Schippe nimmt, und kein realer Fall. Als dieses Dokument entdeckt wurde, waren die Historiker*innen verständlicherweise sehr gespannt darauf, was es uns über Sex und Geschlechterrollen im 14. Jahrhundert würde erzählen können. Erst als Jeremy Goldberg ein bisschen genauer nachforschte, musste man sich allmählich Fragen zur Verlässlichkeit der Quelle stellen. Denn es fehlten nicht nur Anklage, Urteil und Strafmaß, sondern Fälle von Unzucht, Analverkehr und so weiter wurden auch nicht vor einem Stadtgericht ausgetragen. Darüber hinaus tauchen die Namen John Rykener und John Britby auch in einem anderen Zusammenhang auf. Ein John Britby war Vikar in einer Gemeinde in Yorkshire, und ein John Rykener floh 1399 vor dem Bischof von London aus dem Gefängnis.[15] Das macht die Kirche als Ziel der Satire wahrscheinlich. Es wurde sogar gemutmaßt, dass »Rykener« an »Richard« angelehnt ist und damit auf König Richard II. anspielt, was bedeuten würde, dass sich der Bericht über den König als Hure der Kirche und ihres Geldes lustig macht.[16]

Das Ganze mag eine Ente sein, aber wir erfahren trotzdem einiges über männliche Sexarbeit im Mittelalter. Offensichtlich war es allgemein bekannt, dass Männer Sex verkaufen, und auch das damit verbundene Stigma und die Scham werden erkennbar. Während gleichgeschlechtliche Beziehungen in der Antike nicht nur akzeptiert, sondern auch aktiv gefördert wurden, waren sie im mittelalterlichen Großbritannien das Ziel von Spott und Verachtung.

In *Anarchia Anglicana* (1649) schreibt Clement Walker von »new-erected sodoms and spintries at the Mulberry Garden at S. James's«.[17]* Tatsächlich soll an besagtem Ort, dort, wo heute der Buckingham Palace steht, einmal ein Männerbordell gewesen sein. Die Namen der Menschen, die dort gearbeitet haben, kennen wir nicht, aber sie alle gingen ein schrecklich großes Risiko ein. Mit dem Buggery Act von 1533 sollten die »abscheulichen und widerlichen Verbrechen der Unzucht mit Mensch oder Tier« geahndet werden. Die Verurteilten mussten der Todesstrafe ins Auge blicken. Erst mit dem Offences Against the Person Act von 1861 waren Homosexualität und Analverkehr *(buggery)* in England und Wales keine Kapitalverbrechen mehr, die mit dem Tod bestraft wurden. Lord Walter Hungerford hatte die zweifelhafte Ehre, der erste Mann zu sein, der deswegen angeklagt und am 28. Juni 1540 hingerichtet wurde. Die

---

* Zu den Begriffen gibt es unterschiedliche Interpretationen, wahrscheinlich ist, dass *sodoms* »Männerbordelle« meint und *spintries* sich vom Lateinischen *spintria* herleitet, was so viel wie »Strichjunge« bedeutet und in dieselbe Richtung zeigt (Anm. d. Ü.).

letzten beiden Männer, die in Großbritannien wegen Unzucht hingerichtet wurden, waren der zweiunddreißigjährige James Pratt und der vierunddreißigjährige John Smith, die zusammen am 28. November 1835 im Gefängnis von Newgate gehängt wurden.

Im Jahr 1710 veröffentlichte John Dunton *The He-Strumpets: A Satyr on the Sodomite-Club* und behauptet darin, die *He-whores* (1638) würden den *cracks* (Sexarbeiterinnen) das Geschäft wegnehmen:

> Manns-Hure! Ein Paradox das Wort
> Doch gleich beim Pranger, da ist ein Ort
> Von Mann zu Mann wandern die Pocken dort.[18]

Jede anständige »Manns-Hure« im London des 18. Jahrhunderts hätte in einem der städtischen *molly houses* (1726) um Kunden geworben. Ein *molly house* musste nicht grundsätzlich ein Bordell sein, es handelte sich dabei eher um einen öffentlichen Ort wie eine Kneipe, ein Café oder ein Wirtshaus, wo sich schwule Männer treffen konnten. 1709 veröffentlichte Ned Ward einen Bericht über die Vorgänge in den *molly houses* der Hauptstadt:

> Es gibt da spezielle Gangs von sodomitischen Schuften in dieser Stadt, die sich Mollies nennen, und die sind jeglicher Männlichkeit oder männlichen Benehmens in einem Maße entartet, dass sie sich schon für Frauen halten und all die kleinen Eitelkeiten nachahmen, die eigentlich dem weiblichen Geschlecht zugeordnet sind, das betrifft, wie sie sprechen, wie sie gehen, lästern und knicksen, heulen und zetern und wie sie jeden Ausdruck von Verweichlichung nachäffen, den sie je beobachtet haben. Auch die Unanständigkeiten liederlicher Frauen lassen sie nicht aus und verführen einander mit schamloser Ungezwungenheit zu derart abscheulichen Bestialitäten, dass sie für immer unausgesprochen bleiben sollten.[19]

Einer der berüchtigtsten Schwulentreffs gehörte »Mother« Margaret Clap, die ihren Kunden auch Betten zur Verfügung stellte. 1726 wurden Mother Claps Räumlichkeiten durchsucht und vierzig mehr oder weniger angezogene Männer mitten in der Nacht ins Newgate-Gefängnis verbracht. Obwohl die meisten von ihnen wegen Mangels an Beweisen wieder freigelassen wurden, führte das anschließende Verfahren auch zur Hinrichtung dreier Männer, zwei weitere landeten am Pranger. Auch Mother Clap selbst wurde verurteilt, am Pranger zu stehen, eine Erfahrung, die sie nicht überlebte.[20]

Der Fall hing weitgehend von zwei Sexarbeitern ab, die als Informanten fungierten. Der dreißigjährige Thomas Newton und der achtzehnjährige Edward Courtney waren dabei erwischt worden, wie sie in Londoner Schwulentreffs Sex verkauften, und um ihre eigene Haut zu retten, willigten sie ein, im sich an die Durchsuchung von Mother Claps Haus anschließenden Gerichtsverfahren als Zeugen auszusagen. Im Verfahren gegen George Kedger sagte Edward Courtney aus, Kedger habe ihn in Thomas Ormes *molly house* für Analverkehr bezahlt. Kedger stritt dies ab und behauptete, er habe ihm geraten, »diesen bösen Pfad des Lebens zu verlassen; aber er sagte, er wolle Geld, und das würde er so oder so bekommen, und wenn ich ihm nicht zu welchem verhelfen würde, dann wäre das mein Ende«.[21] Und das war es tatsächlich fast, denn Kedger wurde für schuldig befunden und zum Tode verurteilt, später dann allerdings begnadigt.

Newton gestand, dass er regelmäßig Sex in *molly houses* verkauft und Verkehr mit William Griffin, Gabriel Lawrence, beide dreiundvierzig Jahre alt, und Thomas Wright, zweiunddreißig Jahre, gehabt habe. Alle drei Männer wurden zum Tode verurteilt und in Tyburn gehängt.

Wenn die Androhung der Todesstrafe auch nicht reichte, um männliche Sexarbeiter abzuschrecken, so zwang sie den Handel

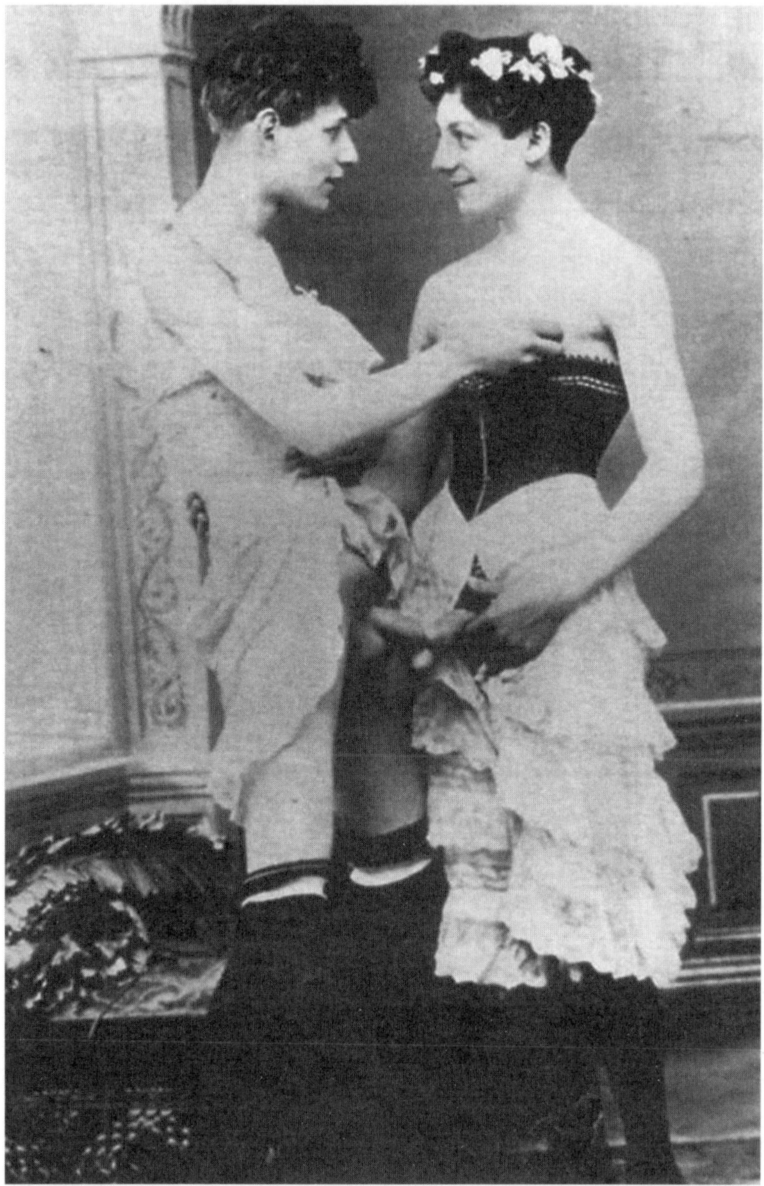

Anonyme viktorianische Liebhaber beim Verkleiden und gegenseitigen Masturbieren.

doch in den Untergrund. Die Namen bekannter Stricher stammen demnach vorwiegend aus Gerichtsakten, wo die Männer vor ihrem Richter standen, beschämt, verängstigt und alles abstreitend. Ein Sexarbeiter jedoch, der ganz Großbritannien schockierte, weil er genau das nicht tat und sich selbst stolz »eine professionelle Mary-Ann« nannte, war Jack Saul (1857–1904).

Geboren als John Saul in einem Dubliner Armenviertel taucht Jack zum ersten Mal 1878 in den Akten auf, angeklagt des Diebstahls an Dr. John Joseph Cranny, der ihn als Hausgehilfe angestellt hatte.[22] 1879 zog er nach London, um dort sein Glück als Sexarbeiter zu machen. Zwei Jahre später erschienen Jacks erotische Memoiren *The Sins of the Cities of the Plain or Recollections of a Mary-Ann, With Short Essays on Sodomy and Tribadism* (1881). Wie viel davon tatsächlich wahr oder frei erfunden ist, weiß niemand, aber das Buch ist ein schön detailreicher Bericht von Jacks Hurereien im viktorianischen London.

> Ich wollte ihn kommen sehen, also nahm ich meine Lippen weg, hielt dieses prächtige Ding über den Kaminvorleger und wichste es zügig. Es kam ihm beinahe sofort; erst ein einziger dicker Klumpen, wie Vulkangestein, dann spritzte ein ganzer Strahl von Sperma fast einen Meter hoch hinaus und genau ins Feuer hinein, wo es zischend auf den rotglühenden Kohlen verpuffte.[23]

Im Jahr 1889 wurde Saul in den sogenannten Cleveland-Street-Skandal verwickelt, als der Postmeister Luke Hanks in der Tasche eines bei ihm angestellten fünfzehnjährigen Telegramm-Jungen achtzehn Shilling fand.

Das entsprach dem Lohn von fast zwei Wochen, und Hanks verlangte zu wissen, woher das Geld stammte. So verhört gestand der

»Der West-End-Skandal, weitere Skizzen«, *Illustrated Police News*, 4. Dezember 1889.

Junge namens Charles Swinscow, dass er und viele andere Telegramm-Jungen sich dafür bezahlen ließen, in einem Schwulenbordell in der Cleveland Street 19 in Fitzrovia Sex mit wohlhabenden Männern zu haben. Das Bordell, so Swinscow, gehöre einem Charles Hammond. Die Polizei stellte die Cleveland Street unter Beobachtung, aber als Hammonds Grundstück dann endlich durchsucht wurde, hatte der sich einer Warnung folgend längst nach Frankreich abgesetzt. Der Skandal nahm erst so richtig an Fahrt auf, als die Namen derjenigen Männer an die Öffentlichkeit gelangten, die das Haus besucht hatten. Lord Arthur Somerset und der Earl of Euston Henry James Fitzroy wurden beide beschuldigt, und es gab Gerüchte, dass auch Prinz Albert Victor, der älteste Sohn des Prinzen von Wales, ein Stammkunde gewesen sein soll. Lord Arthur floh auf den Kontinent, und Prinz Albert versteckte sich in Indien, bis Gras über die Sache gewachsen war, aber der Earl of Euston verklagte den Journalisten Ernest Parke wegen Verleumdung, nachdem dieser ihn in der Presse erwähnt hatte.

Vor Gericht behauptete Henry James Fitzroy, er sei in die Cleveland Street 19 gekommen, weil er geglaubt habe, dort könne man nackte Frauen posieren sehen. Als er realisiert habe, was dort wirklich vor sich ging, sei er wieder gegangen. Jack Saul wurde in den

Zeugenstand gerufen, um auszusagen, dass er regelmäßig Sex mit Fitzroy in der Cleveland Street gehabt habe. Was die britische Presse dabei besonders schockierte, war nicht nur die Offenheit, mit der Saul darüber berichtete, wie er seinen Lebensunterhalt als »Sodomit« verdiente, sondern die Tatsache, dass er dies anscheinend gerne tat.[24]

Bis dahin hatte die Presse die Jungen aus der Cleveland Street als unschuldige, von gewissenlosen Männern ausgebeutete Wesen beschrieben, aber Saul erzählte, wie sehr er »Champagner und Drinks« und seine »sehr komfortablen« Unterkünfte genoss.[25] Saul berichtete derart freimütig, dass der Richter ihn wiederholt zurechtweisen musste. Unfähig zu akzeptieren, dass irgendjemand als »professioneller Sodomit« glücklich sein konnte, stürzte sich die Presse auf ihn und beschimpfte ihn als »unzweifelhaft obszönes, abstoßendes, verabscheuungswürdiges Tier«.[26] Der Richter wies die Geschworenen an, Sauls Zeugenaussage zu ignorieren, und nannte sie »ein Meineid so niederträchtig, wie ihn ein Mann nur ablegen kann«.[27] Ernest Parke wurde der Verleumdung schuldig gesprochen und zu einem Jahr Zwangsarbeit verurteilt.

Trotz Sauls Bekenntnissen sah der Generalstaatsanwalt davon ab, ihn wegen Unzucht zu belangen. Der Grund dafür ist unbekannt, man vermutet aber, um Sauls wohlhabende Kunden zu schützen. Nach dem Verfahren kehrte Saul nach Dublin zurück und arbeitete wieder als Hausangestellter. Er starb 1904 mit sechsundvierzig Jahren an Tuberkulose und wurde anonym beigesetzt.

Durch die Geschichte hindurch haben Männer Sex verkauft, sei es als Sugar-Baby oder ganz unumwunden im Tausch gegen Geld. Ob es nun »die Liebe, die ihren Namen nicht zu nennen wagt« oder der Lebensunterhalt des »professionellen Sodomiten« war – männliche Sexarbeit hat es immer gegeben. Die Einstellungen zu Sexarbeit und schwulem Sex haben sich von Kultur zu Kultur verändert,

Ein unbekanntes viktorianisches Pärchen liefert den eindeutigen Beweis dafür, dass wirklich alles schon mal da gewesen ist.

aber das Stigma klebt ihnen beständig an den Fersen. Auch heute noch werden männliche Sexarbeiter fast immer ausgeschlossen, wenn es in den Medien um Sexarbeit geht. Das Bild der sexuell ausgebeuteten weiblichen Prostituierten bestimmt die Rhetorik derer, die Sexarbeit abgeschafft wissen möchten. Da ist kein Platz, um über die Männer zu sprechen, die Sex verkaufen, und über die Frauen, die ihn kaufen. Warum? Weil, wie Jack Saul es schon 1889 herausfand, die Befürworter*innen einer Abschaffung und diejenigen, die Sexarbeiter*innen »retten« möchten, alles ignorieren, was das Narrativ des missbrauchten Opfers herausfordert. Stigmatisierung und Bedrohung durch das Gesetz haben männliche Sexarbeiter über Jahrhunderte ins Abseits gestellt, aber sie verdienen viel mehr als das. Alle Sexarbeiter*innen tun das.

Nachspiel

Da wären wir also, am Ende unserer gemeinsamen Reise. An dem Punkt, wo wir uns zur Seite rollen, eine Zigarette anzünden und fragen: »Und, wie war's für dich?« Ich hoffe wirklich, ihr habt dieses Buch gerne gelesen. Auch wenn ich fürchte, dass der Titel vielleicht mehr versprochen hat, als er halten konnte, so wie ein sehr gut ausgesuchtes Tinder-Profilbild. Das hier hätte niemals eine allumfassende Kulturgeschichte zum Thema Sex werden können. Ich bin nicht sicher, ob man so was überhaupt produzieren könnte, denn es gibt nicht die eine Geschichte von Sex – es sind unzählbar viele.

Unsere Sexgeschichte zu untersuchen, ist ungeheuer schwer. Polizei- und Gerichtsakten, medizinische Schriften und Pornografie sind allgemein die Hauptquellen von Sexualwissenschaftler*innen, aber diese Quellen sind immer voreingenommen. Was immer völlig fehlt, ist die unvoreingenommene Aussage der durchschnittlichen Bevölkerung darüber, wie sie zu Sex steht und wie sie ihn erlebt. Nehmen wir beispielsweise die Geschichte der Sexarbeit. Es ist ziemlich einfach, Quellen zu finden, die uns etwas darüber sagen, was Ärzt*innen, Moralist*innen und die Medien über den Handel mit Sex denken, aber die Sexarbeiter*innen selbst kamen fast nie zu Wort. Ihre Stimmen sind und waren immer knapp außer Hörweite, herausgefiltert durch die Stifte der Männer, die ihre eigene Agenda verfolgten, sensationsheischend aufgebauscht oder stark von den äußeren Umständen geprägt.

Isabel Barker beispielsweise stand am 24. Mai 1683 vor Gericht, weil sie ein Bordell in der Morc-Lane in London betrieben haben soll. Die Gerichtsakten zeigen, dass sie Stein und Bein schwor, sie »verdiene Geld mit ehrlicher Arbeit« – obwohl mehrere Frauen ausgesagt hatten, sie hätten ihre Ehemänner spätnachts aus ihrem Haus schleichen sehen.[1] Schlussendlich gelang es Isabel, ein paar Menschen davon zu überzeugen, ihr einen einwandfreien Leumund zu bescheinigen, und sie wurde für unschuldig erklärt. Wenn wir uns vor Augen führen, dass die Strafe für das Führen eines Bordells im 17. Jahrhundert in einem saftigen Bußgeld, Gefängnis und einiger Zeit am Pranger bestand, verstehen wir vielleicht, warum Isabel möglicherweise nicht ganz ehrlich war, als sie behauptete, absolut gar nichts über »unzüchtige Menschen« oder »körperliche Sünden« zu wissen. Solche Zeugnisse erzählen uns so einiges über das Gesetz und das Rotlichtmilieu, aber was sie nicht enthüllen können, ist das wahre Wesen Isabels, wer sie wirklich war und wie ihre wahren Gefühle in Bezug auf ihre Anklage aussahen, abgesehen davon, dass sie alles abstritt. Wir erfahren auch nichts über die Männer und die »liederlichen Frauen«, die von erzürnten Ehegattinnen in Isabels Pension erwischt wurden, wir kennen weder ihre Hintergründe noch ihre Gedanken zu Isabel oder auch zum geltenden Gesetz. Die gelebten Erfahrungen ganz gewöhnlicher Menschen entziehen sich uns einfach, es ist frustrierend. Als würde man durch ein schmutziges Fenster schauen und drinnen zwar Formen, Farben und Bewegungen erkennen, aber nie wirklich das ganze Bild klar vor Augen haben.

Während unvoreingenommene individuelle Aussagen also eine Seltenheit sind, haben wir eins im Überfluss, nämlich Hinweise auf die Strukturen, innerhalb derer sich die Sexerfahrungen von Menschen abspielen. Dieses ganze Buch hindurch habe ich versucht, den Fäden zu folgen, die sich durch Religion, Medien, Recht, Politik und

Wirtschaft ziehen, um ein Stück des riesigen Flechtwerks zu enthüllen, das die menschliche Sexualität ist. Aber enden möchte ich nun mit der Frage, welche Art Bild es ist, an dem wir gerade weben – was werden zukünftige Historiker*innen herauslesen?

Die gegenwärtigen Haltungen Sex gegenüber unterscheiden sich rund um den Globus drastisch voneinander. In Ländern wie Saudi-Arabien, Pakistan und Somalia ist Ehebruch gesetzlich verboten. Geahndet wird er für gewöhnlich mit Geldbußen, Gefängnis, Auspeitschen und sogar mit dem Tod. Homosexuell zu sein, ist noch immer in siebzig Ländern der Welt illegal, in Mauretanien, Sudan, Nordnigeria und Südsomalia steht darauf die Todesstrafe. Auch wenn westliche Einstellungen verglichen dazu im Allgemeinen sehr fortschrittlich sind, so gilt das bei Weitem nicht überall. Auf jede Sex-positive, polyamore, pansexuelle Person kommt eine monogame, heterosexuelle Person, die meint, Homosexualität sei falsch. Für jede reuelose Nymphomanin gibt es einen Asexuellen, der sich wundert, was der ganze Quatsch soll. Und für jede plakatschwingende Me-too-Feministin gibt es einen verwirrten und empörten alten weißen Mann, der nicht begreifen kann, warum er Praktikantinnen nicht mehr auf den Hintern klapsen darf. Jeder Mensch, der schon einmal mehr als zwei Minuten in den sozialen Medien verbracht hat, wird bezeugen können, dass Diskussionen rund um Sexualität und Geschlecht sehr heftig, oft sogar richtig toxisch werden können.

Aber wenigstens dürfen die Leute über ihre Sexualität sprechen, und das mit einer Freiheit, wie es sie nie zuvor gab. Natürlich liegt noch ein weiter Weg vor uns, bis wir uns als Gesellschaft mit dem Thema wirklich wohlfühlen, aber wir waren nie so offen, freizügig und tolerant, wie wir es im Moment sind. Ich sage das im vollen Bewusstsein dessen, dass dies ein Privileg ist, das viele Menschen auf der Welt nicht haben, aber die schlichte Tatsache, dass so viele von uns die Freiheit besitzen, über ihre Sexualität zu sprechen und sie auszudrücken, ist bemerkenswert. Nie waren wir stärker bereit zu erzählen, zuzuhören und anderer Leute Standpunkte und Erfahrungen zu respektieren. Und auch wenn es noch immer eine Menge Vorurteile, Tabus und sexuelle Unwissenheit in der Welt gibt, so werden doch immer mehr Stimmen gehört, und so wird doch immer mehr an Boden gewonnen.

Wofür unsere Zeit vielleicht einmal stehen wird, ist die Beschäftigung mit dem Thema einvernehmlicher Sex. Die Diskussionen darum sind nicht neu – in fast jeder Kultur auf der Welt ist sexuelle Gewalt strafbar und Vergewaltigung etwas moralisch Verwerfliches. Aber was unter Vergewaltigung verstanden wird, das hat sich immer erheblich von Kultur zu Kultur unterschieden. Im antiken Rom war Vergewaltigung zum Beispiel illegal, aber nur, wenn das Opfer ein frei geborener römischer Bürger, eine frei geborene römische Bürgerin war. Sklav*innen wurden nicht als Bürger*innen betrachtet, fragte man also die Römer*innen, dann war es nicht möglich, Sklav*innen zu vergewaltigen, denn die hatten ja kein Recht, Nein zu sagen.[2]

Genauso verbot auch das angelsächsische Recht Vergewaltigung, betrachtete die Schwere des Verbrechens aber in Abhängigkeit vom Status des Opfers und nicht von den Handlungen des Täters. Einige der ältesten erhaltenen angelsächsischen Gesetze, die die Bestrafung von Vergewaltigung zum Inhalt haben, sind die von König Æthelberht von Kent (550–616 n. Chr.) Æthelberhts Gesetz schließt Entführung, Ehebruch und Körperverletzung ein, besonders in Bezug auf frei geborene jungfräuliche Frauen. Dort heißt es: »Wenn irgendjemand eine Jungfrau mit Gewalt fortschleppt, hat er an den Besitzer fünfzig Shilling zu zahlen und dann von dem Besitzer dessen Einwilligung [zur Heirat] zu kaufen.«[3] Nach angelsächsischem Verständnis war das finanziell absolut vernünftig. Die Jungfernschaft einer Frau war auf dem Heiratsmarkt viel wert, und deren Verlust ließ ihren Wert beträchtlich sinken. Wenn eine Frau nicht mehr heiraten konnte, musste ihre Familie (Besitzer) sie behalten, darum also die Ausgleichszahlung. Dass das Opfer gezwungen wurde, seinen Peiniger zu heiraten, ist barbarisch, ergab jedoch, wie gesagt, finanziell gesehen Sinn für die Angelsächs*innen, die Vergewaltigung als Sachbeschädigung verstanden: Was du kaputt machst, musst du kaufen. Für sie war die Verletzung nicht körperlicher oder emotionaler, sondern finanzieller Natur.

Auch in viktorianischer Zeit wurde sexuelle Einvernehmlichkeit intensiv diskutiert und sich darüber erhitzt, wann etwas ein Übergriff war und wann einfach »Neckerei«. Ein Fall, der eine nationale Debatte über den Unterschied zwischen Neckerei und Übergriff heraufbeschwor, ereignete sich am 26. Dezember 1837 im Gasthaus The Artichoke im Londoner Stadtteil Holborn, als Caroline Newton einem Thomas Saviland den linken Nasenflügel abbiss, weil er versucht hatte, sie ungefragt zu küssen. Unterschiedliche Quellen berichten, Caroline habe daraufhin »das Fleisch komplett runtergeschluckt«, oder aber sie »wurde gesehen, wie sie es auf den Boden ausspuckte«.[4] Nachdem er sich einige Wochen lang erholt hatte, klagte Thomas auf Körperverletzung.

Was diesen Fall so berühmt machte, war allerdings nicht der Angriff selbst, sondern die Entscheidung, die der Vorsitzer der Jury (Sergeant Adams) verlauten ließ. Adams sagte, dass ihm der Verlust von Savilands Nase zwar sehr leidtue, gab aber auch zu bedenken: »Wer mit Katzen spielt, der wird gekratzt.« Dann erklärte Adams der Jury: »Gentlemen, meiner Meinung nach hat eine Frau, die gegen ihren Willen von einem Mann geküsst wird, jedes Recht, diesem die Nase abzubeißen, wenn ihr der Sinn danach steht.«[5] Diese Entscheidung ging als »Kuss-Gesetz« überall durch die Presse und wurde im 19. Jahrhundert zum juristischen Präzedenzfall für sexuelle Übergriffe. Die Kuss-Gesetz-Entscheidung verunsicherte Großbritannien zutiefst, und die Vorstellung, eine Frau hätte das »Recht« dazu, einem Angreifer die Nase abzubeißen, wurde gleichzeitig kritisiert und verhöhnt. Auch Spottgedichte wie »The Law of Kissing« im *Pilot* (1837) wurden veröffentlicht:

Oh, Sergeant Jack, schäm du dich was
Der Jury frech zu sagen
Dass jeder Mann verliert die Nas
Der küsst, ohne zu fragen.

Dass Frauenzimmer im Gefecht
Mal kratzen, mag nichts heißen
Doch gibt nun das Gesetz ihr Recht
Die Nas ihm abzubeißen.

Die Narbe, die verrät es noch
Da wurde was verletzet
Bis auf den Knochen ging das Loch
Weil's Fräulein ward entsetzet.

Gehst fischen und wirst selbst gebissen
Und weil einem so geschehen
Denkt man, das wird wohl jeder wissen
So wird es immer gehen.

Dein Handeln, das ist schlimm, fürwahr
Arg deine Theologie
Doch laut verflucht auf immerdar
Das sei deine Nasologie.

Die Androhung von Strafe für das Küssen einer Frau führte ganz klar zu einer gewissen Unsicherheit unter Männern, was denn nun ein akzeptables Verhalten zwischen den Geschlechtern darstellte. Kristoffer Nyrop veröffentlichte 1897 *Kysset og dets Historie* (übersetzt ins Englische 1901) und versuchte dort nicht nur, der Geschichte des Kusses auf die Spur zu kommen, sondern auch, dessen Rechtsstatus zu klären. Nyrop zitierte den Fall von 1837 und illustrierte damit die großen Schwierigkeiten, die Männer damit hatten, vollumfänglich zu verstehen, wann und warum sie eine Frau nicht küssen sollten: »Es ist eine allgemein bekannte Tatsache, dass das Nein einer Frau nicht immer ernst genommen wird. Die Weigerung könnte, nun ja, bloß vorgetäuscht sein.« Er fährt fort und warnt seinen männlichen Leser, wenn er »das vorgetäuschte Nein des Mädchens ernst nehme, wird es später bloß über ihn lachen – das liegt in der Natur der Frau«.[6]

Was unsere Zeit und Kultur historisch einzigartig macht, ist unsere Einsicht, dass Nein wirklich Nein heißt, dass jeder Mensch das Recht hat, Nein zu sagen, zu jedem Zeitpunkt, unter allen Umständen, und dass das respektiert werden muss. Es ist wichtig, hier einmal anzuerkennen, dass sexuelle Übergriffe nach wie vor ein Riesenthema sind und dass es viel zu viele Menschen gibt, die die Botschaft vom sexuellen Einvernehmen noch nicht vernommen haben. Das kann gar nicht deutlich genug betont werden. Aber wenn wir zurückblicken, dann sehen wir auch, wie weit wir es schon gebracht haben.

Wir bewegen uns langsam weiter auf dem Weg, an dessen Ende klar ist, dass es keine mildernden Umstände gibt, wenn es um Einvernehmlichkeit geht. Es ist egal, was ein Opfer trägt oder trinkt oder mit wem sonst es schon Sex hatte. Es ist egal, ob der Täter ein guter Schwimmer, Richter am Obersten Gerichtshof oder der Präsident der Vereinigten Staaten ist. Es ist egal, ob der Täter dachte, es sei alles nett und lustig und nur ein bisschen Neckerei – Übergriff ist Übergriff.

Wir sind noch nicht am Ziel. Noch immer leben wir in einer Welt, in der bei einem Vergewaltigungsprozess die Unterwäsche eines Opfers als Beweis für einvernehmlichen Sex vorgelegt werden kann, so geschehen 2018 in Irland. Ein siebenundzwanzigjähriger Mann wurde vom Vorwurf der Vergewaltigung an einem siebzehnjährigen Mädchen in Cork freigesprochen, nachdem sein Anwalt den Geschworenen erzählt hatte: »Sie müssen sich ansehen, was sie anhatte. Sie trug einen Spitzentanga.«[7] Diese Art, Opfern die Schuld zu geben, sie zu beschämen und einen sexuellen Anspruch auf jemanden zu erheben, lässt sich durch unsere ganze Geschichte hindurch nachverfolgen. Was in diesem Fall aber als Nächstes passierte, war neu. Die Geschichte rief überall auf der Welt Empörung hervor. Hunderte marschierten durch Cork, Dublin, Limerick und Belfast, um gegen das Urteil und die absurde Idee zu protestieren, Unterwäsche könnte eine Einverständniserklärung darstellen. Der Hashtag #ThisIsNotConsent ging in den sozialen Medien durch die Decke, als Frauen auf der ganzen Welt Bilder ihrer Unterwäsche posteten.[8] Die irische Abgeordnete Ruth Coppinger hielt kurz nach der Urteilsverkündung im Dáil, dem irischen Parlament, einen Spitzentanga in die Luft und sagte: »Vielleicht finden Sie das peinlich, hier einen Tanga zu zeigen [...] aber was meinen Sie erst, wie ein Vergewaltigungsopfer oder eine Frau sich fühlt, wenn völlig unangebracht in einem Gerichtssaal ihre Unterwäsche gezeigt wird?« Coppinger forderte verpflichtende Unterweisungen des Gerichtswesens zum Thema Einvernehmlichkeit beim Sex.[9] Frauenfeindliche Gerichtsurteile und ermüdende Narrative rund um einvernehmlichen Sex und Klamotten sind also nichts Neues, aber mittlerweile werden sie herausgefordert und auf globaler Ebene angeprangert.

Fest steht: Wir müssen weiterhin über Sex sprechen. Wir müssen Kindern etwas darüber beibringen, und zwar nicht nur, was passiert, wenn sich ein Spermium ein Ei angelt. Wir müssen über Einvernehmlichkeit reden, über Lust, Masturbation, Pornografie, Liebe, Beziehungen und unsere eigenen Körper. Denn der einzige Weg, die Scham loszuwerden, liegt darin, Sex aus dem Verborgenen ans Licht zu zerren und sich das Ganze einmal gründlich anzuschauen. Die Geschichte zeigt uns, wie zerstörerisch es sein kann, sexuelle Praktiken in ihren Abermillionen Erscheinungsformen mit Scham und Schande zu überziehen. Lasst uns etwas daraus lernen.

Quellen

Vorspiel

1 Philip Kaufman, *Quills* (Fox Searchlight, 2000).

2 Anil Aggrawal, *Necrophilia: Forensic and Medico-legal Aspects of Sexual Crimes and Unusual Sexual Practices* (Boca Raton: CRC Press, 2008), S. 369.

3 Gerald S. Martin, *Gabriel García Márquez: A Life* (London: Bloomsbury, 2009), S. 205.

4 Umfrage 2018: »2018 Year in Review – Pornhub Insights«, *Pornhub* 2018. <www.pornhub.com/insights/2017-year-in-review> [Aufgerufen am 29. September 2018].

5 Jonas Roelens, »Visible Women: Female Sodomy in the Late Medieval and Early Modern Southern Netherlands (1400–1550)«, *BMGN – Low Countries Historical Review* 130.3 (2015), 3, <https://doi.org/10.18352/bmgn-lchr.10101>.

6 Ebd.

7 William Acton, *The Functions and Disorders of the Reproductive Organs in Childhood, Youth, Adult Age and Advanced Life* (London: John Churchill, 1857), S. 101.

8 James Douglas, »A Book That Must be Suppressed«, in *Palatable Poison: Critical Perspectives on The Well of Loneliness*, hrsg. von Laura L. Doan und Jay Prosser (New York: Columbia University Press, 2002) S. 10–11.

Sex und Worte

1 Daniel Chandler, *Semiotics: The Basics*, 2. Ausgabe (London: Routledge, 2007), S. 25.

2 Georg Büchner, »Danton's Death«, in: *Danton's Death; Leonce and Lena; Woyzeck*, übers. und hrsg. von Victor Price (Oxford: Oxford University Press, 2008), S. 65.

3 »Bernie Sanders Quickly Condemns Rally Speaker Who Called Hillary Clinton a ›Corporate Democratic Whore‹«, *RealClearPolitics*, 2016, <www.realclearpolitics.com/video2016/04/14/speaker_at_sanders_rally_calls_hillary_clinton_a_corporate_democratic_whore.html>. [Aufgerufen am 9. August 2018].

4 »Oxford English Dictionary«, *Oed.Com*, 2018, www.oed.com/view/Entry/228780?rskey=PMdb56&result=1#eid. [Aufgerufen am 9. August 2018].

5 Thomas De Chobham und F. Broomfield, *Thomae De Chobham Summa Confessorum* (Louvain: Nauwelaerts, 1986) S. 346 f.

6 John Webster, *The White Devil*, in John Webster, *Three Plays*, hrsg. von David Charles Gunby (London: Penguin Books, 1995), S. 84 f.

7 Rachael Jayne Thomas, ›»With Intent to Injure and Diffame«: Sexual Slander, Gender and the Church Courts of London and York, 1680–1700‹ (unveröffentlichte Masterarbeit, University of York, 2015), S. 134–5.

8 »Anne Knutsford c. Anne Blagge« (Chester, 1664), Cheshire Record Office, EDC5 1.

9 Zitiert aus: Bernard Capp, *When Gossips Meet: Women, Family, and Neighbourhood in Early Modern England (Oxford Studies in Social History)* (Oxford: Oxford University Press, 2003), S. 193.

10 »Susan Town c. Jane Adams« (London, 1695), London Metropolitan Archives, DL/C/244.

11 »Cause Papers« (York, 1699), Borthwick Institute for Archives, University of York, CP.H.4562., S. 3.

12 »Elizabeth Young c. Robert Heyward« (Chester, 1664), Cheshire Record Office, CRO EDC5 1663/64.

13 »Peter Leigh c. William Halliwell« (Chester, 1663), Cheshire Record Office, CRO EDC5 1663/63.

14 »Judith Glendering c. Thomas Ellerton« (London, 1685), London Metropolitan Archives, DL/C/241.

15 »Cicely Pedley c. Benedict and Elizabeth Brooks« (Chester, 1652), Cheshire Record Office, PRO Ches. 29/442.

16 Dinah Winch, ›Sexual Slander and its Social Context in England c.1660–1700, with Special Reference to Cheshire and Sussex‹ (unveröffentlichte Dissertation, The Queen's College, Oxford University, 1999), S. 52.

17 »Martha Winnell c. Abraham Beaver« (York, 1685), Borthwick Institute for Archives, University of York, CP.H.3641.

18 »Thomas Richardson c. Elizabeth Aborne« (London, 1690), London Metropolitan Archives, DL/C/243.

19 Thomas, ›With Intent to Injure and Diffame‹, S. 142.

20 »Thomas Hewetson c. Thomas Daniel« (London, 1699), London Metropolitan Archives, CP.H.4534.

21 William Selwyn, *An Abridgment of the Law of Nisi Prius* (London: Clarke, 1817), S. 1004.

22 »Das Wort *whore* taucht insgesamt bis 1800 in 163 Verfahren am Old Bailey auf: Von der ersten Erwähnung 1679 bis 1739 in 66 Verfahren (knapp über 40 Prozent); von 1740 bis 1769 in 61 Verfahren (knapp über 37 Prozent); von 1770 bis 1799 in 36 Verfahren (22 Prozent).« (»History of the Term ›Prostitute‹«, *Essays by Rictor Norton*, 2018, <http://rictornorton.co.uk/though15.htm> [Aufgerufen am 10. August 2018].)

»Ein böser Name für eine böse Sache«

1 Walter Kirn, »The Forbidden Word«, GQ, 4. Mai 2005, S. 136.

2 Christina Caldwell, »The C-Word: How One Four-Letter Word Holds So Much Power«, College Times, 15. März 2011.

3 Peter Silverton, *Filthy English* (London: Portobello Books, 2009), S. 52; Matthew Hunt, »Cunt«, Matthewhunt.Com, 2017, <www.matthewhunt.com/cunt/> [Aufgerufen am 3. September 2018].

4 Mark Daniel, *See You Next Tuesday* (London: Timewell, 2008), Kindle-Ausgabe, Position 135.

5 Melissa Mohr, *Holy Sh*T: A Brief History of Swearing* (Oxford: Oxford University Press, 2013), S. 20.

6 Peter Silverton, *Filthy English*, S. 52.

7 Zitiert nach Mohr, *Holy Sh*T*, S. 149.

8 Ebd.

9 Lanfranco and John Hall, *Most Excellent and Learned Vvoorke of Chirurgerie, Called Chirurgia Parua Lanfranci*, 1. Auflage (London: Marshe, 1565).

10 »Cunt«, Oed.com, 2018, <www.oed.com/view/Entry/45874?redirectedFrom=cunt#eid> [Aufgerufen am 7. September 2018].

11 »OE and ME Cunte in Place-Names«, Keith Briggs, 2017, <http://keithbriggs.info/documents/cunte_04.pdf> [Aufgerufen am 5. April 2017].

12 »Oxford English Dictionary«, oed.com, 2018.

13 Russell Ash, *Busty, Slag and Nob End* (London: Headline, 2009), Kindle-Ausgabe, Position 665.

14 »Oxford English Dictionary«, oed.com, 2018.

15 Liz Herbert McAvoy and Diane Watt, *The History of British Women's Writing, 700–1500* (Basingstoke: Palgrave Macmillan, 2011), S. 68.

16 Geoffrey Chaucer, *The Canterbury Tales,* hrsg. von Jill Mann (London: Penguin Books, 2005), S. 226.

17 Chaucer, *The Canterbury Tales*, S. 120.

18 John Florio and Hermann W. Haller, *A Worlde of Wordes* (Toronto: University of Toronto Press, 2013), S. 504.

19 Andrew Marvell, »To His Coy Mistress«, *Poetry Foundation*, 2018, <www.poetryfoundation.org/poems/44688/to-his-coy-mistress> [Aufgerufen am 7. September 2018].

20 William Shakespeare, *Hamlet, Shakespeare.Mit.Edu*, 2018, <http://shakespeare.mit.edu/hamlet/full.html> [Aufgerufen am 7. September 2018].

21 William Shakespeare, *Twelfth Night, Shakespeare.Mit.Edu*, 2018, <http://shakespeare.mit.edu/twelfth_night/full.html> [Aufgerufen am 7. September 2018].

22 Die englische Übersetzung stammt aus: Thomas Bowdler, *The Family Shakespeare* (London: Hatchard, 1807).

23 Nachdruck in: Ian Frederick Moulton, *Before Pornography: Erotic Writing in Early Modern England* (Oxford: Oxford University Press, 2004), S. 127.

24 John Whiteford Mackenzie, *Philotus, A Comedy, Reprinted from the Edition of Robert Charteris* (Edinburgh: Ballantyne, 1835), S. 3.

25 Gordon Williams, *A Dictionary of Sexual Language and Imagery in Shakespearean and Stuart Literature*, Vol. 1 (London: The Athlone Press, 1994), S. 350.

26 Geoffrey R. Stone, »Origins of Obscenity«, *New York University Review of Law*, 31 (2007), 711–31, S. 718.

27 James Thomas Law, *The Ecclesiastical Statutes at Large, Extracted from the Great Body of the Statute Law, and Arranged Under Separate Heads,* Vol. 4 (London: William Benning and Co., 1857), S. 273.

28 *The History of the C-Word* (BBC3: BBC, 2007).

29 Geoffrey Hughes, *Swearing: A Social History of Foul Language, Oaths and Profanity in English* (London: Penguin, 1998), S. 140.

30 Engl. Original in: John Wilmot, Earl of Rochester, *The Works of John Wilmot*

Earl of Rochester, hrsg. von Harold Love (Oxford: Oxford University Press, 1999), S. 269.

31 Ebd., S. 79.

32 Ebd., S. 78.

33 Samuel Pepys and Robert Latham, *The Diary of Samuel Pepys*, Vol. 4 (Berkeley: HarperCollins, 2000), S. 209; E. J. Burford, *Bawdy Verse: A Pleasant Collection* (Harmondsworth: Penguin, 1982), S. 170.

34 Francis Grose, *A Classical Dictionary of the Vulgar Tongue*, 3. Auflage (London: Hooper & Co., 1796), S. 81.

35 Hallie Rubenhold, *Harris's List of Covent Garden Ladies* (London: Doubleday, 2012), S. 11.

36 Marquis de Sade, *Marquis de Sade Collection*, hrsg. von Anna Ruggieri, Kindle-Ausgabe, Position 8323.

37 Anonymus, *The Pearl* (London, Privatdruck, 1879)

38 »Oxford English Dictionary«, oed.com, 2018, <www.oed.com/view/Entry/45874?redirectedFrom=cunt#eid> [Aufgerufen am 7. September 2018]; siehe auch Mark E. Neely, *The Abraham Lincoln Encyclopedia* (New York: McGraw-Hill, 1982), S. 154.

39 Gerald Gould, »New Novels«, *Observer*, 28 February 1932, S. 6.

40 D. H. Lawrence, *Lady Chatterley's Lover*, hrsg. von David Ellis (Ware: Wordsworth, 2007), S. 156.

41 James Joyce, *Ulysses* (Ware: Wordsworth, 2010), S. 54.

42 Allen Ginsberg, »Howl«, Poetry Foundation, 2018, <www.poetryfoundation.org/poems/49303/howl> [Aufgerufen am 7. September 2018].

43 Mike Nichols, *Carnal Knowledge* (Los Angeles: AVCO Embassy Pictures, 1971).

44 William Friedkin, *The Exorcist: Extended Director's Cut* (Warner Brothers, 2010).

45 »Oxford English Dictionary«, oed.com, 2018, <www.oed.com/view/Entry/45874?redirectedFrom=cunt#eid> [Aufgerufen am 7. September 2018].

46 »Ofcom Explores Latest Attitudes to Offensive Language«, Ofcom, 2016, <www.ofcom.org.uk/about-ofcom/latest/media/media-releases/2016/attitudes-to-offensive-language> [Aufgerufen am 7. September 2018].

47 Eve Ensler, Jacqueline Woodson und Monique Wilson, *The Vagina Monologues* (London: Virago, 2001), S. 100–10.

Nach Perlen tauchen

1 Viz, *Roger's Profanisaurus* (London: John Brown, 1998), S. 7, 10, 17, 30, 81.

2 Graham Dury u. a., *Hail Sweary* (London: Dennis Publishing, 2013), S. 19, 40, 127.

3 H. C. T. Hamilton, *The Geography of Strabo* (London: Bell and Sons, 1903), 17.2.5.

4 Galen und Margaret Tallmadge May, *Galen on the Usefulness of the Parts of the Body* (New York: Classics of Medicine Library, 1996). Andere medizinische Schriften aus dem Mittelalter, die die Anatomie der »Nymphe« diskutierten, stammten von Caelius Aurelianus, Abulcasis und Avicenna.

5 Soranos und Owsei Temkin, *Soranus' Gynecology* (Baltimore: Johns Hopkins Univ. Press, 1994), S. 16.

6 Soranos d'Éphèse, *Sorani Gynaeciorum Libri IV. De Signis Fracturarum. De Fasciis. Vita Hippocratis Secundum Soranum*, hrsg. von Ioannes Ilberg (Lipsiae: Teubneri, 1927). (4.9), S. 370.

7 Zitiert nach Mary Knight, »Curing Cut or Ritual Mutilation? Some Remarks on the Practice of Female and Male Circumcision in Graeco-Roman Egypt«, *Isis*, 92.2 (2001), S. 327–8.

8 John G. Younger, *Sex in the Ancient World from A to Z* (London: Routledge, 2005), S. 36.

9 Aristophanes und Alan Herbert Sommerstein, *Knights* (Warminster: Aris & Phillips, 1990), S. 1284–5.

10 Cicero und D. R. Shackleton Bailey, *Epistulae ad Familiares* (Cambridge: Cambridge University Press, 1977), S. 9.

11 Zitiert nach Jacqueline Fabre-Serris und Alison Keith, *Women and War in Antiquity* (Baltimore: Johns Hopkins University Press, 2015), S. 264; Melissa Mohr, *Holy Sh*T: A Brief History of Swearing* (Corby: Oxford Academic Publishing Ltd, 2013), S. 26.

12 Martial, *Epigrams*, engl. Übers. von Gideon Nisbet (Oxford: Oxford University Press, 2015), 1.90., S. 27.

13 Mohr, *Holy Sh*T*, S. 28.

14 Samuel Arbesman, *The Half-Life of Facts – Why Everything We Know Has An Expiration Date* (London: Penguin, 2004).

15 Geoffrey Chaucer, V. A. Kolve und Glending Olson, *The Canterbury Tales* (New York, N.Y.: Norton & Company, 2005), Zeilen 430–35.

16 M. S. Spink und L. G. Lewis, *Albucasis on Surgery and Instruments. A Definitive Edition of the Arabic Text with English Translation and Commentary* (Berkeley: University of California Press, 1976), S. 456.

17 Avicenna, *Liber Canonis* (Hildesheim: Georg Olms Verlagsbuchhandlung, 1964), S. 377.

18 Danielle Jacquart und Claude Thomasset, *Sexuality and Medicine in the Middle Ages* (Cambridge: Polity, 1988).

19 Siehe Karma Lochrie, *Heterosyncrasies: Female Sexuality When Normal Wasn't* (Minneapolis: University of Minnesota Press, 2005).

20 Thomas Wright und Richard Paul Wülker, *Anglo-Saxon and Old English Vocabularies* (London: Trubner & Co., 1883), S. 549.

21 Ebd. Siehe auch Mohr, *Holy Sh*T*, S. 98.

22 Gabriele Falloppio, *Observationes Anatomicae* (Modena: STEM Mucchi, 1964), S. 193.

23 Realdo Colombo, *De re Anatomica*, Übers. von Nicolae Beuilacquae (Venice: Bruxelles, 1969), Buch XI, S. 242–3, Buch XV, S. 262–9.

24 Falloppio, *Observationes Anatomicae*, S. 193.

25 Colombo, *De re Anatomica*, S. 242–3.

26 Vincent Di Marino und Hubert Lepidi, *Anatomic Study of the Clitoris and the Bulbo-Clitoral Organ* (Cham: Springer International Publishing, 2014), S. 8.

27 Thomas Bartholin und Michael Lyser, *The Anatomical History of Thomas Bartholinus* (London: Printed by Francis Leach for Octavian Pulleyn, 1653), S. 77. Zur weiteren Vertiefung der Themen lesbische Liebe und große Klitorides in der Frühen Neuzeit siehe Valerie Traub, *The Renaissance of Lesbianism in Early Modern England* (Cambridge: Cambridge University Press, 2002).

28 Nicolas Venette, *Conjugal Love; Or, The Pleasures of the Marriage Bed*, 20. Auflage (London, 1750), S. 71.

29 Charles Sackville, »A Faithful Catalogue of Our Most Eminent Ninnies«, in *Poems on Affairs of State: Augustan Satirical Verse, 1660–1714* (New Haven: Yale University Press, 1963), S. 195.

30 Jane Sharp, *The Midwives Book, Or, The Whole Art of Midwifry Discovered*, hrsg. von Elaine Hobby (Oxford: Oxford University Press, 1999), S. 39.

31 Ebd., S. 40.

32 Ebd., S. 41–42.

33 Siehe z. B. Rosemary Guiley, *The Encyclopedia of Witches and Witchcraft* (New

York: Facts on File, 1989); Lana Thompson, *The Wandering Womb* (Amherst, N.Y.: Prometheus Books, 1999); Jelto Drenth, *The Origin of the World* (London: Reaktion, 2008).

34 King James I, *Daemonologie in Forme of a Dialogue* (Robert Walde-graue, 1597), S. 70.

35 Diane Purkiss, *The Witch in History* (Hoboken: Routledge, 2012), S. 135.

36 Anonymus, *The Wonderful Discoverie of the Witchcrafts of Margaret and Phillip Flower, Daughters of Joan Flower Neere Beur Castle: Executed at Lincolne, March II. 1618* (London, 1619), S. 22–4.

37 H. F., *A True and Exact Relation of the Several Informations, Examinations, and Confessions of the Late Witches, Arraigned and Executed in the County of Essex* (London, 1664), S. 24.

38 Matthew Hale, *A Tryal of Witches, at the Assizes Held at Bury St. Edmunds for the County of Suffolk, on the Tenth Day of March, 1664: Before Sir Matthew Hale Kt. then Lord Chief Baron of his Majesties Court of Exchequer* (London: William Shrewsbury, 1682), S. 16.

39 Nicolas Chorier, *A Dialogue between a Married Lady and a Maid* (London, 1740), S. 13.

40 *The Marquis de Sade: The Complete Justine, Philosophy in the Bedroom, and Other Writings* (New York: Grove Press, 1990), S. 205.

41 *A New Description of Merryland* (London: E. Curll, 1741), S. 15.

42 M. D. T. de Bienville, Übers. von Edward Wilmot, *Nymphomania, Or, A Dissertation Concerning the Furor Uterinus* (London: J. Bew, 1775), S. 36.

43 Alexandre Parent du Châtelet, *On Prostitution in The City of Paris* (London: T. Burgess, 1837), S. 108.

44 Ebd., S. 109.

45 Robley Dunglison, *Medical Lexicon: A Dictionary of Medical Science* (Philadelphia: Blanchard & Lea, 1854), S. 214.

46 »Masturbation in the Female«, *American Homeopathic Journal of Gynaecology and Obstetrics,* 1.I (1885), S. 338–340.

47 Isaac Baker Brown, *On the Curability of Certain Forms of Insanity, Epilepsy, Catalepsy, and Hysteria in Females* (Robert Hardwicke: London, 1866), S. 84.

48 Ebd., S. 17.

49 »Obstetrical Society's Charges and Mr Baker Brown's Replies«, *The Lancet,* 1.92 (1867), S. 427–41.

50 Sigmund Freud, *The Question of Lay Analysis* (New York: Norton, 1989), S. 38.

51 Sigmund Freud, *Drei Abhandlungen zur Sexualtheorie* (1905), <www.psycho sozial-verlag.de/download/DreiAbhandlungen-Auflage2.pdf>, S. 62 [Aufgerufen am 20.01.22].

52 A. E. Narjani, »Considerations Sur Les Causes Anatomiques De La Frigidite Chez La Femme«, *Journal Médicale de Bruxelles*, 27.4 (1924), S. 768–78.

53 Eduard Hitschmann und Edmund Bergler, *Die Geschlechtskälte der Frau. Ihr Wesen und ihre Behandlung* (1934), S. 31.

54 William S. Kroger, »Psychosomatic Aspects of Frigidity«, *Journal of the American Medical Association*, 143.6 (1950), S. 526–32.

55 Alfred C. Kinsey, »Individual Variation Lecture«, Vorlesung 8 (28. Februar 1940), Alfred Kinsey Collection.

56 »Clitoral Hood: Size, Appearance, Effect on Orgasm, Reduction, and More«, *Healthline*, 2018, <www.healthline.com/health/womens- health/clitoral-hood> [Aufgerufen am 24. September 2018].

57 Donna Mazloomdoost und Rachel N. Pauls, »A Comprehensive Review of the Clitoris and Its Role in Female Sexual Function«, *Sexual Medicine Reviews*, 3.4 (2015), S. 245–63.

58 Pierre Foldès und Odile Buisson, »The Clitoral Complex: A Dynamic Sonographic Study«, *Journal of Sexual Medicine*, 2009, S. 1223–31.

59 Odile Buisson et al., »Coitus as Revealed by Ultrasound in One Volunteer Couple«, *The Journal of Sexual Medicine*, 7.8 (2010), S. 2750–4.

60 »Female Genital Mutilation«, *World Health Organization*, 2018, <www.who.int/news-room/fact-sheets/detail/female-genital-mutilation> [Aufgerufen am 17. Juni 2018].

»Zwei Berge Wackelpudding«

1 Sir Mix-a-Lot, »Baby Got Back« (*Def American*, 1992).

2 Darlene Abreu-Ferreira, *Women, Crime, and Forgiveness in Early Modern Portugal* (Florence: Taylor and Francis, 2016).

3 William Smith, *A New Voyage to Guinea*, 2. Auflage (London: John Nourse, 1745), S. 221.

4 *Reports of the Lords of the Committee of Council Appointed for the Considera-*

tion of all Matters Relating to Trade and Foreign Plantations (London, 1789), S. 119.

5 Clifton C. Crais und Pamela Scully, *Sara Baartman and the Hottentot Venus* (Princeton: Princeton University Press, 2009).

6 François Le Vaillant, *New Travels into the Interior Parts of Africa, by the Way of the Cape of Good Hope* (London: G. G. and J. Robinson, 1796), S. 351.

7 John Barrow, *Travels into the Interior of Southern Africa* (London: T. Cadell and W. Davies, 1801), S. 281.

8 *The Times*, »The Hottentot Venus«, 1810, S. 3.

9 »Baartman, Sara [Performing Name the Hottentot Venus] (1777X88– 1815/16), Celebrity and Subject of Scientific Speculation | Oxford Dictionary Of National Biography«, www.oxforddnb.com, 2018, <www.oxforddnb.com/view/10.1093/ref:odnb/9780198614128.001.0001/odnb-9780198614128-e-73573;jsessionid=1ABB9A1E6F71D8D1704734C50D86E17D> [Aufgerufen am 7. August 2018].

10 *Bell's Weekly Messenger*, »The Hottentot Venus«, 1810, S. 7.

11 Georges Cuvier, »Extrait d'Observations faites sur le Cadavre d'une Femme connue à Paris et à Londres sous le Nom de Vénus Hottentotte«, in *Mémoires du Musée Nationale d'Histoire Naturelle*, 1817, S. 259–74.

12 Adrien Charpy, »Des Organes génitaux externes chez les Prostituées«, *Annales de Dermatologie*, 3 (1870), S. 271–79.

13 Cesare Lombroso und Guglielmo Ferrero, La Donna Delinquente (Turin: Roux, 1893), pp. 38, 361–2.

14 William Lee Howard, »The Negro as a Distinct Ethnic Factor in Civilization«, *Medicine*, 60 (1904), S. 423–26.

»So leicht wie Pudding kochen«

1 Rose McKeon Olson und Claudia García-Moreno, »Virginity Testing: A Systematic Review«, *Reproductive Health*, 14.1 (2017), <https://doi.org/10.1186/s12978-017-0319-0>.

2 »Interagency Statement Calls For The Elimination Of ›Virginity-Testing‹«, *World Health Organization*, 2018, <www.who.int/reproductivehealth/publications/eliminating-virginity-testing-interagency-statement/en/> [Aufgerufen am 21. Mai 2019].

3 »FGM National Clinical Group – Historical & Cultural«, www.fgmnationalgroup. org, 2018, <www.fgmnationalgroup.org/historical_and_cultural.htm> [Aufgerufen am 11. September 2018].

4 »Female Genital Mutilation«, *World Health Organization*, 2017, <www.who.int/mediacentre/factsheets/fs241/en/> [Aufgerufen am 10. August 2017].

5 »Virginity Testing ›Sacred‹ But Not a Science«, *Africa Check*, 2017 <https://africacheck.org/reports/virginity-testing-sacred-but-not-a-science/> [Aufgerufen am 21. August 2017].

6 Lucy Pasha-Robinson, »Doctors Are Being Ordered to Perform ›Virginity Tests‹ on Underage Girls in Russia«, *The Independent*, 2018, <www.independent.co.uk/news/world/europe/russia-doctors-virginity-tests-russian-investigative-committee-underage-girls-a7783811.html> [Aufgerufen am 11. September 2018].

7 Kathleen Coyne Kelly, *Performing Virginity and Testing Chastity in the Middle Ages* (New York: Routledge, 2000).

8 Soranos und Owsei Temkin, *Soranus' Gynecology* (Baltimore: Johns Hopkins University Press, 1994).

9 Danielle Jacquart und Claude Thomasset, *Sexuality and Medicine in the Middle Ages* (Cambridge, UK: Polity Press, 1988), S. 44.

10 »Lacuscurtius Valerius Maximus – Liber VIII«, penelope.uchicago.edu, 2018, <http://penelope.uchicago.edu/Thayer/L/Roman/Texts/Valerius_Maximus/8*.html> [Aufgerufen am 11. September 2018].

11 Aelian, *On the Characteristics of Animals* (Cambridge: Harvard University Press, 1959), S. 358; Michael Rosenberg, *Signs of Virginity: Testing Virgins and Making Men in Late Antiquity* (Oxford: Oxford University Press, 2018), S. 26.

12 Albertus und Helen Rodnite Lemay, *Women's Secrets: A Translation of Pseudo-Albertus Magnus' De Secretis Mulierum with Commentaries* (Albany: University of New York Press, 1992), S. 128.

13 Rosenberg, *Signs of Virginity*, S. 24.

14 Kelly, *Performing Virginity and Testing Chastity in the Middle Ages*, S. 28–31.

15 Carmen Caballero-Navas, *The Book of Women's Love* (Hoboken: Taylor and Francis, 2014), S. 142.

16 Albertus, *Women's Secrets*, S. 128.

17 »Bloody Sheets: An Age-Old Tradition Still Held in Georgia's Regions«, *Georgia Today*, 2017, <http://georgiatoday.ge/news/2879/Bloody-Sheets% 3A-An-

Age-old-Tradition-Still-Held-in-Georgia%E2 %80 %99s-Regions> [Aufgerufen am 20. August 2017].

18 Henry Ansgar Kelly und Alan M. Dershowitz, *The Matrimonial Trials of Henry VIII* (London: Wipf and Stock, 2004), S. 233–4.

19 *The Trotula*, engl. Übers. von Monica Helen Green (Philadelphia: University of Pennsylvania Press, 2002), S. 103–4.

20 Caballero-Navas, *The Book of Women's Love*, S. 142–4.

21 Nicolas Venette, *The Mysteries of Conjugal Love Reveal'd*, 3. Auflage (London, 1712), S. 78.

22 Francis Grose, *A Classical Dictionary of the Vulgar Tongue*, 3. Auflage (London: Hooper & Co.,1796), S. 183.

23 *Nocturnal Revels: Or, the History of King's Place* (London: M. Goadby, 1779), S. 164.

24 John Cleland, *Fanny Hill, or, Memoirs of a Woman of Pleasure* (London: LBA, 2007), Kindle-Ausgabe, S. 146.

25 Tassie Gwilliam, »Female Fraud: Counterfeit Maidenheads in the Eighteenth Century«, *Journal of the History of Sexuality*, 6 (1996), S. 518–48.

26 »On the Signs of Defloration in Young Females«, *The London Medical Gazette: or, Journal of Practical Medicine*, 48 (1831), 304–6.

27 Edward B. Foote, *Medical Common Sense* (New York: Eigenverlag, 1867), S. 173.

28 Rose McKeon Olson und Claudia García-Moreno, »Virginity Testing: A Systematic Review«, *Reproductive Health*, 14.1 (2017) <https://doi.org/10.1186/s12978-017-0319-0>.

29 Independent Forensic Expert Group, »Statement on Virginity Testing«, *Journal of Forensic and Legal Medicine*, 33 (2015), S. 121–24, <https://doi.org/10.1016/j.jflm.2015.02.012>.

30 Olson und García-Moreno, »Virginity Testing: A Systematic Review«, *Reproductive Health*, S. 14.

Heimliche Höhepunkte

1 Elisabeth A. Lloyd, *The Case of the Female Orgasm: Bias in the Science of Evolution* (Cambridge, MA: Harvard University Press, 2005), S. 44.

2 Anne A. Lawrence, »Sexuality Before and After Male-to-Female Sex Reassignment Surgery«, *Archives of Sexual Behaviour*, 34.2 (2005), S. 147–66, <https://

doi.org/10.1007/s10508-005-1793-y>; Imbimbo, C. et al., »Intersex and Gender Identity Disorders: A report from a single institute's 14-Year experience in treatment of male-to-female Transsexuals«, *The Journal of Sexual Medicine*, 6.10 (2009), S. 2736–45. doi: 10.1111/j.1743-6109.2009.01379.x; Jochen Hess et al., »Satisfaction With Male-to-Female Gender Reassignment Surgery«, *Deutsches Ärzteblatt Online*, 111.47 (2014), <https://doi.org/10.3238/arztebl.2014.0795>.

3 Lisa D. Wade, Emily C. Kremer und Jessica Brown, »The Incidental Orgasm: The Presence of Clitoral Knowledge and the Absence of Orgasm for Women«, *Women & Health*, 42.1 (2005), S. 117–38, <https://doi.org/10.1300/j013v42n01_07>.

4 John G. Avildsen, *Rocky* (Chartoff-Winkler Productions, 1976).

5 »The Myths of Sex Before Sport«, *BBC News*, 2004, <http://news.bbc.co.uk/1/hi/magazine/3555734.stm> [Aufgerufen am 27. August 2018].

6 Dr. Brooke Magnanti, »Boxer Carl Froch Has Been Abstaining from Sex – But Is It Ever Worth It?«, *Daily Telegraph*, 2014, <www.telegraph.co.uk/women/sex/10864506/Sex-ban-Carl-Froch-has-been-abstaining-from-sex-but-is-it-really-good-for-you.html> [Aufgerufen am 27. August 2018].

7 N. Maffulli, et al., »Sexual Activity before Sports Competition: A Systematic Review«, *Frontiers in Physiology*, 2016;7:246. doi:10.3389/ fphys.2016.00246.

8 Alexandra Sifferlin, »Can Sex Really Dampen Athletic Performance?«, *Time*, 2014, <http://time.com/2911744/can-sex-re/> [Aufgerufen am 27. August 2018].

9 »The Classic of Su Nu«, in Douglas Wile, *Art of the Bedchamber: the Chinese Sexual Yoga Classics* (Albany: University of New York Press, 1992), S. 93.

10 »Does Frequent Ejaculation Help Ward Off Prostate Cancer?«, 2009, <www.harvardprostateknowledge.org/does-frequent-ejaculation-help-ward-off-prostate-cancer> [Aufgerufen am 13. Februar 2017]; Jennifer R. Rider et al., »Ejaculation Frequency and Risk of Prostate Cancer: Updated Results with an Additional Decade of Follow-Up«, *European Urology*, 70.6 (2016), S. 974–82 <https://doi.org/10.1016/j.eururo.2016.03.027>.

11 G. G. Giles et al., ›Sexual Factors and Prostate Cancer‹, BJU International, 92.3 (2003), 211–16 <https://doi.org/10.1046/j.1464- 410x.2003.04319.x>.

12 John G. Younger, *Sex in the Ancient World from A To Z* (London: Routledge, 2005), S. 2.

13 Albert the Great, »Questions on Animals«, zitiert aus *Sexuality and Medicine in the Middle Ages*, Übers. von M. Adamson (Oxford: Oxford University Press, 1998), S. 55–6.

14 Gerald of Wales, *The Jewel of the Church: A Translation of the Gemma Ecclesiastica*, Übers. von J. J. Hagen (Leiden: Brill, 1979), S. 109.

15 »Summa Theologica Index«, sacred-texts.com, 2018, <www.sacred-texts.com/chr/aquinas/summa/index.htm> [Aufgerufen am 15. September 2018].

16 P. G. Maxwell-Stuart, *The Malleus Maleficarum* (Manchester: Manchester University Press, 2007), Kindle-Ausgabe, Position 1507.

17 Ebd., Position 1474.

18 Ebd., Position 1524.

19 William Masters und Virginia Johnson, *Human Sexual Response* (London: Churchill, 1966), S. 7–8.

20 K. R. Turley und D. L. Rowland, »Evolving ideas about the male refractory period«, *BJU International*, 112 (2013), S. 442–52.

21 S. A. D. Tissot, *Onanism; Or, A Treatise upon the Disorders Produced by Masturbation; Or, The Dangerous Effects Of Secret and Excessive Venery … Translated from the Last Paris Edition, By A. Hume. The Fifth Edition, Corrected*, 5. Auflage (London: Richardson, 1781), S. 11.

22 Léopold Deslandes, *A Treatise on the Diseases Produced by Onanism, Masturbation, Self-Pollution, and Other Excesses*, 2. Auflage (Boston: Otis, Broader and Company, 1839), S. 3.

23 J. H. Kellogg, *Plain Facts for Old and Young* (Burlington: Segner, 1887), S. 294.

24 Ebd., S. 295.

25 Ebd., S. 296.

26 Robert Baden-Powell, *Boy Scouts of America*, 1. Auflage (New York: Page and Company, 1911), S. 345.

27 Albert Moll, *Sexual Life of the Child (Classic Reprint)* (London: Forgotten Books, 2015), S. 56.

28 Wilhelm Reich, *The Bioelectrical Investigation of Sexuality and Anxiety* (New York: Farrar, Straus and Giroux, 1982), S. 9; Alfred C. Kinsey, Wardell B. Pomeroy und Clyde E. Martin, *Sexual Behavior in the Human Male* (Philadelphia: W. B. Saunders, 1948).

29 William H. Masters und Virginia E. Johnson, *Human Sexual Response* (London: Churchill, 1966), S. 3–9.

30 Semir Zeki und Andreas Bartels, »The Neural Correlates of Maternal and Romantic Love«, *Neuroimage*, 21.3 (2004), 1155–66, <https://doi.org/10.1016/j.neuroimage.2003.11.003>.

31 B. Whipple, »Functional Magnetic Resonance Imaging (FMRI) During Orgasm in Women«, *Sexologies*, 17 (2008), S45 https://doi.org/10.1016/s1158-1360(08)72639-2; Ruth G. Kurtz, »Hippocampal and Cortical Activity During Sexual Behavior in the Female Rat«, *Journal of Comparative and Physiological Psychology*, 89.2 (1975), 158–69 https://doi.org/10.1037/ h0076650; Mary S. Erskine, Joseph G. Oberlander und Jasmine J. Yang, »Expression of FOS, EGR-1, and ARC in the Amygdala and Hippocampus of Female Rats During Formation of the Intromission Mnemonic of Pseudopregnancy«, *Developmental Neurobiology*, 67.7 (2007), 895–908, <https://doi.org/10.1002/dneu.20376>.

32 James G. Pfaus et al., »The Role of Orgasm in the Development and Shaping of Partner Preferences«, *Socioaffective Neuroscience & Psychology*, 6.1 (2016), 31815, <https://doi.org/10.3402/snp.v6.31815>.

33 Stuart Brody und Rui Miguel Costa, »Satisfaction (Sexual, Life, Relationship, and Mental Health) is Associated Directly with Penile-Vaginal Intercourse, but Inversely with Other Sexual Behavior Frequencies«, *The Journal of Sexual Medicine*, 6.7 (2009), 1947–54, <https://doi.org/10.1111/j.1743-6109.2009.01303.x>.

34 Beverly Whipple und Carol Rinkleib Ellison, *Women's Sexualities: Generations of Women Share Intimate Sexual Secrets of Sexual Self-Acceptance* (Oakland, CA: New Harbinger Publications, US, 2000).

35 Randolph W. Evans und R. Couch, »Orgasm and Migraine«, *Headache: The Journal of Head and Face Pain*, 41.5 (2001), 512–14, <https://doi.org/10.1046/j.1526-4610.2001.01091.x>.

36 Quentin Crisp, *The Naked Civil Servant* (London: Flamingo, 1996) S. 14.

Eierdiebe

1 Glenn Matfin, »The Rejuvenation of Testosterone: Philosopher's Stone or Brown-Séquard Elixir?«, *Therapeutic Advances in Endocrinology and Metabolism*, 1.4 (2010), S. 151–54, <https://doi.org/10.1177/2042018810385052>.

2 Charles Édouard Brown-Séquard, *The Elixir of Life: Dr. Brown-Séquard's Own Account of His Famous Alleged Remedy for Debility and Old Age*, hrsg. von Newell Dunbar (Boston: J.G. Cupples, 1889), S. 21–6.

3 Ebd., S. 23.

4 Ebd., S. 25

5 Charles Édouard Brown-Séquard, »Note on the Effects Produced on Man by Subcutaneous Injections of a Liquid Obtained from the Testicles of Animals«, *The Lancet*, 134.3438 (1889), S. 105–7, <https://doi.org/10.1016/s0140-6736(00)64118-1>.

6 *Le Petit Parisien*, »Jouvence«, 8. Oktober 1919. Siehe auch Catherine Remy, »›Men Seeking Monkey-Glands‹: The Controversial Xenotransplantations of Doctor Voronoff, 1910–30«, *French History*, 28.2 (2014), S. 226–40, <https://doi.org/10.1093/fh/cru042>.

7 John B. Nanninga, *The Gland Illusion: Early Attempts at Rejuvenation through Male Hormone Therapy* (London: McFarland, 2017), Kindle-Ausgabe, Position 1125.

8 Serge Voronoff, *Quarante-Trois Greffes Du Singe À L'homme* (Paris: G. Doin, 1924), S. 90.

9 *Aberdeen Press and Journal*, »Monkey Gland Patient Dead«, 1923, S. 7.

10 Serge Voronoff, *Rejuvenation by Grafting* (London: G. Allen & Unwin Ltd, 1925), S. 118–119.

11 Ebd., S. 68–127.

12 Nanninga, *The Gland Illusion*, Position 1232.

13 *The Times*, »Dr Voronoff's Operations: A Meeting of Protest«, 8. Juni 1928.

14 Nanninga, *The Gland Illusion*, Position 1638.

15 R. Alton Lee, *The Bizarre Careers of John R. Brinkley* (Lexington: The University Press of Kentucky, 2015), S. 219.

16 Zitiert nach Pope Brock, *Charlatan: America's Most Dangerous Huckster, the Man Who Pursued Him, and the Age of Flimflam* (New York: Crown Publishers, 2008), S. 264.

17 George Bernard Shaw, »Letter to the Editor«, *The Saturday Review of Literature*, 1928, S. 1043.

18 David Hamilton, *The Monkey Gland Affair* (London: Chatto & Windus, 1986), S. 91.

19 Eugen Steinach und Josef Löbel, *Sex and Life: Forty Years of Biological and Medical Experiments* (New York: Viking, 1940), S. 176.

20 E. Steinach, »Biological Methods Against the Process of Old Age«, *Medical Journal and Record*, 25 (1927), S. 79.

21 »Current Comment, ›Glandular Therapy‹«, *Journal of the American Medical Association*, 83 (1924), S. 1004.

22 Sharon Romm, *The Unwelcome Intruder: Freud's Struggle with Cancer* (New York, NY, USA: Praeger, 1983), S. 17–23.

23 Zitiert nach Nanninga, *The Gland Illusion*, Position 1549.

24 S. Lock, »›O That I Were Young Again‹: Yeats and the Steinach Operation«, *BMJ*, 287.6409 (1983), S. 1964–68, <https://doi.org/10.1136/bmj.287.6409.1964>.

25 *Portsmouth Evening News*, »Gland Rejuvenation«, 22. April 1939, S. 8.

26 *Nottingham Evening Post*, »Seven Methods Explained«, 15. Juli 1924, S. 1.

27 *Dundee Evening Telegraph*, »Youth Glands Stolen«, 16. Oktober 1922, S. 7.

28 Ebd.

Tough Love

1 John Tozzi und Jared S. Hopkins, »The Little Blue Pill: an Oral History of Viagra«, *Bloomberg*, 2018, <www.bloomberg.com/news/ features/2017-12-11/the-little-blue-pill-an-oral-history-of-viagra> [Aufgerufen am 25. August 2018].

2 Dawn Connelly, »Three Decades of Viagra«, *The Pharmaceutical Journal*, 2017, <https://doi.org/10.1211/pj.2017.20202847>.

3 »Cover Page«, *Time*, 1998.

4 Stanley E. Althof et al., »Self-Esteem, Confidence, and Relationships in Men Treated with Sildenafil Citrate for Erectile Dysfunction«, *Journal of General Internal Medicine*, 21.10 (2006), S. 1069–74, <https://doi.org/10.1111/j.1525-1497.2006.00554.x>.

5 Stephanie B. Hoffman, »Behind Closed Doors: Impotence Trials and the Trans-Historical Right to Martial Policy«, *Boston University Law Review*, 89 (2009), S.1725–52, S. 1732.

6 Catherine Rider, *Magic and Impotence in the Middle Ages*, S. 61.

7 Jacqueline Murray, »On the Origins and Role of ›Wise Women‹ in Causes for Annulment on the Grounds of Male Impotence«, *Journal of Medieval History*, 16.3 (1990), S. 235–49, S. 243, <https://doi.org/10.1016/0304-4181(90)90004-k>.

8 Zitiert nach Frederik Pedersen, *Marriage Disputes in Medieval England* (London: Hambledon, 2000), S. 117.

9 Frederik Pedersen, »Motives for Murder: The Role of Sir Ralph Paynel in the Murder of William Cantilupe«, in *Continuity, Change and Pragmatism in the Law: Essays in Honour of Professor Angelo Forte* (Aberdeen: Aberdeen University Press, 2016), S. 69–95, S. 83.

10 Zitiert nach Henrietta Leyser, *Medieval Women: Social History of Women in England 450–1500* (London: Phoenix Press, 1995), S. 116.

11 Zitiert nach Rider, *Magic and Impotence in the Middle Ages*, S. 44.

12 P. G. Maxwell-Stuart, *The Malleus Maleficarum* (Manchester: Manchester University Press, 2007), Kindle-Ausgabe, Positionen 2844–45.

13 Ebd., Positionen 2897–99.

14 Aus der ersten deutschen Übersetzung des lateinischen Originals von J. W. R. Schmidt, Berlin 1906. www.koeblergerhard.de/Fontes/HexenhammerSprenger1923.pdf [Aufgerufen am 11.11.2021].

15 Hinkmar von Reims, *De Divortio Lotharii Regis Et Theutbergae Regina*, hrsg. von Letha Böhringer (Hannover: MGH, 1992), S. 217.

16 Hinkmar von Reims, *De Nuptiis Stephani Et Filiae Regimundi Comiti* (Berlin: MGH, 1939), S. 105.

17 Siehe Rider, *Magic and Impotence in the Middle Ages*, S. 72–4.

18 Hoffman, »Behind Closed Doors«, S. 1727.

Unser täglich Brot

1 Siehe Johann F. Kinzl et al., »Partnership, Sexuality, and Sexual Disorders in Morbidly Obese Women: Consequences of Weight Loss After Gastric Banding«, *Obesity Surgery*, 11.4 (2001), S. 455–8, https://doi.org/10.1381/096089201321209323; Sarah R. Holzer et al., »Mediational Significance of PTSD in the Relationship of Sexual Trauma and Eating Disorders«, *Child Abuse & Neglect*, 32.5 (2008), S. 561–6, <https://doi.org/10.1016/j.chiabu.2007.07.011>.

2 »Proverbs 9:17 Commentaries: ›Stolen Water Is Sweet; And Bread Eaten In Secret Is Pleasant.‹«, Biblehub.Com, 2018. <https://biblehub.com/commentaries/proverbs/9-17.htm> [Aufgerufen am 18. August 2018].

3 Judith Harris, *Pompeii Awakened: A Story Of Rediscovery* (London: Tauris, 2007), S. 121.

4 »Exeter Book Riddles«, *Anglo-Saxon Narrative Poetry Project*, 2018, <https://

anglosaxonpoetry.camden.rutgers.edu/exeter-book-riddles/> [Aufgerufen am 18. August 2018].

5 Martial, »Epigrams. Book 14«. tertullian.org, 2018, <www.tertullian.org/fathers/martial_epigrams_book14.htm> [Aufgerufen am 18. August 2018].

6 Athenaeus, *The Deipnosophists*, Vol. VI, engl. Übers. von Charles Burton Gulick (London: Heinemann, 1927), S. 493.

7 Jacques-Antoine Dulaure, *Histoire Abrégée De Différens Cultes*, 2. Auflage (Paris, 1825), S. 285.

8 Richard Payne Knight und Thomas Wright, *A Discourse on the Worship of Priapus, and its Connection with the Mystic* (London: Spilbury, 1865), S. 158.

9 Zitiert nach John Raymond Shinners, *Medieval Popular Religion, 1000–1500: A Reader* (Toronto: UTP, 2009), S. 451–53.

10 Ebd., S. 455.

11 Ebd., S. 451–53.

12 Geoffrey Chaucer, »The General Prologue«, in *The Canterbury Tales*, hrsg. von Jill Mann (London: Penguin Books, 2005), S. 26.

13 Madeleine Pelner Cosman und Linda Gale Jones, *Handbook to Life in the Medieval World*, Vol. 3 (New York: Facts on File, 2008), S. 134.

14 Ebd. Theodore of Canterbury (602–690) hatte da etwas andere Informationen und warnte in seinem Bußbuch vor Frauen, die das Sperma ihres Mannes in das Brot einbackten, um dessen Libido zu erhöhen. Jacqueline Murray, *Love, Marriage, and Family in the Middle Ages: A Reader* (Toronto: University of Toronto Press, 2001), S. 46.

15 George Peele, *The Old Wives' Tale*, hrsg. von Patricia Binnie (Manchester: Manchester University Press, 1980), S. 75.

16 Richard Brome, *A Jovial Crew*, hrsg. von Tiffany Stern (London: Bloomsbury, 2014), S. 122–33.

17 John Aubrey, *Remaines of Gentilisme and Judaisme* (London: Folklore Society, 1881), S. 43–44.

18 Natasha Hinde, »Blogger Bakes Sourdough Using Yeast from Vagina, Internet Explodes«, *Huffpost UK*, 2018, <www.huffingtonpost.co.uk/2015/11/24/woman-makes-sourdough-using-yeast-from-vagina_n_8636372.html> [Aufgerufen am 19. August 2018].

Liebesnahrung

1 »Science Proves Oysters and Mussels are the Food of Love«, *The Scotsman*, 2018, <www.scotsman.com/future-scotland/tech/science-proves- oysters-and-mussels-are-the-food-of-love-1-740457> [Aufgerufen am 20. August 2018].

2 Antimo D'Aniello et al., »Occurrence and Neuroendocrine Role of d-Aspartic Acid And n-Methyl-D-Aspartic Acid Inciona Intestinalis«, *FEBS Letters*, 552.2–3 (2003), S. 193–8, <https://doi.org/10.1016/s00145793(03)00921-9>.

3 Raul A. Mirza et al., »Do Marine Mollusks Possess Aphrodisiacal Properties?« Aufsatz, vorgestellt bei der Chemical Society National Conference in San Diego, 13.–17. März 2005.

4 Adam Lusher, »Raw Oysters Really Are Aphrodisiacs Say Scientists (And Now Is the Time to Eat Them)«, *Daily Telegraph*, 2018, <www.telegraph.co.uk/news/uknews/4195596/Raw-oysters-really-are-aphrodisiacs-say-scientists-and-now-is-the-time-to-eat-them.html> [Aufgerufen am 19. August 2018].

5 C. D. Hunt et al., »Effects of Dietary Zinc Depletion on Seminal Volume and Zinc Loss, Serum Testosterone Concentrations, and Sperm Morphology in Young Men«, *The American Journal of Clinical Nutrition*, 56.1 (1992), S. 148–57, https://doi.org/10.1093/ajcn/56.1.148; Radhika Purushottam Kothari, »Zinc Levels in Seminal Fluid in Infertile Males and Its Relation with Serum Free Testosterone«, *Journal of Clinical and Diagnostic Research*, 10 (2016), CC05–8, https://doi.org/10.7860/ jcdr/2016/14393.7723.

6 Robert C. Walter et al., »Early Human Occupation of the Red Sea Coast of Eritrea During the Last Interglacial«, *Nature*, 405.6782 (2000), S. 65–9, <https://doi.org/10.1038/35011048>.

7 Hesiod, *Theogony*, hrsg. von M. L. West (Oxford: Oxford University Press, 2008), S. 9.

8 Vatsyayana Mallanaga, *Kamasutra*, hrsg. und übers. von Wendy Doniger und Sudhir Kakar (Oxford: Oxford University Press, 2009), S. 165.

9 Nicholas Culpeper, *The Complete Herbal* (London: CreateSpace, 2018), S. 324.

10 *Historia Augusta* (Boston: Loeb Classical Library, 1921), S. 483.

11 »Pliny the Elder, Natural History | Loeb Classical Library«, *Loeb Classical Library*, 2018, <www.loebclassics.com/view/pliny_elder-natural_history/1938/pb_LCL418.503.xml?readMode=recto> [Aufgerufen am 19. August 2018].

12 Alain Chartier, *Delectable Demaundes, and Pleasaunt Questions, with their*

Seuerall Aunswers, in Matters of Loue, Naturall Causes, with Morall and Politique Deuises. Newely Translated out of Frenche into Englishe, this Present Yere of our Lorde God. 1566 (London: John Cawood, 1566), S. 4.

13 Felix Platter, *Platerus Golden Practice of Physick* (London: Peter Cole, 1664), S. 170; Humphrey Mill, *A Night's Search, Discovering the Nature and Condition of Nightwalkers and their Associates* (London, 1646), S. 113.

14 John Marston, *The Scourge of Villanie*, Vol. 2 (London, 1598), S. 107.

15 Thomas Killigrew, *The Parson's Wedding* (London: Henry Herringman, 1641), S. 78.

16 John Wilmot Rochester, »A Dream«, in *The Poetical Works of the Earls of Rochester, Roscomon and Dorset; The Dukes of Devonshire, Buckinghamshire, & C. with Memoirs of their Lives in Two Volumes. Adorn'd with a New Set of Cuts* (London: Goodourl, 1735), S. 71.

17 Abgedruckt in Drew Smith, *Oyster: A Gastronomic History (with Recipes)* (New York: Abrams, 2015), Kindle-Ausgabe, Position 866.

18 Henry Randall Waite, *Carmina Collegensia: a Complete Collection of the Songs of the American Colleges, with Selections from the Student Songs of the English and German Universities* (Boston: Ditson, 1876), S. 73.

19 *Apollo's Medley* (Doncaster, 1790), S. 78.

20 John Whitaker, *Molly Malone* (London: Phipps, 1805), S. 1.

21 Charles Lever, *Charles O'Malley, The Irish Dragoon* (Leipzig: Tauchnitz, 1848), S. 108.

22 Giacomo Casanova, *The Complete Memoirs of Jacques Casanova de Seingalt*, Übers. von Arthur Machen (SMK Book, 2014), Kindle-Ausgabe, Position 17545.

23 Ebd., Position 61336.

24 Charles Dickens, *The Pickwick Papers* (London: Createspace, 2017), S. 238.

25 Jonathan Swift, *A Complete Collection of Genteel and Ingenious Conversation* (London: Gedruckt für B. Motte, und C. Bathurst, Middle Temple-Gate, Fleet-Street, 1738), S. 120.

26 Trebor Healey, *A Horse Named Sorrow* (Madison, WI: Terrace Books, 2012), S. 40.

Runter mit der Hitze

1 Javed Ali, Shahid H. Ansari und Sabna Kotta, »Exploring Scientifically Proven Herbal Aphrodisiacs«, *Pharmacognosy Reviews*, 7.1 (2013), S. 1, <https://doi.org/10.4103/0973-7847.112832>.

2 Paola Sandroni, »Aphrodisiacs Past and Present: a Historical Review«, *Clinical Autonomic Research*, 11.5 (2001), S. 303–7, <https://doi.org/10.1007/bf02332975>.

3 J. Shah, »Erectile Dysfunction Through the Ages«, *BJU International*, 90.4 (2002), S. 433–41, <https://doi.org/10.1046/j.1464-410x.2002.02911.x>.

4 Plato, *The Republic of Plato*, engl. Übers. von John Llewelyn Davies and David James Vaughan (Cambridge: Macmillan, 1852), S. 4.

5 Sharman Apt Russell, *Hunger: An Unnatural History* (New York: Basic Books, 2008).

6 R. A. Talib et al., »The Effect of Fasting on Erectile Function and Sexual Desire on Men in the Month of Ramadan«, *Urology Journal*, 12.2 (2015), S. 2099–102.

7 Henry Newell Guernsey, *The Application of the Principles and Practice of Homoeopathy to Obstetrics*, 2. Auflage (London: Turner, 1878), S. 459.

8 Tierney A. Lorenz und Cindy M. Meston, »Acute Exercise Improves Physical Sexual Arousal in Women Taking Antidepressants«, *Annals of Behavioral Medicine*, 43.3 (2012), S. 352–61

9 Jonathan Barnes (Hrsg.), *Complete Works of Aristotle*, Vol. 2 (Princeton: Princeton University Press, 2014), S. 1352.

10 *Pliny the Elder, Complete Works*, engl. Übers. von John Bostock (Hastings: Delphi Classics, 2015), Kindle-Ausgabe, Position 38731.

11 Alexander Morison, *The Physiognomy of Mental Diseases* (London: Longman, 1843), keine Seitenangabe vorhanden.

12 *Athenaeus, Complete Works*, engl. Übers. von C. D. Yonge (Hastings: Delphi Classics, 2017), Kindle-Ausgabe, Position 2327.

13 François Rabelais, *Gargantua And Pantagruel* (New York: AMS Press, 1967), S. 162.

14 John Davenport und John Camden Hotten, *Aphrodisiacs and Anti-Aphrodisiacs* (London: Eigenverlag, 1869), S. 133.

15 Agnieszka Raubo, »The Concept of Temperament and the Theory of Humours in the Renaissance«, *Ruch Literacki*, 57.4 (2016), S. 408–25, <https://doi.org/10.1515/ruch-2017-0071>.

16 Ebd.
17 *The Women's Petition Against Coffee Representing to Publick Consideration the Grand Inconveniencies Accruing to their Sex from the Excessive Use of that Drying, Enfeebling Liquor* (London, 1674), S. 4.
18 Ebd., S. 2
19 Ebd., S. 3
20 Nicholas Culpeper, *A Physicall Directory; or, A Translation of The London Dispensatory Made by the Colledge of Physicians in London* (London: Peter Cole, 1649), S. 6.
21 Robert Burton, *The Anatomy of Melancholy* (Oxford: John Lichfield und James Short, für Henry Cripps, 1624), S. 630–31.
22 Davenport und Hotten, *Aphrodisiacs and Anti-Aphrodisiacs*, S. 133.
23 Michael Ryan, *Prostitution in London, with a Comparative View of that of Paris and New York* (London: H. Bailliere, 1839), S. 385.
24 Ebd.
25 Graily Hewitt, *The Diagnosis, Pathology and Treatment of Diseases of Women* (Philadelphia: Lindsay and Blackiston, 1868), S. 403.
26 John Harvey Kellogg, *Plain Facts for Old and Young: Embracing the Natural History and Hygiene of Organic Life* (Burlington: Segner, 1887), S. 302–3.
27 Sylvester Graham, *A Lecture to Young Men on Chastity, Intended Also for the Serious Consideration of Parents and Guardians* (Boston: Cornhill, 1838), S. 47.
28 Brian C. Wilson, *Dr John Harvey Kellogg and the Religion of Biologic Living* (Indianapolis: Indiana University Press, 2014).
29 Thomas Douglas et al., »Coercion, Incarceration, and Chemical Castration: an Argument from Autonomy«, *Journal of Bioethical Inquiry*, 10.3 (2013), S. 393–405, <https://doi.org/10.1007/s11673-013-9465-4>.
30 Jean-Jacques Rousseau, *The Confessions* (London: Penguin, 1953), S. 303.
31 Davenport und Hotten, *Aphrodisiacs and Anti-aphrodisiacs*, S. 131.

Spaßbremsen

1 Helen King, »Galen and the Widow: Towards a History of Therapeutic Masturbation in Ancient Gynaecology«, *Journal on Gender Studies in Antiquity*, 2011, S. 205–35; Hallie Lieberman and Eric Schatzberg, journalofpositivesexuality.org, 2018, <http://journalofpositivesexuality.org/wp-content/uploads/2018/08/

Failure-of-Academic-Quality-Control-Technology-of-Orgasm-Lieberman-Schatzberg.pdf> [Aufgerufen am 23. September 2018].

2 Rachel Maines, »The Study that Set the World Abuzz – Video«, *Big Think*, 2017, <http://bigthink.com/videos/the-study-that-set-the-world-abuzz> [Aufgerufen am 12. März 2017].

3 Cesare Lombroso et al., *La Donna Delinquente, La Prostituta E La Donna Normale*, 1. Auflage (Milano: Et.al, 2009).

4 Joseph Mortimer Granville, *Nerve-Vibration and Excitation as Agents in the Treatment of Functional Disorder and Organic Disease*, 1. Auflage (J. & A. Churchill: London, 1883), S. 57.

5 *The Pearl: Victorian Erotica* (2017), Kindle-Ausgabe, Positionen 6118–19.

6 Ebd., Position 11360.

7 Samuel Ward et al., »Reports on the Progress of Medicine«, *New York Medical Journal*, 23 (1876), S. 207–10.

8 Robert Ziegenspeck, *Anleitung zur Massagebehandlung (Thure Brandt) bei Frauenleiden: Für praktische Ärzte* (Berlin 1895).

9 Ebd., S. 16.

10 Ebd., S. 27.

11 Ebd.

12 Rachel P. Maines, *The Technology of Orgasm* (Baltimore: Johns Hopkins University Press, 2001), S. 3.

13 William John Anderson, *Hysterical and Nervous Affections of Women. Read Before the Harveian Society*, 1. Auflage (London: Churchill, 1864), S. 26.

14 Andrew Whyte Barclay, *A Manual of Medical Diagnosis: Being an Analysis of the Signs and Symptoms* (Philadelphia: Blanchard, 1864), S. 138.

15 John Henry Walsh, *A Manual of Domestic Medicine and Surgery: Revised Edition* (London, Frederick Warne, 1878), S. 150.

16 William Potts Dewees, *A Treatise on the Diseases of Females* (Philadelphia: Lea and Blanchard, 1843), S. 470.

17 Walsh, *A Manual of Domestic Medicine and Surgery*, S. 150.

18 George B. Wood, *A Treatise on the Practice of Medicine*, 1. Auflage (Philadelphia: Lippincott, Grambo, 1852), S. 581; W. W. Bliss, *Woman, and Her Thirty Years' Pilgrimage* (Boston: B. B. Russell, 1870), S. 98.

19 »Aretaeus, De Causis Et Signis Acutorum Morborum (Lib. 1), Book II., Chapter XI. On Hysterical Suffocation«, Perseus.Tufts.Edu, 2018, www.perseus.

tufts.edu/hopper/text?doc=Perseus%3Atex-t%3A1999.01.0254%3Atext%3DSA%3Abook%3D2 %3Achapter%3D11 [Aufgerufen am 22. Juli 2018].

20 »Sub-Umbra or Sport Among the She-Noodles«, in *The Wordsworth Book of Classic Erotica* (Ware: Wordsworth Editions, 2007), S. 1091.

21 »The Romance of Lust«, in *The Wordsworth Book of Classic Erotica* (Ware: Wordsworth Editions, 2007), S. 163.

22 Jack Saul, *The Sins of the Cities of the Plain, Or the Recollections of a Mary Ann* (London: Eigenverlag, 1881), S. 132.

23 Fern Riddell, »No, No, No! Victorians Didn't Invent the Vibrator«, *Guardian*, 2017, <www.theguardian.com/commentisfree/2014/ nov/10/victorians-invent-vibrator-orgasms-women-doctors-fantasy> [Aufgerufen am 12. März 2017].

24 James George Beaney, *The Generative System and its Functions in Health and Disease* (Melbourne: F. F. Bailliere, 1872), S. 359.

25 Edward John Tilt, *A Handbook of Uterine Therapeutics and of Diseases of Women* (London: J. & A. Churchill, 1878), S. 119.

26 Samuel La'mert, *Self-Preservation: A Medical Treatise on the Secret Infirmities and Disorders of the Generative Organs* (London; 1852), S. 105–6.

27 A. J. Block, »Sexual Perversion in the Female«, *New Orleans Medical Surgery Journal*, 22 (1894), S. 1–7.

28 W. Tyler Smith, »Principles and Practices of Obstetricy«, *The Lancet*, 2 (1847), S. 669–71.

29 John S. Parry, *Extra-Uterine Pregnancy; its Causes, Species, Pathological Anatomy, Clinical History, Diagnosis, Prognosis and Treatment* (Philadelphia: Henry Lea, 1876), S. 45.

30 Ebd.

Rauchen, Schießen, Fahrrad fahren

1 Jaime Rojo und Steven Harrington, »›F**K Art‹ Opens Wide at Museum of Sex (NSFW)«, *Huffpost*, 2018, <www.huffingtonpost.com/jaime-rojo-steven-harrington/new-opening-at-museum-of-sex_b_1261589.html> [Aufgerufen am 11. August 2018].

2 Zitiert nach Julie Wosk, *Women and the Machine* (Baltimore: Johns Hopkins University Press, 2003), S. 114.

3 »A Cure for Bicycle Face«, *South Wales Daily News*, 1897, S. 3.

4 Zitiert nach Katherine Murtha, »Cycling in the 1890s: An Orgasmic Experience?«, *Cahiers De La Femme*, 21.3 (2002), S. 119–21.

5 *St Louis Medical Review*, 32 (1895), S. 209.

6 »Taking Chances«, *Iowa State Register*, 1895.

7 *The Cincinnati Lancet-Clinic*, 74 (1895), S. 674.

8 »Female Cyclists«, *The Dominion Medical Monthly*, 7.3 (1896), S. 235–7.

9 »Immorality in Canada«, *The Canadian Practioner* 21, (1896), S. 848–9.

10 Robert Dickinson, »Bicycling for Women«, *The American Journal of Obstetrics and Diseases of Women and Children*, 31 (1895), S. 24–35.

11 Ebd.

12 Zitiert nach Ted Ferguson, Kit Coleman: *Queen of Hearts* (Markham: PaperJacks, 1979), S. 92.

13 Sue Macy und Meredith Orlow, *Wheels of Change* (Washington: National Geographic, 2012), S. 18.

14 *New Zealand Wheelman*, 18. August 1897, S. 7.

15 *New Zealand Graphic and Ladies' Journal*, 17. September, 1898, S. 372.

16 Arthur Shadwell, »The Hidden Dangers of Cycling«, *The National Review*, 1897, S. 796.

17 Zitiert nach *South Wales Daily News*, »Remedy for Bicycle Face«, 1897, S. 3.

18 Clare Simpson, »A Social History of Women and Cycling in Late-Nineteenth Century New Zealand« (unveröffentlichte Doktorarbeit, Lincoln University, 1998), S. 137.

19 *New Zealand Wheelman*, 30. April 1898, S. 9.

Boy's Toys

1 Chantal Cox-George und Susan Bewley, »I, Sex Robot: The Health Implications of the Sex Robot Industry«, *BMJ Sexual & Reproductive Health*, 44, 2018, S. 161–4, https://doi.org/10.1136/bmjsrh-2017-200012.

2 S. J. De Laet, *History of Humanity* (London: Routledge, 1994), S. 234.

3 Jonathan Amos, »Ancient Phallus Unearthed in Cave«, *BBC News*, 2005, <http://news.bbc.co.uk/1/hi/sci/tech/4713323.stm> [Aufgerufen am 24. Juni 2018].

4 Ovid, engl. Übers. von A. D. Melville und E. J. Kenney, *Metamorphoses* (New York: Oxford University Press, 2008), S. 233.

5 »Pliny the Elder, The Natural History, Book XXXVI. The Natural History Of Stones«, perseus.tufts.edu, 2018, <www.perseus.tufts.edu/hopper/text?doc=Perseus:abo:phi,0978,001:36:4> [Aufgerufen am 24. Juni 2018].

6 Sigmund Freud: »Das Unheimliche«. In: Ders.: Studienausgabe in zehn Bänden mit einem Ergänzungsband. Hrsg. v. Alexander Mitscherlich, Angela Richards u. James Strachey. Bd. 4: *Psychologische Schriften*. Frankfurt a. M. 1994, S. 244.

7 Havelock Ellis, *Studies in the Psychology of Sex* (Honolulu: University Press of the Pacific, 2001), S. 188.

8 Iwan Bloch, *Das Sexualleben unserer Zeit in seinen Beziehungen zur modernen Kultur* (Berlin 1907), S. 710.

9 Louis Fiaux, *Les Maisons De Tolérance* (Paris: G. Carré, 1892), S. 176.

10 Bloch, *Das Sexualleben unserer Zeit*, S. 723.

11 Ebd.

12 Madame B, *La Femme Endormie* (Melbourne, 1899), S. 11–12.

13 Ebd.

14 René Schwaeblé, »Homunculus«, *Les détraquées de Paris* (Paris: Daragon libraire-éditeur, 1910), S. 247–53.

15 N. Döring und S. Pöschl, »Sex Toys, Sex Dolls, Sex Robots: Our Under- Researched Bed-Fellows«, *Sexologies*, 27, (2018), S. 133–8, <https://doi.org/10.1016/j.sexol.2018.05.009>.

16 Siehe Kate Devlin, *Turned On: Science, Sex and Robots* (London: Bloomsbury, 2018).

17 Vic Grout, »Robot Sex: Ethics And Morality«, *Lovotics*, 03.01 (2015), <https://doi.org/10.4172/2090-9888.1000e104>; Cox-George und Bewley, »I, Sex Robot: The Health Implications of the Sex Robot Industry«, *BMJ Sexual & Reproductive Health*, (2018), 44, S. 161–4, bmjsrh-2017–200012, <https://doi.org/10.1136/bmjsrh-2017-200012>.; Veronica Cassidy, »For the Love of Doll(s): A Patriarchal Nightmare of Cyborg Couplings«, *ESC: English Studies In Canada*, 42.1–2 (2016), S. 203–215, <https://doi.org/10.1353/ esc.2016.0001>.

18 Sarah Valverde, »The Modern Sex Doll-Owner: A Descriptive Analysis« (unveröffentlichte Masterarbeit, California State Polytechnic University, 2012).

19 Ebd., S. 34.

20 Lucy Orne Bowditch und Charles Pickering Bowditch, *The Lives and Portraits of Curious and Odd Characters* (Worcester: Thomas Drew, 1853), S. 11–17.

21 Janine Alexandre-Debray, *La Païva, 1819–1884* (Paris: Perrin, 1986); Melissa Hope Ditmore, *Encyclopedia of Prostitution and Sex Work Vol I* (Westport, CT: Greenwood Press, 2006), S. 244.

22 Olda Kokoschka und Heinz Spielmann (Hrsg.), *Oskar Kokoschka. Briefe I. 1905–1919* (Düsseldorf, 1984).

23 Norbert Lenz, Borghild.de, <www.borghild.de/indexe.htm> [Aufgerufen am 13. Juli 2018].

24 Robin Gerber, *Barbie and Ruth: The Story of the World's Most Famous Doll and the Woman Who Made Her* (New York: Harper, 2010).

25 Anthony Ferguson, *The Sex Doll* (Jefferson, N.C.: McFarland & Co., 2010), S. 31.

26 Ebd. S. 30.

27 Christopher Trout, »There's a New Sex Robot in Town: Say Hello To Solana«, *Engadget*, 2018, <www.engadget.com/2018/01/10/there-s-a- new-sex-robot-in-town-say-hello-to-solana/> [Aufgerufen am 18. Juli 2018].

Luft anhalten!

1 Megan Oaten, Richard J. Stevenson and Trevor I. Case, »Disgust as a Disease-Avoidance Mechanism«, *Psychological Bulletin*, 135.2 (2009), S. 303–21, <https://doi.org/10.1037/a0014823>.

2 Carmelo M. Vicario et al., »Core, Social and Moral Disgust are Bounded: A Review on Behavioural and Neural Bases of Repugnance in Clinical Disorders«, *Neuroscience & Biobehavioral Reviews*, 80 (2017), S. 185–200, <https://doi.org/10.1016/j.neubiorev.2017.05.008>.

3 Marco Tullio Liuzza et al., »Body Odour Disgust Sensitivity Predicts Authoritarian Attitudes«, *Royal Society Open Science*, 5.2 (2018), 171091, <https://doi.org/10.1098/rsos.171091>.

4 Michael N. Pham et al., »Is Cunnilingus-Assisted Orgasm A Male Sperm-Retention Strategy?«, *Evolutionary Psychology*, 11.2 (2013), 147470491301100, <https://doi.org/10.1177/147470491301100210>.

5 D. P. Strachan, »Hay Fever, Hygiene, and Household Size«, *BMJ*, 299.6710 (1989), 1259–60, <https://doi.org/10.1136/bmj.299.6710.1259>.

6 Alison Leigh Browne et al., »Patterns of Practice: A Reflection on the Development of Quantitative/Mixed Methodologies Capturing Everyday Life Related

to Water Consumption in the UK«, *International Journal of Social Research Methodology*, 17.1 (2013), S. 27–43, <https://doi.org/10.1080/13645579.2014.854012>.

7 *Calendar of Close Rolls preserved in the Public Record Office: Edward III*, Vol. 2 (London: HMSO, 1898), S. 610.

8 Geoffrey Chaucer und Jill Mann, *The Canterbury Tales* (London: Penguin Books, 2005), S. 821, 17.

9 Ebd., S. 123.

10 Sir Thomas Malory, *Le Morte D 'Arthur*, hrsg. von Helen Cooper (Oxford: Oxford University Press, 2008), S. 129.

11 St Jerome, *The Sacred Writings of Saint Jerome* (London: Jazzybee Verlag, 2018), Kindle-Ausgabe, Position 7151.

12 C. H. Lawrence, *Medieval Monasticism: Forms of Religious Life in Western Europe in the Middle Ages* (London: Routledge, 1984), S. 108.

13 Abū l-Qāsim Chalaf ibn ʿAbbās az-Zahrāwī, *Albucasis on Surgery and Instruments* (Berkeley: University of California Press, 1973).

14 Martin Levey, *Early Arabic Pharmacology* (Leiden: E.J. Brill, 1973), S. 9.

15 Edward H. Schafer, »The Development of Bathing Customs in Ancient and Medieval China and the History of the Floriate Clear Palace«, *Journal of The American Oriental Society*, 76.2 (1956), S. 57–82, <https://doi.org/10.2307/595074>.

16 J. C. Mardrus und E. P. Mathers, *The Book of the Thousand and One Nights* (Hoboken: Taylor and Francis, 2013), S. 42.

17 Jonathan Reinarz, *Past Scents: Historical Perspectives on Smell* (Chicago: University of Illinois Press, 2014), S. 64.

18 Mandy Aftel, *Essence and Alchemy* (New York: North Point Press, 2001), S. 190.

19 Jacquelyn Hodson, »The Smell of the Middle Ages«, *Trivium Publishing LLC*, 2018, <www.triviumpublishing.com/articles/smellofthemiddleages.html> [Aufgerufen am 9. September 2017].

20 John Russell, Wynkyn de Worde und Frederick James Furnivall, *The Boke of Nurture* (Bungay: Printed for the Honourable R. Curzon by J. Childs, 1867), S. 68.

21 Zitiert nach James A. Brundage, *Law, Sex, and Christian Society in Medieval Europe* (Chicago: University of Chicago Press, 2009), S. 527.

22 Giovanni Boccaccio, Guido Waldman und Jonathan Usher, *The Decameron* (Oxford: Oxford University Press, 2008), S. 543.

23 Tania Bayard, *A Medieval Home Companion* (New York: Harper, 1992), S. 130.

24 William Langham, *The Garden of Health* (London: Christopher Barker, 1579), S. 147.

25 Ruth Mazo Karras, *Common Women: Prostitution and Sexuality in Medieval England* (New York: Oxford University Press, 1998), S. 54–5.

26 Geoffrey Chaucer, »The Legend of Good Women«, in *The Complete Works of Geoffrey Chaucer*, hrsg. von Walter William Skeat (London: Cosimo Classics, 2013), S. 91.

27 Zitiert nach Karras, *Common Women*, S. 54.

28 Ebd.

29 Terry Gilliam, *Monty Python and the Holy Grail* (EMI, 1975).

Kahle Adler, moosige Grotten

1 Bukhārī, Muḥammad ibn Ismāʿīl, and Muhammad Muhsin Khan, *Ṣaḥīḥ Al-Bukhārī* (Riyadh-Saudi Arabia: Darussalam, 1997), 7.777.

2 Didem Muallaaziz and Eyüp Yayci, »Pubic Hair Removal Practices in Muslim Women«, *Basic and Clinical Sciences*, 3 (2014), S. 39–44.

3 Victoria Sherrow, *Encyclopedia of Hair* (Westport: Greenwood Press, 2006), S. 111–5.

4 *Aristophanes. Lysistrate, Griechisch/Deutsch*, übersetzt und herausgegeben von Niklas Holzberg (Reclam, München 2010), S. 13.

5 John G. Younger, *Sex in the Ancient World from A to Z* (London: Routledge, 2005), S. 75.

6 Peter Kruschwitz, »Carmina latina epigraphica Pompeiana: Ein Dossier«, *Arctos 38* (Helsinki 2004), S. 42.

7 Kim M. Phillips, *Medieval Maidens: Young Women and Gender in England, c.1270–c.1540* (Manchester: Manchester University Press, 2003), S. 45.

8 Monica Helen Green, *The Trotula* (Philadelphia: University of Pennsylvania Press, 2001), S. 175.

9 Dieses Zitat stammt aus einer illustrierten Handschrift, die dem Dominikanermönch John of Freiberg (14. Jh.) zugeschrieben wird. P. J. P. Goldberg, *Women in Medieval English Society* (Gloucestershire: Sutton, 1997), S. 90.

10 Geoffrey Chaucer, *The Canterbury Tales,* hrsg. von Jill Mann (London: Penguin Books, 2005), S. 137, Zeilen 3722–49.

11 *Recettario Novo Probatissimo a Molte Infirmita, E Etiandio Di Molte Gentilezze Utile A Chi Le Vora Provare* (Venice, 1532).

12 Francisco Delicado und Bruno M. Damiani, *Portrait of Lozana* (Potomac: Scripta Humanistica, 1987), S. 72.

13 William Shakespeare, *Venus And Adonis,* shakespeare.mit.edu, 2018, <http://shakespeare.mit.edu/Poetry/VenusAndAdonis.html> [Aufgerufen am 8. August 2018].

14 William Shakespeare, *Much Ado About Nothing,* shakespeare.mit.edu, 2018, <http://shakespeare.mit.edu/much_ado/full.html> [Aufgerufen am 8. August 2018].

15 William Shakespeare, »Sonnet 130: My Mistress' Eyes Are Nothing Like the Sun«, shakespeare-online.com, 2018, <www.shakespeare-online.com/ sonnets/130.html> [Aufgerufen am 8. August 2018].

16 Richard Head, *The Rogue Discovered, Or A Congratulatory Verse upon a Book Newly Published (A Piece Much Desired, and Long Expected) Called the English Rogue, A Witty Extravagant* (London: Francis Kirkman, 1665), S. 67.

17 Megg Spenser, *A Strange and True Conference Between Two Bawds, Damarose Page and Priss Fotheringham, during their Imprisonment in Newgate* (London, 1660), S. 7.

18 John Wilmot, »The Farce of Sodom«, in *Book of Sodom,* hrsg. von Paul Hallam (London: Routledge, 1995), S. 230.

19 Thomas Middleton, »A Trick to Catch the Old One«, in *Thomas Middleton: The Collected Works,* hrsg. von Gary Taylor und John Lavagnino (Oxford: Oxford University Press, 2010), S. 407.

20 Zitiert nach James T. Henke, *Gutter Life and Language in the Early ›Street‹ Literature of England* (West Cornwall: Locust Hill Press, 1988), S. 77.

21 Humphrey Mill, *A Night's Search, Discovering the Nature and Condition of Night-Walkers with their Associates* (London: H. Shepard and W. Ley, 1640), S. 249.

22 Gordon Williams, *A Dictionary of Sexual Language and Imagery in Shakespearean and Stuart Literature: A–F* (London: Athlone Press, 1994), S. 877.

23 »Pubic Wigs«, *Oxford Reference,* 2018, <www.oxfordreference.com/view/10.1093/acref/9780198524038.001.0001/acref-9780198524038-e-783> [Aufgerufen am 8. August 2018].

24 John Wilmot, »The Farce of Sodom«, S. 230.

25 Alexander Smith und Arthur Lawrence Hayward, *A Complete History of the Lives and Robberies of the Most Notorious Highwaymen, Footpads, Shoplifts & Cheats of Both Sexes* (London: Routledge, 2002), S. 217.

26 *Harris's List of Covent Garden Ladies or Man of Pleasure's Kalendar for the Year, 1788* (London: H. Ranger, 1788), S. 39, 79, 130.

27 John Cleland, *Fanny Hill: Memoirs of a Woman of Pleasure* (London: LBA, 2007), Kindle-Ausgabe, S. 125.

28 Ebd., S. 11.

29 »Full Text Of ›The Romance of Lust a Classic Victorian Erotic Novel‹«, archive.org, 2017, <https://archive.org/stream/theromanceoflust30254gut/30254-8.txt> [Aufgerufen am 12. März 2017].

30 John Ruskin et al., *The Story of John Ruskin, Effie Gray and John Everett Millais Told for the First Time in their Unpublished Letters* (London: Murray, 1948), S. 220.

31 Tami S. Rowen et al., »Pubic Hair Grooming Prevalence and Motivation Among Women in the United States«, *JAMA Dermatology*, 152.10 (2016), 1106, <https://doi.org/10.1001/jamadermatol.2016.2154>.

»Förderlich für die Sauberkeit«

1 Technavio Research, *Global Vaginal Odor Control Product Market 2018–2022* (London: Regional Business News, 2018).

2 Jo's Cervical Cancer Trust, »Body Shame Responsible for Young Women not Attending Smear Tests«, *Jo's Cervical Cancer Trust*, 2018, <www.jostrust.org.uk/node/1073042> [Aufgerufen am 17. Februar 2019].

3 Louis Keith et al., »The Odors of the Human Vagina«, *Archiv für Gynäkologie*, 220.1 (1975), S. 1–10, <https://doi.org/10.1007/ bf00673143>.

4 E. B. Keverne und R. P. Michael, »Sex-Attractant Properties of Ether Extracts of Vaginal Secretions from Rhesus Monkeys«, *Journal Of Endocrinology*, 51.2 (1971), S. 313–22, <https://doi.org/10.1677/joe.0.0510313>; Foteos Macrides, Patricia A. Johnson und Stephen P. Schneider, »Responses of the Male Golden Hamster to Vaginal Secretion and Dimethyl Disulfide: Attraction Versus Sexual Behavior«, *Behavioral Biology*, 20.3 (1977), S. 377–86, <https://doi.org/10.1016/s0091-6773(77)90931-2>; Ana Lilia Cerda-Molina et al., »Endo-

crine Changes in Male Stumptailed Macaques (Macaca Arctoides) As a Response to Odor Stimulation with Vaginal Secretions«, *Hormones And Behavior*, 49.1 (2006), S. 81–7, <https://doi.org/10.1016/j.yhbeh.2005.04.014>.

5 Megan N. Williams und Amy Jacobson, »Effect of Copulins on Rating of Female Attractiveness, Mate-Guarding, and Self-Perceived Sexual Desirability«, *Evolutionary Psychology*, 14.2 (2016), 147470491664332, <https://doi.org/10.1177/1474704916643328>.

6 Didem Sunay, Erdal Kaya and Yusuf Ergun, »Vaginal Douching Behavior of Women and Relationship Among Vaginal Douching and Vaginal Discharge and Demographic Factors«, *Journal of Turkish Society of Obstetric and Gynecology*, 8.4 (2011), S. 264–71, https://doi.org/10.5505/tjod.2011.57805; »Douching«, womenshealth.gov, 2018, <www.womenshealth.gov/a- z-topics/douching> [Aufgerufen am 10. September 2018].

7 Charles Knowlton, *Fruits of Philosophy: A Treatise on the Population Question* (San Francisco: Readers Library, 1891), S. 74.

8 Dr. Blundell, »Incapability of Retaining the Urine«, *The Lancet*, 1 (1829), S. 673–7.

9 Clifton E. Wing, »The Proper Use of the Hot Vaginal Douche«, *The Boston Medical and Surgical Journal*, 102 (1880), S. 583–4.

10 »Reports of Societies«, *The Boston Medical and Surgical Journal*, 14 (1889), S. 443–5.

11 John Ashurst, *The International Encyclopedia of Surgery: A Systematic Treatise on the Theory and Practice of Surgery* (W. Wood, 1895), S. 1002.

12 *Catalogue and Report of Obstetrical and other Instruments* (London: Obstetric Society of London, 1867).

13 James V. Ricci, *The Development of Gynaecological Surgery and Instruments* (Philadelphia: Blakiston, 1949), S. 526.

14 Knowlton, *Fruits of Philosophy*, S. 74.

15 »Vaginal Douching«, *Monthly Retrospect of Medicine & Pharmacy*, 4 (1898), S. 555.

16 »Over a Century of Healthing«, Lysol.com, 2018, <www.lysol.com/about-us/our-history/> [Aufgerufen am 11. September 2018].

17 Andrea Tone, *Devices and Desire: A History of Contraceptives in America* (New York: Hill and Wang), S. 151–83.

18 »Beauty Wonders: No Smell So Sweet«, *Essence*, September 1971, S. 20.

Französische Briefe, englische Regenmäntel und die Waren der Mrs Phillips

1 »Campaign To Protect Young People From STIs by Using Condoms«, gov.uk, 2018, <www.gov.uk/government/news/campaign-to-protect-young-people-from-stis-by-using-condoms> [Aufgerufen am 14. August 2018].

2 »New Data Reveals 420,000 Cases of STIs Diagnosed In 2017«, gov.uk, 2018, <www.gov.uk/government/news/new-data-reveals-420000-cases-of-stis-diagnosed-in-2017> [Aufgerufen am 14. August 2018].

3 Nicola Low et al., »Molecular Diagnostics for Gonorrhoea: Implications for Antimicrobial Resistance and the Threat of Untreatable Gonorrhoea«, *Plos Medicine*, 11.2 (2014), e1001598, https://doi.org/10.1371/journal.pmed.1001598; Kelsi M. Sandoz und Daniel D. Rockey, »Antibiotic Resistance in Chlamydiae«, *Future Microbiology*, 5.9 (2010), S. 1427–42, <https://doi.org/10.2217/fmb.10.96>.

4 Jean-Jacques Amy und Michel Thiery, »The Condom: A Turbulent History«, *The European Journal of Contraception & Reproductive Health Care*, 20.5 (2015), S. 387–402, <https://doi.org/10.3109/13625187.2015.1050716>.

5 Michael Leidig, »Condom from Cromwell's Time Goes on Display in Austria«, *BMJ*, 333.7557 (2006), 10.3, <https://doi.org/10.1136/ bmj.333.7557.10-b>.

6 Lesley Smith, »The History of Contraception«, in *Contraception: A Casebook from Menarche to Menopause* (Cambridge: Cambridge University Press, 2013), S. 18.

7 Lesley Smith, »The Kahun Gynaecological Papyrus: Ancient Egyptian Medicine«, *Journal of Family Planning and Reproductive Health Care*, 37.1 (2011), S. 54–5, <https://doi.org/10.1136/jfprhc.2010.0019>.

8 Gabriele Falloppio, *De Morbo Gallico* (Padua, 1563), Kapitel 89.

9 Guy de Chauliac, *La Grande Chirurgie* (Paris: F. Alcan, 1890).

10 Zitiert nach Ralph Hermon Major, *Classic Descriptions of Disease*, 3. Auflage (Springfield: Charles C. Thomas, 1978), S. 26.

11 Robley Dunglison, *A New Dictionary of Medical Science and Literature* (Boston: C. Bowen, 1833), S. 223.

12 John Wilmot et al., »A Panegyric Upon Cundum«, in *The Works of The Earls of Rochester, Roscomon and Dorset, the Dukes of Devonshire, Buckingham and Co.* (London, 1667), S. 208.

13 James Boswell, *Boswell's London Journal, 1762–1763*, hrsg. von Frederick Albert Pottle (New Haven: Yale University Press, 2004), S. 262.

14 Boswell, *Boswell's London Journal, 1762–1763*, S. 272.

15 Daniel Turner, *Syphillis. A Practical Dissertation on the Venereal Disease* (London: J. Walthoe, R. Wilkin, J. und J. Bonwicke, und T. Ward, 1727), S. 74; M. Tampa et al., »Brief History of Syphilis«, *Journal of Medicine and Life*, 7.1 (2014), S. 4–10.

16 Boswell, *Boswell's London Journal, 1762–1763*, S. 155.

17 Francis Grose, *Guide to Health, Beauty, Riches, and Honour* (London: S. Hooper, 1785), S. 13.

18 Robert Jütte, *Contraception* (Cambridge: Polity, 2008), S. 104.

19 Casanova, Giacomo, *The Complete Memoirs of Jacques Casanova de Seingalt*, engl. Übers. von Arthur Machen (SMK Books, 2014), Kindle-Ausgabe, Position 33819.

20 Ebd.

21 M. Tampa et al., »Brief History of Syphilis«.

22 Richard Carlile, »Every Woman's Book Or What Is Love?«, in *What Is Love?: Richard Carlile's Philosophy of Sex*, hrsg. von M. L. Bush (London: Verso, 1998).

23 Zitiert nach Andrea Tone, *Controlling Reproduction: An American History* (Wilmington: SR Books, 1997), S. 141.

24 Amy und Thiery, »The Condom: A Turbulent History«, S. 397–8.

25 Aine Collier, *The Humble Little Condom* (Amherst: Prometheus Books, 2007), S. 209.

26 A. Salem, »A Condom Sense Approach to AIDS Prevention: A Historical Perspective«, *South Dakota Journal of Medicine*, 45.10 (1992), S. 294–6.

27 Samuel Hallsor Booth, »A Comparison of the Early Responses to AIDS in the UK and the US«, *Res Medica*, 24.1 (2017), S. 57–64, <https://doi.org/10.2218/resmedica.v24i1.1558>.

Quengler zum Schweigen bringen

1 Edmund Spenser, *The Faerie Queene*, 2.3.49.5–7.

2 William Buchan, *Domestic Medicine: Or, a Treatise on the Prevention and Cure of Diseases by Regimen and Simple Remedies* (London: Balfour, Auld and Smellie, 1769), S. 3.

3 Ebd., S. 531

4 William Cobbett, *The Parliamentary History of England, 1801–1803* (London: 1806), S. 36; Levene, Malcolm et al., *Essentials of Neonatal Medicine* (London: Blackwell, 2000), S. 8.

5 John Astruc, *A treatise on all the Diseases Incident to Women* (London: Cooper, 1743), S. 363; Martin Madan, *Thelyphthora; or, A treatise on female ruin* (London, 1785), S. 285; A. Civillian, *Trials for Adultery; or, the History of Divorces, III vols*, (London: Blandon, 1779).

6 Casanova, *The Memoirs of Jacques Casanova de Seingalt*, Kindle-Ausgabe, Position 33688.

7 Karen Harris, *The Medieval Vagina: A Historical and Hysterical Look At All Things Vaginal During the Middle Ages* (London: Snark, 2014).

8 L. Stone, *The Family, Sex and Marriage in England 1500–1800* (London: Penguin, 1990), S. 266–7.

9 Old-Bailey-Verfahren online, Central Criminal Court (2003), <www.oldbaileyonline.org/browse.jsp?id=t18290409-83&div=t18290409-83&terms=Savin#highlight> [Aufgerufen am 30. August 2016].

10 John M. Riddle, Eve's Herbs: *A History of Contraception and Abortion in the West* (Cambridge, MA: Harvard University Press, 1999).

11 »The Tryal of Eleanor Beare of Derby«, *Gentleman's Magazine*, 1732, S. 933–4.

12 Anon, »The Tryal of Eleanor Beare of Derby, on Tuesday 15 August, 1732«, *The Gentleman's Magazine, or, Monthly Intelligencer*, 2. XXIV (1732), S. 931–3.

13 Ebd.

14 Thomas Brown, »A Satire Upon a Quack«, in *Works Serious and Comical in Prose and Verse* (London 1760), S. 62–5.

15 Ebd.

16 Francis Grose, *Lexicon Balatronicum: A Dictionary of Buckish Slang, University Wit, and Pickpocket Eloquence* (London: S. Hooper, 1785), S. 204.

17 Old-Bailey-Verfahren online, Central Criminal Court (2003), <www.oldbaileyonline.org/browse.jsp?id=t18290409-83&div=t18290409-83&terms=Savin#highlight> [Aufgerufen am 30. August 2016].

18 Old-Bailey-Verfahren online, Ann Gardner, 15. Januar 1708 (t17080115–1).

19 Dan Cruickshank, *The Secret History of Georgian London: How the Wages of Sin Shaped the Capital* (London: Windmill Books, 2010), S. 249.

20 Foundling Museum, <http://foundlingmuseum.org.uk/about/the-museum/> [Aufgerufen am 2. September 2016].

21 Jennifer Worth, »A deadly trade«, *Guardian*, 6. Januar 2005.

Das Drama mit den Tagen

1 Plinius, *Natural History*, engl. Übers. von. H. Rackham (Cambridge: Harvard University Press, 1961), Buch 7, S. 549.

2 Kate Hodal, »Nepal's Bleeding Shame: Menstruating Women Banished to Cattle Sheds«, *Guardian*, 2018, <www.theguardian.com/global-development/2016/apr/01/nepal-bleeding-shame-menstruating-women-banished-cattle-sheds> [Aufgerufen am 13. September 2018].

3 Verity Bowman, »Woman in Nepal Dies After Being Exiled to Outdoor Hut During Her Period«, *Guardian*, 2018, <www.theguardian.com/global-development/2018/jan/12/woman-nepal-dies-exiled-outdoor-hut-period-menstruation> [Aufgerufen 13. September 2018].

4 Rita E. Montgomery, »A Cross-Cultural Study of Menstruation, Menstrual Taboos, and Related Social Variables«, *Ethos*, 2.2 (1974), S. 137–70, <https://doi.org/10.1525/eth.1974.2.2.02a00030>.

5 Ebd.

6 Janet Hoskins, »The Menstrual Hut and the Witch's Lair in Two Eastern Indonesian Societies«, *Ethnology*, 41.4 (2002), S. 317, <https://doi.org/10.2307/4153011>.

7 Montgomery, »A Cross-Cultural Study of Menstruation«, S. 143.

8 Kristin Hanssen, »Ingesting Menstrual Blood: Notions of Health and Bodily Fluids in Bengal«, *Ethnology*, 41.4 (2002), S. 365–79, <https://doi.org/10.2307/4153014>.

9 J. F. Nunn, *Ancient Egyptian Medicine* (Norman: University of Oklahoma Press, 2002), S. 197.

10 Hildegard von Bingen, *Hildegard Von Bingen's Physica: The Complete English Translation of Her Classic Work on Health and Healing*, hrsg. von Priscilla Throop (Rochester: Healing Arts Press, 1998), S. 61.

11 Lily Xiao Hong Lee und Sue Wiles, *Biographical Dictionary of Chinese Women, Volume II: Tang Through Ming 618–44* (London: Routledge, 2014), S. 59–60.

12 Aru Bhartiya, »Menstruation, Religion and Society«, *International Journal of*

Social Science and Humanity, 2013, S. 523–7, <https://doi.org/10.7763/ ijssh. 2013.v3.296>.

13 »Bible Gateway Passage: Leviticus 20:18 – New International Version«, *Bible Gateway*, 2018, <www.biblegateway.com/passage/?search=Leviticus+20%3A 18&version=NIV> [Aufgerufen am 14. September 2018].

14 »Surah Al-Baqarah [2:222–232]«, Surah Al-Baqarah [2:222–232], 2018, <https://quran.com/2/222-232> [Aufgerufen am 14. September 2018].

15 Joan Cadden, *Meanings of Sex Difference in the Middle Ages: Medicine, Science and Culture* (Cambridge: University Press, 1993), S. 21–6; Nancy Tuana (Hrsg.), »The Weaker Seed: The Sexist Bias of Reproduction Theory«, in *Feminism and Science* (Bloomingdale: Indiana University Press, 1989), S. 147–71.

16 Galen, »Ancient Medicine/Medicina Antiqua: Galen: Commentary On: Hippocrates: On The Nature Of Man: De Natura Hominis«, Ucl.Ac.Uk, 2018, <www.ucl.ac.uk/~ucgajpd/medicina%20antiqua/Medant/GNatHom1.htm> [Aufgerufen am 14. September 2018].

17 Simiao Sun und Sabine Wilms, Bèi Jí Qiān Jīn Yào Fāng (Portland: The Chinese Medicine Database, 2008).

18 Yi-Li Wu, »The Menstruating Womb: A Cross-Cultural Analysis of Body and Gender in H. Chun's Precious Mirror of Eastern Medicine (1613)«, *Asian Medicine*, 11.1–2 (2016), S. 21–60, <https://doi.org/10.1163/15734218-12341377>.

19 Kaviraj Kunjalal Bhishagratna, *An English Translation of the Sushruta Samhita Based on Original Sanskrit Text* (Calcutta, 1911), S. 123.

20 Ebd., S. 127.

21 »Letters, Notes, and Answers to Correspondents«, *British Medical Journal*, 1 (1878), S. 325.

22 William Rowley, *A Treatise on Female Nervous Diseases, Madness, Suicide, & c.* (London: T. Hookham, 1798), S. 54.

23 Charles Manfield Clarke, *Observations on the Diseases of Females which are Attended by Discharges* (Philadelphia: H. C. Carey, 1824), S. 25.

24 Julius Althaus, *On Epilepsy, Hysteria and Ataxy: Three Lectures* (London: Churchill & Sons, 1866), S. 48.

25 J. McGrigor Allan, »On the Real Differences in the Minds of Men and Women«, *The Anthropological Review 7* (1869), S. 196–219.

26 Siehe Carla Bittel, *Mary Putnam Jacobi and the Politics of Medicine in Nineteenth-Century America* (Chapel Hill: University of North Carolina, 2009).

27 Lara Freidenfelds, *The Modern Period: Menstruation in Twentieth-Century America* (Baltimore: Johns Hopkins University Press, 2009).

28 *The Story of Menstruation* (Hollywood: Disney, 1946).

29 Crystal Van Leeuwen und Belen Torondel, »Improving Menstrual Hygiene Management in Emergency Contexts: Literature Review of Current Perspectives«, *International Journal Of Women's Health*, 10 (2018), S. 169–86, <https://doi.org/10.2147/ijwh.s135587>.

30 »School Menstrual Hygiene Management in Malawi«, assets.publishing.service.gov.uk, 2018, <https://assets.publishing.service.gov.uk/media/57a08aa8e5274a27b20006d7/MenstrualHygieneManagement_Malawi.pdf> [Aufgerufen am 15. September 2018].

31 »1 in 10 Girls Have Been Unable to Afford Sanitary Wear«, *Plan International UK*, 2018, <https://plan-uk.org/media-centre/1-in-10-girls-have-been-unable-to-afford-sanitary-wear-survey-finds> [Aufgerufen am 15. September 2018]; »ALWAYS Donates Feminine Hygiene Products to Help UK Girls Stay in School. #Endperiodpoverty«, always.co.uk, 2018, <www.always.co.uk/en-gb/about-us/endperiodpoverty> [Aufgerufen am 15. September 2018].

Das älteste Gewerbe

1 George P. Murdock, »Anthropology and its Contribution to Public Health«, *American Journal of Public Health and the Nations Health*, 42.1 (1952), S. 7–11, <https://doi.org/10.2105/ajph.42.1.7>.

2 Mary Breckinridge, »The Nurse-Midwife – A Pioneer«, *American Journal of Public Health*, 17.11 (1927), S. 1147–51, <https://doi.org/10.2105/ajph.17.11.1147>.

3 Glyn Davies, *A History of Money* (Cardiff: University of Wales Press, 2002); Graeme Barker, *The Agricultural Revolution in Prehistory* (Oxford: Oxford University Press, 2009).

4 William W. Sanger, *The History of Prostitution* (New York: Harper & Brothers, 1858), S. 414.

5 Sally Engle Merry, *Colonizing Hawaii: The Cultural Power of Law* (Princeton: Princeton University Press, 2000), S. 249.

6 Gordon Morris Bakken und Brenda Farrington, *Encyclopedia of Women in the American West* (Thousand Oaks, CA: Sage, 2003), S. 236.

7 Rudyard Kipling, »On the City Wall«, in *Soldiers Three, and Other Stories* (London: Routledge, 1914), S. 137.

8 Ebd.

9 Ulises Chávez Jimenez, »How Much for Your Love: Prostitution Among the Aztecs«, academia.edu, 2004, <www.academia.edu/2631485/ How_much_for_your_love_prostitution_among_the_Aztecs> [Aufgerufen am 7. August 2018].

10 Irving L. Finkel und Markham Judah Geller, *Sumerian Gods and their Representations* (Groningen: STYX Publications, 1997), S. 65.

11 Martha T. Roth, »Marriage, Divorce and the Prostitute in Ancient Mesopotamia«, in Christopher A. Faraone und Laura McClure, *Prostitutes and Courtesans in the Ancient World* (Madison: University of Wisconsin Press, 2006), Kindle-Ausgabe, Position 427.

12 Patrick Olivelle, *King, Governance, and Law in Ancient India* (Oxford: Oxford University Press, 2012), S. 158–60.

13 Mary Beard und John Henderson, »With This Body I Thee Worship: Sacred Prostitution in Antiquity«, *Gender and History*, 9.3 (1997), S. 486.

14 Andrew R. George, *The Epic of Gilgamesh* (London: Penguin, 2003), S. 6–8.

15 Herodot, *Herodotus, Complete Works*, engl. Übers. von A. D. Godley (Hastings: Delphi Classics, 2013), Kindle-Ausgabe, Position 1718.

16 Strabon von Amaseia, *Strabo, Complete Works*, engl. Übers. von H. C. Hamilton (Hastings: Delphi Classics, 2016), Kindle edition, location 20295.

17 Lukian, *The Syrian Goddess: Being a Translation of Lucian's De Dea Syria, with a Life of Lucian* (London: Dodo, 2010), S. 40–2.

18 Pompeius Trogus, »Justin, Epitome of Pompeius Trogus (1886) pp. 90–171 Books 11–20«, tertullian.org, 2018, <www.tertullian.org/fathers/ justinus_04_books11to20.htm> [Aufgerufen am 18. September 2018].

19 Leslie Kurke, »Pindar and the Prostitutes, or Reading Ancient ›Pornography‹«, *Arion*, 4, 1996, S. 52.

20 Stephanie Budin, »Sacred Prostitution in the First Person«, in Christopher A. Faraone und Laura McClure, *Prostitutes and Courtesans In the Ancient World* (Madison: University of Wisconsin Press, 2006), Kindle-Ausgabe, Position 1166.

21 Lutherbibel, 2. Buch der Könige 23:7, www.die-bibel.de/bibeln/onlinebibeln/lesen/LU17/2KI.23/2.-K%C3%B6nige-23.

22 E. B. Aryendra Sharma und E. V. Vira Raghavacharya, »Gems from Sanskrit

Literature. (Sūktimālā)«, *Journal of the American Oriental Society*, 81.4 (1961), 461, <https://doi.org/10.2307/595726>.

23 Samantha Chattoraj, »The Devadasi System – Genesis & Growth«, iml.jou.ufl.edu, 2002, <http://iml.jou.ufl.edu/projects/Spring02/Chattaraj/genesis.html>; Colleen Boyett et al., *Daily Life of Women. An Encyclopedia from Ancient Times to the Present*, Greenwood, Kalifornien, 2020, S. 1033.

24 K. Jamanadas, *Devadasis* (Delhi: Kalpaz Publications, 2007), S. 300.

Public Relations

1 Irina Metzler, *A Social History of Disability in the Middle Ages* (Hoboken: Taylor and Francis, 2013), S. 23.

2 John Keble, *The Life of the Right Reverend Father in God, Thomas Wilson* (Oxford: J. H. Parker, 1863), S. 296.

3 »Post Office Act 1953«, legislation.gov.uk, 2018, <www.legislation.gov.uk/ukpga/Eliz2/1–2/36/crossheading/general-offences/enacted> [Aufgerufen am 22. September 2018].

4 Caroline Archer, *Tart Cards* (New York: Mark Batty, 2003).

5 »Criminal Justice and Police Act 2001«, legislation.gov.uk, 2018, <www.legislation.gov.uk/ukpga/2001/16/contents> [Aufgerufen am 22. September 2018].

6 Jack Harris, *Harris's List of Covent Garden Ladies or Man of Pleasure's Kalendar for the Year, 1788* (London: Ranger, 1788), S. 72, 112, 36.

7 Hallie Rubenhold, *Harris's List of Covent Garden Ladies* (London: Doubleday, 2005), S. 144.

8 Hallie Rubenhold, *The Covent Garden Ladies: Pimp General Jack and the Extraordinary Story of Harris's List* (London: History Press, 2006), S. 71.

9 Ebd.

10 Ebd., S. 216.

11 *Nocturnal Revels: or, The History of King's Place and Other Modern Nunneries* (London: M. Goadby, 1779).

12 *The Gentleman's Bottle Companion*, 1. Auflage (Edinburgh: Harris, 1979), S. 55.

13 Pamela D. Arceneaux, »Guidebooks to Sin: The Blue Books of Storyville, New Orleans«, *Louisiana History: The Journal of the Louisiana Historical Association*, 28.4 (2018), S. 397.

14 Ebd., S. 401.

15 Ebd., S. 403.

16 Al Rose, *Storyville, New Orleans* (Tuscaloosa: University of Alabama Press, 1979), S. 206.

17 E. J. Bellocq et al., *E. J. Bellocq: Storyville Portraits, Photographs from the New Orleans Red-Light District* (New York: Museum of Modern Art, 1970), S. 14.

18 *L'étude Académique*, 1. Februar 1911.

19 Siehe Farina Ferruccio, *Die Verbotene Venus: Erotische Postkarten 1895– 1925* (Stuttgart: Deutscher Bücherbund, 1989).

20 »Tart Cards Exhibition« am Birmingham Institute of Art & Design, 2014, und am Plymouth College of Art, 2012.

21 Teela Sanders et al., *Beyond the Gaze: Summary Briefing on Internet Sex Work*, 2018, <www.beyond-the-gaze.com/wp-content/uploads/2018/01/BtGbriefing summaryoverview.pdf> [Aufgerufen am 22. September 2018].

22 »›This Bill Is Killing Us‹: 9 Sex Workers on Their Lives in the Wake of FOSTA«, *Huffpost*, 2018, <www.huffingtonpost.com/entry/sex-workers-sesta-fosta_us_5ad0d7d0e4b0edca2cb964d9> [Aufgerufen am 22. September 2018].

Schlemmen mit Panthern

1 *The Letters of Oscar Wilde*, hrsg. von Rupert Hart-Davies (New York: Harcourt, Brace, and World, 1968), S. 492.

2 »The Home Affairs Committee: Prostitution«, publications.parliament.uk, 2016, <https://publications.parliament.uk/pa/cm201617/cmselect/cmhaff/26/26.pdf> [Aufgerufen am 23. September 2018].

3 »How Much Does Prostitution Contribute to the UK Economy?«, import.io, 2014, <www.import.io/post/how-much-does-prostitution-contribute-to-the-uk-economy/> [Aufgerufen am 23. September 2018].

4 Mack Friedman, »Male Sex Work from Ancient Times to the Near Present«, in Victor Minichiello, John Scott und Victor Scott, *Male Sex Work and Society* (Golden: Columbia University Press, 2014), S. 2–34.

5 Zitiert nach Rudi C. Bleys, *The Geography of Perversion: Male-to-Male Sexual Behaviour Outside the West and the Ethnographic Imagination* (London: Cassell, 1996), S. 33.

6 Iwan Bloch, *A History of English Sexual Morals*, engl. Übers. von William H. Forstern (London: Francis Aldor, 1936), S. 135.

7 Sarah Kingston und Natalie Hammond, *Women Who Buy Sexual Services In The UK*, 2016, <http://eprints.lancs.ac.uk/130705/2/WWBS_End_Report_final_.pdf> [Aufgerufen am 12. Februar 2019].

8 Kate Lister, »Women Do Pay for Sex, and This Is Why«, *i News*, 2018, <https://inews.co.uk/inews-lifestyle/women/the-women-who-pay-for-sex/> [Aufgerufen am 25. September 2018].

9 Gary P. Leupp, *Male Colors: The Construction of Homosexuality in Tokugawa Japan* (Berkeley: University of California Press, 1995), S. 26.

10 Moisés Kaufman, *Gross Indecency: The Three Trials of Oscar Wilde* (New York: Dramatists Play Service, 1999), S. 70.

11 »Aeschines, Against Timarchus, Section 29«, perseus.tufts.edu, 2018, <www.perseus.tufts.edu/hopper/text?doc=Perseus%3Atex-t%3A1999.01.0002%3Aspeech%3D1%3Asection%3D29> [Aufgerufen am 23. September 2018].

12 John G. Younger, *Sex in the Ancient World from A to Z* (London: Routledge, 2005), Kindle-Ausgabe, Position 4155.

13 Vātsyāyana, *Kamasutra*, hrsg. und übers. von Wendy Doniger und Sudhir Kakar (Oxford: Oxford University Press, 2009), S. 65–67.

14 Ebd.

15 Jeremy Goldberg, »John Rykener, Richard II And The Governance Of London«, *Leeds Studies In English*, 45 2014, S. 49–70.

16 Ebd.

17 Clement Walker, *Relations and Observations Historical and Politick upon the Parliament Begun Anno Dom. 1640* (London: 1648), S. 221.

18 John Dunton, »The He-Strumpets. A Satyr on the Sodomite-Club«, in *Athenianism*, 2 vols. London, 1710, Vol. 2, S. 93–9.

19 Ned Ward, »Of the Mollies Club«, in *Edward Ward's Satyrical Reflections on Clubs*, Vol. V. (London: J. Phillips, 1710).

20 Rictor Norton, »Mother Clap's Molly House«, *The Gay Subculture in Georgian England*, 5. Februar 2005, <http://rictornorton.co.uk/eighteen/mother. htm> [Aufgerufen am 20. September 2018].

21 Rictor Norton, »The Trial of George Kedger, 1726«, *Homosexuality in Eighteenth-Century England: A Sourcebook*, 1. Dezember 1999, <http://rictornorton.co.uk/eighteen/1726kedg.htm> [Aufgerufen am 24. September] 2018].

22 Glenn Chandler, *The Sins of Jack Saul*, 2. Auflage (Claygate: Grosvenor House, 2016), S. 7.

23 Jack Saul, *The Sins of the Cities of the Plain or Recollections of a Mary-Ann, with Short Essays on Sodomy and Tribadism* (London: Eigenverlag, 1881), S. 15–16.

24 Colin Simpson, *The Cleveland Street Affair* (Boston: Little, Brown and Company, 1976), S. 81.

25 Ebd.

26 »The West End Scandal«, *Reynolds's Newspaper*, 12. Januar 1890.

27 »Central Criminal Court«, *The Standard*, 17. Januar 1890.

Nachspiel

1 Old-Bailey-Verfahren online (www.oldbaileyonline.org, version 8.0, 1. Dezember 2018), Mai 1683, Verfahren von Isabel Barker (t16830524–7).

2 Nghiem L. Nguyen, »Roman Rape: An Overview of Roman Rape Laws from the Republican Period to Justinian's Reign«, *Michigan Journal of Gender And Law*, 13.1 (2006), S. 75–112.

3 Dorothy Whitelock (Hrsg.), *English Historical Documents* (London: Eyre & Spottiswoode, 1955), S. 359.

4 »Police Intelligence«, *The Morning Chronicle*, 20. Februar 1847, S. 4; »Judicial Procedures«, *Nottingham Review and General Advertiser for the Midland Counties*, 5. Mai 1837, S. 4.

5 »Miscellaneous«, *Bury and Norwich Post*, 3. Mai 1837, S. 1.

6 Kristoffer Nyro, *The Kiss and Its History* (London: Sands & Co, 1901), S. 67–8.

7 »Outcry over Teen's Underwear in Rape Trial«, *BBC News*, 2018, <www.bbc.co.uk/news/world-europe-46207304> [Aufgerufen am 7. Dezember 2018].

8 Siobhan Norton, »›This Is Not Consent‹: How a Thong Prompted Protests Across Ireland over the Handling of Rape Trials«, inews.co.uk, 2018, <https://inews.co.uk/news/long-reads/this-is-not-consent-thong-rape-case-ireland-protests/> [Aufgerufen am 7. Dezember 2018].

9 Ebd.

Bibliografie

Bücher

Abbott, Elizabeth, *A History of Celibacy* (New York: Scribner, 2000).

Abreu-Ferreira, Darlene, *Women, Crime, and Forgiveness in Early Modern Portugal* (Florence: Taylor and Francis, 2016).

Abū l-Qāsim Chalaf ibn ʽAbbās az-Zahrāwī, *Albucasis on Surgery and Instruments* (Berkeley: University of California Press, 1973).

Acton, William, *The Functions and Disorders of the Reproductive Organs in Childhood, Youth, Adult Age, and Advanced Life* (London: John Churchill, 1857).

Aelian, *On Animals*, übers. von A. F. Scholfield, (Cambridge: Harvard University Press, 1959).

Aftel, Mandy, *Essence and Alchemy* (New York: North Point Press, 2001).

Aggrawal, Anil, *Forensic and Medico-Legal Aspects of Sexual Crimes and Unusual Sexual Practices* (Boca Raton: CRC Press, 2008).

Alberti, Fay Bound, *This Mortal Coil: The Human Body in History and Culture* (Oxford: University Press, 2016).

Albertus Magnus und Helen Rodnite Lemay, *Women's Secrets: A Translation of Pseudo-Albertus Magnus' De Secretis Mulierum with Commentaries* (Albany: University of New York Press, 1992).

Alexandre-Debray, Janine, *La Païva, 1819–1884* (Paris: Perrin, 1986).

Allan, Keith und Kate Burridge, *Forbidden Words: Taboo and the Censoring of Language* (Cambridge: Cambridge University Press, 2009).

Alloula, Malek, *The Colonial Harem*, übers. von Myrna Godzich und Wlad Godzich (Minneapolis: University of Minnesota Press, 1986).

Anderson, William John, *Hysterical and Nervous Affections of Women. Read before the Harveian Society* (Sherriff & Downing: Sydney, 1864).

Anonymous, *Proverbs of Hendyng* (Cambridge: Chadwyck-Healey, 1992).

Anonymous, *A New Description Of Merryland* (London: E. Curll, 1741).

Anonymous, »Sweet Molly Malone«, in *Apollo's Medley* (Doncaster, 1790), S. 78.

Anonymous, *The Sins of the Cities of the Plain* (London: Eigenverlag, 1881).

Anonymous, *The Romance of Lust, or Early Experiences* (London: William Lazenby, 1873).

Appendix to the Journals of the Senate and Assembly of the Nineteenth Session of the Legislature of the State of California (Sacramento: T. A. Springer, 1872).

Arbesman, Samuel, *Half-Life of Facts: Why everything we know has an Expiration Date* (London: Penguin, 2004).

Archer, Caroline, *Tart Cards: London's Illicit Advertising Art* (New York: Mark Batty, 2003).

Aretaeus, *The Extant Works Of Aretaeus, The Cappadocian*, 1. Auflage, übers. von Francis Adams (London: The Sydenham Society, 1856).

Aretino, Pietro, *The Ragionamenti, Or Dialogues of the Divine Pietro Aretino*, 1. Auflage, übers. von Alcide Bonneau (Paris: Éd. Allia, 1892).

Aristophanes, übers. von David Barrett und Alan H. Sommerstein, *The Knights, Peace, Wealth, The Birds, The Assemblywomen* (London: Penguin Books, 1990).

Aristoteles, *Complete Works of Aristotle, Volume 2*, hrsg. von Jonathan Barnes (Princeton: Princeton University Press, 2014).

Aristoteles und John Gillies, *Aristotle's Ethics and Politics: Politics* (United States: Palala Press, 2016).

Ash, Russell, *Busty, Slag & Nob End* (London: Headline, 2009).

—, *Potty, Fartwell & Knob: Extraordinary but True Names of British People*(London: Headline, 2007).

Ashenburg, Katherine, *An Unsanitised History of Washing* (London: Profile, 2009).

Ashurst, John, *The International Encyclopedia of Surgery: A Systematic Treatise on the Theory and Practice of Surgery* (New York: W. Wood, 1895).

Athenaeus, *The Deipnosophists* (London: Heinemann, 1927).

Athenaeus, *Athenaeus, Complete Works*, übers. von C. D. Yonge (Hastings: Delphi Classics, 2017). Kindle-Ausgabe.

Aubrey, John, *Remaines of Gentilisme and Judaisme* (London: Folklore Society, 1881).

Avicenna, *Liber Canonis* (Hildesheim: Georg Olms Verlagsbuchhandlung, 1964).

B, Madame, *La Femme Endormie* (Melbourne, 1899).

Baden-Powell, Robert, *Boy Scouts of America*, 1. Auflage (New York: Page and Company, 1911).

Bakken, Gordon Morris und Brenda Farrington, *Encyclopedia of Women in the American West* (Thousand Oaks: Sage, 2003).

Barker, Graeme, *The Agricultural Revolution in Prehistory* (Oxford: Oxford University Press, 2009).

Barrow, John, *Travels into the Interior of Southern Africa* (London: T. Cadell and W. Davies, 1801).

Bartholin, Thomas und Michael Lyser, *The Anatomical History of Thomas Bartholinus* (London: Francis Leach, 1653).

Bayard, Tania, *A Medieval Home Companion* (New York: Harper, 1992).

Beaney, James George, *The Generative System and Its Functions in Health and Disease*, 1. Auflage (Melbourne: F. F. Bailliere, 1872).

Beasley, Henry, *The Book of Prescriptions*, 9. Auflage (London: Churchill, 1907).

Bedford, Gunning S., *Clinical Lectures on the Diseases of Women and Children*, 1. Auflage (New York: William Wood, 1855).

Benson, Catherine und Roger Matthews, *The National Vice Squad Survey* (Enfield: Middlesex University, 1995).

Betham, Matilda, »Arthur and Albina«, in *Poems* (London: Hatchard, 1808), S. 3–13.

Bhishagratna, Kaviraj Kunjalal, *An English Translation of the Sushruta Samhita Based on Original Sanskrit Text* (Calcutta, 1911).

Bienville, D. T. de und Edward Wilmot, *Nymphomania, Or, A Dissertation Concerning the Furor Uterinus* (London: J. Bewer, 1775).

Blank, Hanne, *Virgin: The Untouched History* (London: Bloomsbury, 2007).

Bliss, W. W., *Woman, and Her Thirty Years' Pilgrimage* (Boston: B. B. Russell, 1870).

Bloch, Iwan, *Das Sexualleben unserer Zeit in seinen Beziehungen zur modernen Kultur* (Berlin 1907).

—, *Anthropological Studies on the Strange Sexual Practices of All Races and All Ages*, 1. Auflage (Honolulu: University Press of the Pacific, 2001).

Board of Trade, *Reports of the Lords of the Committee of Council Appointed For the Consideration of All Matters Relating To Trade and Foreign Plantations* (London, 1789).

Boccaccio, Giovanni, *The Decameron*, hrsg. von Guido Waldman und Jonathan Usher (Oxford: Oxford University Press, 2008).

Boswell, James, *Boswell's London Journal, 1762–1763*, hrsg. von Frederick Albert Pottle (New Haven: Yale University Press, 2004).

Bourguignon D'Anville, Hubert François und John Cleland, *Memoirs of a Woman of Pleasure: From the Original Corrected Edition, with a Set of Elegant Engravings [Ascribed to Gravelot]. [By John Cleland.]* (London, 1766).

Bowditch, Lucy Orne und Charles Pickering Bowditch, *The Lives and Portraits of Curious and Odd Characters* (Worcester: Thomas Drew, 1853).

Brock, Pope, Charlatan: *America's Most Dangerous Huckster, the Man Who Pursued Him, and the Age of Flimflam* (New York: Crown Publishers, 2008).

Brome, Richard, *A Jovial Crew*, hrsg. von Tiffany Stern (London: Bloomsbury, 2014).

Brown, Isaac Baker, *On the Curability of Certain Forms of Insanity, Epilepsy, Catalepsy, and Hysteria in Females* (Robert Hardwicke: London, 1866).

Brundage, James A., and Vern L. Bullough, *Handbook of Medieval Sexuality* (New York: Garland Publishing, 2000).

Brundage, James A., *Law, Sex, and Christian Society in Medieval Europe* (Chicago: University of Chicago Press, 2009).

Buchan, William, *Domestic Medicine: Or, a Treatise on the Prevention and Cure of Diseases by Regimen and Simple Remedies* (London: Balfour, Auld and Smellie, 1769).

Büchner, Georg, *Danton's Death, Leonce and Lena, Woyzeck,* übers. und hrsg. von Victor Price (Oxford: Oxford University Press, 2008).

Budin, Stephanie Lynn, *The Myth of Sacred Prostitution in Antiquity* (New York: Cambridge University Press, 2010).

Bukhārī, Muḥammad ibn Ismā'īl und Muhammad Muhsin Khan, *Ṣaḥīḥ Al-Bukhārī* (Riyadh, Saudi Arabia: Darussalam, 1997).

Burford, E. J., *Bawdy Verse,* 1. Auflage (Harmondsworth: Penguin Books, 1982).

Burge, Amy, »›I Will Cut Myself and Smear Blood on the Sheet‹: Testing Virginity in Medieval and Modern Orientalist Romance«, in *Virgin Envy: The Cultural Insignificance of the Hymen* (London: Zed, 2016).

Burrows, Daron, *The Stereotype of the Priest in the Old French Fabliaux: Anti-clerical Satire and Lay Identity* (Oxford: Peter Lang Publishing, 2005).

Burton, Robert, *The Anatomy of Melancholy: What it is. With all The Kindes, Causes, Symptomes, Prognostics, and Severall Cures of it. In Three Maine Partitions, with their Seuerall Sections, Members and Subsections. Philosophically, Medicinally, Historically Opened and Cut up*, 5. Auflage (Oxford: Henry Cripps, 1634).

Burton, Sir Richard, Leonard C. Smithers, *Priapeia: Sportive Epigrams on Priapus* (London: TGS Publishing, 2010).

Caballero-Navas, Carmen, *The Book of Women's Love and Jewish Medieval Medical Literature on Women* (London: Routledge, 2004).

Campbell, R. Joe, *A Morphological Dictionary of Classical Nahuatl* (Madison: Hispanic Seminary of Medieval Studies, 1985).

Capp, Bernard, *When Gossips Meet: Women, Family, and Neighborhood in Early Modern England* (Oxford: Oxford University Press, 2003).

Carlile, Richard, »Every Woman's Book Or What Is Love?«, in *What Is Love?: Richard Carlile's Philosophy of Sex* (London: Verso, 1998).

Casanova, Giacomo, *The Complete Memoirs of Jacques Casanova De Seingalt*, übers. von Arthur Machen (SMK Books, 2014).

Catalogue and Report of Obstetrical and Other Instruments (London: Obstetric Society of London, 1867).

Chandler, Daniel, *Semiotics: The Basics*, 2. Auflage (London: Routledge, 2007).

Chartier, Alain, *Delectable Demaundes, and Pleasaunt Questions, With Their Seuerall Aunswers, In Matters of Loue, Naturall Causes, with Morall and Politique Deuises. Newely Translated out Of Frenche into Englishe, This Present Yere of our Lorde God. 1566* (London: John Cawood, 1566).

Chaucer, Geoffrey, *The Canterbury Tales*, hrsg. von Jill Mann (London: Penguin Books, 2005).

Chauliac, Guy de, *La Grande Chirurgie* (Paris: F. Alcan, 1890).

Chorier, Nicolas, *A Dialogue between a Married Lady and a Maid* (London, 1740).

Cicero, übers. und hrsg. von D. R. Shackleton Bailey, *Epistulae Ad Familiares* (Cambridge: Cambridge University Press, 1977).

Civilian, A, *Trials for Adultery; Or, the History of Divorces* (London: Blandon, 1779).

Cleland, John, *Memoirs of a Woman of Pleasure* (London: G. Fenton, 1749).

Cleland, John, *Fanny Hill: Memoirs of a Woman of Pleasure* (London: LBA, 2007), Kindle-Ausgabe.

Coleridge, Samuel Taylor, »To Matilda Betham, from a Stranger«, in *The Collected Works of Samuel Taylor Coleridge, Volume 1* (Princeton: Princeton University Press, 2001), S. 726–8.

Collier, Aine, *The Humble Little Condom: A History* (Amherst: Prometheus Books, 2007).

Colombo, Realdo, Gianluigi Baldo und Tiziana Brolli, *De Re Anatomica Libri XV* (Paris: Les Belles lettres, 2014).

Copland, James und Charles A. Lee, *A Dictionary of Practical Medicine*, 1. Auflage (New York: Harper, 1860).

Crais, Clifton C. und Pamela Scully, *Sara Baartman and the Hottentot Venus* (Princeton: Princeton University Press, 2009).

Cranach, Lucas und Stephan Füssel, *The Luther Bible of 1534* (Cologne: Taschen, 2016).

Crisp, Quentin, *The Naked Civil Servant* (London: Flamingo, 1996).

Crooke, Helkiah, *Microcosmographia* (London: William Iaggard, 1615).

Cruickshank, Dan, *The Secret History of Georgian London: How the Wages of Sin Shaped the Capital* (London: Windmill Books, 2010).

Culpeper, Nicholas, *A Physicall Directory; Or, a Translation of the London Dispensatory Made By the Colledge of Physicians in London* (London: Peter Cole, 1649).

—, *The Complete Herbal* (London: CreateSpace, 2018)

Cuvier, Georges, »Extrait D'Observations Faites Sur Le Cadavre D'Une Femme Connue À Paris Et À Londres Sous Le Nom De Vénus Hottentotte«, in *Mémoires du Musée Nationale D'Histoire Naturelle*, 1817, S. 259–74.

Daniel, Mark, *See You Next Tuesday* (London: Timewell, 2008).

Daniel, Samuel, *The Tragedy of Philotas* (Edinburgh: 1603).

Davenport, John und John Camden Hotten, *Aphrodisiacs and Anti-Aphrodisiacs* (London: Eigenverlag, 1869).

Davies, Glyn, *A History Of Money* (Cardiff: University of Wales Press, 2002).

De Chobham, Thomas, *Thomae De Chobham Summa Confessorum*, hrsg. von F. Broomfield (Louvain: Nauwelaerts, 1968).

De Graaf, Regnier, *Regnier De Graaf on the Human Reproductive Organs*, übers. von Henry David Jocelyn und Brian Peter Setchell (Oxford: Blackwell scientific, 1972).

De Laet, S. J., *History of Humanity* (London: Routledge, 1994).

Delicado, Francisco und Bruno M. Damiani, *Portrait of Lozana* (Potomac: Scripta Humanistica, 1987).

Deslandes, Léopold, *A Treatise on the Diseases Produced by Onanism, Masturbation, Self-Pollution, and Other Excesses*, 2. Auflage (Boston: Otis, Broader and Company, 1839).

Devlin, Kate, *Turned On: Science, Sex and Robots* (London: Bloomsbury, 2018).

Di Marino, Vincent und Hubert Lepidi, *Anatomic Study of the Clitoris and the Bulbo-Clitoral Organ* (Cham: Springer International Publishing, 2014).

Diagnostic and Statistical Manual of Mental Disorders, 5. Auflage (Washington: American Psychiatric Association, 2013).

Dickens, Charles, *The Pickwick Papers* (London: Createspace, 2017).

Ditmore, Melissa Hope, *Encyclopedia of Prostitution and Sex Work* (Westport: Greenwood Press, 2006).

Doan, Laura L. und Jay Prosser, *Palatable Poison: Critical Perspectives on The Well of Loneliness* (New York: Columbia University Press, 2002).

Drenth, Jelto, *The Origin of the World* (London: Reaktion, 2008).

Dulaure, Jacques-Antoine, *Histoire Abrégée De Différens Cultes*, 2. Auflage (Paris, 1825).

Dunbar, Newell, *The Elixir of Life: Dr. Brown-Séguard's own Account of his Famous Alleged Remedy for Debility and Old Age* (Boston: J.G. Cupples, 1889).

Dunglison, Robley, *A New Dictionary of Medical Science and Literature* (Boston: C. Bowen, 1833).

—, *Medical Lexicon: A Dictionary of Medical Science* (Philadelphia: Blanchard & Lea, 1854).

Dury, Graham, Davey Jones, Simon Thorp und Charlie Brooker, *Roger's Profanisaurus* (London: Dennis Publishing, 2013).

Ellis, Havelock, *Studies in the Psychology of Sex* (Honolulu: University Press of the Pacific, 2001).

Elyot, Thomas, *The Dictionary of Syr Thomas Eliot Knyght*, 1. Auflage (London: 1538).

Fabre-Serris, Jacqueline und Alison Keith, *Women and War in Antiquity* (Baltimore: Johns Hopkins University Press, 2015).

Falloppio, Gabriele, *De Morbo Gallico* (Padua, 1563).

—, *Observationes Anatomicae* (Modena: Mucchi, 1964).

Faraone, Christopher A. und Laura McClure, *Prostitutes and Courtesans in the Ancient World* (Madison: University of Wisconsin Press, 2006).

Female Genital Mutilation/Cutting: A Global Concern (New York: UNICEF, 2016).

Ferguson, Anthony, *The Sex Doll: A History* (Jefferson: McFarland, 2010).

Ferguson, Ted, *Kit Coleman* (Markham: PaperJacks, 1979).

Fiaux, Louis, *Les Maisons De Tolérance* (Paris: G. Carré, 1892).

Finkel, Irving L. und Markham Judah Geller, *Sumerian Gods and their Representations* (Groningen: STYX Publications, 1997).

Florio, John, Arnold Hatfield, Edward Blount und John Evelyn, *A Worlde Of Wordes, Or, Most Copious, And Exact Dictionarie In Italian And English*, 1. Auflage (London: Arnold Hatfield, 1598).

Foote, Edward B., *Medical Common Sense* (New York: the author, 1863).

Freidenfelds, Lara, *The Modern Period: Menstruation in Twentieth-Century America* (Baltimore: Johns Hopkins University Press, 2009).

Freud, Sigmund, »Das Unheimliche«, in: Ders.: *Studienausgabe in zehn Bänden mit einem Ergänzungsband.* Hrsg. v. Alexander Mitscherlich, Angela Richards u. James Strachey. Bd. 4: *Psychologische Schriften.* (Frankfurt a. M. 1994).

—, *The Question Of Lay Analysis* (New York: Norton, 1989)

—, *The Standard Edition of the Complete Psychological Works of Sigmund Freud*, übers. von David McLintock und hrsg. von James Strachey, Anna Freud, Alix Strachey und Alan Tyson (London: Vintage, 2001).

Friedman, David M., *A Mind of its Own: A Cultural History of the Penis* (New York: The Free Press, 2001).

Galen, *Galen on the Usefulness of the Parts of the Body*, hrsg. von Margaret Tallmadge May (New York: Classics of Medicine Library, 1996).

George, Andrew R., *The Epic Of Gilgamesh* (London: Penguin, 2003).

Gerald of Wales, *The Jewel Of The Church: A Translation Of The Gemma Ecclesiastica* (Leiden: Brill, 1979).

Gerber, Robin, *Barbie and Ruth: The Story of the World's Most Famous Doll and the Woman Who Made Her* (New York: Harper, 2010).

Gernot, Wilhelm, Diana Stein und Jennifer Barnes, *The Hurrians* (Warminster: Aris and Phillips, 1994).

Gersh, Carolyn J., »Naming the Body: A Translation with Commentary and Interpretive Essays of Three Anatomical Works Attributed to Rufus of Ephesus« (unveröffentlichte Doktorarbeit, University of Michigan, 2012).

Goldberg, P. J. P., *Women In Medieval English Society* (Gloucestershire: Sutton, 1997).

Graham, Sylvester, *A Lecture to Young Men on Chastity, Intended Also for the Serious Consideration of Parents and Guardians* (Boston: Cornhill, 1838).

Granville, Joseph Mortimer, *Nerve-Vibration and Excitation as Agents in the Treatment of Functional Disorder and Organic Disease*, 1. Auflage (London: Churchill, 1883).

Green, Jonathon, *Green's Dictionary of Slang* (London: Chambers, 2010).

Green, Monica Helen (Hrsg.), *The Trotula*, (Philadelphia: University of Pennsylvania Press, 2001).

Grose, Francis, *A Classical Dictionary of the Vulgar Tongue*, 3. Auflage (London: Hooper & Co., 1796).

—, *Guide to Health, Beauty, Riches, and Honour* (London: S. Hooper, 1785).

Guernsey, Henry Newell, *The Application of the Principles and Practice of Homoeopathy to Obstetrics*, 2. Auflage (London: Turner, 1878).

Guiley, Rosemary, *The Encyclopedia of Witches and Witchcraft* (New York: Facts on File, 1989).

Gurney, Anna, *A Literal Translation of the Saxon Chronicle* (London: Stevenson, 1819).

Gwerful Mechain, *Gwaith Gwerful Mechain Ac Eraill*, 1. Auflage, übers. von Nerys Ann Howells (Aberystwyth: University Press, 2001).

H. F., *A True and Exact Relation of the Several Informations, Examinations, and Confessions of the Late Witches, Arraigned and Executed in the County Of Essex* (London: Henry Overton, 1645).

Hakim, Catherine, *Erotic Capital: The Power of Attraction in the Boardroom and the Bedroom* (New York: Basic Books, 2011).

Hale, Matthew, *A Tryal of Witches, at the Assizes Held at Bury St. Edmonds for the County of Suffolk, on the Tenth Day of March, 1664: Before Sir Matthew Hale Kt. then Lord Chief Baron of his Majesties Court of Exchequer* (London: William Shrewsbery, 1682).

Hallam, Paul, *Book Of Sodom* (London: Routledge, 1995).

Hamermesh, Daniel S., *Beauty Pays: Why Attractive People are More Successful* (Princeton: Princeton University Press, 2013).

Hamilton, David, *The Monkey Gland Affair* (London: Catto, 1986).

Hamilton, H. C. T., *The Geography of Strabo* (London: Bell and Sons, 1903).

Hannig, Rainer, *Großes Handwörterbuch Ägyptisch-Deutsch* (Mainz: Philipp von Zabern, 1995).

Harlan, Michael, *Roman Republican Moneyers and their Coins* (London: Seaby, 1995).

Harris, Judith, *Pompeii Awakened: A Story of Rediscovery* (London: Tauris, 2007).

Harris, Karen, *The Medieval Vagina: a Historical and Hysterical Look at all Things Vaginal During the Middle Ages* (London: Snark, 2014).

Harris's List of Covent Garden Ladies or Man of Pleasure's Kalendar for the Year, 1788 (London: H. Ranger, 1788).

Head, Richard, *The Rogue Discovered, Or A Congratulatory Verse Upon A Book Newly Published (A Piece Much Desired, And Long Expected) Called The English Rogue, A Witty Extravagant* (London: Francis Kirkman, 1665).

Healey, Trebor, *A Horse Named Sorrow* (Madison: Terrace Books, 2012).

Heimerl, Christian und Wilhelm von Saliceto, *The Middle English Version of William of Saliceto's »Anatomia«* (Heidelberg: Winter, 2008).

Henke, James T., *Gutter Life and Language in the Early »Street« Literature of England* (West Cornwall: Locust Hill Press, 1988).

Henley, Virginia, *A Woman of Passion* (London: Random House, 2009).

Herbert McAvoy, Liz und Diane Watt, *The History of British Women's Writing, 700–1500* (Basingstoke: Palgrave Macmillan, 2011).

Herodot, *Herodotus, Complete Works*, übers. von A. D. Godley (Hastings: Delphi Classics, 2013), Kindle-Ausgabe.

Hesiod, *Theogony*, hrsg. von M. L. West (Oxford: Oxford University Press, 2008).

Hewitt, Graily, *The Diagnosis, Pathology and Treatment of Diseases of Women* (Philadelphia: Lindsay and Blackiston, 1868).

Hildegard von Bingen, *Hildegard von Bingen's Physica: The Complete English Translation of her Classic Work on Health and Healing*, übers. von Priscilla Throop (Rochester: Healing Arts Press, 1998).

Hinkmar von Reims, *De Divortio Lotharii Regis Et Theutbergae Regina* (Hanover: MGH, 1992).

—, *De Nuptiis Stephani Et Filiae Regimundi Comiti* (Berlin: MGH, 1939).

Historia Augusta (Boston: Loeb Classical Library, 1921).

Hitschmann, Eduard und Edmund Bergler, *Frigidity in Women: its Characteristics and Treatment* (Washington: Nervous and Mental Disease Publishing Company, 1936).

Hornung, Erik (Hrsg.), *Das Buch der Anbetung des Re im Westen, Sonnenlitanei. Nach den Versionen des neuen Reiches* (Geneva: Université de Genève, 1975).

Hughes, Geoffrey, *Swearing: A Social History of Foul Language, Oaths and Profanity in English* (London: Penguin, 1998).

Jacquart, Danielle und Claude Thomasset, *Sexuality and Medicine in the Middle Ages* (Princeton: Princeton University Press, 1988).

Jamanadas, K., *Devadasis: Ancient and Modern* (Delhi: Kalpaz Publications, 2007).

—, *Tirupati Balaji was a Buddhist Shrine* (Chandrapur: Sanjivan Publications, 2009).

James VI and I, *Daemonologie, In Forme of a Dialogue, Divided into Three Books: By the High and Mighty Prince, James & C.* (Edinburgh: Robert Walde-graue, 1597).

James, William (Hrsg.), *The Story of John Ruskin, Effie Gray and John Everett Millais told for the First Time in their Unpublished Letters* (London: Murray, 1948).

Jentzer, A. und Maurice Bourcat, *The Physiotherapy in Gynecology and the Mechanical Treatment of Diseases of the Uterus and its Appendages by Thure Brandt* (Leipzig: Barth, 1895).

Jerome, Saint, *The Sacred Writings of Saint Jerome*, übers. von William Henry Fremantle und Philip Schaff (London: Jazzybee, 2018).

Jones, Terry und Roger Mellie, *The New Roger's Profanisaurus* (London: Boxtree, 2002).

Jönsjö, Jan, *Studies on Middle English Nicknames*, 1. Auflage (Lund: LiberLäromedel/Gleerup, 1979).

Joyce, James, *Ulysses* (Ware: Wordsworth, 2010).

Jütte, Robert, *Contraception: A History* (Cambridge: Polity, 2008).

Kammerer, C., R. Manneeprassert und P. Symonds, »Vulnerability to HIV Infection among Three Hill Tribes in Northern Thailand«, in *Culture and Sexual Risk: Anthropological Perspectives on AIDS* (London: Routledge, 1995), S. 53–79.

Karras, Ruth Mazo, *Common Women: Prostitution and Sexuality in Medieval England* (London: Oxford University Press, 1996).

Keble, John, *The Life of the Right Reverend Father in God, Thomas Wilson* (Oxford: J. H. Parker, 1863).

Kellogg, John Harvey, *Plain Facts for Old and Young: Embracing the Natural History and Hygiene of Organic Life* (Burlington: Segner, 1887).

Kelly, Henry Ansgar und Alan M. Dershowitz, *The Matrimonial Trials of Henry VIII* (London: Wipf and Stock, 2004).

Kelly, Kathleen Coyne, *Performing Virginity and Testing Chastity in the Middle Ages* (New York: Routledge, 2000).

Killigrew, Thomas, *The Parson's Wedding* (London: Henry Herringman, 1641).

Kinsey, Alfred C., Wardell B. Pomeroy und Clyde E. Martin, *Sexual Behavior in the Human Male* (Philadelphia: W.B. Saunders, 1948).

Kinsey, Alfred C., *Sexual Behavior in the Human Female* (Philadelphia: Saunders, 1953).

Kipling, Rudyard, *Soldiers Three, and Other Stories* (London: Routledge, 1914).

Knight, Richard Payne und Thomas Wright, *A Discourse on the Worship of Priapus, and its Connection with the Mystic* (London: Spilbury, 1865).

—, *Sexual Symbolism: A History of Phallic Worship* (New York: Julian Press, 1957).

Knowlton, Charles, *Fruits of Philosophy: A Treatise on the Population Question* (San Francisco: Readers Library, 1891).

Krafft-Ebing, R. von, *Psychopathia Sexualis*, übers. von Victor Robinson (New York: Pioneer Publications, 1939).

Kramer, Heinrich und Jakob Sprenger, *Malleus Maleficarum*, übers. von P. G. Maxwell-Stuart (Manchester: Manchester University Press, 2007).

La'mert, Samuel, *Self-Preservation: A Medical Treatise on the Secret Infirmities and Disorders of the Generative Organs*, 1. Auflage (London: James Gilbert, 1852).

Lanfranco und John Hall, *Most Excellent and Learned Woorke of Chirurgerie, Called Chirurgia Parua Lanfranci* (London: Thomas Marshe, 1565).

Langham, William, *The Garden of Health* (London: Christopher Barker, 1579).

Law, James Thomas, *The Ecclesiastical Statutes at Large, Extracted from the Great Body of the Statute Law, and Arranged Under Separate Heads* (London: William Benning and Co., 1857).

Lawrence, C. H., *Medieval Monasticism: Forms of Religious Life in Western Europe in the Middle Ages* (London: Routledge, 1984).

Lawrence, D. H., *Lady Chatterley's Lover*, hrsg. von David Ellis (Ware: Wordsworth, 2007).

Le Vaillant, François, *New Travels into the Interior Parts of Africa, By the Way of the Cape of Good Hope* (London: G. G. and J. Robinson, 1796).

Lee, Lily Xiao Hong und Sue Wiles, *Biographical Dictionary of Chinese Women, Volume II: Tang through Ming 618–44* (London: Routledge, 2014).

Lee, R. Alton, *The Bizarre Careers of John R. Brinkley* (Lexington: University Press of Kentucky, 2015).

Lemay, Helen Rodnite, *Women's Secrets: A Translation of Pseudo-Albertus Magnus's De Secretis Mulierum with Commentaries* (New York: Suny Press, 1992).

Lever, Charles, *Charles O'Malley, the Irish Dragoon* (Leipzig: Tauchnitz, 1848).

Levey, Martin, *Early Arabic Pharmacology* (Leiden: E.J. Brill, 1973).

Leyser, Henrietta, *Medieval Women: Social History of Women in England 450–1500* (London: Phoenix Press, 1995).

Lieberman, Hallie, *Buzz: A Stimulating History of the Sex Toy* (New York: Pegasus Books, 2017).

Lloyd, Elisabeth A., *The Case of the Female Orgasm: Bias in the Science of Evolution* (Cambridge: Harvard University Press, 2005).

Lochrie, Karma, *Heterosyncrasies: Female Sexuality when Normal Wasn't* (Minneapolis: University of Minnesota Press, 2005).

Logan, William, *An Exposure, from Personal Observations, of Female Prostitution in London, Leeds, and Rochdale, and Especially in the City of Glasgow* (Glasgow: Gallie, 1843).

Lombroso, Cesare und Guglielmo Ferrero, *La Donna Delinquente* (Turin: Roux, 1893).

López Austin, Alfredo, *Cuerpo Humano E Ideologia* (Mexico City: National Autonomous University of Mexico, 1984).

Lucas, E. V., *Works Of Charles and Mary Lamb* (London: Methuen and Co., 1904).

Lukian, *The Syrian Goddess: Being a Translation of Lucian's De Dea Syria, with a Life of Lucian* (London: Dodo, 2010).

Mackenzie, John Whiteford, *Philotus, A Comedy, Reprinted from the Edition of Robert Charteris* (Edinburgh: Ballantyne, 1835).

Macy, Sue und Meredith Orlow, *Wheels of Change* (Washington: National Geographic, 2012).

Maines, Rachel P., *The Technology of Orgasm* (Baltimore: Johns Hopkins University Press, 2001).

Major, Ralph Hermon, *Classic Descriptions of Disease*, 3. Auflage (Springfield: Charles C. Thomas, 1978).

Malory, Sir Thomas, *Le Morte d'Arthur*, hrsg. von Helen Cooper (Oxford: Oxford University Press, 2008).

Mardrus, J. C. und E. P. Mathers, *The Book of the Thousand and One Nights* (Hoboken: Taylor and Francis, 2013).

Marston, John, *The Scourge Of Villanie* (London, 1598).

Martial, *Epigrams*, hrsg. von Gideon Nisbet (Oxford: Oxford University Press, 2015).

Martin, Gerald S., *Gabriel Garcia Marquez: A Life* (London: Bloomsbury, 2009).

Marvell, Andrew, »To his Coy Mistress«, in *Miscellaneous Poems* (London: Robert Boulter, 1681), S. 19–20.

Masters, William H. und Virginia E. Johnson, *Human Sexual Response* (London: Churchill, 1966).

Mathes, Bettina, »The Significance of the Enlarged Clitoris for Early Modern Anatomy«, in *Sensible Flesh: on Touch in Early Modern Culture* (Philadelphia: University Press, 2002), S. 103–25.

Meeks, Dimitri, *Année Lexicographique* (Paris: Cybèle, 1998).

Merry, Sally Engle, *Colonizing Hawaii: The Cultural Power of Law* (Princeton: Princeton University Press, 2000).

Metzler, Irina, *A Social History of Disability in the Middle Ages* (Hoboken: Taylor and Francis, 2013).

Middleton, Thomas, *Thomas Middleton: The Collected Works*, hrsg. von Gary Taylor und John Lavagnino (Oxford: Oxford University Press, 2010).

Mill, Humphrey, *A Night's Search, Discovering the Nature and Condition of Night-Walkers with their Associates* (London: H. Shepard and W. Ley, 1640).

Milnor, Kristina, *Graffiti and the Literary Landscape in Roman Pompeii* (Oxford: Oxford University Press, 2014).

Milton, John Laws, *On the Pathology and Treatment of Gonorrhoea and Spermatorrhoea* (New York: Wood, 1887).

Mohr, Melissa, *Holy Sh*T: A Brief History of Swearing* (Oxford: Oxford University Press, 2013).

Moll, Albert, *Sexual Life of the Child* (Classic Reprint) (London: Forgotten Books, 2015).

Morison, Alexander, *The Physiognomy of Mental Diseases* (London: Longman, 1843).

Moulton, Ian Frederick, *Before Pornography: Erotic Writing in Early Modern England* (Oxford: Oxford University Press, 2004).

Morton, Mark, *Lover's Tongue: A Merry Romp through the Language of Love & Sex*, 1. Auflage (London: Insomniac Press, 2003).

Murray, Jacqueline, *Love, Marriage, and Family in the Middle Ages* (Toronto: University of Toronto Press, 2001).

Nanninga, John B., *The Gland Illusion: Early Attempts at Rejuvenation through Male Hormone Therapy* (London: McFarland, 2017).

Neely, Mark E., *The Abraham Lincoln Encyclopedia* (New York: McGraw-Hill, 1982).

Nocturnal Revels: Or, the History of King's Place (London: M. Goadby, 1779).

Nunn, J. F., *Ancient Egyptian Medicine* (Norman: University of Oklahoma Press, 2002).

Nyro, Kristoffer, *The Kiss and its History* (London: Sands & Co, 1901).

Olivelle, Patrick, *King, Governance, and Law in Ancient India* (Oxford: Oxford University Press, 2012).

Ovid, *Metamorphoses*, hrsg. von A. D. Melville und E. J. Kenney (Oxford: Oxford University Press, 2008).

Pancoast, S., *The Ladies' Medical Guide* (Philadelphia: S. I. Bell & Co., 1886).

Parent Du Châtelet, Alexandre, *On Prostitution in the City of Paris. From the French of M. Parent Duchatelet. Second Edition* (London: T. Burgess, 1837).

Parry, John S., *Extra-Uterine Pregnancy; its Causes, Species, Pathological Anatomy, Clinical History, Diagnosis, Prognosis and Treatment* (Philadelphia: Henry Lea, 1876).

Peakman, Julie, Alexander Pettit und Patrick Spedding, *Whore Biographies, 1700–1825* (London: Pickering & Chatto, 2006).

Peakman, Julie, Mark Golden, Peter Toohey, Ruth Evans, Bette Talvacchia, and Chiara Beccalossi et al., *A Cultural History Of Sexuality* (Oxford: Berg, 2011).

Peakman, Julie, *Mighty Lewd Books: The Development of Pornography in Eighteenth-Century England* (London: Palgrave Macmillan, 2003).

Pedersen, Frederik, *Marriage Disputes in Medieval England* (London: Hambledon, 2000).

—, »Privates on Parade: Impotence Cases as Evidence for Medieval Gender«, in *Law and Private Life in the Middle Ages: Proceedings of the Sixth Carlberg Academy Conference on Medieval Legal History 2009* (Copenhagen: DJØF, 2011), S. 81–103.

—, »Motives For Murder: The Role of Sir Ralph Paynel in the Murder of William Cantilupe«, in *Continuity, Change and Pragmatism in the Law: Essays in Honour of Professor Angelo Forte* (Aberdeen: Aberdeen University Press, 2016), S. 69–95.

Peele, George und Patricia Binnie, *The Old Wives' Tale* (Manchester: Manchester University Press, 1980).

Pelner Cosman, Madeleine und Linda Gale Jones, *Handbook to Life in the Medieval World, Volumes 1–3* (New York: Facts on File, 2008).

Pepys, Samuel, *The Diary of Samuel Pepys*, hrsg. von Robert Latham and William Matthews (London: HarperCollins, 2000).

Phillips, Kim M., *Medieval Maidens: Young Women and Gender in England, 1270–1540* (Manchester: Manchester University Press, 2003).

Platon, *The Republic of Plato* (Cambridge: Macmillan, 1852).

Platter, Felix, *Platerus Golden Practice of Physick* (London: Peter Cole, 1664).

Plinius der Ältere, *Pliny the Elder, Complete Works*, übers. von John Bostock (Hastings: Delphi Classics, 2015), Kindle-Ausgabe.

Potts Dewees, William, *A Treatise on the Diseases of Females* (Philadelphia: Lea and Blanchard, 1843).

Purkiss, Diane, *The Witch in History* (Hoboken: Routledge, 2012).

Rabelais, François, *Gargantua and Pantagruel*, übers. von Thomas Urquhart, Peter Anthony Motteux und Charles Whibley, (New York: AMS Press, 1967).

Rawson, Hugh, *A Dictionary Of Invective* (London: Hale, 1991).

Reaney, P. H., *The Origin of English Surnames* (London: Routledge & Kegan Paul, 1984).

Recettario Novo Probatissimo A Molte Infirmita, E Etiandio Di Molte Gentilezze Utile A Chi Le Vora Provare (Venice: Zuan Maria Lirico, 1532).

Rees, Emma L. E., *The Vagina: A Literary and Cultural History* (London: Bloomsbury, 2013).

Reich, Wilhelm, *The Function of the Orgasm: Sex-Economic Problems of Biological Energy*, übers. von Vincent Carfagno (New York: Farrar, Straus and Giroux, 1973).

—, *The Bioelectrical Investigation of Sexuality and Anxiety* (New York: Farrar, Straus and Giroux, 1982).

Reinarz, Jonathan, *Past Scents: Historical Perspectives on Smell* (Chicago: University of Illinois Press, 2014).

Ricci, James V., *The Development of Gynecological Surgery and Instruments* (Philadelphia: Blakiston, 1949).

Riddle, John M., *Eve's Herbs: A History of Contraception and Abortion in the West* (Cambridge: Harvard University Press, 1999).

—, *Contraception and Abortion from the Ancient World to the Renaissance* (New York: ACLS History, 2005).

Rider, Catherine, *Magic and Impotence in the Middle Ages* (Oxford: Oxford University Press, 2008).

Ritchie, Andrew, *Early Bicycles and the Quest For Speed* (Jefferson: McFarland, 2018).

Rochester, John Wilmot, *Sodom* (Paris: H. Welter, 1904).

—, *The Poetical Works Of The Earls Of Rochester, Roscomon And Dorset; The Dukes Of Devonshire, Buckinghamshire, & C. With Memoirs of Their Lives. In Two Volumes. Adorn'd with a New Set of Cuts* (London: Goodourl, 1735).

Rodriguez, Sarah B., *Female Circumcision and Clitoridectomy in the United States* (New York: University of Rochester Press, 2014).

Romm, Sharon, *The Unwelcome Intruder: Freud's Struggle With Cancer* (New York: Praeger, 1983).

Rosenberg, Michael, *Signs Of Virginity: Testing Virgins and Making Men in Late Antiquity* (Oxford: Oxford University Press, 2018).

Rousseau, Jean-Jacques, *The Confessions* (London: Penguin, 1953).

Rubenhold, Hallie, *Harris's List of Covent Garden Ladies* (London: Doubleday, 2012).

—, *The Covent Garden Ladies* (London: History Press, 2006).

Russell, John, *Wynkyn de Worde, and Frederick James Furnivall, The Boke of Nurture* (Bungay: J. Childs, 1867).

Russell, Sharman Apt, *Hunger: an Unnatural History* (New York: Basic Books, 2008).

Ryan, Michael, *Prostitution in London, With a Comparative View of That of Paris and New York* (London: H. Bailliere, 1839).

Sachdev, Rachana, »Sycorax in Algiers: Cultural Politics and Gynecology in Early Modern England«, in *A Feminist Companion to Shakespeare* (Chichester: John Wiley and Sons, 2016), S. 226–44.

Sade, *The Complete Marquis De Sade*, übers. von Paul J. Gillette (Los Angeles: Holloway House, 2006).

—, *The Marquis de Sade: The Complete Justine, Philosophy in the Bedroom, and Other Writings*, übers. von Richard Seaver (New York: Grove Press, 1990).

Sanger, William W., *The History of Prostitution* (New York: Harper & Brothers, 1858).

Saul, Jack, *The Sins of the Cities of the Plain, or The Recollections of a Mary Ann* (London: Eigenverlag, 1881).

Savonarola, Michael, *Practica Maior* (Venice, 1498).

Sayer, Derek, *Prague, Capital of the Twentieth Century: A Surrealist History* (Princeton: Princeton University, 2013).

Selwyn, William, *An Abridgment of the Law of Nisi Prius* (London: Clarke, 1817).

Schwaeblé, René, »Homunculus«, *Les détraquées de Paris* (Paris: Daragon libraire-éditeur, 1910).

Shakespeare, William, Thomas Bowdler, H. M. Bowdler und Richard Cruttwell, *The Family Shakespeare* (London: Hatchard, 1807).

Sharp, Jane, *The Midwives Book* (London: Simon Miller, 1671).

Sherrow, Victoria, *Encyclopedia of Hair* (Westport: Greenwood Press, 2006).

Shinners, John Raymond, *Medieval Popular Religion, 1000–1500* (Toronto: University of Toronto Press, 2009).

Silverton, Pete, *Filthy English: The How, Why, When and What of Everyday Swearing* (London: Portobello Books, 2009).

Simpson, Clare, »A Social History of Women and Cycling in Late Nineteenth Century New Zealand« (unveröffentlichte Doktorarbeit, Lincoln University, 1998).

Sackville, Charles, »A Faithful Catalogue of our Most Eminent Ninnies«, in *Poems on Affairs of State: Augustan Satirical Verse, 1660–1714* (New Haven: Yale University Press, 1963).

Smith, Alexander und Arthur Lawrence Hayward, *A Complete History of the Lives and Robberies of the Most Notorious Highwaymen, Footpads, Shoplifts & Cheats of Both Sexes* (London: Routledge, 1926).

Smith, Drew, *Oyster: A Gastronomic History* (New York: Abrams, 2015).

Smith, Lesley, »The History of Contraception«, in *Contraception: A Casebook from Menarche to Menopause* (Cambridge: Cambridge University Press, 2013).

Smith, William, *A New Voyage to Guinea*, 2. Auflage (London: John Nourse, 1745).

Soranos von Ephesos, *Sorani Gynaeciorum Libri IV. De Signis Fracturarum. De Fasciis. Vita Hippocratis Secundum Soranum*, hrsg. von Ioannes Ilberg (Lipsiae: Teubneri, 1927).

Soranos und Owsei Temkin, *Soranus' Gynecology* (Baltimore: Johns Hopkins University Press, 1994).

Spenser, Megg, *A Strange and True Conference Between two Bawds, Damarose Page and Priss Fotheringham, During their Imprisonment in Newgate* (London, 1660).

Spink, M. S. und L. G. Lewis, *Albucasis on Surgery and Instruments. A Definitive Edition of the Arabic Text with English Translation and Commentary* (Berkeley: University of California Press, 1976).

Steinach, Eugen und Josef Löbel, *Sex and Life: Forty Years of Biological and Medical Experiments* (New York: Viking, 1940).

Steintrager, James A., *The Autonomy of Pleasure: Libertines, License, and Sexual Revolution* (New York: University of Columbia, 2015).

Strabon aus Amaseia, *Strabo, Complete Works*, übers. von H. C. Hamilton (Hastings: Delphi Classics, 2016), Kindle-Ausgabe.

»Sub-Umbra, or Sport Among the She-Noodles«, in *The Wordsworth Book of Classic Erotica* (Ware: Wordsworth Editions, 2007).

Sun, Simiao und Sabine Wilms, *Bèi Jí Qiān Jīn Yào Fāng* (Portland: The Chinese Medicine Database, 2008).

Swift, Jonathan, *A Complete Collection Of Genteel And Ingenious Conversation* (London: B. Motte, 1738).

Sykes, Audrey, *Moon Amsterdam* (Manchester: Moon Travel, 2018).

Tait, Lawson, *Diseases of Women and Abdominal Surgery* (Philadelphia: Lea Brothers, 1889).

Taylor, Gordon Rattray, *Sex in History* (New York: Vanguard Press, 1954).

Technavio Research, *Global Vaginal Odor Control Product Market 2018–2022* (London: Regional Business News, 2018).

The New Art and Mystery of Gossiping: Being a Genuine Account of all The Women's Club's in and About the City and Suburbs of London, with the Manner of their Club Orders (Cirencester: Samuel Rudder, 1770).

The School of Venus, Or the Ladies Delight (London, 1680).

The Women's Petition Against Coffee Representing to Publick Consideration the Grand Inconveniencies Accruing to Their Sex from the Excessive use of that Drying, Enfeebling Liquor (London, 1674).

The Wonderful Discoverie of the Witchcrafts of Magaret and Phillip Flower, Daughters of Joan Flower Neere Beur Castle: Executed at Lincolne, March 11. 1618 (London, G. Eld, 1619).

The Wordsworth Book of Classic Erotica (Ware: Wordsworth Editions, 2007).

Thomas, Rachael Jayne, »›With Intent to Injure and Diffame‹: Sexual Slander, Gender and the Church Courts of London and York, 1680–1700« (unveröffentlichte Masterarbeit, University of York, 2015).

Thompson, Lana, *The Wandering Womb* (Amherst: Prometheus Books, 1999).

Thompson, Roger, *Unfit for Modest Ears: A Study of Pornographic, Obscene, and Bawdy Works Written or Published in England in the Second Half of the Seventeenth Century* (Totowa: Rowman and Littlefield, 1979).

Tilt, Edward John, *A Handbook of Uterine Therapeutics and of Diseases of Women* (London: J. & A. Churchill, 1878).

Tissot, S. A. D., *Onanism; Or, A Treatise Upon the Disorders Produced by Masturbation; Or, the Dangerous Effects of Secret and Excessive Venery*, 5. Auflage, übers.von A. Hulme (London: Richardson, 1781).

Tone, Andrea, *Controlling Reproduction: An American History* (Wilmington: SR Books, 1997).

Traub, Valerie, *The Renaissance of Lesbianism in Early Modern England* (Cambridge: Cambridge University Press, 2002).

Turner, Daniel, *Syphillis. A Practical Dissertation on the Venereal Disease* (London: J. Walthoe, R. Wilkin, J. und J. Bonwicke und T. Ward, 1727).

Valerius Maximus und D. Wardle, *Valerius Maximus: Memorable Deeds and Sayings* (Oxford: Clarendon, 1997).

Valverde, Sarah, »The Modern Sex Doll-Owner: A Descriptive Analysis« (unveröffentlichte Masterarbeit, California State Polytechnic University, 2012).

Varone, Antonio, *Erotica Pompeiana: Love Inscriptions on the Walls of Pompeii*, übers. von R. Berg (Rome: L'Erma Di Bretschneider, 2002).

Vātsyāyana, Mallanaga, *Kamasutra*, übers. und hrsg. von. Wendy Doniger und Sudhir Kakar (Oxford: Oxford University Press, 2009).

Venette, Nicolas, *The Mysteries of Conjugal Love Reveal'd*, 3. Auflage (London, 1712).

Viz, *Roger's Profanisaurus* (London: John Brown, 1998).

Voronoff, Serge, *Quarante-Trois Greffes Du Singe À L'homme* (Paris: G. Doin, 1924).

—, *Rejuvenation by Grafting* (London: G. Allen & Unwin Ltd, 1925).

Waite, Henry Randall, *Carmina Collegensia: A Complete Collection of the Songs of the American Colleges, with Selections from the Student Songs of the English and German Universities* (Boston: Ditson, 1876).

Wajnryb, Ruth, *Expletive Deleted* (London: Free Press, 2014).

Walker, James H., *Studies in Ancient Egyptian Anatomical Terminology* (Wiltshire: Aris and Phillips, 1997).

Walsh, John Henry, *A Manual of Domestic Medicine and Surgery* (London: Routledge, 1858).

Webster, John und David Charles Gunby, *Three Plays* (London: Penguin Books, 1995).

Weiss, John, *A Catalogue of Surgical Instruments, Apparatus, Appliances, Etc.* (London: Obstetric Society, 1863).

Whipple, Beverly und Carol Rinkleib Ellison, *Women's Sexualities: Generations of Women Share Intimate Sexual Secrets of Sexual Self-Acceptance* (Oakland, CA: New Harbinger Publications, 2000).

Whitaker, John, *Molly Malone* (London: Phipps, 1805).

Whitelock, Dorothy, *English Historical Documents* (London: Eyre & Spottiswoode, 1955).

Whyte Barclay, Andrew, *A Manual of Medical Diagnosis: Being an Analysis of the Signs and Symptoms* (Philadelphia: Blanchard, 1864).

Wile, Douglas, *Art of the Bedchamber: The Chinese Sexual Yoga Classics* (Albany: University of New York Press, 1992).

Williams, Gordon, *A Dictionary of Sexual Language and Imagery in Shakespearean and Stuart Literature* (London: Athlone Press, 1994).

Williams, Gordon, *Shakespeare's Sexual Language* (London: Continuum, 2006).

Wilmot, John, »A Panegyric Upon Cundum«, in *The Works of The Earls of Rochester, Roscomon and Dorset, The Dukes of Devonshire, Buckingham and Co.* (London, 1667).

—, *The Complete Poems of John Wilmot*, hrsg. von David Vieth (Yale: Yale University Press, 2002).

Wilson, Brian C., *Dr. John Harvey Kellogg and the Religion of Biologic Living* (Indianapolis: Indiana University Press, 2014).

Winch, Dinah, »Sexual Slander and its Social Context in England c. 1660–1700, with Special Reference to Cheshire and Sussex« (unveröffentlichte Doktorarbeit, The Queen's College, Oxford University, 1999).

Wolf, Naomi, *Vagina: A New Biography* (London: Virago, 2012).

Wood, George B., *A Treatise on the Practice of Medicine* (Philadelphia: Lippincott, Grambo, 1852).

Worde, Wynkyn de, *Ortus Vocabulorum 1500. A Scolar Press Facsimile*, 1. Auflage (Menston: Scolar Press, 1968).

Wosk, Julie, *Women and the Machine* (Baltimore: Johns Hopkins University Press, 2003).

Wright, Thomas und Richard Paul Wülker, *Anglo-Saxon and Old English Vocabularies* (London: Trubner & Co., 1883).

Younger, John G., *Sex in the Ancient World from A to Z* (London: Routledge, 2005).

Ziegenspeck, Robert, *Anleitung zur Massagebehandlung (Thure Brandt) bei Frauenleiden: Für praktische Ärzte* (Berlin 1895).

Internetquellen

»1 in 10 Girls Have Been Unable to Afford Sanitary Wear«, *Plan International UK*, 2017, <https://plan-uk.org/media-centre/1-in-10-girls-have-been-unable-to-afford-sanitary-wear-survey-finds> [Aufgerufen am 15. September 2018].

»2018 Year in Review – Pornhub Insights«, pornhub.com, 2018, <www.pornhub.com/insights/2018-year-in-review> [Aufgerufen 29. Januar 2019].

»ALWAYS Donates Feminine Hygiene Products To Help UK Girls Stay In School. #Endperiodpoverty«, always.co.uk, 2018, <www.always.co.uk/en-gb/about-us/endperiodpoverty> [Aufgerufen am 15. September 2018].

Amos, Jonathan, »Ancient Phallus Unearthed in Cave«, news.bbc.co.uk, 2005, <http://news.bbc.co.uk/1/hi/sci/tech/4713323.stm> [Aufgerufen am 24. Juni 2018].

Anonymous, »The Romance of Lust: a Classic Victorian Erotic Novel«, archive.org, 2017, <https://archive.org/stream/theromanceoflust30254gut/30254-8.txt> [Aufgerufen am 12. März 2017].

Aquinas, Thomas, »Summa Theologica«, sacred-texts.com, 2018, <www.sacred-texts.com/chr/aquinas/summa/index.htm> [Aufgerufen am 15. September 2018].

Aretaeus, »De Causis et Signis Acutorum Morborum (Lib. 1), Book II. Chapter XI. On Hysterical Suffocation«, perseus.tufts.edu, 2018, <www.perseus.tufts.edu/hopper/text?doc=Perseus%3Atext%3A1999.01.0254%3Atext%3DSA%3Abook%3D2%3Achapter%3D11> [Aufgerufen am 22. Juli 2018].

Aristophanes, »Lysistrata«, perseus.tufts.edu, 2018, <www.perseus.tufts.edu/hopper/text?doc=Perseus%3Atext%3A1999.01.0242%3Acard% 3D130> [Aufgerufen am 8. August 2018].

»Baartman, Sara«, *Oxford Dictionary of National Biography*, <www.oxforddnb.com/view/10.1093/ref:odnb/9780198614128.001.0001/odnb-9780198614128-e-73573;jsessionid=1ABB9A1E6F71D8D1704734C50D86E17D> [Aufgerufen am 7. August 2018].

Barford, Vanessa, »The Prevailing Myth of Sex before Sport«, 2004, <http://news.bbc.co.uk/1/hi/magazine/3555734.stm> [Aufgerufen am 27. August 2018].

Bowman, Verity, »Woman in Nepal Dies after being Exiled to Outdoor Hut during her Period«, *Guardian*, 2018, <www.theguardian.com/global-development/2018/jan/12/woman-nepal-dies-exiled-outdoor-hut-period-menstruation> [Aufgerufen am 13. September 2018].

Briggs, Keith, »OE and ME Cunte in Place-Names«, 2012, <http://keithbriggs.info/documents/cunte_04.pdf> [Aufgerufen am 5. April 2017].

»Campaign to Protect Young People from STIs by using Condoms«, GOV.UK, 2017, <www.gov.uk/government/news/campaign-to-protect-young-people-from-stis-by-using-condoms> [Aufgerufen am 14. August 2018].

Cannon, J. A., »Gerald of Wales«, encyclopedia.com, 2002, <www.encyclopedia.com/people/history/historians-british-biographies/gerald-wales> [Aufgerufen am 13. Februar 2017].

»Charles II, 1662: An Act for Preventing the Frequent Abuses in Printing Seditious Treasonable and Unlicensed Bookes and Pamphlets and for Regulating of Printing and Printing Presses«, british-history.ac.uk, 2017, <www.british-history.ac.uk/statutes-realm/vol5/pp428-435> [Aufgerufen am 10. April 2017].

»Charles II: Statutes«, constitution.org, 2017, <www.constitution.org/sech/sech_114.txt> [Aufgerufen am 10. April 2017].

Chattora, Samantha, »The Devadasi System – Genesis & Growth«, iml.jou.ufledu, 2002, <http://iml.jou.ufl.edu/projects/Spring02/Chattaraj/genesis.html> [Aufgerufen am 7. August 2018].

»Douching«, womenshealth.gov, 2018, <www.womenshealth.gov/a-z-topics/douching> [Aufgerufen am 10. September 2018].

»Female Genital Mutilation«, World Health Organization, 2018, <www.who.int/news-room/fact-sheets/detail/female-genital-mutilation> [Aufgerufen am 17. Juni 2018].

»FGM National Clinical Group – Historical & Cultural«, fgmnationalgroup.org, 2015, <www.fgmnationalgroup.org/historical_and_cultural.htm> [Aufgerufen am 10. August 2017].

»Foundling Museum«, 2016, <http://foundlingmuseum.org.uk/about/the-museum/> [Aufgerufen am 2. September 2016].

Galen, »On Hippocrates: On the Nature of Man Part One«, ucl.ac.uk, 2018, <www.ucl.ac.uk/~ucgajpd/medicina%20antiqua/Medant/GNatHom1.htm> [Aufgerufen am 14. September 2018].

Gambone, Phillip, »Shanghai's Museum of Sex«, 2003, <www.thefreelibrary.com/Shanghai's+Museum+of+Sex.+(Essay).-a0100727471> [Aufgerufen am 14. Februar 2017].

Garnick, Marc B., »Does Frequent Ejaculation help Ward off Prostate Cancer?«, 2009, <www.harvardprostateknowledge.org/does-frequent-ejaculation-help-ward-off-prostate-cancer> [Aufgerufen am 13. Februar 2017].

Ginsberg, Allen, »Howl«, Poetry Foundation, 2018, <www.poetryfoundation.org/poems/49303/howl> [Aufgerufen am 7. September 2018].

Hains, Tim, »Bernie Sanders Quickly Condemns Rally Speaker Who Called Hillary Clinton a ›Corporate Democratic Whore‹«, realclearpolitics.com, 2016, <www.realclearpolitics.com/video/2016/04/14/speaker_at_sanders_rally_calls_hillary_clinton_a_corporate_democratic_whore.html> [Aufgerufen am 9. August 2018].

Hall, Lesley, »Victorian Sex Factoids«, lesleyahall.net, 2017, <www.lesleyahall.net/factoids.htm#hysteria> [Accessed 12 March 2017].

Hinde, Natasha, »Blogger Bakes Sourdough Using Yeast from Vagina, Internet Explodes«, *Huffpost UK*, 2015, <www.huffingtonpost.co.uk/2015/11/ 24/woman-makes-

sourdough-using-yeast-from-vagina_n_8636372.html> [Aufgerufen am 19. August 2018].

Hodal, Kate, »Nepal's Bleeding Shame: Menstruating Women Banished to Cattle Sheds«, *Guardian*, 2018, <www.theguardian.com/global-development/2016/apr/01/nepal-bleeding-shame-menstruating-women-banished-cattle-sheds> [Aufgerufen am 13. September 2018].

Hodson, Jacquelyn, »The Smell of the Middle Ages«, triviumpublishing.com, 2002, <www.triviumpublishing.com/articles/smellofthemiddleages.html> [Aufgerufen am 9. September 2017].

Hostetter, Aaron K., »Exeter Book Riddles«, anglosaxonpoetry.camden.rutgers.edu, 2017, <https://anglosaxonpoetry.camden.rutgers.edu/exeter-book-riddles/> [Aufgerufen am 18. August 2018].

»Humours«, Science Museum, 2019, <www.sciencemuseum.org.uk/broughttolife/techniques/humours> [Aufgerufen am 14. Februar 2017].

Hunt, Matthew, »Cunt: a Cultural History of the C-Word«, Matthewhunt.com, 2000, <www.matthewhunt.com/cunt/> [Aufgerufen am 29. September 2017].

Jimenez, Ulises, »How Much for your Love: Prostitution among the Aztecs«, academia.edu, 2004, <www.academia.edu/2631485/How_much_for_your_love_prostitution_among_the_Aztecs> [Aufgerufen am 7. August 2018].

Jo's Cervical Cancer Trust, »Body Shame Responsible for Young Women not Attending Smear Tests«, Jo's Cervical Cancer Trust, 2018, <www.jostrust.org.uk/node/1073042> [Aufgerufen am 17. Februar 2019].

Kale, Sirin, »Why is Virginity Testing Still a Thing in so Many Parts of the World?«, *Grazia,* 2016, <https://graziadaily.co.uk/life/real-life/virginity-testing-around-world/> [Aufgerufen am 11. September 2018].

Kelly, Kathleen Coyne, »How to Cheat on a Virginity Test«, medievalists.net, 2017, <www.medievalists.net/2016/06/how-to-cheat-on-a-virginity-test/> [Aufgerufen am 20. August 2017].

»Kings 23:7«, *Bible Gateway*, 2018, <www.biblegateway.com/passage/?search=2+Kings+23%3A7&version=NIV> [Accessed 19 September 2018]. Kingston, Sarah, and Natalie Hammond, Women Who Buy Sexual Services in the UK, 2016 <http://eprints.lancs.ac.uk/130705/2/WWBS_End_Report_final_pdf> [Aufgerufen am 12. Februar 2019].

»Kinsey Institute Faqs and Statistics«, 2017, <www.kinseyinstitute.org/research/publi cations/faq.php> [Aufgerufen am 14. Februar 2017].

Koran, »Surah Al-Baqarah 2:222–232«, quran.com, 2018, <https://quran.com/2/222-232> [Aufgerufen am 14. September 2018].

Lenz, Norbert, borghild.de, <www.borghild.de/indexe.htm> [Aufgerufen am 13. Juli 2018].

»Leviticus 20:18«, *Bible Gateway*, 2018, <www.biblegateway.com/passage/?search=-Leviticus+20%3A18&version=NIV> [Aufgerufen am 14 September 2018].

Lusher, Adam, »Raw Oysters really are Aphrodisiacs say Scientists«, telegraph.co.uk, 2005, <www.telegraph.co.uk/news/uknews/4195596/Raw-oysters-really-are-aphrodisiacs-say-scientists-and-now-is-the-time-to-eat-them.html> [Aufgerufen am 19. August 2018].

Magnanti, Brooke, »Boxer Carl Froch has been Abstaining from Sex – But is it Ever Worth it?«, telegraph.co.uk, 2014, <www.telegraph.co.uk/women/sex/10864506/Sex-ban-Carl-Froch-has-been-abstaining-from-sex-but-is-it-really-good-for-you.html> [Aufgerufen am 27. August 2018].

Maines, Rachel, »The Study that Set the World Abuzz«, Big Think, 2009, <http://bigthink.com/videos/the-study-that-set-the-world-abuzz> [Aufgerufen am 12. März 2017].

»Mapping Anti-Gay Laws in Africa«, amnesty.org.uk, 2018, <www.amnesty.org.uk/lgbti-lgbt-gay-human-rights-law-africa-uganda-kenya-nigeria-cameroon> [Aufgerufen am 5. Dezember 2018].

Martial, »Epigrams. Book 14«, tertullian.org, 2018, <www.tertullian.org/fathers/martial_epigrams_book14.htm> [Aufgerufen am 18. August 2018].

Maximus, Valerius, »Factorum et Dictorum Memorabilium, Liber VIII«, penelope.uchicago.edu, 2018, <http://penelope.uchicago.edu/Thayer/L/Roman/Texts/Valerius_Maximus/8*.html> [Aufgerufen am 11. September 2018].

»Mercurius Fumigosus or the Smoking Nocturnal Archives«, newspaperarchive.com, 2017, <https://newspaperarchive.com/uk/middlesex/london/mercurius-fumigosus-or-the-smoking-nocturnall/> [Aufgerufen am 9. April 2017].

Mojapelo, Lebohang, »Virginity Testing ›Sacred‹ but not a Science«, Africa Check, 2016, <https://africacheck.org/reports/virginity-testing-sacred-but-not-a-science/> [Aufgerufen am 21. August 2017].

Movlud, Gunel, »Bloody Sheets: An Age-Old Tradition Still Held in Georgia's Regions«, *Georgia Today*, 2016, <http://georgiatoday.ge/news/2879/ Bloody-Sheets%3A-An-Age-old-Tradition-Still-Held-in-Georgia%E2 %80 % 99s-Regions> [Aufgerufen am 20. August 2017].

»New Data Reveals 420,000 Cases of STIs Diagnosed In 2017«, gov.uk, 2018, <www.gov.uk/government/news/new-data-reveals-420000-cases-of-stis-diagnosed-in-2017> [Aufgerufen am 14. August 2018].

Norton, Rictor, »History of the Term ›Prostitute‹«, rictornorton.co.uk, 2006, <http://rictornorton.co.uk/though15.htm> [Aufgerufen am 10. August 2018].

Norton, Siobhan, »›This is not Consent‹: How a Thong Prompted Protests across Ireland over the Handling of Rape Trials«, inews.co.uk, 2018, <https://inews.co.uk/news/long-reads/this-is-not-consent-thong-rape-case-ireland-protests/> [Aufgerufen am 7. Dezember 2018].

»Ofcom Explores Latest Attitudes to Offensive Language«, Ofcom, 2016, <www.ofcom.org.uk/about-ofcom/latest/media/media-releases/2016/attitudes-to-offensive-language> [Aufgerufen am 7. September 2018].

Old-Bailey-Verfahren, »Central Criminal Court«, 2003, <www.oldbaileyonline.org/browse.jsp?id=t18340515-47&div=t18340515-47&terms=savine#highlight> [Aufgerufen am 30. August 2016].

Old-Bailey-Verfahren, »May 1683, Trial of Isabel Barker«, oldbaileyonline.org, 2018, <www.oldbaileyonline.org/browse.jsp?id=t16830524-7-off26&div=t16830524-7#highlight> [Aufgerufen am 1. Dezember 2018].

»Outcry over Teen's Underwear in Rape Trial«, *BBC News*, 2018, <www.bbc.co.uk/news/world-europe-46207304> [Aufgerufen am 7. Dezember 2018].

»Over a Century of Healing«, lysol.com, 2018, <www.lysol.com/about-us/our-history/> [Aufgerufen am 11. September 2018].

»Oxford English Dictionary«, oed.com, 2018, <www.oed.com/view/Entry/45874?redirectedFrom=cunt#eid> [Aufgerufen am 7. September 2018].

Pasha-Robinson, Lucy, »Doctors are being Ordered to Perform ›Virginity Tests‹ on Underage Girls in Russia«, *The Independent*, 2017, <www.independent.co.uk/news/world/europe/russia-doctors-virginity-tests-russian-investigative-committee-underage-girls-a7783811.html> [Aufgerufen am 11. September 2018].

»Pick up a Penguin«, news.bbc.co.uk, 1998, <http://news.bbc.co.uk/1/hi/world/asia-pacific/60302.stm> [Aufgerufen am 17. September 2018].

Pillitteri, Sally Piper, »School Menstrual Hygiene Management in Malawi«, assets.publishing.service.gov.uk, 2012, <https://assets.publishing.service.gov.uk/media/57a08aa8e5274a27b20006d7/MenstrualHygieneManagement_Malawi.pdf> [Aufgerufen am 15. September 2018].

Plinius der Ältere, »Natural History«, *Loeb Classical Library*, 2018, <www.loebclassics.com/view/pliny_elder-natural_history/1938/pb_LCL418.503.xml?readMode=recto> [Aufgerufen am 19. August 2018].

Plinius der Ältere, »The Natural History, Book XXXVI. The Natural History Of Stones«, perseus.tufts.edu, 2018, <www.perseus.tufts.edu/hopper/text?doc=Perseus:abo:phi,0978,001:36:4> [Aufgerufen am 24. Juni 2018].

»Post Office Act 1953«, legislation.gov.uk, 2018, <www.legislation.gov.uk/ukpga/Eliz2/1-2/36/crossheading/general-offences/enacted> [Aufgerufen am 22. September 2018].

»Proverbs 9:17«, biblehub.com, 2018, <https://biblehub.com/commentaries/proverbs/9-17.htm> [Aufgerufen am 18. August 2018].

»Pubic Wigs – Oxford Reference«, oxfordreference.com, 2018, <www.oxfordreference.com/view/10.1093/acref/9780198524038.001.0001/acref-9780198524038-e-783> [Aufgerufen am 8. August 2018].

Riddell, Fern, »No, No, No! Victorians didn't Invent the Vibrator«, *Guardian*, 2014, <www.theguardian.com/commentisfree/2014/nov/10/victorians-invent-vibrator-orgasms-women-doctors-fantasy> [Aufgerufen am 12. März 2017].

Rojo, Jaime und Steven Harrington, »›F**K Art‹ Opens Wide at Museum of Sex (NSFW)«, *Huffpost*, 2012, <www.huffingtonpost.com/jaime-rojo-steven-harrington/new-opening-at-museum-of-sex_b_1261589.html> [Aufgerufen am 11. August 2018].

»Science Proves Oysters and Mussels are the Food of Love«, scotsman.com, 2005, <www.scotsman.com/future-scotland/tech/science-proves-oysters-and-mussels-are-the-food-of-love-1-740457> [Aufgerufen am 20. August 2018].

Shakespeare, William, *Hamlet*, shakespeare.mit.edu, 2018, <http://shakespeare.mit.edu/hamlet/full.html> [Aufgerufen am 7. September 2018].

Shakespeare, William, *Much Ado About Nothing*, shakespeare.mit.edu, 2018, <http://shakespeare.mit.edu/much_ado/full.html> [Aufgerufen am 8. August 2018].

Shakespeare, William, »Shakespeare Sonnet 130«, shakespeare-online.com, 2018, <www.shakespeareonline.com/sonnets/130.html> [Aufgerufen am 8. August 2018].

Shakespeare, William, *Twelfth Night*, shakespeare.mit.edu, 2018, <http://shakespeare.mit.edu/twelfth_night/full.html> [Aufgerufen am 7. September 2018].

Shakespeare, William, *Venus and Adonis*, shakespeare.mit.edu, 2018, <http://shakespeare.mit.edu/Poetry/VenusAndAdonis.html> [Aufgerufen am 8. August 2018].

Siebert, Eve, »Chaucer's Cunt«, *Skeptical Humanities*, 2011, <https://skepticalhumanities.com/2011/01/18/chaucers-cunt/> [Aufgerufen am 8. April 2017].

Sifferlin, Alexandra, »Can Sex Really Dampen Athletic Performance?«, *Time*, 2014, <http://time.com/2911744/can-sex-re/> [Aufgerufen am 27. August 2018].

Smith, David Livingstone, »Dehumanization, Genocide, and the Psychology of Indifference«, *Psychology Today*, 2011, <www.psychologytoday.com/blog/philosophy-dispatches/201112/dehumanization-genocide-and-the-psychology-indifference-0> [Aufgerufen am 1. April 2017].

Smith, Lizzie, »Dehumanising Sex Workers: what's ›Prostitute‹ got to do with it?«, *The Conversation*, 2013 <http://theconversation.com/dehumanising-sex-workers-whats-prostitute-got-to-do-with-it-16444> [Aufgerufen am 23. Juni 2017].

Sprenger, James und Kramer, Heinrich, *The Malleus Maleficarum*, 2002, <www.malleusmaleficarum.org/downloads/MalleusAcrobat.pdf> [Aufgerufen am 13. Februar 2017].

»The Medieval Canon Law Virtual Library«, web.colby.edu, 2018, <http://web.colby.edu/canonlaw/category/canon-law/> [Accessed 26 August 2018].

Tozzi, John und Jared S. Hopkins, »The Little Blue Pill: an Oral History of Viagra«, Bloomberg.com, 2017, <www.bloomberg.com/news/features/2017-12-11/the-little-blue-pill-an-oral-history-of-viagra> [Aufgerufen am 25. August 2018].

Trogus, Pompeius, »Justin, Epitome of Pompeius Trogus«, tertullian.org, 2018, <www.tertullian.org/fathers/justinus_04_books11to20.htm> [Aufgerufen am 18. September 2018].

Trout, Christopher, »There's a New Sex Robot in Town: Say Hello to Solana«, *Engadget*, 2018, <www.engadget.com/2018/01/10/there-s-a-new-sex-robot-in-town-say-hello-to-solana/> [Aufgerufen am 18. Juli 2018].

Fachblätter

Althof, Stanley E. et al, »Self-Esteem, Confidence, And Relationships in Men Treated with Sildenafil Citrate for Erectile Dysfunction«, *Journal of General Internal Medicine*, 21 (2006), S. 1069–74, https://doi.org/10.1111/j.1525-1497.2006.00554.x.

Amy, Jean-Jacques und Michel Thiery, »The Condom: A Turbulent History«, *The European Journal of Contraception & Reproductive Health Care*, 20 (2015), S. 387–402, https://doi.org/10.3109/13625187.2015.1050716.

Aryendra Sharma, E. B. und E. V. Vira Raghavacharya, »Gems From Sanskrit Literature (Sūktimālā)«, *Journal of the American Oriental Society*, 81 (1961), S. 461, https://doi.org/10.2307/595726.

Beard, Mary und John Henderson, »With This Body I Thee Worship: Sacred Prostitution in Antiquity«, *Gender and History*, 9 (1997), S. 480–503.

Beaulieu, Kiara, »Stephanie Budin, The Myth of Sacred Prostitution in Antiquity«, *Past Imperfect*, 15 (2009), S. 476–84, https://doi.org/10.21971/p79p4h.

Berliner, Brett A., »Mephistopheles and Monkeys: Rejuvenation, Race, And Sexuality in Popular Culture in Interwar France«, *Journal of the History of Sexuality*, 13 (2004), S. 306–25, https://doi.org/10.1353/sex.2005.0003.

Bhartiya, Aru, »Menstruation, Religion and Society«, *International Journal of Social Science and Humanity*, 2013, S. 523–7, https://doi.org/10.7763/ijssh.2013. v3.296.

Block, A. J., »Sexual Perversion in Female«, *New Orleans Medical Surgery Journal*, 22 (1894), S. 1–7.

Blundell, Dr., »Incapability of Retaining the Urine«, *The Lancet*, 1 (1829), S. 673–7.

Booth, Samuel Hallsor, »A Comparison of the Early Responses to AIDS in the UK and the US«, *Res Medica*, 24 (2017), S. 57–64, https://doi.org/10.2218/resmedica.v24i1.1558.

Breckinridge, Mary, »The Nurse-Midwife – a Pioneer«, *American Journal of Public Health*, 17 (1927), S. 1147–51, https://doi.org/10.2105/ajph.17.11.1147.

Brewer, Catherine, »The Status of the Jews in Roman Legislation: The Reign of Justinian 527–565 CE«, *European Judaism*, 38 (2005), S. 75–112, https://doi.org/10.3167/001430005781203826.

Brody, Stuart und Rui Miguel Costa, »Satisfaction (Sexual, Life, Relation- ship, and Mental Health) is Associated Directly with Penile-Vaginal Intercourse, but Inversely with Other Sexual Behavior Frequencies«, *The Journal of Sexual Medicine*, 6 (2009), S. 1947–54, https://doi.org/10.1111/j.1743-6109.2009.01303.x.

Brody, Stuart, »Vaginal Orgasm is Associated with Better Psychological Function«, *Sexual and Relationship Therapy*, 22 (2007), S. 173–91, https://doi.org/10.1080/14681990601059669.

Brown-Séquard, Charles'Édouard, »Note on the Effects Produced on Man by Subcutaneous Injections of a Liquid Obtained from the Testicles of Animals«, *The Lancet*, 134 (1889), S. 105–7, https://doi.org/10.1016/s0140-6736(00)64118-1.

Browne, Alison Leigh et al., »Patterns of Practice: A Reflection on the Development of Quantitative/Mixed Methodologies Capturing Everyday Life Related to Water Consumption in the UK«, *International Journal of Social Research Methodology*, 17 (2013), S. 27–43, https://doi.org/10.1080/13645579.2014.854012.

Buisson, Odile et al., »Coitus as Revealed by Ultrasound in One Volunteer Couple«, *The Journal of Sexual Medicine*, 7 (2010), S. 2750–4, https://doi.org/10.1111/ j.1743-6109.2010.01892.x.

Buttenheim, Alison M., »The Sanitation Environment in Urban Slums: Implications for Child Health«, *Population and Environment*, 30 (2008), S. 26–47, https://doi.org/10.1007/s11111-008-0074-9.

Capitan, Louis und Henri Breuil, »Figures Préhistoriques De La Grotte Des Combarelles (Dordogne)«, *Comptes-Rendus Des Séances De L Année: Académie Des Inscriptions Et Belles-Lettres*, 46 (1902), S. 51–6, https://doi.org/10.3406/ crai.1902.17072.

Cassidy, Veronica, »For the Love of Dolls: A Patriarchal Nightmare of Cyborg Couplings«, *ESC: English Studies in Canada*, 42 (2016), S. 203–15, https://doi.org/10.1353/esc.2016.0001.

Cerda-Molina et al., »Endocrine Changes in Male Stumptailed Macaques (Macaca Arctoides) as a Response to Odor Stimulation with Vaginal Secretions«, *Hormones And Behavior*, 49 (2006), S. 81–7, https://doi.org/10.1016/j.yhbeh.2005.04.014.

Charpy, Adrien, »Des Organes Genitaux Externes Chez Les Prostituees«, *Annales Des Dermatologie*, 3 (1870), S. 271–9.

Chen, M. Keith, Venkat Lakshminarayanan und Laurie R. Santos, »How Basic Are Behavioral Biases? Evidence from Capuchin Monkey Trading Behavior«, *Journal of Political Economy*, 114 (2006), S. 517–37, https://doi.org/10.1086/503550.

Cicurel, Inbal und Rachel Sharaby, »Women in the Menstruation Huts: Variations in Preserving Purification Customs among Ethiopian Immigrants«, *Journal of Feminist Studies in Religion*, 23 (2007), S. 69–84, https://doi.org/10.2979/fsr.2007.23.2.69.

Conard, Nicholas J., »A Female Figurine from the Basal Aurignacian of Hohle Fels

Cave in Southwestern Germany«, *Nature*, 459 (2009), S. 248–52, https://doi.org/10.1038/nature07995.

Connelly, Dawn, »Three Decades of Viagra«, *The Pharmaceutical Journal*, 2017, https://doi.org/10.1211/pj.2017.20202847.

Cox-George, Chantal und Susan Bewley, »I, Sex Robot: The Health Implications of the Sex Robot Industry«, *BMJ Sexual & Reproductive Health*, 44 (2018), S. 161–4, https://doi.org/10.1136/bmjsrh-2017-200012.

»Current Comment, ›Glandular Therapy‹«, *Journal of the American Medical Association*, 83 (1924).

D'Aniello, Antimo et al., »Occurrence and Neuroendocrine Role Of d-Aspartic Acid And n-Methyl-D-Aspartic Acid Inciona Intestinalis«, *FEBS Letters*, 552 (2003), S. 193–8, https://doi.org/10.1016/s0014-5793(03)00921-9.

Dickinson, Robert, »Bicycling For Women«, *The American Journal of Obstetrics and Diseases of Women and Children*, 31 (1895), S. 24–35.

Döring, N. und S. Pöschl, »Sex Toys, Sex Dolls, Sex Robots: Our Under-Researched Bed-Fellows«, *Sexologies*, 27, (2018), S. 133–8, https://doi.org/10.1016/j.sexol.2018.05.009.

Douglas, Thomas et al., »Coercion, Incarceration, and Chemical Castration: an Argument from Autonomy«, *Journal of Bioethical Inquiry*, 10 (2013), S. 393–405, https://doi.org/10.1007/s11673-013-9465-4.

El-Damanhoury, I., »The Jewish and Christian View on Female Genital Mutilation«, *African Journal of Urology*, 19 (2013), S. 127–9, https://doi.org/10.1016/j.afju.2013.01.004.

Emans, S. J., E. R. Woods, E. N. Allred und E. Grace, »Hymenal Findings in Adolescent Women: Impact of Tampon Use and Consensual Sexual Activity«, *Journal of Clinical Forensic Medicine*, 2 (1995), S. 167, https://doi.org/10.1016/1353-1131(95)90087-x.

Erskine, Mary S., Joseph G. Oberlander und Jasmine J. Yang, »Expression Of FOS, EGR-1, And ARC in the Amygdala and Hippocampus of Female Rats During Formation of the Intromission Mnemonic of Pseudopregnancy«, *Developmental Neurobiology*, 67 (2007), S. 895–908, https://doi.org/10.1002/dneu.20376.

Evans, Randolph W. und R. Couch, »Orgasm and Migraine«, *Headache: The Journal of Head and Face Pain*, 41 (2001), S. 512–14, https://doi.org/10.1046/j.1526-4610.2001.01091.x.

Fahs, Breanne und Elena Frank, »Notes from the Back Room: Gender, Power, and (In) Visibility in Women's Experiences of Masturbation«, *The Journal Of Sex Research*, 51 (2014), S. 241–52, https://doi.org/10.1080/00224499.2012.745474.

»Female Cyclists«, *The Dominion Medical Monthly*, 7 (1896), S. 235–7.

Foldes, Pierre und Odile Boussain, »The Clitoral Complex: A Dynamic Sonographic Study«, *Journal of Sexual Medicine*, 2009, S. 1223–31.

Francis, A. G. »On a Romano-British Castration Clamp used in the Rites of Cybele«, *Proceedings of the Royal Society of Medicine*, 19, 1926, S. 95–110.

Frank, Lily und Sven Nyholm, »Robot Sex and Consent: Is Consent to Sex Between a Robot and a Human Conceivable, Possible, and Desirable?«, *Artificial Intelligence And Law*, 25 (2017), S. 305–23, https://doi.org/10.1007/s10506-017-9212-y.

Frese, Achim et al., »The Impact of Sexual Activity on Idiopathic Headaches: An Observational Study«, *Cephalalgia*, 33 (2013), S. 384–9, https://doi.org/10.1177/0333102413476374.

Frith, John, »Syphilis: Its Early History and Treatment until Penicillin and the Debate on Its Origins«, *Journal of Military and Veterans' Health*, 20 (2012), <https://jmvh.org/article/syphilis-its-early-history-and-treatment-until-penicillin-and-the-debate-on-its-origins/> [Aufgerufen am 15. August 2018].

Gaither, Thomas W. et al., »Cycling and Female Sexual and Urinary Function: Results from a Large, Multinational, Cross-Sectional Study«, *The Journal of Sexual Medicine*, 15 (2018), S. 510–18, https://doi.org/10.1016/j.jsxm.2018.02.004.

Gamson, Joshua, »Rubber Wars: Struggles Over Condoms in the United States«, *Journal of the History of Sexuality*, 1 (1990), S. 262–82.

Gesselman, Amanda N., Gregory D. Webster und Justin R. Garcia, »Has Virginity Lost its Virtue? Relationship Stigma Associated with Being a Sexually Inexperienced Adult«, *The Journal of Sex Research*, 54 (2016), S. 202–13, https://doi.org/10.1080/00224499.2016.1144042.

Giles, G. G. et al., »Sexual Factors and Prostate Cancer«, *BJU International*, 92 (2003), S. 211–16, https://doi.org/10.1046/j.1464-410x.2003.04319.x.

Gottner-Abendroth, H., »The Structure of Matriarchal Societies«, *Revision*, 21 (1999).

Graham, John R., Campbell R. Harvey und Manju Puri, »A Corporate Beauty Contest«, *Management Science*, 2016, https://doi.org/10.1287/mnsc.2016.2484.

Grout, Vic, »Robot Sex: Ethics and Morality«, *Lovotics*, 03 (2015), https://doi.org/10.4172/2090-9888.1000e104.

Gwilliam, Tassie, »Female Fraud: Counterfeit Maidenheads in the Eighteenth Century«, *Journal of the History of Sexuality*, 6 (1996), S. 518–48.

Hanssen, Kristin, »Ingesting Menstrual Blood: Notions of Health and Bodily Fluids in Bengal«, *Ethnology*, 41 (2002), S. 365, https://doi.org/10.2307/4153014.

Hess, Jochen, Roberto Rossi Neto, Leo Panic, Herbert Rübben und Wolfgang Senf, »Satisfaction with Male-To-Female Gender Reassignment Surgery«, *Deutsches Ärzteblatt Online*, 111 (2014), https://doi.org/10.3238/arz-tebl.2014.0795.

Hobday, A. J., L. Haury und P. K. Dayton, »Function of the Human Hymen«, *Medical Hypotheses*, 49 (1997), S. 171–3, https://doi.org/10.1016/s0306-9877(97)90223-1.

Hoffman, Stephanie B., »Behind Closed Doors: Impotence Trials and the Trans-Historical Right to Martial Policy«, *Boston University Law Review*, 89 (2009), S. 1725–52.

Holzer, Sarah R. et al., »Mediational Significance of PTSD in the Relationship of Sexual Trauma and Eating Disorders«, *Child Abuse & Neglect*, 32 (2008), S. 561–6, https://doi.org/10.1016/j.chiabu.2007.07.011.

Horváth, Aleksandra Djajic', »Of Female Chastity and Male Arms: The Balkan »Man-Woman« In the Age of the World Picture«, *Journal of the History of Sexuality*, 20 (2011), S. 358–81, https://doi.org/10.1353/sex.2011.0034.

Hoskins, Janet, »The Menstrual Hut and the Witch's Lair in Two Eastern Indonesian Societies«, *Ethnology*, 41 (2002), S. 317, https://doi.org/10.2307/4153011.

Howard, William Lee, »The Negro as A Distinct Ethnic Factor in Civilization«, *Medicine*, 60 (1904), S. 423–6.

Hunt, C. D., P. E. Johnson, J. Herbel und L. K. Mullen, »Effects of Dietary Zinc Depletion on Seminal Volume and Zinc Loss, Serum Testosterone Concentrations, and Sperm Morphology in Young Men«, *The American Journal Of Clinical Nutrition*, 56 (1992), S. 148–57, https://doi.org/10.1093/ajcn/56.1.148.

Imbimbo, Ciro et al., »Intersex and Gender Identity Disorders: A Report from a Single Institute's 14-Year Experience in Treatment of Male-To-Female Transsexuals«, *The Journal of Sexual Medicine*, 6 (2009), S. 2736–45, https://doi.org/10.1111/j.1743-6109.2009.01379.x.

»Immorality in Canada«, *The Canadian Practioner*, 21, (1896), S. 848–9.

Jannini, Emmanuele A., Odile Buisson und Alberto Rubio-Casillas, »Beyond the G-Spot: Clitourethrovaginal Complex Anatomy in Female Orgasm«, *Nature Reviews Urology*, 11 (2014), S. 531–8, https://doi.org/10.1038/nrurol.2014.193.

Jones, Kelley A. und Elizabeth Miller, »Associations between Condom Attitudes, STI Diagnosis and Treatment, Condom use, and Non-Condom Contraceptive Use«, *Journal of Pediatric and Adolescent Gynecology*, 29 (2016), S. 204, https://doi.org/10.1016/j.jpag.2016.01.105.

Keith, Louis et al., »The Odors of the Human Vagina«, *Archiv für Gynäkologie*, 220 (1975), S. 1–10, https://doi.org/10.1007/bf00673143.

Keverne, E. B. und R. P. Michael, »Sex-Attractant Properties of Ether Extracts of Vaginal Secretions from Rhesus Monkeys«, *Journal of Endocrinology*, 51 (1971), S. 313–22, https://doi.org/10.1677/joe.0.0510313.

Khan, Fahd, Saheel Mukhtar, Seshadri Sriprasad und Ian K. Dickinson, »The Story of the Condom«, *Indian Journal of Urology*, 29 (2013), S. 12, https://doi.org/10.4103/0970-1591.109976.

King, Helen, »Galen and the Widow: Towards A History of Therapeutic Masturbation in Ancient Gynecology«, *Journal on Gender Studies In Antiquity*, (2011), S. 205–35.

Kinzl, Johann F. et al., »Partnership, Sexuality, and Sexual Disorders in Morbidly Obese Women: Consequences of Weight Loss after Gastric Banding«, *Obesity Surgery*, 11 (2001), S. 455–8, https://doi.org/10.1381/096089201321209323.

Knight, Mary, »Curing Cut or Ritual Mutilation: Some Remarks on the Practice of Female and Male Circumcision in Graeco-Roman Egypt«, *Isis*, 92 (2001), S. 317–38, https://doi.org/10.1086/385184.

Kothari, Radhika Purushottam, »Zinc Levels in Seminal Fluid in Infertile Males and Its Relation with Serum Free Testosterone«, *Journal of Clinical and Diagnostic Research*, 10 (2016), CC05–8, https://doi.org/10.7860/jcdr/2016/14393.7723.

Kotta, Sabna et al., »Exploring Scientifically Proven Herbal Aphrodisiacs«, *Pharmacognosy Reviews*, 7 (2013), S. 1, https://doi.org/10.4103/0973-7847.112832.

Kroger, William S., »Psychosomatic Aspects of Frigidity«, *Journal of the American Medical Association*, 143 (1950), S. 526–32, https://doi.org/10.1001/jama.1950.02910410012003.

Kurtz, Ruth G., »Hippocampal and Cortical Activity during Sexual Behavior in the Female Rat«, *Journal of Comparative and Physiological Psychology*, 89 (1975), S. 158–69, https://doi.org/10.1037/h0076650.

Lawrence, Anne A., »Sexuality before and after Male-To-Female Sex Reassignment Surgery«, *Archives of Sexual Behavior*, 34 (2005), S. 147–66, https://doi.org/10.1007/s10508-005-1793-y.

Leidig, Michael, »Condom from Cromwell's Time Goes on Display in Austria«, *BMJ*, 333 (2006), 10.3, https://doi.org/10.1136/bmj.333.7557.10-b.

Lerner, Gerda, »The Origin of Prostitution in Ancient Mesopotamia«, *Signs: Journal of Women in Culture and Society*, 11 (1986), S. 236–54, https://doi.org/10.1086/494218.

»Letters, Notes, and Answers to Correspondents«, *British Medical Journal*, 1 (1878), S. 918–20.

Liuzza, Marco Tullio et al., »Body Odor Disgust Sensitivity Predicts Authoritarian Attitudes«, *Royal Society Open Science*, 5 (2018), 171 091, https://doi.org/10.1098/rsos.171091.

Lock, S., »›O That I Were Young Again‹: Yeats and the Steinach Operation«, *BMJ*, 287 (1983), S. 1964–68, https://doi.org/10.1136/bmj.287.6409.1964.

Lorenz, Tierney A. und Cindy M. Meston, »Acute Exercise Improves Physical Sexual Arousal in Women Taking Antidepressants«, *Annals of Behavioral Medicine*, 43 (2012), S. 352–61, https://doi.org/10.1007/s12160-011-9338-1.

Lorenzo, Genevieve L., Jeremy C. Biesanz und Lauren J. Human, »What is Beautiful is Good and More Accurately Understood«, *Psychological Science*, 21 (2010), S. 1777–82, https://doi.org/10.1177/0956797610388048.

»Louise De Keralio-Robert; The History of Elizabeth Queen of England«, *The Monthly Review, or, Literary Journal*, 77 (1787), S. 561–7.

Low, Nicola et al., »Molecular Diagnostics for Gonorrhoea: Implications for Antimicrobial Resistance and the Threat of Untreatable Gonorrhoea«, *Plos Medicine*, 11 (2014), e1001598, https://doi.org/10.1371/journal.pmed.1001598.

Maclachlan, Bonnie, »Sacred Prostitution and Aphrodite«, *Studies in Religion/Sciences Religieuses*, 21 (1992), S. 145–62, https://doi.org/10.1177/000842989202100202.

Macrides, Foteos, Patricia A. Johnson und Stephen P. Schneider, »Responses of the Male Golden Hamster to Vaginal Secretion and Dimethyl Disulfide: Attraction Versus Sexual Behavior«, *Behavioral Biology*, 20 (1977), S. 377–86, https://doi.org/10.1016/s0091-6773(77)90931-2.

Maffulli, Nicola et al., »Sexual Activity before Sports Competition: A Systematic Review«, *Frontiers in Physiology*, 7 (2016), https://doi.org/10.3389/fphys.2016.00246.

»Masturbation in the Female«, *American Homeopathic Journal of Gynaecology and Obstetrics*, 1 (1885), S. 338–40.

Matfin, Glenn, »The Rejuvenation of Testosterone: Philosopher's Stone or Brown-Séquard Elixir?« *Therapeutic Advances in Endocrinology and Metabolism*, 1 (2010), S. 151–4, https://doi.org/10.1177/2042018810385052.

Mazloomdoost, Donna und Rachel N. Pauls, »A Comprehensive Review of the Clitoris and Its Role in Female Sexual Function«, *Sexual Medicine Reviews*, 3 (2015), S. 245–63, https://doi.org/10.1002/smrj.61.

Melo, Fernando Lucas et al., »Syphilis At The Crossroad of Phylogenetics and Paleopathology«, *Plos Neglected Tropical Diseases*, 4 (2010), e575, https://doi.org/10.1371/journal.pntd.0000575.

Michael, Richard P. und E. B. Keverne, »Primate Sex Pheromones of Vaginal Origin«, *Nature*, 225 (1970), S. 84–5, https://doi.org/10.1038/225084a0.

Mirza, Raul A. et al., »Do Marine Mollusks Possess Aphrodisiacal Properties?«, vorgetragen bei der Chemical Society National Conference in San Diego, 13–17. März, 2005.

Montgomery, Rita E., »A Cross-Cultural Study of Menstruation, Menstrual Taboos, and Related Social Variables«, *Ethos*, 2 (1974), S. 137–70, https://doi.org/10.1525/eth.1974.2.2.02a00030.

Mostafa, Taymour, Ghada El Khouly und Ashraf Hassan, »Pheromones in Sex and Reproduction: Do they have a Role in Humans?«, *Journal of Advanced Research*, 3 (2012), S. 1–9, https://doi.org/10.1016/j.jare.2011.03.003.

Muallaaziz, Didem und Eyüp Yayci, »Pubic Hair Removal Practices in Muslim Women«, *Basic and Clinical Sciences*, 3 (2014), S. 39–44.

Murdock, George P., »Anthropology and Its Contribution to Public Health«, *American Journal of Public Health and the Nation's Health*, 42 (1952), S. 7–11, https://doi.org/10.2105/ajph.42.1.7.

Murray, Jacqueline, »On the Origins and Role of ›Wise Women‹ in Causes for Annulment on the Grounds of Male Impotence«, *Journal of Medieval History*, 16 (1990), S. 235–49, https://doi.org/10.1016/0304-4181(90)90004-k.

Murtha, Katherine, »Cycling in the 1890s: An Orgasmic Experience?«, *Cahiers De La Femme*, 21 (2002), S. 119–21.

Mustafa, Asim Zaki, »Female Circumcision and Infibulation in the Sudan«, *BJOG: An International Journal of Obstetrics and Gynaecology*, 73 (1966), S. 302–6, https://doi.org/10.1111/j.1471-0528.1966.tb05163.x.

Narjani, A. E., »Considerations Sur Les Causes Anatomiques De La Frigidité Chez La Femme«, *Journal Médicale de Bruxelles* 27 (1924), S. 768–78.

Nguyen, Nghiem, »Roman Rape: An Overview of Roman Rape Laws From the Republican Period to Justinian's Reign«, *Michigan Journal of Gender and Law*, 13 (2006), S. 75–112.

Oaten, Megan, Richard J. Stevenson, and Trevor I. Case, »Disgust as a Disease-Avoidance Mechanism«, *Psychological Bulletin*, 135 (2009), S. 303–21, https://doi.org/10.1037/a0014823.

»Obstetrical Society's Charges and Mr Baker Brown's Replies«, *The Lancet*, 1 (1867), S. 427-41.

Olson, Rose McKeon und Claudia García-Moreno, »Virginity Testing: A Systematic Review«, *Reproductive Health*, 14 (2017), https://doi.org/10.1186/s12978-017-0319-0.

»On Prostitution in the City of Paris«, *The Lancet*, 28 (1837), S. 755–60, https://doi.org/10.1016/s0140-6736(02)79496-8.

»On the Signs of Defloration in Young Females«, *London Medical Gazette: Or, Journal of Practical Medicine*, 48 (1831), S. 304–6.

Pan, Shu et al., »Clinical Anatomy of the G-Spot«, *Clinical Anatomy*, 28 (2015), S. 363–7, https://doi.org/10.1002/ca.22523.

Pfaus, James G. et al., »The Whole Versus the Sum of Some of the Parts: Toward Resolving the Apparent Controversy of Clitoral Versus Vaginal Orgasms«, *Socioaffective Neuroscience & Psychology*, 6 (2016), 32578, https://doi.org/10.3402/snp.v6.32578.

—, »The Role of Orgasm in the Development and Shaping of Partner Preferences«, *Socioaffective Neuroscience & Psychology*, 6 (2016), 31815, https://doi.org/10.3402/snp.v6.31815.

Pham, Michael N. et al., »Is Cunnilingus-Assisted Orgasm a Male Sperm-Retention Strategy?«, *Evolutionary Psychology*, 11 (2013), 147 470 491 301 100, https://doi.org/10.1177/147470491301100210.

Pungent, Pierce, »Men and Manners«, *Fraser's Magazine*, 10 (1834), S. 161–74.

Puppo, Vincenzo, »Anatomy of the Clitoris: Revision and Clarifications about the Anatomical Terms for the Clitoris Proposed (Without Scientific Bases) By Helen O'Connell, Emmanuele Jannini, And Odile Buisson«, *ISRN Obstetrics and Gynecology*, 2011 (2011), S. 1–5, https://doi.org/10.5402/2011/261464.

Raubo, Agnieszka, »The Concept of Temperament and the Theory of Humours in the Renaissance«, *Ruch Literacki*, 57 (2016), S. 408–25, https://doi.org/10.1515/ruch-2017–0071.

Remy, Catherine, »›Men Seeking Monkey-Glands‹: The Controversial Xenotransplantations of Doctor Voronoff, 1910–30«, *French History*, 28 (2014), S. 226–40, https://doi.org/10.1093/fh/cru042.

Rengachary, Setti S., Chaim Colen und Murali Guthikonda, »Charles-Édouard Brown-Sequard: An Eccentric Genius«, *Neurosurgery*, 62 (2008), S. 954–64, https://doi.org/10.1227/01.neu.0000318182.87664.1f.

»Reports of Societies«, *The Boston Medical and Surgical Journal*, 14 (1889), S. 443–5.

»Review of a Literal Translation of the Saxon Chronicle«, *The European Magazine, and London Review*, 78 (1820), S. 248.

Rider, Jennifer R. et al., »Ejaculation Frequency and Risk of Prostate Cancer: Updated Results with an Additional Decade of Follow-Up«, *European Urology*, 70 (2016), S. 974–82, https://doi.org/10.1016/j.eururo.2016.03.027.

Roelens, Jonas, »Visible Women: Female Sodomy in the Late Medieval and Early Modern Southern Netherlands (1400–1550)«, *BMGN – Low Countries Historical Review*, 130 (2015), S. 3, https://doi.org/10.18352/bmgn-lchr.10101.

Rowen, Tami S. et al., »Pubic Hair Grooming Prevalence and Motivation among Women in the United States«, *JAMA Dermatology*, 152 (2016), S. 1106, https://doi.org/10.1001/jamadermatol.2016.2154.

Rowland, David L. und Kenneth R. Turley, »Evolving Ideas about the Male Refractory Period«, *BJU International*, 112 (2013), S. 442–52, https://doi.org/10.1111/bju.12011.

Ruuskanen, Deborah, »There Is No Word for ›Adultery‹ in Hawaiian: The Translation of Non-Existent Concepts«, *Afinla Yearbook*, 1993, S. 235–44.

Salem, A., »A Condom Sense Approach to AIDS Prevention: A Historical Perspective«, *South Dakota Journal of Medicine*, 45 (1992), S. 294–6.

Sandoz, Kelsi M. und Daniel D. Rockey, »Antibiotic Resistance in Chlamydia«, *Future Microbiology*, 5 (2010), S. 1427–42 https://doi.org/10.2217/fmb.10.96.

Sandroni, Paola, »Aphrodisiacs Past and Present: A Historical Review«, *Clinical Autonomic Research*, 11 (2001), S. 303–7, https://doi.org/10.1007/bf02332975.

Schafer, Edward H., »The Development of Bathing Customs in Ancient and Medieval China and the History of the Floriate Clear Palace«, *Journal of the American Oriental Society*, 76 (1956), S. 57, https://doi.org/10.2307/595074.

Schips, Luigi et al., »The Influence of Ejaculation and Abstinence on Urinary Flow Rates«, *Neurourology and Urodynamics*, 30 (2011), S. 1571–5, https://doi.org/10.1002/nau.21157.

Schultheiss, D., J. J. Mattelaer und F. M. Hodges, »Preputial Infibulation: From Ancient Medicine to Modern Genital Piercing«, *BJU International*, 92 (2003), S. 758–63, https://doi.org/10.1046/j.1464-410x.2003.04490.x.

Senf, Wolfgang et al., »Satisfaction with Male-To-Female Gender Reassignment Surgery«, 111 (2014), <www.ncbi.nlm.nih.gov/pmc/articles/PMC4261554/> [Aufgerufen am 15. Februar 2017].

Shah, J., »Erectile Dysfunction through the Ages«, *BJU International*, 90 (2002), S. 433–41, https://doi.org/10.1046/j.1464-410x.2002.02911.x.

Smith, Lesley, »The Kahun Gynaecological Papyrus: Ancient Egyptian Medicine«, *Journal of Family Planning and Reproductive Health Care*, 37 (2011), S. 54–5, https://doi.org/10.1136/jfprhc.2010.0019.

Smith, W. Tyler, »Principles and Practices of Obstetricy«, *The Lancet*, 2 (1847), S. 669–671.

Sommer, Marni et al., »Pilot Testing and Evaluation of a Toolkit for Menstrual Hygiene Management in Emergencies in Three Refugee Camps in Northwest Tanzania«, *Journal of International Humanitarian Action*, 3 (2018), https://doi.org/10.1186/s41018-018-0034-7.

Stanger-Hall, Kathrin F. und David W. Hall, »Abstinence-Only Education and Teen Pregnancy Rates: Why We Need Comprehensive Sex Education in the US«, *Plos ONE*, 6 (2011), e24658, https://doi.org/10.1371/journal.pone.0024658.

Steinach, Eugen, »Biological Methods against the Process of Old Age«, *Medical Journal and Record*, 25 (1927).

Stone, Geoffrey R., »Origins of Obscenity«, *New York University Review of Law*, 31 (2007), S. 711–31.

Strachan, D. P., »Hay Fever, Hygiene, and Household Size«, *BMJ*, 299 (1989), S. 1259–60, https://doi.org/10.1136/bmj.299.6710.1259.

Stringer, Mark D. und Ines Becker, »Colombo and the Clitoris«, *European Journal of Obstetrics & Gynecology and Reproductive Biology*, 151 (2010), S. 130–3, https://doi.org/10.1016/j.ejogrb.2010.04.007.

Sunay, Didem, Erdal Kaya und Yusuf Ergun, »Vaginal Douching Behavior of Women and Relationship among Vaginal Douching and Vaginal Discharge and Demographic Factors«, *Journal of Turkish Society of Obstetrics and Gynecology*, 8 (2011), S. 264–71, https://doi.org/10.5505/tjod.2011.57805.

Talib, R. A. et al., »The Effect of Fasting on Erectile Function and Sexual Desire on Men in the Month of Ramadan«, *Urology Journal*, 12 (2015), S. 2099–102.

Tampa, M. et al., »Brief History of Syphilis«, *Journal of Medicine and Life*, 7 (2014), S. 4–10.

»The Bicycle: its Judicious and Injudicious Use«, *St. Louis Medical Review*, 32 (1895), S. 208–10.

»The Progress of Romance«, *Town and Country Magazine*, 1785, S. 427–8.

T. M. T., »Parisian Medical Chit Chat«, *The Cincinnati Lancet-Clinic*, 74 (1895), S. 647–50.

Tolman, Deborah L., »In a Different Position: Conceptualizing Female Adolescent Sexuality Development within Compulsory Heterosexuality«, *New Directions for Child and Adolescent Development*, 2006 (2006), S. 71–89, https://doi.org/10.1002/cd.163.

Tyson, Diana B., »Des Grantz Geanz – A New Text Fragment«, *Nottingham Medieval Studies*, 50 (2006), S. 115–28, https://doi.org/10.1484/j.nms.3.395.

Unabhängige Forensik-Expert*innen, »Statement on Virginity Testing«, *Journal of Forensic and Legal Medicine*, 33 (2015), S. 121–4, https://doi.org/10.1016/j.jflm.2015.02.012.

»Vaginal Douching«, *Monthly Retrospect Of Medicine & Pharmacy*, 4 (1898), S. 555.

Van Leeuwen, Crystal und Belen Torondel, »Improving Menstrual Hygiene Management in Emergency Contexts: Literature Review of Current Perspectives«, *International Journal of Women's Health*, Volume 10 (2018), S. 169–86, https://doi.org/10.2147/ijwh.s135587.

Vicario, Carmelo M. et al., »Core, Social and Moral Disgust are Bounded: A Review on Behavioral and Neural Bases of Repugnance in Clinical Disorders«, *Neuroscience & Biobehavioral Reviews*, 80 (2017), S. 185–200, https://doi.org/10.1016/j.neubiorev.2017.05.008.

Wade, Lisa D., Emily C. Kremer und Jessica Brown, »The Incidental Orgasm: The Presence of Clitoral Knowledge and the Absence of Orgasm for Women«, *Women & Health*, 42 (2005), S. 117–38, https://doi.org/10.1300/j013v42n01_07.

Walter, Robert C. et al., »Early Human Occupation of the Red Sea Coast of Eritrea During The Last Interglacial«, *Nature*, 405 (2000), S. 65–9, https://doi.org/10.1038/35011048.

Ward, Samuel, George Cutter, Edward Frankel und W. T. Bull, »Reports On the Progress of Medicine«, *New York Medical Journal*, 23 (1876), S. 207–10.

Ward, Samuel, »Reports on the Diseases of Women«, *International Record of Medicine and General Practice Clinics*, 23 (2017), S. 209.

Westenholz, Joan Goodnick, »Tamar, Qědēšā, Qadištu, and Sacred Prostitution in Mesopotamia«, *Harvard Theological Review*, 82 (1989), S. 245–66, https://doi.org/10.1017/s0017816000016199.

Whipple, B., »Functional Magnetic Resonance Imaging (FMRI) During Orgasm in Women«, *Sexologies*, 17 (2008), S45, https://doi.org/10.1016/s1158-1360(08)72639-2.

Williams, Megan N. und Amy Jacobson, »Effect of Copulins on Rating of Female Attractiveness, Mate-Guarding, and Self-Perceived Sexual Desirability«, *Evolutionary Psychology*, 14 (2016), 147 470 491 664 332, https://doi.org/10.1177/1474704916643328.

Wing, Clifton E., »The Proper Use of the Hot Vaginal Douche«, *The Boston Medical and Surgical Journal*, 102 (1880), S. 583–4.

Wu, Yi-Li, »The Menstruating Womb: A Cross-Cultural Analysis of Body and Gender in Hŏ Chun's Precious Mirror of Eastern Medicine (1613)«, *Asian Medicine*, 11 (2016), S. 21–60, https://doi.org/10.1163/15734218-12341377.

Zeki, Semir und Andreas Bartels, »The Neural Correlates of Maternal and Romantic Love«, *Neuroimage*, 21 (2004), S. 1155–66, https://doi.org/10.1016/j.neuroimage.2003.11.003.

Zeitungen und Zeitschriften

Aberdeen Press and Journal, »Monkey Gland Patient Dead«, 6. September 1923, S. 7.

Bell's Weekly Messenger, »The Hottentot Venus«, 2. Dezember 1810, S. 7.

Belfast Commercial Chronicle, 15. Januar 1816.

Bury and Norwich Post, »Miscellaneous«, 3. Mai 1837, S. 1.

Chicago Tribune, »Gland larceny«, 15. Oktober 1922.

College Times, Christina Caldwell, »The C-Word: How One Four-Letter Word Holds So Much Power«, 15. März 2011.

Dundee Evening Telegraph, »Youth Glands Stolen«, 16. Oktober 1922, S. 7.

Evening Chronicle, »Bow Street«, 2. Februar 1837, S. 4.

Gentleman's Magazine, »The Tryal of Eleanore Beare of Derby«, 1732, S. 933–4.

GQ, Walter Kirn, »The Forbidden Word«, 4. Mai 2005, S. 136.

Guardian, Jennifer Worth, »A Deadly Trade«, 6. Januar 2005, <www.theguardian.com/film/2005/jan/06/health.healthandwellbeing> [Aufgerufen am 2. September 2016].

Iowa State Register, »Taking Chances«, 28. August 1895.

Le Petit Parisien, »Jouvence«, 8. Oktober 1919, S. 2.

Morning Chronicle, »Police Intelligence«, 20. Februar 1847, S. 4.

National Review, Arthur Shadwell, »The Hidden Dangers of Cycling«, 1897, S. 787–96.

New Zealand Graphic and Ladies' Journal, 17. September 1898, S. 372.

New Zealand Wheelman, Edna Taylor, 18. August 1897, S. 7.

New Zealand Wheelman, 30. April 1898.

Nottingham Evening Post, »Seven Methods Explained«, 15. Juli 1924, S. 1.

Nottingham Review and General Advertiser for the Midland Counties, »Judicial Procedures«, 5. Mai 1837, S. 4.

Observer, Gerald Gould, »New Novels«, 28. Februar 1932, S. 6.

Pilot, »Sargent Adams and the Law of Kissing«, 1837, S. 3.

Portsmouth Evening News, »Gland Rejuvenation«, 22. April 1939, S. 8.

Saturday Review of Literature, George Bernard Shaw, »Letter to the Editor«, 14. Juli 1928, S. 1043.

South Wales Daily News, »Remedy for Bicycle Face«, 4. September 1897, S. 3.

Time Magazine, »The Potency Pill«, 4. Mai 1998, Cover.

The Times, »The Hottentot Venus«, 26. November 1810, S. 3.

Archive

»Anne Knutsford c. Anne Blagge« (Chester, 1664), Cheshire Record Office, EDC5 1.

»Cause Papers« (York, 1699), Borthwick Institute for Archives, University of York, CP.H.4562.

»Cicely Pedley c. Benedict and Elizabeth Brooks« (Chester, 1652), Cheshire Record Office, PRO Ches. 29/442.

»Elizabeth Young c. Robert Heyward« (Chester, 1664), Cheshire Record Office, CRO EDC5 1663/64.

Fane, Francis, »Iter Occidentale, or the Wonders of Warm Water« (London, 1674), British Library, Harley.

»Judith Glendering c. Thomas Ellerton« (London, 1685), London Metropolitan Archives, DL/C/241.

»Martha Winnell c. Abraham Beaver« (York, 1685), Borthwick Institute for Archives, University of York, CP.H.3641.

»Peter Leigh c. William Halliwell« (Chester, 1663), Cheshire Record Office, CRO EDC5 1663/63.

»Susan Town c. Jane Adams« (London, 1695), London Metropolitan Archives, DL/C/244.

»Thomas Hewetson c. Thomas Daniel« (London, 1699), London Metropolitan Archives, CP.H.4534.

»Thomas Richardson c. Elizabeth Aborne« (London, 1690), London Metropolitan Archives, DL/C/243.

Film, Radio und Musik

Avildsen, John G., *Rocky* (Chartoff-Winkler Productions, 1976).

Friedkin, William, *The Exorcist: Extended Director's Cut* (Warner Brothers, 2010).

Gilliam, Terry, *Monty Python and the Holy Grail* (EMI, 1975).

Kinney, Jack, *The Story of Menstruation* (Hollywood: Disney, 1946).

Mercury, Freddie, *Bicycle Race* (London: EMI, 1978).

Mix-a-Lot, Sir, *Baby Got Back* (Def American, 1992).

Nichols, Mike, *Carnal Knowledge* (Los Angeles: AVCO Embassy Pictures, 1971).

Smith, Will, *The C Word: How We Came to Swear by it* (BBC, 2007).

Abbildungen

Alle Bilder, die Erotik aus der viktorianischen Epoche zeigen, stammen aus der Sammlung der Autorin oder aus dem Archiv Delta of Venus.

SEITE

19 Cranach, Lucas und Stephan Füssel, *Die Hure von Babylon* aus der Lutherbibel von 1534 (Köln: Taschen, 2016).

24 *The New Art and Mystery of Gossiping: Being a Genuine Account of All the Women's Clubs In and About the City and Suburbs of London, With the Manner of Their Club Orders* © The British Library Board. Alle Rechte vorbehalten / Bridgeman Images (Cirencester: Samuel Rudder, 1770).

29 Courbet, Gustave, *L'Origine du Monde* © RMN-Grand Palais (Musée d'Orsay) / Hervé Lewandowski.

34 Speed, John, *Map of Oxfordshire and the University of Oxford* (Huntercombe: Nuffield Place, 1605). Historic Images / Alamy Stock Photo.

35 *Sheela Na Gig*, Kilpeck, Herefordshire: Kilpeck Church, 12. Jahrhundert (© Nessy-Pic, Wikicommons).

42 *The School of Venus, or The Ladies Delight* (London, 1680).

44 *Les charmes de Fanny exposés* (Tafel VIII) von Édouard-Henri Avril, 1887. Erstveröffentlicht in einer illustrierten Ausgabe von *Fanny Hill* von John Cleland. Art Collection 4 / Alamy Stock Photo.

46 Tait, Lawson, *Diseases of Women and Abdominal Surgery* (Philadelphia: Lea Brothers, 1889). Gibson1 / Alamy Stock Photo.

47 *Invocation à l'amour*, ca. 1825 (London: Wellcome Collection, CC BY).

61 D'Alton, Christopher, »Female Genitalia Showing Severely Diseased Tissue and Hypertrophy of the Clitoris« (London: Wellcome Trust, 1857, CC BY).

62 Römisches Fresko in den suburbanen Thermen von Pompeji (Wikicommons).

65 »A woman caresses another woman who uses a root vegetable as a dildo«, Gouache-Malerei (London: Wellcome Collection, 1900, CC BY).

69 L'opere Chirurgiche, »Vaginal Speculum« (London: Wellcome Collection, 1678, CC BY).

73 Norris, T., *The History of Witches and Wizards: Giving a True Account of all their Tryals in England, Scotland, Swedeland, France, and New England; with their Confession and Condemnation* (London: Wellcome Collection, 1720, CC BY).

75 Boulton, Richard, *The Witches of Warboyse* (London: Wellcome Collection, 1720, CC BY).

77 Bourguignon D'Anville und John Cleland, *Memoirs of a Woman of Pleasure: From the Original Corrected Edition, with a Set of Elegant Engravings [Ascribed To Gravelot]*. (London, 1766).

81 Kobelt, Georg Ludwig, »Dissected Clitoris« in *The Male and Female Organs of Sexual Arousal in Man and Some Other Mammals* (Strasbourg: Berger-Levrault et fils, 1844).

83 »Marie Bonaparte Princess Giorgios of Greece« (the lost gallery, Wikicommons, CC BY 2.0, www.flickr.com/photos/59159563@N04/14901259040).

85 Anatomie der Klitoris (Wikicommons).

92 *Sartjee the Hottentot Venus* (London: British Museum, 1810). © The Trustees of the British Museum. Alle Rechte vorbehalten.

94 »The Hottentot Venus«, *Belfast Commercial Chronicle*, 15. Januar 1816. Zeitungsabbildung © The British Library Board. All rights reserved. Dank an The British Newspaper Archive (www.britishnewspaperarchive.co.uk).

97 Lombroso, Cesare, »Cuscinetto Posteriore in Africane«, in *La Donna Delinquente La Prostituta e la Donna Normale* (Turin, L. Roux, 1893).

98 Oosterhoff, Inge, »Greetings from the Colonies: Postcards of a Shameful Past«, *Messy Nessy Chic*, 2015, <www.messynessychic.com/2015/06/11/greetings-from-the-colonies-postcards-of-a-shameful-past/> [Aufgerufen am 12. November 2018].

98 Malek Alloula, *The Colonial Harem*, übers. von Myrna Godzich und Wlad Godzich (Minneapolis: University of Minnesota Press, 1986).

99 du Noüy, Jean Jules Antoine Lecomte, *Rhamsès Dans Son Harem*, in Louis Enault, *Paris-Salon* (Musée d'Orsay). The History Collection / Alamy Stock Photo.

99 Delacroix, Eugène, *Jewish Wedding in Morocco* (Paris: Louvre Museum, 1841). Age footstock / Alamy Stock Photo.

103 O'Neil, Henry, *Jephthah's Daughter Contemplating her Virginity and her Imminent Death, Surrounded by Woeful Attendants with Musical Instruments* (London: Wellcome Collection, 1846, CC BY).

105 Werbeanzeige aus den Sechzigerjahren von Pursette-Tampons (*Woman's Day*, Mai 1962).

109 Saja, Pietro, *Vestal Virgin Condemned to Death* (Caserta: Palazzo Reale, 1800). akg-images / MPortfolio / Electa.

111 Dou, Gerrit, *A Physician Examining a Urine Flask* (London: Wellcome Collection, 17. Jahrhundert, CC BY).

115 Malerei in einer Kaurimuschel, »A man unlocking a chastity belt of a reclining woman« (London: Wellcome Collection, CC BY).

117 Franziskanermönch, *Nocturnal Revels: Or, the History of King's-Place, and Other Modern Nunneries* (London: M. Goadby, 1779).

119 De Goya, Francisco, *A Young Woman Casting Aside her Virginity to Become a Prostitute* (London: Wellcome Collection, 1798, CC BY).

129 Moxibustionstafel mit Samenerguss-Punkt. Bildbeschriftung: Jinggong (Palast

der Essenz/des Samens), *C19 Chinese MS moxibustion chart: Seminal emission point by Zhang Youheng* (London: Wellcome Collection, CC BY).

130 Chinesischer Holzschnitt: *Jiang niu zhuo yue* (Vom Ochsen herabsteigen, um den Mond zu fangen), Qigong-Übung, die vorzeitigen Samenerguss verhindern soll (London: Wellcome Collection, 1513, CC BY).

133 Ein gigantischer Penis kopuliert mit einem weiblichen Dämon. Gouache-Malerei, ca. 1900 (London: Wellcome Collection, CC BY).

136 Milton, John Laws, »Four Pointed Urethral Ring«, in *On the Pathology and Treatment of Gonorrhoea and Spermatorrhoea*, Erstveröffentlichung in New York: Wood 1887 (London: Wellcome Collection, CC BY).

137 Brodie, R. J., *The Secret Companion: A Medical Work on Onanism or Self-Pollution* (London, 1845).

139 Milton, John Laws, »Toothed Urethral Ring«, in *On the Pathology and Treatment of Gonorrhoea and Spermatorrhoea,* Erstveröffentlichung in New York: Wood 1887 (London: Wellcome Collection, CC BY).

141 »The Electric Alarum«, *On the Pathology and Treatment of Gonorrhoea and Spermatorrhoea*, Erstveröffentlichung in New York: Wood 1887 (London: Wellcome Collection, CC BY).

144 Porträt von Charles-Édouard Brown-Séquard (Bethesda: National Library of Medicine, Science Source).

146 Porträt von Dr. Serge Abrahamovitch Voronoff (Washington: Library of Congress collections).

151 Eugen Steinach. Fotografiert von J. Scherb nach einem Gemälde (London: Wellcome Collection, CC BY).

154 Berichte über Hodenraub-Fall, *Dundee Evening Telegraph*, (16. Oktober 1922). Zeitungsabbildung © Urheberrechtsinhaber*in unbekannt. Dank an The British Newspaper Archive (www.britishnewspaperarchive. co.uk).

157 »Rejuvenating Tablets«, *Sporting Times*, 13. Februar 1926. Zeitungsabbildung © Urheberrechtsinhaber*in unbekannt. Mit Dank an The British Newspaper Archive (www.britishnewspaperarchive.co.uk).

157 »Anti-ageing face cream made from glands«, *Britannia and Eve*, 1. Dezember 1938. © Illustrated London News/Mary Evans Picture Library.

162 Beuckelaer, Joachim, *Brothel* (Baltimore: Walters Art Museum, 1537).

174 Ein Mann macht Teig, während ein anderer das Feuer im Ofen schürt, auf den Tischen liegt Brot und Tabletts und Körbe wurden gestapelt. Kolorierte Radierung aus dem 16. Jahrhundert (London: Wellcome Collection, CC BY).

176 »A baker is loading uncooked dough into an oven, as baked loaves are carried away by a woman«, von J. Amman, »Der Beck« in Jost Ammans *Stände und Handwerker*, (London: Wellcome Collection, CC BY).

180 »Sixteenth-century woodcarving of two people making bread«. Zwei Menschen backen Brot in einem großen Backstein-Ofen. Farbdruck (London: Wellcome Collection, CC BY).

185 »Illustrations of six types of shellfish« von Shizhen, Li, in *Bencao Gangmu: Compendium of Materia Medica*, (London: Wellcome Collection, 1596).

186 Botticelli, Sandro, *The Birth of Venus* (Florence: Uffizi Gallery, 1484). The Picture Art Collection / Alamy Stock Photo. By permission of the Ministry for Cultural Assets and Activities.

188 »Oyster« (Tzomqe/imgur.com).

190 »A young girl is selling oysters to a customer in the street«, Farblithografie aus dem 19. Jahrhundert, J. Brydone & Sons (London: Wellcome Collection, CC BY).

192 *Molly Milton, the Pretty Oyster Woman* (London: British Museum, 1788) © The Trustees of the British Museum. Alle Rechte vorbehalten.

194 Eine Frau, ihr Gesicht wird vom Licht einer Lampe beschienen, steht vor einem Fass Austern und öffnet eine mit einem Messer. Holzschnitt von H. Linton nach H. Morland (London: Wellcome Collection, CC BY).

197 Nakhshabi, Ziya' al-Din, *Lizzat Al-Nisa* (die Freuden der Frauen), (London: Wellcome Collection, 1824, CC BY).

199 Reynolds, John et al., *A Discourse upon Prodigious Abstinence* (London: R.W., 1669).

203 Titelseite der Petition der Frauen gegen Kaffee (Houghton Library, Harvard University, 1674).

205 Porträt von John Harvey Kellogg (Washington: George Grantham Bain Collection at the Library of Congress).

213 Granville, Joseph Mortimer, »Granville Hammer«, in *Nerve-Vibration and Excitation as Agents in the Treatment of Functional Disorder and Organic Disease* (London: Churchill, 1883).

215 »VeeDee« Mechanischer Vibrator, London, England, 1900–1915 (London: Science Museum CC BY).

220–222 Illustrationen zur Beckenmassage nach Dr A. Jentzer, in *Die Heilgymnastik in der Gynaekologie: und die mechanische Behandlung von Erkrankungen des Uterus und seiner Adnexe, nach Thure Brandt* (Leipzig: Verlag Von Johann, 1895).

235 Illustration einer »Draisine« (Wikimedia Commons, 1817).

236 »Rover Ladies Safety Bicycles«, entworfen von John Kemp Starley (Wikimedia Commons, ca. 1889).

245 »Bicycle face«, *Derry Journal*, 23. September 1895. Zeitungsabbildung © The British Library Board. Alle Rechte vorbehalten. Dank an The British Newspaper Archive.

247 Ferris »Good Sense Corset Waist«-Werbeanzeige, 1901.

248 »A ›lady cyclist‹ is attacked by a mob for wearing socks«, *Illustrated Police News*, 9. Oktober 1897. Zeitungsabbildung © The British Library Board. Alle Rechte vorbehalten. Mit Dank an The British Newspaper Archive (www.britishnewspaperarchive.co.uk).

249 Opper, F., »The ›New Woman‹ and Her Bicycle, There will be Several Varieties of Her«, in *Puck* (New York: Keppler & Schwarzmann, 19. Juni 1895. Library of Congress Prints and Photographs Division Washington, D. C. 20540).

251 *Aberdeen Press and Journal*, 14. April 1888. Zeitungsabbildung © The British Library Board. Alle Rechte vorbehalten. Mit Dank an The British Newspaper Archive.

255 »Early twentieth-century image of a man copulating with a model of a woman and models of penises mounted on a board« (London: Wellcome Collection, 1900, CC BY).

257 Aphrodite von Knidos, römische Kopie eines griechischen Originals aus dem 4. Jahrhundert v. Chr., Ludovisi Collection (National Museum, Palazzo Altemps, Rome).

264 Getty Images/KOKOSCHKA, OSKAR, Alma Doll, 1919 (© Fondation Oskar Kokoschka / VG Bild-Kunst, Bonn 2023).

267 Aufblasbare Vinyl-Sexpuppe (Wikicommons).

276 Filippuccio, Memmo di, Fresko mit erotischen Szenen (Musei Civici di San Gimignano, ca. 1300).

278 Prior, T. A. after Thomas Allom, »Outer cooling room of a Turkish bathhouse« in *Constantinople and the Scenery of the Seven Churches of Asia Minor*, Erstveröffentlichung durch Fisher and Sons, 1838 (London: Wellcome CC BY).

280 *Japanese Men and Women Washing in a Traditional Bath House*, Utagawa, Yoshitora (London: Wellcome Collection, 1860 CC BY).

282 Benham, Sebald, *Fountain* (London: Wellcome Collection, sixteenth century CC BY).

294 Rowlandson, Thomas, *The Hairy Prospect or the Devil in a Fright* (London: British Museum, 1800). © The Trustees of the British Museum. Alle Rechte vorbehalten.

298 De Goya, Francisco, *La maja desnuda* (Madrid: Prado Museum, 1797).

303 Ashes Enthaarungscreme, Werbeanzeige in *Harper's Bazaar*, 1922.

307 Miniaturmalerei: *Clyster with Pear-Shaped Douche in Use* (London: Wellcome Collection, 15. Jahrhundert CC BY).

310 »Vaginal Douche«, *Handbook of Obstetric Nursing*, 1902, von Francis W. N. Haultain and James Haig Ferguson (London: Young J Pentland, 1898).

313 »Lysol douche advertisement«, in *McCall's Magazine*, Juli 1928.

313 »Zonite douche liquid advertisement«, in *McCall's Magazine*, 1928.

314 »Dr Pierre's Boro-Pheno-Form Feminine Hygiene Suppositories advertisement«, 1950. *Secrets*, Juli 1950, Vol. 28, No. 2.

323 D'Alton, C., »A watercolour of a man suffering from psoriasis and possibly syphilis« (London: Wellcome Collection, 1866 CC BY).

325 »Re-usable condom in original« (London: Science Museum / Science & Society Picture Library).

331 »›Paragon‹ Re-usable condom in original« (London: Science Museum / Science & Society Picture Library).

332 *She May Look Clean* (Bethesda: National Library of Medicine, 1940).

336 Japanischer Ukiyo-e-Holzschnitt aus dem späten 19. Jahrhundert (London: Wellcome Collection CC BY).

339 »Savin Juniper«, botanische Illustration, W. M. Woodville, *Medical Botany*, Vol. 2 (London: Wellcome Collection CC BY).

341 »Female Abortionist«, in *National Police Gazette*, 13. März 1847, S. 1.

345 »Hooked instrument once used for removing an aborted foetus« (London: Wellcome Collection CC BY).

347 »Foundling hospital tokens« © The Foundling Museum (London: Foundling Museum).

348 »This is a token« © The Foundling Museum (London: Foundling Museum).

350 »Farr's Patent Ladies' Menstrual Receptacle«, *American Druggist*, Januar 1884.

351 *Páez Houses and Bridge*, image showing menstrual hut (Washington: Smithonian, 1946)

356 Berengario da Carpi, Jacopo, *Isagoge Breves Prelucide Ac Uberime In Anatomiam Humani Corporis. A Communi Medicorum Academia Usitatam*, Erstveröffentlichung durch Benedictus Hector, 1522 (Wellcome Collection CC BY).

357 »Gynaecological acu-moxa locations for treating irregular menstruation« (London: Wellcome Collection, 1591, CC BY).

360 *Sears Catalogue*, 1936 (Harry Finley, Museum of Menstruation).

361 Maygrier, J. P., »Vaginal examination in vertical position«, in *Nouvelles Démonstrations D'accouchemens/Avec Des Planches En Taille-Douce, Accompagnées D'un Texte Raisonné Propre À En Faciliter L'explication* (Paris: Béchet, 1822), Tafel XXIX. (London: Wellcome Collection CC BY).

364 Kotex-Werbeanzeige, 1920 (Wikicommons).

370 Montano, A. A., »Image of a large native missionary family« (Wikicommons, 1878).

377 Long, Edwin, *The Babylonian Marriage Market* (London: Royal Holloway College, 1875). Chronicle / Alamy Stock Photo.

379 Tissot, James, *The Harlot of Jericho and the Two Spies* (New York: The Jewish Museum, 1896).

380 »Two dancing girls« (Fotografie von K. L. Brajbasi & Co., Patna, Indien, 1910).

383 »Tart cards« (London: Wellcome Collection, ca. 1995).

384 »Tart cards in telephone box« (Wikicommons).

386 *Harris's List of Covent-Garden Ladies: or, Man of Pleasure's Kalendar* (London: British Museum, 1733).

388 Hogarth, William, *A Harlot's Progress*, Norton Simon Art Foundation, 1732 (London: Wellcome Collection CC BY).

392 *Blue Book, Tenderloin 400* (New Orleans: The Historic New Orleans Collection, 19.4.1969).

394 Bild von E. J. Bellocq © Lee Friedlander, mit freundlicher Genehmigung von Fraenkel Gallery, San Francisco.

395 *Miss Fernande*, Jean Agélou (ca. 1910), (Wikicommons).

397 Gillman & Co., *Oscar Wilde and Lord Alfred Douglas* (Datum der Aufnahme unbekannt, 1882–1910, Wikicommons).

401 Villain, François, *Ann Zingha, Queen of Matamba* (New York: New York Public Library, 1800).

403 Griechische Keramik (Paris: Louvre Museum, 480 v. Chr.).

411 »The West End Scandals, some Further Sketches«, *Illustrated Police News*, 4. Dezember 1889. Zeitungsabbildung © The British Library Board. Alle Rechte vorbehalten. Dank an The British Newspaper Archive (www.britishnewspaperarchive.co.uk).